韓子淺解

國學要籍叢刊序例

昔者梁任公、胡適之、汪辟疆、錢基博諸先生均嘗開列國學要籍目錄，或且爲之解題，以示青年學子。顧諸先生之陳義頗高，卽如梁任公先生所擬之「最低限度之必讀書目」，已包括四書、易經、詩經、禮記、左傳、老子、墨子、莊子、荀子、韓非子、戰國策、史記、漢書、後漢書、三國志、資治通鑑（或通鑑紀事本末）、宋元明史紀事本末、楚辭、文選、李太白集、杜工部集、韓昌黎集、柳河東集、白香山集及其他詞曲集數種，且謂：「以上各書，無論學鑛學、工程學……皆須一讀，若並此未讀，眞不能認爲中國學人矣！」今中國學人曾讀此「最低限度之必讀書」者，能有幾人耶？彼學鑛學、工程學及其他科學者無論矣，卽在大學專攻中國文學者，曾讀此「最低限度之必讀書」，亦有幾人耶？據教育部修訂大學中國文學系必修科目表，有專書選讀九學分，其書目如次：

（一）論語、孟子、周易、尚書、詩、禮記、春秋左氏傳、附國語。

（二）荀子、老子、莊子、管子、韓非子、呂氏春秋、淮南子。

（三）史記、漢書、後漢書、三國志。

（四）楚辭、文選、杜詩、韓文，並其他名家詩文專集。

（五）文心雕龍、史通。

書名開列二十餘種，與梁擬「最低限度之必讀書目」僅略有不同；然其書爲選讀，又限於九學分，即以一書三學分計，不過三種書耳。昔梁氏以爲一般中國學人（無論學何科學）最低限度必讀國學要籍二十餘種，今教育部規定專攻中國文學者但須選讀國學要籍三種，其相去何如是之遠耶？近數十年來，中國文化之不競，於此亦可以覘之矣！國人近方以復興中國文化相策勵，顧中國文化之復興，非空言宣傳而可以收效也；必也取國學要籍而博學之、審問之、愼思之、明辨之，從而擷取中國文化之菁華，以篤行之，發揚而光大之，然後始可以淑世而濟民。專攻中國文學者，尤應以復興中國文化自任，豈可以選讀國學要籍三數種而遽以自足哉？竊教育部訂立中國文學系必修科目表開列專書名目之意，蓋亦欲人偏讀其書，特以選讀三數種以開其端耳。然國學要籍二十餘種，或有深文奧義，非青年學子所能盡解，必借助於前人之注釋；而前人之注釋又或玉石雜陳，優劣互見，非青年學子所能盡知；卽或知之矣，而散在各處，搜購爲難，又非青年學子所能盡備。若能彙集諸國學要籍之善注善本於一編，使青年學子無搜購之難，有研讀之便，其裨益於中國文化之復興，豈淺鮮哉！本局編輯部有鑑於此，與學者共同研商，復據教育部修訂大學中國文學系必修科目表所開列之書目，選集國學要籍之善注善本，輯爲「國學要籍叢刊」，影印行世。玆揭其凡例於次：

一、本叢刊所輯國學要籍，以教育部修訂大學中國文學系必修科目表所開列者爲限。該表所列，約分五類：第一類爲經部要籍，凡八種；第二類爲子部要籍，凡七種；第三類爲史部要籍，凡四種；第四類爲集部要籍，已列出書名者四種，「其他名家詩文專集」未列書名者酌予增列；第五類爲文史評要籍，凡二種。

一、本叢刊所輯國學要籍，每種選擇最佳之注釋一部或數部。其選擇之標準：一爲最古之注釋，以其距成書之時較近，其訓詁當較爲可信也；二爲最精之注釋，以其後出，能集前注之大成，並汰糟粕而存精粹也。

一、本叢刊所輯國學要籍，開收精校本、精評本，以與精注本相參證。

一、本叢刊所輯經部要籍，以經學有漢宋之別，而淸儒成就又往往超邁前人，故注釋之選擇必三方兼顧，俾學者循是可知經學之家法及治經之途徑。

一、本叢刊所輯子部要籍，以古注勝義迭出，今注校釋詳明，實不能偏廢，故二者兼採；惟今注有涉及他人版權者，則暫不列入。

一、本叢刊所輯史部要籍，以其篇幅較繁，故僅採古注，亦以古注保存古音古義甚多，而佚書遺說往往可見，並足資考證故也。

一、本叢刊所輯集部要籍，如一書有數家注釋，而各有擅場者，則兼採之；否則，但取其最精審之一家。文史評類要籍亦然。

一、本叢刊所輯國學要籍，如同一部注釋書而有數版本，則採用其較精善者。

一、本叢刊所輯國學要籍，全部影印，原書或有標點，或無標點，皆依原式；惟版面大小，不盡與原書相同，大體皆有伸縮，以求合本叢刊之規格。

一、本叢刊於每種書前，皆有「出版說明」，介紹選輯之旨趣，以供讀者之參考。

一、本叢刊以篇帙繁富，擬依經、子、史、集、文史評各類之次序，分期印行，陸續出書。

一、國學要籍亦有未列名於教育部修訂大學中國文學系必修科目表之中者，容俟異日另行選輯，為本叢刊之續編。

中華民國五十六年九月十五日

出版說明

法家之學，緒振於管仲。韓非子五蠹篇云：「今境內之民皆言治，藏商管之法者有之。」然夷吾之治齊也，於法術之外，又兼言禮義廉恥，此異於後世之法家者也。其後爲子產：子產相鄭，頗任法術，「鑄刑書」、「作丘賦」，卽其事也。至其「病將死，謂游吉曰：『我死後，子必用鄭，必以嚴涖人。夫火形嚴，故人鮮灼，水形懦，故人多溺。子必嚴子之刑，無令溺子之懦。』」（韓非子內儲說上）尤合法家嚴誅原則。又後爲李悝：李悝爲戰國初期法家，曾爲魏上地守，並相魏文侯。嘗造法經，分盜法、賊法、囚法、捕法、雜法、具法六篇，較前之鄭刑書與晉刑鼎更爲進步，爲成文法典之先河。又後吳起：吳起本以兵家著稱，其兵書頗流行於世。惟兵家精神，多與法家相通。同時法家亦無不言兵，以求能强兵。故吳起爲一兵家而兼法家，其立身行事，及相楚悼王所採用之措施，亦無異於法家。又後爲商鞅：商鞅秦孝公用之，國富兵强，奠定一統之基。於政治，實行法治主義。於軍事，實行軍國主義。於經濟，實行重農主義。韓非定法篇云：「申不害言術，而公孫鞅爲法。」故學者咸以爲法家中之重法派，與愼到之重勢，申不害之重術，鼎峙而爲法家之三大支流。又後爲申不害；申不害相韓昭侯，而鄰國不敢加兵，以韓非定法篇有「申不害言術」之語，而史記本傳亦謂「申子之學本於黃老」，故申不害屬法家之重術派。又後爲愼到：愼到爲法家中重勢一派，據莊子天下篇與史記孟荀列傳所言，知爲道家。據荀子解蔽與非十二子所言，知爲法家，蓋愼子最重要之貢獻爲導道入法，本道家而入法家者也。又後爲尹文：尹文於漢志列入名家，但中多法家之言。梁啓超先秦政治思想史，卽與法家諸子同列，且劉向有「其學本於黃老，大較刑名家。」則亦法家之流也。

綜上所學諸氏，多得法之一體，而眞能包蘊諸家思想，熔法、術、勢於一爐冶之，而完成法家學術思想，成一顯學者，厥爲韓非。韓非之所以完成法家學說而成一顯學，除受上述諸氏之直接間接影響外，厥爲其師荀卿之性惡論。韓非得其師說，既肯定人之性惡，以爲非嚴刑以懲之不可。但嚴刑懲之，欲求其絕對奏效，又必恃乎勢。蓋勢者，乃君主所居之位，所操之權，令人可畏之威，及行使政令所必需之力能也。又何者爲罪，有何標準以論之，又必恃乎法。蓋法者，乃君主施政行令之原則標準，明文條錄，著於官府，示人所必須遵行者也。脫人有逾乎此規定，有超越應遵行之行爲者則爲罪，如此，則可核其輕重大小，而以法繩之。且姦邪之生也，禍亂之起也，其潛防之方法如何？杜絕之手段如何？又必恃乎術。蓋術者，乃君主所固握之生殺大柄，密不示人，潛御羣臣，神秘詭變之政治手段、權謀方法也。有此，則可防範姦邪之滋生，杜絕禍亂之爲害，而不爲臣下所欺矣，是韓非勢論、法論、術論之完成，皆基於性惡。亦唯有如此，使法家學說完成而成一顯學，此韓非之所以集大成也。

史記韓非傳云：「韓非者，韓之諸公子也，喜刑名法術之學，而且歸本於黃老，非爲人口吃，不能道說，而善著書，與李斯俱事荀卿，斯自以爲不如非。非見韓之削弱，數以書諫韓王，韓王不能用，於是韓非疾治國不務脩明其法度，執勢以御其臣下；富國彊兵，不以求人任賢，反擧浮淫之蠹，而加之功實之上；以爲儒者用文亂法，而俠者以武犯禁。寬則寵名譽之人，急則用介冑之士。今者，所善非所用，所用非所養，悪廉直不容於邪枉之臣，觀往者得失之變，故作孤憤、五蠹、內外儲、說林、說難十餘萬言，然韓非知說之難爲說難，書甚具，不能自脫。」又云：「人或傳其書至秦，秦王見孤憤五蠹之書曰：『嗟乎！寡人得見此人與之遊，死不恨矣！』李斯曰：『此韓非之所著書也。』」據此，知韓非子確爲韓非所著，故漢書藝文志諸子略著錄韓子五十五篇。（此本劉向校韓子所定）班自注曰：「名非，韓諸公子，使秦，李斯害而殺之。」唯今本五十五篇，有後人所增益者，不全出非之手。

韓非子舊稱韓子，除漢志外，隋書經籍志、舊唐書經籍志、新唐藝文志、宋史藝文志、明焦竑國史經籍志、（明史藝文志將法家併入雜家，而於韓子略而不錄）清四庫全書總目皆著錄韓子。至私家著錄，梁阮孝緒七錄、宋鄭樵通志藝文略、宋陳振孫直齋書錄解題、宋王應麟漢書藝文志考證、宋高似孫子略、宋王堯臣崇文總目、明白雲霽藏目皆是。其改稱韓非子者，如宋晁公武郡齋讀書志、清孫星衍孫氏祠堂書目、與廉石居藏書記、黃丕烈士禮居藏書跋記、張之洞書目答問及近人梁啓超要籍解題及其讀法等皆是。要而言之，時代逾近，則改稱韓非子者愈多，不惟私家之書錄爲然，即今本之刋印與校釋者亦莫不然。故韓非子三字已爲近代之通稱。其所以如此者，蓋因至宋以來，以學者多尊稱韓愈爲韓子，恐與韓非書相混故也。至其篇卷數，或就其篇數言五十五篇，或就其卷數言二十卷不一。

至於其注文，王先慎云：「韓非子舊有尹知章注，見唐書藝文志，不載卷數，蓋其亡久矣。元何犿稱舊有李瓚注，李瓚無考，宋乾道本不題姓名，未知孰是。太平御覽、事類賦、初學記所引注文，與乾道本合，則其人當在宋前。顧其注不全備，且有舛誤，近儒多所匡益。因旁采諸記，間附己見，為韓非子集解一書。」舊注之鄙陋蕪雜，錯誤紛出，元何犿以其無可取，盡為削去。（見何犿校韓子序）清代樸學盛行，於韓非注文，貢獻極大。陳奇猷韓非子集釋，卽引用前賢校說九十餘家，皆條錄而繫於原文之後（見陳奇猷韓非子凡例）；而梁啓雄韓子淺解，除採用集解外，復增入劉師培、陶鴻慶、吳汝綸、高亨、楊樹達、劉文典、于省吾、尹桐陽、傅弗崖及日儒太田方、蒲阪圓、物茂卿諸氏校釋，於見解分歧中，汰除繁蕪，擇採精華（見梁啓雄韓子述例）；於是韓非子注文，已璨然明備矣。

今取王先慎韓非子集解，陳奇猷韓非子集釋，梁啓雄韓子淺解，合為一帙，景印問世。王氏書前附考證、佚文。陳氏書前附韓非學述，後附考證資料、舊刻本序、舊評、引用書目、韓非子集釋補。梁氏書前附例言，於徧注之條例，言之頗詳，皆有便於學者取閱焉。

述例

一　本書在文字校勘方面，什之七八是依從王先慎的韓非子集解的舊校，——王氏集解是「以宋乾道本爲主，間有譌脫，據他本訂正」的校本。其餘什之二三，或從明迂評本、趙用賢本……，或從日本韓非子纂聞、韓非子翼毳……。王氏所訂正的文字，不是完全適當的，所以需要重新整理。他的集解在刻版時，校對的工作做得也不細緻，所以又產生不少新錯誤。因此，集解的本身錯誤仍然很多。爲了要對集解的各種錯誤作一次總清理，我曾用宋明各本和日本各本跟集解作了一次校對，確實有不少的訂正。

二　本書在訓詁、校勘、考證三方面，除採用王氏集解原有的幾家注文外，再增入劉師培、陶鴻慶、吳汝綸、高亨、楊樹達、劉文典、于省吾、尹桐陽、傅佛崖及日儒太田方、蒲阪圓、物茂卿……各家的校釋。在此見解分歧中，汰除繁雜，擇採精華。如欲求詳，請檢閱各家原著。

三　本書採錄中日各家的校釋共二十餘家，爲了要精簡小注文字，除了門無子、王引之、張文虎、王先謙、王先慎、王渭、孫詒穀、劉文典，日儒太田方、蒲阪圓、物茂卿、津田鳳卿、鹽田屯外，在引用各家校釋時，只是標舉各家的姓，不標明他們的名。現在列舉省稱表如下：

張——張榜	趙——趙用賢	盧——盧文弨	王——王念孫	顧——顧廣圻
俞——俞樾	孫——孫詒讓	陶——陶鴻慶	劉——劉師培	吳——吳汝綸

高——高亨　楊——楊樹達　于——于省吾　尹——尹桐陽　傅——傅佛崖

四　先兄任公有韓非子顯學篇釋義和要籍解題及其讀法中的韓非子二篇。現在甄採釋義和解題的一部分作爲注文，在注文的發端，用「任公曰」三字來做識別。

五　現存的宋人韓子舊注，本來是鄙陋蕪雜而又是錯誤紛出的。清代樸學大師們研究韓子的人數本來就很少，他們校釋的札記也不甚多。王先愼在校勘上，對于文字的取捨從違又很多失當；在訓詁、考證上，對于古義古史的探究又很多漏略。因此，在訓詁、校勘、考證各方面的研究工作就還有許多要做。此外，章句的釋義和哲理的闡發也是研究子書者的任務。我希望在這幾方面能略抒管見，寫成一些按語。在我的按語前頭，如果沒有別人的注文，就省略掉「啓雄按」的字樣；如果前頭已經有了別人的注文，就用「啓雄按」的字樣來表示識別。

六　古籍經歷了悠久的傳鈔傳刻的過程，在語句文字上確實存在着許許多多的衍文、脫文、誤文、竄文。像這樣的錯亂百出的古書，在一方面我認爲，如果根據可靠的資料來刪掉衍文，補充脫文，改正誤文，移正竄文，這樣，也許可以使古籍或多或少地恢復它們原來的面貌，從而也能使讀者節省許多時間和勞力，那豈不是等于給讀者做些「掃淸道路」的工作。可是，從另一面想：所根據的可靠資料有時也不能絕對可靠；這樣，訂正文字的工作，確是也有「欲益反損」的可能。所以我們必須抱「持重謹愼」的態度來做。本書爲了要訂正王氏集解的錯誤（集解文字上的錯字和王氏鑑定的錯誤），對集解的正文仍然有些改動，但爲愼重計，必用▲符號標記在所改動的正文之旁；並注明是根據什麼版本來改動的，及王氏集解原文是怎樣。好在韓子原文之眞迹如何，固然有各種版本可查，而本書的注文也詳列無遺，如果讀者對于本書所改易之文字有不同意的，請各人按照着自己的見解來恢復舊樣好了。

七　由于古本韓子殘蝕錯亂很多，可靠的校勘資料又有限，因此，晦澀難通的語句文字還有不少，有時碰着誤脫到簡直不能讀的語句或文字，只好用這樣一個符號（？）來表示闕疑。

八　本書引用各書，爲精簡字數計，也採用省稱法，現在列舉省稱表如下：

外傳——韓詩外傳	御覽——太平御覽	集解——韓非子集解
說文——說文解字	六帖——白孔六帖	纂聞——韓非子纂聞
治要——羣書治要	書鈔——北堂書鈔	翼毳——韓非子翼毳
類聚——藝文類聚	類函——淵鑑類函	評釋——韓非子評釋
釋詞——經傳釋詞	集釋——虛字集釋	解詁——韓非子解詁

採輯各家書目

王先愼韓非子集解
門無子韓子迂評
趙用賢本韓非子
張榜本韓非子
張文虎舒藝室隨筆
劉師培韓非子斠補
陶鴻慶讀諸子札記
吳汝綸點勘韓非子讀本
高亨韓非子補箋
劉文典三餘札記
尹桐陽韓子新釋
于省吾雙劍誃韓非子新證
日本物茂卿讀韓非子

蒲阪圓韓非子纂聞

太田方韓非子翼毳

津田鳳卿韓非子解詁

藤澤南岳評釋韓非子

韓子淺解

目錄

韓子淺解

第一篇　初見秦

本篇雖是韓子的首篇，但本篇作者不是韓非。證據有二：(一)韓非是韓國人，他在存韓篇明明勸秦王存韓，而在本篇却說：「韓不亡……斬臣以徇國。」像這樣前後矛盾而不愛國的話，不像出于韓非之口。(采宋人和近人說)(二)本篇篇首言：「天下陰燕陽魏，連荆固齊，收韓而成從，將西面以與秦爲難。」這顯然是六國合從擯秦時的形勢，不是「韓事秦三十年，入貢職與郡縣無異」時的形勢。(采近人說)可見本篇作者不是韓非。國策秦策有段和本篇大同小異的文，發端用「張儀說秦王曰」六字引起，所以有人說：「本篇作者是張儀。」但本篇所記的史事全是張儀死後的事。(采宋人和近人說)可見作者也不是張儀。沙隨程氏謂：「本篇作者是范雎」。而容肇祖先生駁之曰：「初見秦所謂『謀臣不爲，引軍而退，後與趙和，是謀臣之拙也』的話都是暗指范雎的，不應是范雎書，程氏的話不攻自破。」劉汝霖先生又駁之曰：「篇內提到前二五七年的事，去范雎初見秦時已遠。」可見作者也不是范雎。容劉二氏都說本篇作者是秦昭王時人，這是有本篇文字作根據的考證。可是，他們疑這個作者是蔡澤，那只是「聊備一說」的臆測。(二說均見古史辨四) 郭□□考定本篇的著作年月是在秦昭王五十一年初，又考定作者是呂不韋；他的考證有五：(一)呂早就做子楚的「傅」，他是秦的屬吏，故可以稱臣而效忠，內秦而外六國。(二)他在五十一年的入秦雖不是初次，(史記呂不韋傳：「秦昭王五十年，使王齮圍邯鄲急，趙欲殺子楚，子楚與呂不韋謀，得脫，亡赴秦軍，遂以得歸。」)但見昭王可以是初次。(三)呂是由邯鄲圍中脫出歸秦的，趙的現狀和軍事他當然明瞭，這和初見秦作者的條件相應。作者由于熟悉趙國，且秦趙糾纏不清，故一開口便是「天下陰燕……與秦強為難」。把主動者的趙竟至「心照不宣」了。(四)怎樣「以成霸王之名，朝四鄰諸侯之道」，文中雖沒有說及，但說到「戰者萬乘之存亡也」，又說「戰戰栗栗，日慎一日，苟慎其道，天下可有」。可見作者并不反戰而主張戒慎，與呂氏春秋所表現的思想頗合。(五)戰國時的政治主張有三種作風：卽王道、霸道、強道。強是侵略政策，初見秦屢言「王霸」，而隱隱反對「強」的主張，這種思想的色彩也和呂氏春秋的思想體系沒有什麼抵觸。((一)至(五)是節錄韓非子「初見秦」篇發微篇末文，見青銅時代)。

臣聞：「不知而言，不智；知而不言，不忠。」為人臣不忠，當死；言而不當，亦當死。雖然，臣願悉言所聞，唯大王裁其罪。唯，是「願意」或「希望」意。淮南主術注：「裁，度也。」穀梁序注：「裁，謂善能裁斷。」裁其罪，卽量度那罪的輕重來決斷應得的刑罰。

臣聞：天下陰燕陽魏，連荆固齊，收韓而成從， 這句在關東六國中舉燕魏楚齊韓，獨無趙國，郭□□說：「在這兒所隱去的趙國，其實就是『連荆固齊收韓』的主謀，它的地望正是『陰燕陽魏』的。」據下文看來，郭說很對。此外，據史記蘇秦傳，大概趙肅侯時趙國曾做過從約長，此時本篇作者在思想上仍沿襲舊事，認趙是從約長，故不舉趙，以爲可以「不言而喻」了！ 將西面以與秦強爲難。 王先愼曰：強，音其兩切。 臣竊笑之！ 世有三亡，而天下得之，其此之謂乎！ 張文虎曰：「三亡」，卽下所云「以亂攻治者亡，以邪攻正者亡，以逆攻順者亡」。「天下」二字承上「臣聞天下」來，謂天下之攻秦者犯此三亡也。 太田方曰：世有三亡之道，而天下之諸侯皆得此道。 臣聞之曰：「以亂攻治者亡，以邪攻正者亡，以逆攻順者亡。」今天下之府庫不盈，囷倉空虛，悉其士民，張軍數十百萬，其頓首戴羽爲將軍斷死於前不至千人，皆以言死。 盧曰：「頓」國策補注引作「頡」，說文：「頡，直項也。」 王先愼曰：「頓首」當依策注作「頡首」，猶言「抗首」。 王先謙曰：文選羽獵賦：「賁育之倫，蒙盾負羽。」後漢賈復傳：「被羽先登。」謂繫鳥羽爲標識也，「戴」與「負」、「被」，其義一耳。 太田方曰：「斷死於前」者，言決死於未戰之前也。 高曰：「至」，止也。 說文：「至，鳥飛從高下至地也。」鳥至地則止，是「至」有「止」誼。（中略）詩泮水「魯侯戾止」，傳：「止，至也。」「止」訓「至」，則「至」亦可訓「止」。「張軍數十百萬」，則爲將軍者必逾千人，故曰：「不止千人」也。 白刃在前，斧鑕在後，而卻走不能死也， 雖然用斧和鐵砧來斬那怕死不敢前進的戰士，然而戰士仍然後退，不能決死戰。 非其士民不能死也，上不能故也。 言賞則不與，言罰則不行，賞罰不信，故士民不死也。說「賞」可是不眞給賞，說「罰」可是不眞行罰。賞和罰都不眞實，所以士民不肯拚命。今秦出號令而行賞罰，有功無功相事也，俞曰：事者，治也。呂氏春秋淮南注屢見。詩卷耳傳：「采采，事采之也。」正義云：「事，謂事事一一用意之事。」蓋「事」訓「治」，故一一用意謂之事也。此言「有功無功相事」，正一一用意之義；謂分別其有功無功不混淆也。出其父母懷衽之中，生未嘗見寇耳，盧曰：當句。策作「也」。聞戰，頓足徒裼，王先愼曰：爾雅釋訓：「襢裼，肉袒也。」注：「脫衣而見體」。史記張儀傳：「秦人捐甲徒裼以趨敵」，索隱：「裼，袒也，謂袒而見肉也。」犯白刃，蹈鑪炭，斷死於前者，皆是也。夫斷死與斷生者不同，而民爲之者，是貴奮死也。這是說：必死是苦的，必生是樂的，可是秦民都願意決死，這是由于他們以勇死爲貴。夫一人奮死可以對十，十可以對百，百可以對千，千可以對萬，萬可以剋天下矣！「剋」借爲「克」，禮記禮器注：「克，勝也。」今秦地折長補短，方數千里，名師數十百萬。有名的軍隊幾十萬，將達到百萬大軍的人數。秦之號令賞罰，地形利害，天下莫若也。以此與天下，易象傳虞注：「與，舉也。」「與」「舉」二字古亦通用。禮記禮運「選賢與能」，大戴禮王言作「選賢舉能」，是其證。呂覽樂成注：「舉，取也。」天下不足兼而有也。天下土地雖廣大，但秦國太強，廣大的土地還不够供秦國兼併。是故秦戰未嘗不剋，攻未嘗不取，所當未嘗不破，開地數千里，此其大功也。「其大功」，兼指戰克，攻取，所當破，開地數千里。秦策「其」作「甚」，不如此文。然而兵甲頓，士民病，蓄積索，田疇荒，囷倉虛，四鄰諸侯不服，霸王之名不成。此無異故，王先愼曰：「異故」

猶「他故」。其謀臣皆不盡其忠也。

臣敢言之：往者，齊南破荆，東破宋，西服秦，北破燕，中使韓魏，土地廣而兵強，戰剋攻取，詔令天下。國策吳注：「『南破荆以下』，以地勢言之，非以年之先後也。齊宣王二十五年與五國攻秦，湣王十六年與韓魏伐秦，十一年與韓魏伐楚，十三年與秦韓魏敗楚，宣王二十九年伐燕取之。」齊之清濟濁河，足以爲限；說文：「限，阻也。」「阻」與「塞」相對。長城巨防，足以爲塞。王先謙曰：水經濟水注：「平陰城南有長城，東至海，西至濟，河道所由，名防門。」齊，五戰之國也，一戰不剋而無齊，太田方曰：言五戰五勝之國也。策鮑注：「上所謂『南破』、『東破』之類。」「無齊」，謂爲樂毅所破。由此觀之，夫戰者，萬乘之存亡也。且聞之曰：「削迹無遺根，無與禍鄰，禍乃不存。」舊注：言禍敗之迹，削去本根，則無禍敗。言秦宜以齊爲戒。盧曰：策作「削株掘根」。啓雄按：「削迹」和「遺根」無關聯，「削株」和「掘根」有關聯，國策對。秦與荆人戰，大破荆，襲郢，取洞庭、五湖、江南，盧曰：「湖」策作「都」，一作「渚」。顧曰：燕策：「四日而至五渚。」蘇秦傳同，集解引戰國策：「取洞庭五渚。」「渚」「都」同字。「湖」是「渚」之譌。王先愼曰：蘇秦傳集解引國策「秦與荆人戰，大破荆，襲郢，取洞庭五渚」，高注：「郢，楚都也。洞庭、五渚、江南，皆楚邑也。」荆王君臣亡走，東服於陳，張文虎曰：「服」當依策作「伏」。史記楚世家：「頃襄王二十一年秦將白起遂拔我郢，燒先王墓夷陵，楚襄王兵散，遂不復戰，東保於陳城。」故云「伏」，謂竄伏也。當此時也，隨荆以兵，則荆可舉，荆可舉則民足貪也，地足利也；陶曰：當云「荆舉則民足貪也」，

「可」字涉上文而衍。東以弱齊燕，中以淩三晉，楚詞國殤注：「淩，犯也。」然則是一舉而霸王之名可成也，四鄰諸侯可朝也，而謀臣不爲，引軍而退，復與荆人爲和。王先謙曰：史記秦紀：「昭王二十九年取郢爲南郡，王與楚王會襄陵。」此所謂軍退復和也。楚世家：「襄王二十三年，襄王收東地兵得十餘萬，復西取秦所拔江旁十五邑以爲郡，距秦。」下文所謂「與秦爲難」也。令荆人得收亡國，聚散民，立社稷主，置宗廟，令率天下西面以與秦爲難。此固以失霸王之道一矣。「以」同「已」，下同。天下又比周而軍華下，「比周」策作「比志」，顧據下文「天下比意甚固」，謂「周」當作「意」，其實「比周」或「比意」或「比志」，都是指關東六國「合從締交」的團結（比，是彼此接近，周，是彼此親密），不改字也可。華下卽華陽。大王以詔破之，兵至梁郭下，圍梁數旬，則梁可拔，拔梁則魏可舉，舉魏則荆趙之意絕，荆趙之意絕則趙危，趙危而荆狐疑，盧曰：策作「荆孤」，是。顧曰：「狐」當從策作「孤」，衍「疑」字，策無。東以弱齊燕，中以淩三晉，然則是一舉而霸王之名可成也，四鄰諸侯可朝也。而謀臣不爲，引軍而退，復與魏氏爲和，王先謙曰：史記六國表魏世家：「秦昭王三十二年，魏安釐王二年也，秦軍大梁下，韓來救，予秦溫以和。」又穰侯傳：「穰侯圍大梁，納梁大夫須賈之說而罷梁圍，明年，魏背秦與齊從親。」卽其事也。令魏氏反收亡國，聚散民，立社稷主，置宗廟，令俞曰：「令」下當有「率天下西面以與秦爲難」十字。此固以失霸王之道二矣。前者穰侯之治秦也，用一國之兵而欲以成兩國之功，舊注：穰侯營私邑謀秦，故云「兩國」。吳曰：此卽定法篇所謂「成其陶邑之封」者也。是故兵終身暴露於外，士民疲病於內，霸王之名不成，此固以失霸王之道三矣。

趙氏，中央之國也，雜民所居也，舊注：趙居邯鄲，燕之南，齊之西，魏之北，韓之東，故曰「中央」。兼四國之人，故曰「雜」。其民輕而難用也。號令不治，賞罰不信，地形不便，下不能盡其民力，俞曰：「下」當從秦策作「上」。惟以上言，故曰：「其民」，若以下言，則但曰「不能盡其力」足矣。上文曰「號令不治，賞罰不信」，此正上之所以不能盡民力。彼固亡國之形也，而不憂民萌，顧曰：「萌」策作「氓」，本書例用「萌」字。悉其士民軍於長平之下以爭韓上黨。蒲阪圓曰：趙孝成王四年，秦攻韓，上黨道絕，其民皆不欲降秦。上黨守馮亭請降於趙，趙受其降，爲發兵於長平以抗秦兵，事詳史記。大王以詔破之，拔武安。史記趙世家：「趙發兵取上黨，……秦人圍趙括，趙括以軍降。」秦策注：「趙括封武安君，將趙四十萬衆拒秦，秦將白起坑括四十萬衆於長平下，故曰武安。」當是時也，趙氏上下不相親也，貴賤不相信也，然則邯鄲不守。拔邯鄲，筦山東河間，王先愼曰：樂記注：「筦猶包也」。謂秦軍包舉其地。引軍而去，西攻修武，踰華，顧曰：當從策作「踰羊腸」。高注：「羊腸，塞名也。」降上黨，集解「降」作「絳」，據秦策及迂評、纂聞等本改。代四十六縣，盧曰：「四」策作「三」，疑是。上黨七十縣，顧曰：「七十」策作「十七」。啓雄按：古文「十」字是這樣：「十」，「七」字是這樣：「十」，二字很相象，所以常混亂，這句「七十」當作「十七」。不用一領甲，不苦一士民，此皆秦有也。代、上黨不戰而畢爲秦矣，秦策注：「爲，猶屬也。」東陽、河外不戰而畢反爲齊矣，中山、呼沲以北不戰而畢爲燕矣。王先愼曰：秦兵力所不及，則齊燕將分取之，此皆趙地，故下云「趙舉」。然則是趙舉，趙舉則韓亡，韓亡則荊魏不能獨立，荊魏不能獨立，則是一舉而壞韓蠹魏拔荊，秦策「拔」作「挾」，似非。公羊宣十二傳注：「蠹、壞也。」東以弱齊燕；決白馬之口以沃魏氏，盧曰：「沃」策作「流」。王先愼曰：「沃」「流」二字義同。說文「沃」作「渓」，溉灌也。高注：「流，灌也。」是一舉而三晉亡，從者敗也。秦策注：「白馬，津名。魏氏，今魏郡縣也。從者，山東六國。敗，從敗不成也。」大王垂拱以須之，大戴記保傳「桓公垂拱無事而朝諸侯」，注：「言無所指麾者也。」「須」借爲「頦」，說文：「頦，待也。」天下編隨而服矣。這是說：天下各國都來服從秦國，就象編連着的東西似的相繼地來服從秦國了。霸王之名可成，而謀臣不爲，引軍而退，復與趙氏爲和。夫以大王之明，秦兵之強，棄霸王之業，地曾不可得，蒲阪圓曰：謂不益尺土也。乃取欺於亡國，秦策注：「亡國，謂趙也。」蒲阪圓曰：「取欺」猶言「見侮」。上曰「亡國之形」，下曰「趙當亡」，故此喚爲「亡國」。是謀臣之拙也。且夫趙當亡而不亡，秦當霸而不霸，天下固以量秦之謀臣一矣。「以」同「已」。「量」即「估量」的「量」，這是說：各國本來已經估量（測度）秦的謀臣是智是愚，秦的兵力是強是弱。乃復悉士卒以攻邯鄲，不能拔也，棄甲兵弩，謂抛棄鎧甲、兵器、弓弩。戰竦而卻，爾雅釋詁：「戰，慄懼也。」又：「竦，懼也。」秦策作「戰慄而卻」。天下固已量秦力二矣。軍乃引而退，并于李下，太田方曰：「并」，如孫子「并敵一向」之「并」，與「屛」通。案：秦策「五國伐秦，義渠之君大敗秦人於李帛之下」，豈指此耶？李帛之下云「李下」，猶華陽之下稱華下也。大王又并軍而至，與戰不能剋之也，又不能反，運罷而去，蒲阪圓曰：「運」一作「軍」。此言進退俱難，其卒遂瓦罷兵也。兪曰：「運」乃「軍」之誤。蓋不能勝則宜退，旣不能剋，又不能反，故其軍至于罷病而後去也。天下固量秦力三矣。上文「固以量秦之謀臣」，「固已量秦力」，以彼例此，「量」字上應有「已」字。內者量吾謀臣，外者極吾兵力，秦策鮑注：「極，言度其力之所能至。」由是觀之，臣以爲天下之從，幾不難矣。王先愼曰：「幾」猶「殆」也。內者吾甲兵頓，士民病，蓄積索，田疇荒，囷倉虛，外者天下皆比意甚固，願大王有以慮之也。說文：「比，密也。」吳語注：「比，合也。」天下比意，謂諸侯親密地結合其意志。秦策注：「慮，謀也。」

且臣聞之曰：「戰戰栗栗，日愼一日。苟愼其道，天下可有。」「戰」借爲「顫」，顫是寒冷使人四支寒動。「栗」借爲「溧」或「慄」，溧，寒也。淮南人間引堯戒曰：「戰戰慄慄，日愼一日，人莫蹪於山而蹪於垤。」可見人們戒愼恐懼也會顫慄。何以知其然也？「也」讀爲「耶」。然，如此也。昔者紂爲天子，將率天下甲兵百萬，左飲於淇溪，右飲於洹谿，淇水竭而洹水不流，以與周武王爲難。武王將素甲三千，吳語注：「素甲，白甲也。武王在喪服，故素甲。」戰一日而破紂之國，禽其身，據其地而有其民，天下莫傷。知伯率三國之衆以攻趙襄主於晉陽，決水而灌之三月，城且拔矣，襄主鑽龜筮占兆，以視利害，何國可降。鑽龜，是鑽灼龜殼，使龜殼發熱坼裂成兆紋，卜人就占看兆紋來預言吉凶。筮，是筮人數蓍草的莖來預言吉凶。乃使其臣張孟談，於是乃潛行而出，反知伯之約，得兩國之衆，以攻知伯，禽其身，以復襄主之初。秦策注：「兩國，韓魏也。知伯與韓魏攻襄子，張談辭於韓魏，韓魏與趙同，故曰『反知伯之約』。」今秦地折長補短，方數千里，名師數十百萬；秦國之號令賞罰，地形利害，天下莫如也。以此與天下，天下可兼而有也。臣昧死願望見大王，「昧」字讀爲「冒」，昧死，即冒着死刑的危險。言所以破天下之從，舉趙亡韓，臣荊魏，親齊燕，以成霸王之名，朝四鄰諸侯之道。大王誠聽其說，一舉而天下之從不破，趙不舉，韓不亡，荊魏不臣，齊燕不親，霸王之名不成，四鄰諸侯不朝，大王斬臣以徇國，以爲王謀不忠者也。「徇」正字作「𢓊」，說文：「𢓊，行示也。」「斬臣以徇國」，謂斬臣頭持之遊行以示國人。「以」猶「因」也，今語「因爲」，「爲」字讀去聲。「爲王謀」，猶「代王謀」。

第二篇 存韓

本篇自篇首直迄「不可悔也」句，是韓非的上秦王書，作者是韓非；也是本篇的篇文。可是，自「詔以韓客之所上書書言『韓之未可舉』下臣斯」句，直迄「願陛下幸察愚臣之計，無忽」，是李斯對韓客（指韓非）言「韓未可舉」的駁議。從論恉上看來，這一段文字和史記韓非傳所論述「李斯姚賈毀之曰：『非終爲韓不爲秦』」的說法相符合，而和「存韓」的本意恰相反，可見這段文章絕不是韓非的作品；也不是存韓篇的本文。自「秦遂遣斯往詔韓王，未得見，因上書曰」以下，明明是李斯上韓王書，當然不是存韓篇本文。推求這些作品之所以混入存韓篇的原因，大概是由于當時秦史官記錄與韓非上秦王書的有關文件時，就連類地引錄李斯的駁議和他的上韓王書，把它們附錄在韓非上秦王書的後面作爲附件；後人不鑑別，誤認附件爲本篇正文，就無選擇地一併誤編入本篇。

韓事秦三十餘年，出則爲扞蔽，入則爲蓆薦。「扞蔽」與「蓆薦」對文，可見是動詞作名詞用。漢書尹賞傳注：「扞，臂衣也。」周禮巾車注：「蔽，車旁禦風塵者。」廣雅釋器：「薦，席也。」這是說：韓對秦是這樣：對外，韓是秦的捍衛者；對內，韓是秦的承奉者。**秦特出銳師取韓地而隨之，**王先慎曰：「韓」字當在「而」下。取地，略地也。**怨懸於天下，功歸於強秦。**太田方曰：「懸」猶「結」，連也。言韓輒每隨秦出師，故爲天下所怨。**且夫韓入貢**

職，與郡縣無異也。今臣竊聞貴臣之計，舉兵將伐韓。夫趙氏聚士卒，養從徒，欲贅天下之兵，太田方曰：「詩桑柔傳「贅，屬」，疏：「贅猶綴也。」」謂繫綴而屬之云云。明秦不弱則諸侯必滅宗廟，欲西面行其意，太田方曰：言秦強則諸侯滅，今趙明辨是說以合從。秦在西，故曰「西面」。非一日之計也。物茂卿曰：蘇秦以來，趙爲從長。今釋趙之患而攘內臣之韓，「攘內臣之韓」，是說：推開或排除「入貢職與郡縣無異」內臣般的韓國。則天下明趙氏之計矣。物茂卿曰：謂天下益明白合從之利也。

夫韓，小國也，而以應天下四擊，主辱臣苦，上下相與同憂久矣。修守備，戒強敵，有蓄積，築城池以守固。今伐韓，未可一年而滅。拔一城而退，則權輕於天下，天下摧我兵矣。物茂卿曰：「權」，秦權。「我」，亦秦也。王先愼曰：說文：「摧，折也。」韓叛則魏應之，趙據齊以爲原，太田方曰：據齊以固其原本，如川之有源也。如此，則以韓魏資趙假齊以固其從，而以與爭強，王先愼曰：與秦爭強也。物茂卿曰：資，助也。假，藉也。言韓魏叛秦，則與齊趙合，是助力於趙，藉勢於齊也。啓雄按：此文「以」字似衍，「與」下似脫一「秦」字。趙之福而秦之禍也。夫進而擊趙不能取，退而攻韓弗能拔，則陷銳之卒懃於野戰，太田方曰：「陷」讀若「矛之利莫不陷」之「陷」，突入也。「懃」一作「勤」；勤，勞也。負任之旅罷於內攻；物茂卿曰：負任之旅，卽轉餉者，「旅」亦「卒」也。「罷」「疲」同。高曰：「攻」讀爲「共給」之「共」。書甘誓「左不攻于左，右不攻于右」，墨子明鬼引「攻」作「共」，卽「攻」「共」通用之證。則合羣苦弱以敵而共二萬乘，此文似本作

「合羣苦弱以共，而敵二萬乘」。合羣苦弱以共，指秦國負任之旅疲于內供。敵二萬乘，指秦國略銳之卒勞于野戰而與趙齊萬乘之國爲敵。**非所以亡趙之心也。**物茂卿曰：秦之本心，欲離從孤趙而後圖之也。**均如貴人之計，**舊注：均，同也。啓雄按：說文：「均，平徧也。」這是說：對于貴人們的計策同等地照辦。**則秦必爲天下兵質矣。**質，是射箭者的標準；也叫「質的」或「鵠的。」即射布上畫的箭靶。**陛下雖以金石相弊，**王先謙曰：謂與金石齊壽也。雖永壽而無兼天下之日，極言其非計。**則兼天下之日未也。**

今賤臣之愚計：使人使荊，重幣用事之臣，王先愼曰：「重幣」猶言「厚賂。」**明趙之所以欺秦者；與魏質以安其心，**蒲阪圓曰：先是魏黨于趙，今趙見伐，則魏必懼，將益協和以敵秦，故先送質子以與之和，令其意安。啓雄按：說文：「質，以物相贅也。」即抵押品。「與魏質」，是說：秦國拿太子給予魏國作爲取信的抵押品。**從韓而伐趙，**蒲阪圓曰：韓固事秦，故發其兵。**趙雖與齊爲一，不足患也。二國事畢，則韓可以移書定也。**蒲阪圓曰：謂攻齊趙之事已終，則弱韓可發一紙檄而定服之，不須加兵。**是我一舉二國有亡形，**王先愼曰：二國指齊趙。**則荊魏又必自服矣。故曰：「兵者，凶器也。」不可不審用也。以秦與趙敵衡，加以齊，**爾雅釋詁：「敵，匹也。」此語謂：用秦國的國力來和趙國作強弱相等的抗衡，此外再加上齊國爲秦國的敵國。**今又背韓，**荀子解蔽注：「背，棄去也。」「背韓」，謂秦伐韓，棄絕韓。**而未有以堅荊魏之心。夫一戰而不勝，則禍搆矣。**「搆」同「構」，構，結也，連也。禍構，指兵連禍結而成了禍害。**計者，所以定事也，不可不察也。**

韓秦強弱，在今年耳。顧曰：「韓」當作「轉」。蒲阪圓曰：「韓」當作「趙」。伐韓則趙強，攻趙則秦強，成敗強弱，在此一舉。啓雄按：本篇首段言趙欲弱秦，次段論趙之福而秦之禍，三段言秦與趙敵衡，可見蒲阪圓說是比顧說好一些。且趙與諸侯陰謀久矣。夫一動而弱於諸侯，危事也；蒲阪圓曰：攻韓而不能拔，則韓輕勢弱，故曰「危事」。爲計而使諸侯有意我之心，至殆也；集解「我」作「伐」，據纂聞翼毳改。物茂卿曰：意，疑慮也。「我」，謂秦也。殆，危也。見二疏，非所以強於諸侯也。漢書韓信傳注：「見，顯露也，」「見」俗字作「現」。「疏」卽「粗疏」或「疏忽」之「疏」。現二疏，謂表現出「一動而弱於諸侯」及「爲計而使諸侯有意我之心」二種疏忽。臣竊願陛下之幸熟圖之！夫攻伐而使從者間焉，不可悔也。夫，指事之詞。「夫攻伐」，指攻伐韓之事。廣雅釋詁：「間，覗也。」謂使得合從國間伺秦國的疏忽。那末，秦雖後悔也不可補救。

存韓篇文，至此已結束；以下全是本篇的附件。

詔以韓客之所上書書言「韓之未可舉」下臣斯。李斯說：「詔令把韓非所上的書，內容是說『韓國未可取』，下達臣斯，使臣斯評議。」據下文「臣視非之言」句，可見此「韓客」是指韓非。下「書」字是動詞。臣斯甚以爲不然：集解不重「臣斯」二字，據迂評、纂聞校補。秦之有韓，若人之有腹心之病也。虛處則㤥然，若居濕地，著而不去，以極走則發矣。顧曰：說文：「㤥，苦也。」俞曰：「極」猶「亟」也。亟走，喻急也。夫韓雖臣於秦，未嘗不爲秦病。今若有卒報之事，韓不可信也。「卒」借爲「猝」；方言：「猝，謂急速也。」「猝報之事」，指突然向韓國赴報的緊急軍事。秦與趙爲難，荊蘇使齊，未知何如。物茂卿曰：荊蘇，人姓名。是時使齊，說其與趙絕而未反命，故曰「未知何如」。以臣觀之，則齊趙之交未必以荊蘇絕也。若不絕，是悉趙而應二萬乘也。王渭曰：「趙」當作「秦」。夫韓不服秦之義而服於強也，今專於齊趙，則韓必爲腹心之病而發矣。蒲阪圓曰：「專」，專以攻齊趙爲事，如極走者。韓與荊有謀，諸侯應之，則秦必復見崤塞之患。崤塞，殽陵的險隘。函谷關的東部有東西二殽山，是秦國險阻之邊塞，故又稱「殽塞」。此語謂秦國必再被關東的諸侯進攻。非之來也，未必不以其能存韓也爲重於韓也。高曰：「爲」，猶「求」也。莊子養生主：「已而爲知者。」爲知，猶求知也。荀子富國：「凡攻人者，非以爲名，則以爲利。」爲名、爲利，猶求名、求利也。……此言韓非之來，或將以其存韓之功求重於韓也。辯說屬辭，飾非詐謀，以釣利於秦，而以韓利闚陛下。舊注：窺陛下之意，因隙而入說，以求韓利。夫秦韓之交親則非重矣，此自便之計也。臣視非之言，文其淫說靡辯，才甚。廣雅釋詁：「文，飾也。」禮記檀弓注：「靡，侈也。」「淫」字解見下句。臣恐陛下淫非之辯而聽其盜心，高曰：呂覽直諫注：「淫，惑也。」「淫非之辯」，謂惑于韓非之辯。因不詳察事情。今以臣愚議：秦發兵而未名所伐，則韓之用事者以事秦爲計矣。物茂卿曰：謂不聲言伐何國。下「未名所之」同。臣斯請往見韓王，使來入見；大王見，因內其身而勿遣，說文：「內，入也。」「內其身而勿遣」，謂接納韓王而不遣他返韓國。稍召其社稷之臣，以與韓人爲市，則韓可深割也。物茂卿曰：與韓人約，以地易王，如市易然。蒲阪圓曰：「社稷之臣」，卽用事者。東周策注：「割，謂出地。」因令象武發東郡之卒，闚兵於境上而未名所之，王渭曰：「象」當作「蒙」，蒙武見始皇本紀蒙恬傳。啓雄按：方言：「闚，覘也。」漢書多以「覘」爲「示」，可見「覘」「示」二字古通用。「闚兵」似謂「示兵」，卽「觀兵」。則齊人懼而從蘇之計，王先愼曰：蘇卽荆蘇，秦使之齊絕趙交。是我兵未出而勁韓以威擒，強齊以義從矣。聞於諸侯也，趙氏破膽，荆人狐疑，必有忠計。蒲阪圓曰：謂以事秦爲計也。自秦而言之，故曰「忠計」。荆人不動，魏不足患也，則諸侯可蠶食而盡，趙氏可得與敵矣。願陛下幸察愚臣之計，無忽。以上是李斯對韓客上秦王書的駁議。是附件之一。

秦遂遣斯使韓也。太田方曰：此是記者之詞也。李斯往詔韓王。未得見，因上書曰：

昔秦韓勠力一意以不相侵，說文：「勠，并力也。」中山策「勠力同憂」，注：「勠力，勉力也。」天下莫敢犯，如此者數世矣。前時五諸侯嘗相與共伐韓，秦發兵以救之。蒲阪圓曰：五諸侯伐韓，未聞。或說：「五字衍。」史記：「韓釐王二十三年，趙魏攻我華陽，秦使白起救之。」豈是耶？韓居中國，地不能滿千里，而所以得與諸侯班位於天下，君臣相保者，方言：「班，列也。」廣雅釋言：「班，序也。」以世世相教事秦之力也。王先謙曰：韓自懿侯後，事見世家者，如昭侯十一年如秦，宣惠王十九年以太子倉質秦，襄王十年太子嬰朝秦，釐王時兩會秦王。蒲阪圓曰：此謂韓之地狹兵寡，恃秦以存，不能獨立于天下也。先時五諸侯共伐秦，據史記六國表，在周愼靚王三年，卽秦惠文王七年，魏、韓、趙、楚、燕五國共擊秦，不勝而還。韓反與諸侯先爲雁行，以嚮秦軍於闕下矣！津田鳳卿曰：魏策注：「雁行，以次進也。」此言韓爲諸侯之先鋒。諸侯兵困力極，禮記大學注：「極，盡也。」無奈何，諸侯兵罷。杜倉相秦，起兵發將以報天下之怨，而先攻荆。荆令尹患之曰：「夫韓以秦爲不義，而與秦兄弟共苦天下，已又背秦先爲雁行以攻關。物茂卿曰：謂初韓以秦爲不義，後遂與秦爲兄弟；今又背秦，此即所謂展轉。展轉，反覆也。韓則居中國，展轉不可知。」王先愼曰：「展轉」，猶「反覆」也。天下共割韓上地十城以謝秦，解其兵。上地的解釋有二：(一)美地也，見淮南和列子注。(二)上黨之地，見荀子注。淮南和列子注的解釋比較好一點。夫韓嘗一背秦而國迫地侵，兵弱至今，所以然者，聽姦臣之浮說，不權事實，故雖殺戮姦臣，不能使韓復強。今趙欲聚兵士，卒以秦爲事，使人來借道，言：「欲伐秦。」欲伐秦，其勢必先韓而後秦。且臣聞之：「脣亡則齒寒。」夫秦韓不得無同憂，其形可見。魏欲發兵以攻韓，秦使人將使者於韓。物茂卿曰：將，送也。魏欲攻韓以告秦，秦送其使者於韓，蓋言秦待韓意殷也。今秦王使臣斯來而不得見，恐左右襲曩姦臣之計，使韓復有亡地之患。蒲阪圓曰：「左右」云者，不敢斥韓王也。襲，重也。曩，昔也。臣斯不得見，請歸報，秦韓之交必絕矣！斯之來使，以奉秦王之歡心，願效便計，豈陛下所以逆賤臣者邪？太田方曰：逆，迎也。言非所以迎秦使臣之禮也。啓雄按：漢書元后傳注：「效，獻也。」秦策注：「便，利也。」「願效便計」，謂願意呈獻一些便利于韓國的計策給韓王。臣斯願得一見，前進道愚計，退就葅戮；歸納下文「願大王幸使得畢辭於前」，史記刺客傳「願大王少假借之，使得畢使於前」，周書「百夫荷素質之旗于王前」等句，「前」字是指韓王面前。廣雅釋詁：「道，說也。」漢書刑法志「菹其骨肉」，注：「菹，醢也。」醢即琢肉成肉醬。願陛下有意焉！今殺臣於韓，則大王不足以強；若不聽臣之計，則禍必搆矣。秦發兵不留行，而韓之社稷憂矣。臣斯暴身於韓之市，則雖欲察賤臣愚忠之計，不可得已。邊鄙殘，國固守，鼓鐸之聲於耳，太田方曰：「聲」下一有「聞」字，是。啓雄按：暴身於市，即被殺的身體暴露在菜市中。邊鄙即邊境。鐸是銅鈴。鼓鐸之聲聞於耳，是說敵人已迫近。而乃用臣斯之計，晚矣。且夫韓之兵於天下可知也，今又背強秦。夫棄城而敗軍，王先謙曰：言割城而又敗其軍。則反掖之寇必襲城矣。盧曰：反掖，反於掖下，言內變將作也。城盡則聚散，聚散則無軍矣。城盡，指守城完畢。聚散，積聚的兵器人馬都散失。城固守則秦必興兵而圍王一都，王先謙曰：古城邑大者皆謂之「都」，不必王所居方為「都」。道不通則難必謀，其勢不救。難必謀，似說：難以作出準確的計謀。不救即不能救。左右計之者不用，顧曰：「用」當作「周」，周，密也。願陛下熟圖之。若臣斯之所言有不應事實者，願大王幸使得畢辭於前，乃就吏誅不晚也。秦王飲食不甘，遊觀不樂，意專在圖趙，使臣斯來言，願得身見，因急與陛下有計也。希望親身面見韓王，急與韓計謀伐趙。今使臣不通，則韓之信未可知也。蒲阪圓曰：使其使臣不得引見，則韓事秦之情未可信也。夫秦必釋趙之患而移兵於韓；願陛下幸復察圖之，而賜臣報決。報決，似謂作決定大計的答覆。以上是李斯的上韓王書，是附件之二。

第三篇　難言

本篇寫臣對君言說之難。從論恉上看，和說難篇略同。但本篇發端有「臣非非難言也」，篇中有「臣非之所以難言而重患也」，篇末有「願大王熟察之」等句，可見本篇是韓非上「某王」的書；所以從體裁上看，和說難篇略異。如果要問：「這位『某王』是那國的王呢？」可惜篇文中絕無迹象可尋。司馬遷在報任安書中說：「韓非囚秦，說難孤憤。」—那末、說不定說難難言二篇都是韓非囚秦時寫的，似是用來抒寫孤獨憤悶的心情的作品。

臣非非難言也，所以難言者：言順比滑澤，禮記月令注：「順猶服也」。荀子議兵「莫不順比」，注：「比，親比也。」廣雅釋詁：「滑，美也。」滑澤，謂言之美好潤澤。**洋洋纚纚然，**詩碩人傳：「洋洋，盛大也。」離騷注：「纚纚，索好貌。」**則見以爲華而不實；**「見」字是助動詞，「見以爲」，謂被別人認爲。晉語「華而不實，恥也」，注：「有華色而無實事。」**敦厚恭祗，鯁固愼完，**太田方曰：「敦厚，相勉也。祗，敬也。恭，肅也。鯁，骨鯁也，謂直也。固，堅牢也。愼，徐鍇曰「眞心爲愼」，不鹵莽也。完，莊子云：「不以物挫志之謂完。」」**則見以爲拙而不倫；多言繁稱，連類比物，則見以爲虛而無用；總微說約，徑省而不飾，**荀子修身注：「徑，捷速也。」淮南主術注：「省，約也。」此謂把言辭的微意精義概括起來，約略地說出一些精要，又直捷簡約其詞而不修飾文句。**則見以爲**

劌而不辯；于曰：「劌」讀爲「昧」，左莊十傳「曹劌」，史記刺客傳作「曹沫」，即其證也。昧謂暗昧。昧而不辯，與「總微說約，徑省而不飾」之義正相應。激急親近，探知人情，激急親近，似謂激烈急切而接近事理人情。則見以爲譖而不讓；集解「譖」作「僭」，據乾道翼毳本改。閎大廣博，妙遠不測，則見以爲夸而無用；「妙」字讀爲「杪」，高遠之意。夸，卽浮誇；周書謚法：「華言無實曰夸。」家計小談，王先愼曰：此卽說難篇所謂「米鹽博辯」也。以具數言，則見以爲陋；言而近世，物茂卿曰：近世，近俗也。辭不悖逆，蒲阪圓曰：委曲遜順，不危激也。則見以爲貪生而諛上。言而遠俗，詭躁人間，則見以爲誕；王先愼曰：釋名：「躁，燥也，物燥乃動而飛揚也。」則「躁」「有華而不實」之意。易繫辭：「躁人之辭多。」捷敏辯給，繁於文采，「給」字是論語「禦人以口給」之「給」，皇疏：「給，捷也。」辯給，謂口辯急捷。則見以爲史；論語雍也「文勝質則史」，包注：「史者，文多而質少。」殊釋文學，王先謙曰：「殊釋」猶「棄絕」。以質性言，則見以爲鄙；荀子禮論：「性者，本始材朴也。」又正名：「生之所然者謂之性。」可見性有粗樸之意。「質性」，卽「質樸無文」意。時稱詩書，道法往古，則見以爲誦；舊注：誦，誦說舊事。——此臣非之所以難言而重患也。歸納六反「重命畏事」，五蠹「重爭土槖」，及本句，「重」是「重視」之意。

故度量雖正，未必聽也；度量，指言說者有法則的計謀，故曰「未必聽也」。義理雖全，未必用也。說文：「全，完也；純玉曰全。」引伸爲「凡完備純粹之偁」。大王若以此不信，則小者以爲毀訾誹謗，大者患禍災害死亡及其身。故子胥善謀而吳戮之，太田方曰：子胥姓伍名員，楚人。子胥父伍奢。楚殺奢，子胥因亡事吳王闔閭。闔閭死，子夫差代立，用太宰嚭計，許越平，伐齊。子胥諫弗聽，信太宰嚭之讒，賜子胥屬鏤之劍。仲尼善說而匡圍之，太田方曰：孔子狀類陽虎，匡人以爲陽虎，圍之。孟子「宰我子貢善爲說辭，孔子兼之」，是仲尼善說事。管夷吾實賢而魯囚之，太田方曰：管夷吾字仲，齊桓公卿。始管仲事公子糾，魯殺公子糾，束縛管仲以送于齊。故此三大夫，豈不賢哉！而三君不明也。

上古有湯，至聖也，釋詞：「有，語助也。一字不成詞，則加『有』字以配之。若『有虞』『有夏』是也。推之他類亦多有此」。伊尹，至智也。夫至智說至聖，然且七十說而不受，身執鼎俎爲庖宰，昵近習親，「昵」與「暱」同一個字。爾雅釋詁：「暱，近也。」左僖廿四傳注：「暱，親也。」即親暱或近暱也。呂覽任數注：「習，近習也。」而湯乃僅知其賢而用之，故曰：「以至智說至聖，未必至而見受；伊尹說湯是也。以智說愚，必不聽；文王說紂是也。」

故文王說紂而紂囚之；翼侯炙；顧曰：國策史記皆作「鄂侯」。王先愼曰：左隱五年「邢人伐翼，翼侯奔隨，六年納諸鄂，謂之鄂侯。」翼鄂地近，故相通稱。鬼侯腊；王先愼曰：史記作「九侯」。徐廣注：「九侯一作鬼侯『九』『鬼』聲近通用。」比干剖心；梅伯醢；淮南俶眞「葅梅伯而醢之」，注：「紂時諸侯也」。夷吾束縛；而曹羈奔陳；公羊莊廿四傳：「戎侵曹，曹羈出奔陳。……曹羈諫曰：『戎衆以無義，君請勿自敵也。』曹伯曰：『不可。』三諫不從，遂去之。」伯里子道乞；盧曰：卽百里奚亡秦走宛事。傳說轉鬻；舊注：轉次而傭，故曰「轉鬻」。孫子臏腳於魏；太田方曰：孫子，齊軍師。魏將龐涓與孫子同學兵法，涓爲魏將軍，自以所不能及，以法斷其兩足。臏，刖也。吳起收泣於岸門，痛西河之爲秦，卒枝解於楚；呂覽長見：「吳起治西河之外，王錯譖之于魏武侯，武侯使人召之，吳起至於岸門，止車而望西河，泣數行下。其僕曰：『去西河而泣，何也？』吳起抿泣而應之曰：『……西河之爲秦取不久矣，魏從此削矣！』吳起果去魏入楚。」「收泣」或爲「抿泣」之譌。「枝解」，詳和氏篇末。公叔痤言國器，反爲悖，公孫鞅奔秦；呂覽長見：「魏公叔痤疾，惠王往問之曰：『公叔病甚矣，將奈社稷何？』公叔對曰：『臣之御庶子鞅，願王以國聽之。』王不應，出而謂左右曰：『以公叔之賢，而今謂寡人以國聽鞅，悖也夫！』公叔死，鞅西游秦，孝公聽之，秦果強，魏果弱。非公叔之悖也，魏王則悖也。」關龍逢斬；萇宏分胣；太田方曰：關龍逢，桀臣。桀爲酒池，關龍逢進諫，桀殺之。見外傳。刳腸曰「胣」。萇弘事見內儲說。尹子穽於棘；司馬子期死而浮於江；田明辜射；宓子賤西門豹不鬥而死人手；以上四事均未聞。董安于死而陳於市；太田方曰：董安于，趙簡子臣。陳于市事見左定十三傳。宰予不免於田常；蒲阪圓曰：家語呂子說苑、人間訓、李斯傳並有此說。范雎折脅於魏。尹、曰：范雎爲魏齊舍人所笞擊，折脅摺齒，佯死。史記鄒陽傳：「范雎摺脅折齒于魏，卒爲應侯。」——此十數人者，皆世之仁賢忠良有道術之士也，不幸而遇悖亂闇惑之主而死。然則雖賢聖不能逃死亡避戮辱者何也？則愚者難說也；故君子難言也。且至言忤於耳而倒於心，「忤」字正字作「啎」，說文：「啎，逆也。」非賢聖莫能聽，願大王熟察之也。

第四篇　愛臣

本篇專論述君主蓄馭羣臣之術。從思想上看，跟主道篇略同。但篇首有「臣聞千乘之君無備，必有百乘之臣在其側」句，可見本篇原是韓非給「某王」所上的書，那末，從體裁上看，跟主道篇不同了。任公說「蓋非早年上韓王之書」（見要籍解題及其讀法），雖是疑而不定的臆說，但比較他說，好象可靠一些。

愛臣太親，必危其身；人臣太貴，必易主位；太田方曰：愛臣，左右嬖臣。「人臣」，依人主篇當作「大臣」。孤憤：「萬乘之患，大臣太重；千乘之患，左右太信。」秦策：「大臣太重者國危，左右太親者身危。」**主妾無等，必危嫡子；**晉語注：「大夫之妻稱主。」諸侯之妻也稱「主」，亡徵「后妻淫亂，主母畜穢」，是一證。禮記樂記注：「等，差也。」又注：「等，階級也。」**兄弟不服，必危社稷。**「服」，是「服從」「順服」之「服」。這是說：嫡子既已被立爲太子，那末無論是太子的兄或是弟都是庶孽了。庶孽就要順服嫡嗣，如不順服，社稷必危亂。**臣聞：千乘之君無備，必有百乘之臣在其側，以徙其民而傾其國；萬乘之君無備，必有千乘之家在其側，以徙其威而傾其國。**「徙其民」，謂臣遷徙了君的民衆來做臣的私邑的農民。古時地廣人稀，故爭取別國的勞動力；詳見孟子梁惠王和商君書倈民。徙其威，即說疑篇所說的「人臣有侈用財貨賂以取譽者，有務慶賞賜予以移衆者，有務解免赦罪獄以事威者。」之類。是以姦臣蕃息，主道衰亡。是故諸侯之博大，天子之害也；羣臣之太富，君主之敗也。將相之後主而隆家，集解「後」作「管」，「家」上有「國」字，據迂評，纂聞改刪。蒲阪圓曰：後主，忘君也。孟子：「未有義而後其君者也。」隆家，私家隆盛也。八經：「家隆劫弑之難起。」此君人者所外也。舊注：君當疏外斥遠之。萬物莫如身之至貴也，位之至尊也，主威之重，主勢之隆也。——此四美者，不求諸外，不請於人，議之而得之矣。故曰：人主不能用其富，則終於外也。王先愼曰：「富」之言「備」也，四美不備則國非其有矣。此君人者之所識也。

昔者紂之亡，周之卑，皆從諸侯之博大也。爾雅釋詁：「由，從，自也。」此語謂紂之所以亡，周之所以卑，都是由于諸侯的博大使然。晉之分也，齊之奪也，皆以羣臣之太富也。夫燕宋之所以弑其君者，王先愼曰：子罕劫宋，子之奪燕。皆以類也。太田方曰：「以」，一作「此」。皆以此類也。故上比之殷周，中比之燕宋，莫不從此術也。太田方曰：「比」猶「覼」也。「中」下脫「比之晉齊，下」五字。是故明君之蓄其臣也，盡之以法，呂覽明理注：「盡，極也。」「盡之以法」，謂竭盡「以法裁之」之能事。質之以備，王先謙曰：廣雅釋詁：「質，正也。」「備」者，未至而設之，所以逆杜其邪心也。故不赦死，不宥刑。赦死宥刑，是謂威淫，社稷將危，國家偏威。舊注：淫，散也。君威散，臣威成，故曰「偏威」。是故大臣之祿雖大，不得藉威城市；俞曰：「威」字衍。「藉」讀爲「籍」。言大臣之祿雖大，而城市之地不得籍征稅而取之。黨與雖衆不得臣士卒。故人臣處國無私朝，居軍無私交，其府庫不得私貸於家。舊注：不欲令其樹福也。此明君之所以禁其邪。是故不得四從，孫曰：「四」與「駟」通，謂駟乘也。（左文十一傳注：「駟乘四人共連」）。「從」謂從車。皆論貴臣隨從車乘之事；下云「不載奇兵」，即蒙上「四從」而言。不載奇兵，王先謙曰：淮南墜形注：「奇，隻也。」「奇兵」，佩刀劍之屬，與上「四從」對文。「不載」，謂不載以從戰。國策「秦羣臣侍殿上者不得持尺寸之兵」，即此義也。惟傳遽以備非常，乃得載兵甲，故下文申言之。非傳非遽，載奇兵革，罪死不赦。「傳」和「遽」都是名詞，詩江漢釋文：「以車曰傳，以馬曰遽。」「傳」或「馹」是車，「遽」或「驛」是馬。都是急遽的交通工具。此明君之所以備不虞者也。

第五篇　主道

道是客觀存在着萬事萬物的總體，也是「是」和「非」道理的綱紀。主道是從這個事物的總體和「是」「非」的綱紀某些紀緒中發展而成的東西，——即君主御臣的道術和統治國家的方法。功名篇：「明主守自然之道。」可見主道是合于「自然之道」的。

道者，萬物之始，是非之紀也。 這個「道」字，指萬事萬物的總體，所以它是萬物的根本，又是「是」和「非」的綜理或綱紀。老子注：「始者，道本也。」禮記注：「始猶根也。」又注：「紀，總要也。」周語注：「紀，綜理也。」**是以明君守始以知萬物之源，治紀以知善敗之端。** 這是說：明君掌握着道本，借此以知物的本源；研治總要的理，借此以知善和敗的端緒。**故虛靜以待令：**「令」字似衍。**令名自命也，** 爾雅釋詁：「命，告也。」廣雅釋詁：「命，道也。」**令事自定也。虛則知實之情，靜則知動者正。**「者」借爲「諸」；廣雅釋言：「諸，之也。」**有言者自爲名，有事者自爲形、** 說文：「名，自命也。」春秋繁露深察名號：「名之爲言鳴與命也。」合此文「令名自命」、「有言者自爲名」，則「名」字是動名詞，即「言語所表達的」。它的內容有時指道理，有時指名稱。廣雅釋詁：「形，見也。」即「表現」。**形名參同，君乃無事焉，歸之其情。** 這句「參同」二字，跟孤憤的「合參驗」，八經的「合參」，下文的「參合」相同。說文：「同，合會也。」餘詳孤憤篇中。禮記大學注：「情猶實也。」指眞實性。這是說：經過檢驗，證明所表現的和所說的符合了，君主才不用幹事，因而就歸趨到名當其實的實情上來了。故曰：君無見其所欲，君見其所欲，臣自將雕琢；「自將」，據下文及鹽鐵論注當作「將自」。這是說：君主不要表現出他自己的意欲，如果表示意欲，臣們將要自己造作粉飾起來了。君無見其意，君見其意，臣將自表異。二「無」字都借作「毋」。四「見」字都同「現」字。這是說：君主不要表現出他自己的意見，如果表示意見，臣們將要自己標奇立異了。故曰：去好去惡，臣乃見素；淮南本經注：「素，樸也。」「見素」和前句「自雕琢」意思相反。二柄「君無好惡，則臣無因爲僞，其誠素自見矣」，可與此句互發。去舊去智，臣乃自備。這個「舊」字指君主的舊行動，「智」字指君主的智慧。「自備」二字的含意和前句「自表異」三字的含意相反。說文：「備，愼也。」「自備」，謂臣下戒愼而不敢表現奇異。故有智而不以慮，使萬物知其處；「知其處」似本作「如其處」。這是說：君主雖然有智慧，然而不用智慧來思慮，使萬物照着它們的處所來表現。有行而不以賢，觀臣下之所因；「行」字是名詞，指善行或德行。這是說：君主雖然有好行動，然而他不自以爲賢，就這樣來觀察臣下們何所因依。有勇而不以怒，使羣臣盡其武。周語注：「怒，作氣也。」這是說：君主雖有勇，但他不振奮作氣，使臣出武勇。是故去智而有明，君主去掉他的智慧，這樣、他就有明智了。去賢而有功，君主去掉他的賢才，這樣、他就有事功了。去勇而有強。君主去掉他的勇力，這樣、他就有武勇了。羣臣守職，百官有常；因能而使之，是謂「習常」。書金縢傳：「習，因也。」「常」字在這裏指「道」，卽君主不表現他自己的意見的「主道」。「習常」，就是君主因依着「無爲」「無事」的君道，使羣臣各人「盡其武」

「盡其慮」「敕其材」。（這個「常」字跟解老篇中的「常」不同。）故曰：寂乎其無位而處，管子心術：「位者，謂其所立也。」「無位」，指虛靜無定的立場，卽「去好」、「去惡」、「去智」、「去賢」、「去勇」等，卽「君無見其意」的意思。謬乎莫得其所。顧曰：「謬」讀爲「寥」，正字作「廫」，說文：「廫，空虛也。」明君無爲於上，羣臣竦懼乎下。這個「無爲」，是指君主處勢抱術，無位而處。竦懼，卽悚懼，害怕之意。這四句說：「君主寂靜地不站在固定的立場上，臣下們就空虛地摸不到他的着落。明君在上面雖然無所作爲，羣臣們在下面却警惕害怕了。」明君之道：使智者盡其慮而君因以斷事，故君不窮於智；賢者敕其材，君因而任之，故君不窮於能。明君的道術是這樣：使智者全獻出他們的思慮，而君主因依着他們的思慮來決定事件，這樣，君主在智慧上就無窮無盡。又使賢者具備他們的才能，而君主因依着他們才能而任用他們，這樣，君主在才能上就無窮無盡。有功則君有其賢，有過則臣任其罪，故君不窮於名。是故不賢而爲賢者師，不智而爲智者正；爾雅釋詁：「正，長也。」廣雅釋詁：「正，君也。」這是說：羣臣如果有成功，君主就跟着有賢名；如果有過錯，羣臣就負担罪名。這樣，君主在名譽上就無窮無盡。所以君主不賢却做賢者的師，不智却做智者的君長。臣有其勞，君有其成功。此之謂賢主之經也。左宣十二傳注：「經，法也。」這是說：羣臣各人都有勞動的任務，君主却享有他們勞動的成功，這就叫做「賢主的常法」。

道在不可見，用在不可知。虛靜無事，以闇見疵。君道在于使羣臣不能觀測，其運用在于使羣臣不能知曉。君主拿「虛靜無事」的政策從隱暗的地方來察見羣臣的毛病。見而不見，聞而不聞，知而不知。

知其言以往，勿變勿更，以參合閱焉。三「而」字都讀「如」，釋詞七：「而猶如也。」謂君主這樣來默察羣臣：雖見如不見，雖聞如不聞，雖知如不知。論語皇疏：「往猶後也。」謂君主知道羣臣的言論以後，就用不變不更羣臣言論的方法來檢驗羣臣的言行是否一致。官有一人，勿令通言，則萬物皆盡。每一官職有一人任職，不要讓各官員彼此通聲氣，這樣，一切事物都能各盡其實情。函掩其跡，匿其端，下不能原。漢書注：「原，謂尋其本也。」這是說：君主掩蓋着他的心迹，藏匿着他的情緒，羣臣就不能推測君主的心情。去其智，絕其能，下不能意。「意」字是動詞，指「意度」。這是說：君主去掉他的智慧，棄絕他的才能，羣臣就不能憑臆度來猜測。保吾所以往而稽同之，謹執其柄而固握之。所是處所，指君主的立場。以往，即以後。柄，指君權。這是說：保持着我的立場（指君主虛靜的立場）以後，從而考核它，謹愼地執持權柄而且牢固地掌握住它。絕其望，破其意，毋使人欲之。君主杜絕住羣臣的奢望，破除羣臣的意度，不要讓羣臣貪欲君主的權柄。不謹其閉，不固其門，虎乃將存。舊注：權柄不固則篡國之虎因而存矣。啓雄按：這兩個「其」字都是指君主。據下文「弒其主，代其所，故謂之虎」，可見韓子用「虎」做「篡臣」的代詞。這是說：如果君主不謹愼關閉和不鞏固門戶，那末「老虎」將要存在着了。不愼其事，不掩其情，賊乃將生。弒其主，代其所，人莫不與，故謂之虎。所，處所，指君主的地位。與，謂參預篡弒的陰謀。這是說：當姦臣要弒君而代替他的地位時，在他的黨與中沒有人不參預其事的，所以叫他們是老虎。處其主之側爲姦臣，聞其主之忒，故謂之賊。王曰：「臣」當爲「匿」，「匿」讀爲「慝」，「匿」與「慝」古字通。「主」、

「所」、「與」、「虎」爲韻，「側」、「匿」、「忒」、「賊」爲韻。「閒」蓋「閑」之譌。閑，伺也。散其黨，收其餘，顧曰：「餘」當作「與」，下文「輔」「虎」其韻也。閉其門，奪其輔，國乃無虎。大不可量，深不可測，同合刑名，顧曰：「刑」讀爲「形」，揚搉篇同。審驗法式，擅爲者誅，國乃無賊。君主的君術大到不可量，又深到不可測，它使「形」和「名」符合（即事物和名稱或言論符合），審查檢驗法式，如果有人擅自僞造法式就殺。這樣，國內才沒有賊。是故人主有五壅：臣閉其主曰壅；臣制財利曰壅；臣擅行令曰壅；臣得行義曰壅；臣得樹人曰壅。樹，立也。「樹人」，在這裏指樹立黨徒私人。臣閉其主則主失位；明迂評本凌本「位」作「明」，好一些。臣制財利則主失德；王先謙曰：「德」當作「得」，與上「財利」相應，此緣聲同而誤。臣擅行令則主失制；臣得行義則主失名；臣得樹人則主失黨。——此人主之所以獨擅也，非人臣之所以得操也。

人主之道，靜退以爲寶。太田方曰：老子云：「淸靜爲天下正。」又云：「三寶……一曰不敢爲天下先。」韓子學原於老子，故以靜退爲寶。王先愼曰：「靜退」當作「虛靜」。此承上「虛靜以待令」而言。下不操事，不計慮，而知巧拙福咎，卽申「虛則知實之情，靜則爲動之正」之義。今譌作「靜退」，則前後不相應矣。不自操事而知拙與巧，不自計慮而知福與咎；是以不言而善應，不約而善增。言已應則執其契，事已增則操其符。王先愼曰：「約」當作「事」。「言已應」「事已增」正承上言之。太田方曰：契，所執以責人者；符，所兩相合以取信者。此喩以其言授其事，以事責其功也。啓雄按：這句「言」字是指羣臣所陳之言。符契之所合，賞罰之所生也。故羣臣陳其言，君以其言授其事，事以責其功。顧曰：藏本、今本「事以」作「以事」，按當作「以其事」。王先愼曰：二柄作「專以其事責其功」。功當其事，事當其言則賞；功不當其事，事不當其言則誅。明君之道，臣不得陳言而不當。顧曰：此句下有脫文。

是故明君之行賞也，曖乎如時雨，「曖」，正字作「薆」。說文：「薆，蔽不見也。」字亦作「薆」，爾雅釋言：「薆，隱也。」這句正承上文「道在不可見，用在不可知」而說的。百姓利其澤；其行罰也，畏乎如雷霆，神聖不能解也。「畏」字讀爲「威」。方言：「解，脫也。」故明君無偷賞，無赦罰。禮記表記注：「偷，苟且也。」偷賞，即亂賞。賞偷則功臣墮其業，赦罰則姦臣易爲非。是故誠有功則雖疏賤必賞，誠有過則雖近愛必誅。近愛必誅，太田方曰：張之象鹽鐵論注此句上有「疏賤必賞」四字。則疏賤者不怠，而近愛者不驕也。

第六篇　有度

本篇首段：「……荆莊王之氓社稷也，而荆以亡。……齊桓公之氓社稷也，而齊以亡。……燕襄王之氓社稷也，而燕以亡。……魏釐王死而魏以亡。故有荆莊、齊桓則荆齊可以霸，有燕襄、魏釐則燕魏可以強。今皆亡國者，其羣臣官吏務所以亂，而不務所以治也。其國亂弱矣。」此段中最成問題的是「荆……齊……燕……魏……今皆亡國」一句。考史記六國表，魏滅于秦王政廿二年，楚滅于廿四年，燕滅于廿五年，齊滅于廿六年，而韓非在秦王政十四年已死，「亡國」之「國」字若非訛衍，則本段或本篇作者必是秦王政廿六年以後的人（擇采近人舊說）。此外，本篇自篇中以後，文句又多與管子明法篇文同。似是秦漢間法術家的文章，一邊混入韓子書，一邊又被抄入管子明法篇。

國無常強，無常弱。奉法者強則國強， 舊注：強爲不曲法從私。 **奉法者弱則國弱。** 廣雅釋詁：「奉，持也。」這是說：國沒有經常不變而老是強的，也沒有經常不變而老是弱的。執法的官吏堅強（指不曲法從私），國就強，執法的官吏柔弱（指曲法從私），國就弱。

荆莊王幷國二十六，開地三千里，莊王之氓社稷也，而荆以亡。 傳曰：「氓」，疑爲「泯」之訛字。廣韻：「泯，滅也，盡也。」「泯」既訓「滅」訓「盡」，亦可訓「死」。 **齊桓公幷國三**

十，啓地三千里，桓公之氓社稷也，而齊以亡。荀子仲尼「齊桓……幷國三十五」，注：「幷國三十五，謂滅譚，滅遂，滅項之類，其餘所未盡聞也。」燕襄王以河爲境，以薊爲國，襲涿、方城，顧曰：「襄」當作「昭」，下同。史記年表世家，燕無襄王。下文云「殘齊」，在昭王二十八年，或一諡「襄」也。王先謙曰：襲，謂重繞在外。謂燕都在薊，涿、方城在外，猶左傳言「表裏」也。殘齊，平中山，有燕者重，無燕者輕，舊注：謂鄰國得燕爲黨者則重，反是者則輕。襄王之氓社稷也，而燕以亡。魏安釐王攻趙，救燕，取地河東；顧曰：當云「攻燕救趙」。年表：「五年擊燕，二十年救邯鄲，二十一年救趙。」攻盡陶、魏之地，舊注：陶，定陶也。顧曰：「魏」當作「衞」，見本書飾邪篇。加兵於齊，私平陸之都；舊注：言魏加兵于齊平陸，以爲私都也。攻韓拔管，舊注：管，故管叔所都。勝於淇下；睢陽之事，荆軍老而走；舊注：魏與楚相持于睢陽，而楚師遁。師久爲老。蔡召陵之事，荆軍破，兵四布於天下，威行於冠帶之國；安釐王死而魏以亡。故有荆莊、齊桓則荆齊可以霸，有燕襄、魏安釐則燕魏可以強；今皆亡國者，本段「荆亡」「齊亡」「燕亡」「魏亡」四個「亡」字，似謂有了「亡徵」，未必已經亡國。亡徵：「亡徵者，非曰必亡，言其可亡也。」八姦：「亡君者，非莫有其國也，而有之者，皆非己有也。令臣以外爲制於內，則是君人者亡也。」這是說出亡國的預兆，未必果眞亡國。「今皆亡國」之「亡」字，似指「亡國」。也是本篇最成問題的一句。可是下文又說：「主有人主之名，而實託於羣臣之家，故臣曰：亡國之廷無人焉。」那末「亡國」二字的含義，有時也指將亡之國。其羣臣官吏皆務所以亂而不務所以治也。其國亂弱矣，又皆釋國法而私其外，迂評注：「營私于國法之外。」則是負薪而救火也，亂弱甚矣！

故當今之時，能去私曲就公法者，民安而國治；能去私行行公法者，則兵強而敵弱。故審得失有法度之制者加以羣臣之上，則主不可欺以詐僞；舊注：謂得守法度之臣授之以政位，加羣臣之上，故不可欺以詐僞。顧曰：「失」當作「夫」，下文「失」亦當作「夫」。「加以」當作「以加」。舊注未識。審得失有權衡之稱者以聽遠事，則主不可欺以天下之輕重。舊注：權衡所以稱輕重也。臣旣妙于輕重，使之聽遠，故不可欺以輕重也。太田方曰：管子明法：「有法度之制者，不可巧以詐僞；有權衡之稱者，不可欺以輕重。」自是以下，引明法篇略有異同。今若以譽進能，則臣離上而下比周；若以黨舉官，則民務交而不求用於法。左文十八傳注：「比，近也。周，密也。」謂臣下彼此親近而周密地結私黨。故官之失能者其國亂；以譽爲賞，以毀爲罰也，則好賞惡罰之人釋公行，行私術，比周以相爲也。王先愼曰：上「行」字當作「法」。「好賞惡罰之人釋公法，行私術」，與上「去私曲，就公法」，「去私行，行公法」，下「行私重，輕公法」，「奉公法，廢私術」相應，四處皆作「法」字，此「行」字涉下文而誤。忘主外交以進其與，舊注：與謂黨與也。則其下所以爲上者薄矣。交衆與多，外內朋黨，雖有大過，其蔽多矣。舊注：朋黨旣多，遞相隱蔽，雖有大過，無從而知也。故忠臣危死於非罪，姦邪之臣安利於無功。舊注：邪臣朋黨，則忠臣橫以非罪而見陷，邪臣輒以無功而獲利也。忠臣危死而不以其罪，則良臣伏矣；舊注：臣傷其類，故良臣伏。王先愼曰：伏，謂隱也。姦邪之臣安利不以功，則姦臣進矣；舊注：同氣相求，故姦臣進也。此亡之本也。若是則羣臣廢法而行私重，舊注：私重，謂朋黨私相重也。輕公法矣。數至能人之門，舊注：此其所以私重也。王先愼曰：能人，即私人也，見管子明法篇。三守：「不敢不下適近習能人之心。」不壹至主之廷；百慮私家之便，不壹圖主之國。屬數雖多，非所以尊君也；舊注：君之徒屬之數雖多，皆行私重，故非尊君。百官雖具，非所以任國也。舊注：百官雖備，皆慮私家之便，故非任國。任，謂當其事也。然則主有人主之名，而實託於羣臣之家也。太田方曰：託，寄也。管子無是語。管子云：「有百乘之守，而實無尺壤之用，是謂託食之君。」故臣曰：亡國之廷無人焉。舊注：無憂國之人也。臣，韓非自謂也。廷無人者，非朝廷之衰也。太田方曰：管子下「廷」作「臣」，言非朝廷空虛無人也。三守：「此謂國無臣，國無臣者，豈郎中虛而朝臣少哉！」家務相益，不務厚國；大臣務相尊，而不務尊君；王先愼曰：家務相益，謂務相益其家，與大臣務相尊同。相益相尊，對厚國尊君而言。小臣奉祿養交，不以官爲事。顧曰：「奉」當作「持」，見本書三守。晏子春秋問下：「士者持祿，游者養交。」荀子臣道：「以之持祿養交而已耳，國賊也。」又見外傳。高曰：廣雅釋詁：「奉，持也。」是「奉」「持」同誼。啓雄按：「養交」，即「養客」。「養」爲「豢養」之「養」，見荀子臣道劉師培注。此其所以然者，由主之不上斷於法，而信下爲之也。蒲阪圓曰：信，任也；任下毀譽以行賞罰也。管子無此語。故明主使法擇人，不自擧也；使法量功，不自度也。蒲阪圓曰：明試以功，則賢自效；形名相參，則功罪自斷。能者不可弊，敗者不可飾，譽者不能進，非者弗能退，王先慎曰：張榜本「弊」作「蔽」，管子亦作「蔽」，「非」作「誹」，字並通用。則君臣之間明辯而易治，蒲阪圓曰：「辯」「辨」通，別也。賢愚功罪，明白分別，治功自成。管子：「然則君臣之間明別，明別則易治也。主雖不身下爲，而守法爲之可也。」故主讐法則可也。舊注：讐，謂校定可否。

賢者之爲人臣，北面委質，「質」借爲「摯」，「摯」亦作「贄」。周禮大宗伯：「以禽作六摯：皮帛……羔……雁……雉……鶩……雞。」北面委質，謂臣北向見君，執摯爲見面禮。後人或以「屈膝」、或以「推體」解釋「委質」，似非古義。無有二心，朝廷不敢辭賤，軍旅不敢辭難，順上之爲，從主之法，虛心以待令，而無是非也。故有口不以私言，舊注：爲君言也。有目不以私視，舊注：爲君視也。而上盡制之。爲人臣者，譬之若手，上以修頭，下以修足；清暖寒熱，不得不救入，王先慎曰：「入」字衍。「不敢弗搏」與「不得不救」相對，明此不當有「入」字。鏌鋣傳體，不敢弗搏。說文：「鏌釾，吳神劍名。」無私賢哲之臣，無私事能之士。舊注：賢哲之臣，事能之士，皆以公用之。故民不越鄉而交，無百里之慼。顧曰：「慼」讀爲「戚」。貴賤不相踰，愚智提衡而立，高曰：提衡，喻得其平也。飾邪「趙自以爲與秦提衡」，八經「大臣兩重，提衡而不踦」，皆斯意。治之至也。今夫輕爵祿，易去亡，以擇其主，臣不謂廉。舊注：易亡擇主，心貪者耳，如此之臣，不可謂廉也。詐說逆法，倍主強諫，臣不謂忠。舊注：逆法強諫，凌主者耳，如此之臣，不可謂忠。行惠施利，收下爲名，臣不謂仁。舊注：行惠收下，作福者耳，如此之臣，不可謂仁。離俗隱居，而以非上，臣不謂義。舊注：隱居非上，揚主之惡，如此之臣，不可謂義。外使諸侯，內耗其國，伺其危險之陂以恐其主，王先愼曰：「陂」字無義，當作「際」，篆文形近。曰「交非我不親，怨非我不解」，而主乃信之，以國聽之，卑主之名以顯其身，毀國之厚以利其家，臣不謂智。舊注：伺危以怨主，毀國以利家，姦雄者耳。如此之臣，不可謂智。此數物者，險世之說也，而先王之法所簡也。俞曰：「險世之說」，本作「險世所說」，「說」讀爲「悅」。太田方曰：周禮大司徒「以鄉三物，教萬民」，注：「物猶事也。」簡，謂擇而去之，王制：「簡不帥教者。」先王之法曰：「臣毋或作威，毋或作利，從王之指；蒲阪圓曰：此下疑脫「毋或作好」一句。毋或作惡，從王之路。」太田方曰：威，謂刑罰殺戮；利，謂慶賞賜予。能循公道者，不得以私之好惡愛憎人民也。古者世治之民，奉公法，廢私術，專意一行，具以待任。舊注：治世之人所具意行，不用之於私，惟以待君之任耳。

夫爲人主而身察百官，則日不足，力不給。舊注：言當用法而察之。且上用目則下飾觀，舊注：飾觀則目視不得其眞也。上用耳則下飾聲，舊注：飾聲則耳聽不知其僞也。上用慮則下繁辭。舊注：繁辭則慮惑於說也。先王以三者爲不足，故舍己能而因法數，審賞罰。先王之所守要，廣雅釋言：「數，術也。」「法數」猶「法術」。守要，指「因法數、審賞罰」。故法省而不侵。獨制四海之內，聰智不得用其詐，險躁不得關其佞，書大傳「雖禽獸之聲猶悉關于律」，注：「關猶入也。」關其佞，進入佞說于君也。姦邪無所依。遠在千里外，不敢易其辭；勢在郎中，不敢蔽善飾非。俞曰：「勢」當作「暬」。楚語「居寢有暬御之箴」，注：「暬，近也。」「暬在郎中」，與「遠在千里外」正相對成義。「暬」「勢」形近而誤，或古字通。高曰：「郎」「廊」古今字。朝廷羣下直湊單微，不敢相踰越。王先愼曰：說文：「湊，水上人所會也。」故「湊」有「會合」之義。此言親近重臣合之疏遠卑賤之人，皆用法數以審賞罰，毋有相違。下文「刑過不避大臣，賞善不遺匹夫」是也。故治不足而日有餘，上之任勢使然也。

夫人臣之侵其主也，如地形焉，卽漸以往，使人主失端，東西易面而不自知。王先愼曰：「卽」當作「積」，聲之誤也。此謂人之行路，積漸不覺而已易其方，在始未必不知，移步換形，遂不能見。故必自司南以定其方。喻人主爲臣侵其權勢，使人主不自知者，非一朝一夕之故，在人主時以法度自持也。啓雄按：廣雅釋詁：「端，正也。」下句同。故先王立司南以端朝夕。司南，似是古代測方向和陽光的器物。論衡有「司南之杓」，它的作用和近代的指南針略同。故明主使其羣臣不遊意於法之外，不爲惠於法之內，動無非法。法，所以凌過遊外私也；王先愼曰：「過」爲「遏」之誤。一本「遊」作「滅」，是。「凌」爲「峻」字，形近而譌，當在「法」上。「峻法所以遏滅外私也」，與下「嚴刑所以遂令懲下也」句正相對。嚴刑，所以遂令懲下也。王先謙曰：遂，竟也。刑以輔令，而行使必下竟。威不貸錯，制不共門。劉曰：「貸錯」，明法篇作「兩錯」。「貸」乃「貳」訛，「貳錯」卽「兩錯」。威制共則衆邪彰矣，法不信則君行危矣，俞曰：「危」讀爲「詭」。呂覽淫辭「所言非所行也，所行非所言也，言行相詭，不祥莫大焉」，與此意相近。蓋法不信則君之所行前後違反，故曰「詭」也；作「危」者，古字通耳。刑不斷則邪不勝矣。故曰：巧匠目意中繩，然必先以規矩爲度；「意」，是論語先進「億則屢中」之「億」。意，度也。中，適當也。淮南原道注：「中，適也。」漢書刑法志注：「中，當也。」上智捷舉中事，必以先王之法爲比。王先愼曰：「上智」，謂極智之人，與「巧匠」同意，非謂君也。捷，疾也。中事，合于事也。太田方曰：禮王制：「比，例也。」法可常，而智不可常也。故繩直而枉木斲，準夷而高科削，漢書律歷志：「準者，所以揆平取正也。」準是平量的器。「夷」借爲「徯」，徯，平也。「科」借爲「坎」，坎，凹也。「高科」，猶「凸凹」也。權衡縣而重益輕，舊注：減重益輕，權衡乃平。斗石設而多益少。舊注：減多益少，斗石乃滿。故以法治國，舉措而已矣。王先愼曰：「措」當爲論語「錯諸枉」之「錯」。以法數治國家，不外「舉」「錯」二者。法不阿貴，淮南主術注：「阿，曲從也。」繩不撓曲。法之所加，智者弗能辭，勇者弗敢爭。刑過不避大臣，賞善不遺匹夫。故矯上之失，詰下之邪，治亂決繆，絀羨齊非，漢書嚴安傳注：「矯，正曲使直也。」周禮太宰注：「詰猶禁也。」史記外戚世家索隱：「決猶別也。」「繆」借爲「謬」。詩十月之交傳：「羨，餘也。」齊非，謂整齊那些違反道理的事。一民之軌，莫如法。屬官威民，王曰：「屬」當爲「厲」。「厲官」、「威民」，義正相近。俗書「屬」作「属」，形與「厲」近，故誤。退淫殆，止詐僞，莫如刑。高曰：「殆」借爲「怠」，論語爲政「思而不學則殆」，釋文「殆本作怠」，即「殆」「怠」通用之證。刑重則不敢以貴易賤，「易」借爲「敡」，說文：「敡，侮也。」蒼頡篇：「敡慢也。」法審則上尊而不侵，上尊而不侵則主強而守要，故先王貴之而傳之。蒲阪圓曰：兩「之」字皆指法。人主釋法用私，則上下不別矣。

第七篇　二柄

禮記禮運注：「柄，所操以治事。」指君主所操執以治事的權柄。二柄：(一)刑，指殺和戮；(二)德，指賜和賞。又按：本篇文句多與主道、揚權、內外儲說語句相同，似是後人采輯韓書各篇文纂集湊成的篇。

明主之所導制其臣者，二柄而已矣。俞曰：「導」當爲「道」，道者，由也。「明主所道制其臣者」，猶言「明主所由制其臣者」。二柄者，刑、德也。何謂刑、德？曰：殺戮之謂刑，慶賞之謂德。詩甫田箋：「慶，賜也。」爲人臣者，畏誅罰而利慶賞，故人主自用其刑、德，則羣臣畏其威而歸其利矣。故世之姦臣則不然：所惡則能得之其主而罪之，荀子王霸注：「利，貪求之也。」上「利」字是動詞，下「利」字是名詞。「故」猶「但」也，轉語之詞。這是說：可是世上的姦臣就不是那樣對他所憎惡的人，他就能竊取君主的權柄，而用來加罪于他人。所愛則能得之其主而賞之。今人主非使賞罰之威利出於己也，聽其臣而行其賞罰，則一國之人皆畏其臣而易其君，歸其臣而去其君矣。人主如果不是使賞罰之權由自己出，而聽取臣的愛憎來行賞罰，那末，國人就畏懼羣臣而輕慢君主了。人民都趨向于臣的私門而離去君主了。此人主失刑德之患也。夫虎之所以能服狗者，爪牙也，使虎釋其爪牙而使狗用之，則虎反服於狗矣。人主者，以刑德制臣者也，今君人者釋其刑德而使臣用之，則君反制於臣矣。故田常上請爵祿而行之羣臣，禮記月令注：「行猶賜也。」舊注：「請君爵祿而與羣臣，所以樹私德于衆官。」下大斗斛而施於百姓，舊注：于下而用大斗斛以施百姓，所以樹私恩于衆庶也。此簡公失德而田常用之也，故簡公見弒。此事互見外儲右上說一。子罕謂宋君曰：「夫慶賞賜予者，民之所喜也，君自行之；殺戮刑罰者，民之所惡也，臣請當之。」於是宋君失刑而子罕用之，故宋君見劫。田常、子罕事又見本書五蠹篇中。田常徒用德，舊注：謂不兼刑也。而簡公弒；子罕徒用刑，舊注：謂不兼德也。而宋君劫。故今世爲人臣者兼刑德而用之，則是世主之危甚於簡公、宋君也。故劫殺擁蔽之主，「擁」借爲「邕」，「邕」又作「壅」。廣雅釋詁：「壅，障也，隔也。」非失刑德而使臣用之，而不危亡者，則未嘗有也。劉曰：「非」，疑「兼」之壞字。陶曰：「非」爲「兼」之壞字。「兼失刑德」，與上文「爲人臣者兼刑德而用之」正反相應。

人主將欲禁姦，則審合刑名；□□者，言與事也。陶曰：「刑」讀爲「形」。「刑名」二字當重，其文云：「人主將欲禁姦，則審合刑名，刑名者，言與事也。」啓雄按：「形名」解詳主道篇首。爲人臣者陳而言，顧曰：「而」當作「其」，見本書主道篇。君以其言授之事，專以其事責其功。王先愼曰：謂因其所言之事以求其效，不外使也。功當其事，事當其言則賞；功不當其事，事不當其言則罰。故羣臣其言大而功小者則罰，非罰小功也，罰功不當名也。羣臣其言小而功大者亦罰，非不說於大功也，以爲不當名也，害甚於有大功，故罰。陶曰：有大功，不得爲「害甚于有大功」，義殊難通。下文「非不惡寒也，以爲侵官之害甚于寒」，則此文當云「非不說於大功也，以爲不當名之害甚于無大功」，文義方合。今本「之」誤爲「也」，「無」誤爲「有」耳。昔者韓昭侯醉而寢，典冠者見君之寒也，故加衣於君之上。覺寢而說，舊注：寢寤而覺。問左右曰：「誰加衣者？」左右對曰：「典冠。」君因兼罪典衣與典冠。集解依意林改「與」字爲「殺」，誤。今仍改從乾道本。「兼罪」，謂兼罪典衣者和典冠者。其罪典衣，以爲失其事也；其罪典冠，以爲越其職也。非不惡寒也，以爲侵官之害甚於寒。故明主之畜臣，臣不得越官而有功，不得陳言而不當。越官則死，不當則罪。守業其官，所言者貞也，則羣臣不得朋黨相爲矣。蒲阪圓曰：貞，謂其言事相符，無詐僞掩飾也。不得朋黨相爲，謂不能互相薦達圖私利也。啓雄按：「朋黨」解詳孤憤篇首。

人主有二患：任賢，則臣將乘於賢以劫其君；舊注：賢者必多才術，故能乘賢以劫君也。妄舉，則事沮不勝。舊注：妄舉，謂不擇賢則其事必沮而不勝。沮，毀敗也。故人主好賢，則羣臣飾行以要君欲；則是羣臣之情不效；舊注：飾行則僞外，故其內情不效。效，顯也。太田方曰：要，求也，謂徼射也。韻會：「效，呈見也。」羣臣之情不效，則人主無以異其臣矣。舊注：莫不飾行，故眞僞不分也。故越王好勇而民多輕死；楚靈王好細腰而國中多餓人；齊桓公妒而好內，故豎刁自宮以治內；「好內」、「自宮」

解詳難一篇中。桓公好味，易牙蒸其子首而進之；燕子噲好賢，故子之明不受國。王先愼曰：即外儲說右下潘壽謂燕王事。故君見惡，則羣臣匿端；舊注：匿端，避所惡也。君見好，則羣臣誣能。人主欲見，則羣臣之情態得其資矣。俞曰：「欲見」，當作「見欲」，與上文「見好」「見惡」一例。見好見惡，即自見其所欲矣。故子之，託於賢以奪其君者也；豎刁、易牙，因君之欲以侵其君者也。其卒子噲以亂死，桓公蟲流出戶而不葬。此其故何也？人君以情借臣之患也。舊注：謂見好惡之情則臣得以爲利，此以情借臣求利者，患所以生也。人臣之情，非必能愛其君也，爲重利之故也。今人主不掩其情，不匿其端，而使人臣有緣以侵其主，舊注：緣其好惡之情得以侵主。則羣臣爲子之、田常不難矣。故曰：「去好去惡，羣臣見素。」舊注：君無好惡，則臣無因爲僞，其誠素自見。羣臣見素，則大君不蔽矣。以上論主道，多與揚權、主道二篇相同。

第八篇　揚權

舊注：揚，謂擧之使明也。權，謂量事設謀也。孫詒穀曰：文選蜀都賦劉逵注：「韓非有揚摧篇」，今「摧」作「權」，誤。劉曰：「權」舊作「較」，謝靈運山居賦「揚較以揮」，自注云「韓非有揚較」，是其徵。「較」「摧」古通，別本作「摧」，因訛爲「權」。啓雄按：孫劉二說非。「揚摧」或「揚攉」雖曾見于莊子徐无鬼、淮南俶眞、漢書叙傳，都是「約略」意。廣雅：「揚摧、都凡也」，用作本篇標題似不恰當。我研究本篇文，「權」字似含二義：（一）權柄，表現在「權不欲見」，「聖人執要」，「聖人執一」等句上。（二）權衡，表現在「物者有所宜，材者有所施」，「因而任之」，「上操度量以割其下」等句上。揚權的直譯，是「高擧權柄」，它的意譯，是「崇尙和稱揚君權。」這樣解釋和古本舊注的意思大略相同。

天有大命，人有大命。詩維天之命箋：「命猶道也。」這是說：自然界中有大道理，人類社會中也有大道理（卽規律）。夫香美脆味，厚酒肥肉，甘口而病形；「美」、「味」、「酒」、「肉」四字平列，「美」字當是名詞，或是「羹」字的誤字。曼理皓齒，說情而損精。舊注：皓曼所以說情也，耽之過度則損精。啓雄按：淮南脩務「曼頰皓齒」注：「曼頰，細理也。」曼理，指細美的皮膚紋理。「說」借爲「悅」，「悅情」，謂娛悅情欲。淮南精神注：「精者，人之氣。」

故去甚去泰，身乃無害。「泰」與「汰」同字，荀子仲尼「般樂奢汰」，注：「汰，侈也。」老子「聖人去甚去奢去泰」，「甚」、「奢」、「汰」三字同舉，義近。以上申釋「天有大命」句。權不欲見，素無爲也。王先愼曰：用人之權，不使人見，虛以應物，不必自爲，執要以觀其效，虛心而用其長，即「權不見，素無爲」之理。廣雅釋詁：「素，空也。」事在四方，要在中央；舊注：四方謂臣民，中央謂主君。聖人執要，四方來效；聖人，指有君位的聖人。孝經疏引殷仲文曰：「以一管衆爲要。」素問天元紀大論注：「要，樞紐也。」這二「要」字都是指政治之樞要(即中央集權的君權)。漢書元后傳注：「效，獻也。」虛而待之，彼自以之。君主不表示他的君權，這是空虛無爲的君術。政事雖然散在四方，然而政事的總要却集中在中央。聖人(君主)掌握住政事的總要，這樣，四方的人就來效勞了。君主就虛靜地等待他們，他們自然會使用他們的力量。四海既藏，道陰見陽。據上文「事在四方」「四方來效」，則此「四海既藏」是指四方潛藏着的事和所來獻的物與力。禮記禮器注：「道，由也，從也。」大戴記文王官人注：「陰陽，猶隱顯也。」道陰見陽，謂由事物的潛藏着方面來表現出事物的顯著方面，即挖掘潛力。左右既立，開門而當。呂覽注：「當，合也。」後漢書注：「立猶定也。」這是說：君主左右的人既已建立這種順從大命的思想，那末對外辦起事來就合適得當。勿變勿易，與二俱行；二，指天的大命和人的大命。勿變勿易，指勿變易天大命和人大命。俱行，指跟大命一道前進。行之不已，是謂履理也。履理，指實踐天然的大道和人事的大道。

夫物者有所宜，材者有所施，各處其宜，故上下無爲。淮南本經注：「宜，適也。」呂覽當賞注：

「宜，當也。」禮記禮器疏：「施，用也。」這是說：凡物都有它的適宜性，所有的才能都有他的用處。如果各物都得到合適的崗位，所有的才能都得到施展；這樣，君主就可以無爲了。「下」字似是衍文。**使雞司夜，令狸執鼠，皆用其能，上乃無事。**詩羔裘傳：「司，主也。」狸同貍。廣雅：「貍，貓也。」御覽引「用」作「因」。**上有所長，事乃不方。**解老：「所謂方者，內外相應也，言行相稱也。」這是說：君道要無爲無事，若「上有所長」，就變成有爲有事了，這樣，就使「各處其宜」的人物反而不相應不相稱了。**矜而好能，下之所欺；**好能，似指君主喜好自己的才能。所欺，指臣下所以欺君的原因。**辯惠好生，下因其材。**「辯」借爲「諞」。說文：「諞，便巧言也。」「惠」借爲「慧」，「生」借爲「性」。「好性」和前句「好能」相對，「性」和「能」都是名詞。「因其材」，謂臣下因緣依附君主的好能好性的才性。**上下易用，國故不治。**舊注：上代下任，下操上權，則國不治。啓雄按：方言：「用，行也。」「用」字是名詞。

用一之道，下文：「道無雙，故曰一，是故明君貴獨道之容。」淮南詮言：「一也者，萬物之本也，無敵之道也。」可見「一」是獨一無雙的道本，在這裏暗指治道。**以名爲首，名正物定，名倚物徙。**「名」字是動名詞，即「言語所表達的」。「表達」的內容，有時指事物之道理，有時指事物的名稱，要隨上下文義分別地去看它的含義。書盤庚傳：「倚，曲也。」後漢書楊震傳注：「倚，邪也。」說文：「徙，迻也。」「迻」即「移」字。荀子禮論注：「徙，遷改也。」這是說：正確了「言語所表達的」是首要任務，因爲名稱或理論如果正確了，事物跟着也確定。名稱或理論如果歪曲了，事物跟着也改移了。**故聖人執一以靜，使名自命，令事自定。**聖人掌握住「一」（道的根本或總要），用靜的態度對待事物，使名（名稱或理論）自己來說明它的意思，使事物自己來確定它的迹象。**不見其采，下故素正。**「見」同「現」。漢書注：「采，飾也。」淮南注：「素，樸也。」這是說：君主如果不表現他的文采（即「矜而好能」等），臣下們就樸素而正直了。**因而任之，使自事之；** 喻老：「事者，爲也。」「事」字是動名詞，指行爲。這是說：君主依就臣們的才能而任用他們，使各人自動地從事各人的專職。**因而予之，彼將自舉之；正與處之，使皆自定之。** 釋詞：「與，猶以也。」呂覽仲多注：「定，猶成也」。這是說：君主依就臣們的才能給予職事，臣們將要自動地舉辦好事了。正確地來處置臣們職守，使臣們都自動地完成他們的任務。**上以名舉之，不知其名，復脩其形；** 晉語注：「舉，起也。」詩烝民箋：「舉者，提持之言。」「脩」當作「循」（「脩」「循」多互誤），即「循名責實」的「循」。形，指現實事物的形象。這是說：君主以名爲首，來掌握事物，如果不知事物的理論，就反過來依順着事物形迹來尋求那事物的理論。**形名參同，用其所生。** 參，驗也。二柄：「審合形名。」「審合」，即「驗」意。這句說：事物形象和理論確實是同一了，那就用形名參同所產生的結論。**二者誠信，下乃貢情。** 二者，指名和形。這是說：君用君道，使名和形誠實信符了（即形名參同，名正物定了），臣下們才貢獻出他們的眞實情況。

謹脩所事，待命於天。 謹愼地修好他所應從事的（指搞好國家的政治），來等着道理的自然發展。即盡了人的大命來等天的大命。**毋失其要，乃爲聖人。** 在樞要上（指中央政權）沒有犯什麼錯誤（即「謹修所事，待命于天」），才是聖人。**聖人之道，去智與巧；智巧不去，難以爲常。** 淮南注：「智故，巧詐也。」老子注：「巧，詐僞亂眞也。」「常」是形名詞，解詳主道篇首。下同。**民人用之，其身多殃；主上用之，其國危亡。**二「之」字指「智巧不去，難以爲常」的非恆常性的道。**因天之道，反形之理，督參鞠之，終則有始。**呂覽盡數注：「因，依也。」禮記樂記注：「反，猶本也。」說文：「督，察也。」「鞠」借爲「鞫」，爾雅釋言：「鞫，窮也。」釋詞：「則，猶而也。」「有」借爲「又」。這是說：依着自然的道，本着萬物之理，在這個天道物理的基礎之上來終而復始地察驗它，窮究它。**虛以靜後，未嘗用己。**解老：「先物行，先理動，之謂前識。前識者，無緣而忘意度也。」前識，是未通過體驗或觀察而自以爲知的「認識」。此文說：虛心而冷靜地在後頭，未嘗用過自己的主觀，是跟解老篇所說「前識」的作風正相反。**凡上之患，必同其端；**孟子公孫丑注：「端，首也。」這是說：一般君主所犯的毛病，是肯定地贊同「以名爲首」一個片面，而不能「二者誠信」和「形名參同」來照顧到全面。**信而勿同，萬民一從。**君主如能誠信地察驗道理而不苟同一個片面，那末萬民就專心一致地都來服從了。

夫道者弘大而無形，德者覈理而普至。說文：「覈，實也，考事……得實曰覈。」韓子以「弘大無形」釋「道」，那末，道是客觀事物的一般法則；以「覈理普至」釋「德」，那末，德是客觀事物的具體性能。**至於羣生斟酌用之，萬物皆盛而不與其寧。**「盛」字讀作「成」。周語「後王斟酌焉」，注：「斟，取也。酌，行也。」晉語注：「寧，息也。」這是說：一切生物適當地采用事物法則和事物性能，因而萬物都成了，具體事物都有息止，而道與德不與之息止。**道者，下周於事，因稽而命，與時生死。**舊注：「死生」猶「廢興」也。劉曰：「因稽而命」，「而」疑「天」誤，即「待命于天」也。啓雄按：廣雅釋詁：「周，徧也。」廣雅釋詁：「稽，合也。」這是說：天道周徧地普及事物，而事物又因依着天命，適合着時變來廢或興。參名異事，通一同情。說文：「一，惟初太始，道立於一，造分天地，化成萬物。」這個「一」字指道本，即萬事萬物的根本。這是說：在名稱和物理上來審驗事物，各事物是有分別，有差異的，但在道本的基礎上來通貫而統一萬物的實情，那末萬物在實質上是共同的。故曰：道不同於萬物，德不同於陰陽，衡不同於輕重，繩不同於出入，和不同於燥溼，君不同於羣臣。——凡此六者，道之出也。釋名釋言語：「出，推也。」「道」、「德」、「衡」、「繩」、「和」、「君」是周合于事的道，「萬物」、「陰陽」、「輕重」、「出入」、「燥溼」、「羣臣」是與時與廢的事物。這六種事物都是道本推進時所出現的，所以說：「道之出也。」道無雙，故曰一。是故明君貴獨道之容。「獨道之容」，和老子「孔德之容」的句法相同，釋文引鍾注：「容，法也。」指法則。這是說：道沒有兩個，所以叫它做「一」。因此，明君珍視獨一無二之治道的法則。君臣不同道，下以名禱，君操其名，臣效其形，形名參同，上下和調也。禮記檀弓注：「禱，求也。」這是說：在作法上君和臣是不同的：臣們拿事理或言論來請求君主，而君主掌握着那些理論，臣們又在行動上貢獻出事功，等到理論和事功符合而審驗了，這樣，君上臣下之間就和調一致。

凡聽之道，以其所出，反以爲之入；高曰：「出」，謂言也，名也。「入」，謂功也，形也。此謂以其言責其功，以其名責其形也。呂覽審應「以其出爲之入，以其言爲之名，取其實以責其名」，可作此句義疏。主道「羣臣陳其言，君以其言授其事，以其事責其功」，本篇「君操其名，臣效其形，形名參同，上下和調」，並與此句同意。啓雄按：說文：「出，進也。」秦策注：「入，納也。」出，指進言；入，指獻功。反，反求也。說詳荀子簡釋君道篇頁一六三。這是說：聽政的方法是這樣：用臣們所提出的（指臣們的政論）作爲依據，來要求他們獻納的（指臣們貢獻的成績）。**故審名以定位，明分以辯類。**楚語注：「分，位也。」「辯」借爲「辨」。這是說：君主審度臣們進言中的理論來列定他們的官位，明辨他們的職分來分析工作的類別。**聽言之道：溶若甚醉，**俞曰：此「溶」字當爲「容」，言其容有似乎醉也。劉文典曰：「溶」「容」古通用。**脣乎齒乎，吾不爲始乎；齒乎脣乎，愈惛惛乎。**管子四時注：「惛惛，微闇貌。」指「若甚醉」之「容」，和「不可見不可知」之「道」。**彼自離之，吾因以知之；**太田方曰：左昭元傳注：「離，陳也。」啓雄按：謂臣自陳其詞，我因而知其意。**是非輻湊，上不與構。**這是說：君主聽言的方法，在容貌上裝成象醉似的，脣齒動作（指發言）我不帶頭，脣齒動作越來越隱微。這樣，羣臣就陳述意見，君主就借此得以知道許多意見。無論「是」或「非」，都象車輪的輻湊那樣集合到君主心中，而君主卻並不參預這個輻湊般的結構。**虛靜無爲，道之情也；參伍比物，事之形也。**「參」借爲「三」，「伍」借爲「五」。「比物」，謂把事物合并起來排比。謂：三五錯雜地來排比各事物，是事的表現。**參之以比物，伍之以合虛。根幹不革，則動泄不失矣。**君主三五錯雜地分析事物，爲的是要排比客觀的事物，使它們跟無成見的虛心相符合。如果事物的根本和骨幹不變革，那末，動作就不會錯誤。詩民勞箋：「泄，猶出也，發也。」動泄，似指所作出的動作。**動之溶之，無爲而改之。**俞曰：此「溶」字當爲「搈」，說文：「搈，動搈也。」「動搈」亦作「動容」，孟子盡心「動容周旋中禮」者是也。啓雄按：動之溶之，是說人君使羣臣動作，無爲，是說人君不爲。改之，是說人君使羣臣改變其行爲。**喜之則多事，惡之則生怨。故去喜去惡，虛心以爲道舍。**君主喜歡，羣臣就多事；君主憎惡，羣臣就生怨。因此，君主要去掉喜又去掉惡，用虛心作爲道的場所。**上不與共之，民乃寵之；上不與義之，使獨爲之。**「義」讀爲「議」。這是說：君主如果不和羣臣共事，羣臣才覺得這樣是光榮；君主不和羣臣商議事情，使羣臣獨力自主地去辦事。**上固閉內扃，從室視庭，參咫尺已具，**太田方曰：一無「參」字。高曰：「參」字涉上文而衍。**皆之其處。**上固閉內扃，喻君主堅持「無爲」「無事」「掩其迹，匿其端」的主道。從室視庭，喻君主行使「以闇見疵」「道陰見陽」的君術。咫尺已具，喻「主道」「臣道」已經具備。皆之其處，謂「主道」「臣道」都達到它們理想的處所（境界）。**以賞者賞，以刑者刑，因其所爲，各以自成。善惡必及，孰敢不信；**該賞的就賞，該刑的就刑，一切賞刑都依照着羣臣的行爲而定，是各人自己造成的後果。既然善必有善報，惡必有惡報，那末，誰敢不誠實呢。**規矩既設，三隅乃列。**太田方曰：規矩，喩法度也。言法度既設，四方乃正。凡方物匡正一隅，則三隅皆正。啓雄按：禮記禮運注：「列，與作有次第。」這是以三隅角布列在正位比喻臣民的動作都合理化。

主上不神，下將有因；舊注：神者，隱而莫測其所由者也。既不神，故可測，則可因，故曰「下將有因」也。**其事不當，下考其常。**高曰：「考」當作「攷」，蓋改譌爲「攷」，「攷」變爲「考」也。**若天若地，是謂累解。**此句「累解」二字及下句「疏親」二字，都申釋前句「當」字。纍，絡也（廣雅），繫也（禮記注），縛結也（孟子注）。解，釋也

(儀禮注)，散也(廣雅)，分疏也(漢書注)。故「槷解」即「緊湊和分散」之意。荀子富國：「和調累解。」此句似省掉「和調」二字。這是說：其事之適當，若天地陰陽之調和，是謂「緊湊與分散」的調和。若地若天，孰疏孰親？謂君主辦事適當，如天地對人們無所私親，又無所偏疏一樣。能象天地，是謂聖人。欲治其內，置而勿親；高曰：「內」，謂宮中也。二柄、十過、難一並言豎刁自宮爲桓公治內，即其證。桓公置豎刁而親之，致有身死蟲流出戶之患，故曰「置而勿親」。欲治其外，官置一人，君主要想搞好宮內，雖然設置侍臣，却不要親信他們。要想搞好宮外，每一職官設置一人、使各人有他的專職。不使自恣，安得移并！外官各有專職，不讓他們放恣地來越職過問他官的政事，這樣，那能轉移職權或兼并職權呢。大臣之門，唯恐多人。舊注：臣門多人，威權在之故也。凡治之極，下不能得。這句是上文「置而勿親」「不使自恣……移并」「唯恐多人」的總結。得，指取得下列三事：(一)君主隱密，(二)移并職權，(三)私門朋黨。周合刑名，民乃守職；太田方曰：楚詞注：「周，合也。」「刑」當作「形」。去此更求，是謂大惑，猾民愈衆，姦邪滿側。王先愼曰：姦邪，指臣言。謂狡猾之民益多，而姦邪之臣盈于左右矣。故曰：毋富人而貸焉，毋貴人而逼焉，毋專信一人而失其都國焉。說文：「毋，止之也。」是禁止之詞。「富」、「貴」、「信」都是動詞。小爾雅廣詁：「而，汝也。」這說：不要富了別人，你自己反而向別人借貸；不要貴了別人，你自己反而受別人逼迫；不要專信任一個人，你自己反而失掉自己的都國。腓大於股，難以趣走。說文「腓，脛腨也」，段注：「謂脛骨後之肉也。」「趣」借爲「趨」。主失其神，舊注：失神，謂君可測知。虎隨其後。主道：「弑其主，代其所，謂之虎。」此文「虎」和「狗」都比喻姦臣。**主上不知，虎將爲狗。**舊注：主既不知臣之爲虎，則臣匿威藏用，外若狗然，所以陰謀其事。**主不蚤止，狗益無已。**舊注：臣既以虎爲狗，君不知而(早)止之，如此，則同事相求，皆爲狗，益其朋黨，無有已時也。**虎成其羣，以弑其母。**舊注：「母」，君也。既朋黨相益，是虎成羣也。虎既成羣，「母」必見弑。**爲主而無臣，奚國之有！**王先慎曰：此謂有國必有臣，不能畏臣爲虎而不用，惟在主施其刑法以制之。故下云「主施其法」，「主施其刑」。**主施其法，大虎將怯；主施其刑，大虎自寧。法刑苟信，虎化爲人，復反其眞。**顧曰：「信」讀爲「申」，「申」與「眞」韻。王先慎曰：此謂君苟申其刑法，則臣昔之爲虎者皆反其眞而爲人矣。反其眞，指臣而言。

欲爲其國，必伐其聚；顧曰：「聚」讀爲「藂」，下句同。「藂」與下文「衆」韻。啓雄按：論語里仁「禮讓爲國」，正義：「爲猶治也」。「藂」是「叢」字的別體。楚詞招魂注：「柴棘爲叢。」這是拿斬伐草木比喻討伐朋黨。下句「聚衆」的「聚」字如字。**不伐其聚，彼將聚衆。欲爲其地，必適其賜；**君主如果想搞好他的國土，必定要適當地施行賞賜。**不適其賜，亂人求益。彼求我予，假仇人斧，假之不可，彼將用之以伐我。**這是說：君主對于賞賜的行動如果不適當，亂臣就會要求增加了。亂臣要求而我就照給，這就等于拿斧頭借給仇人了。借斧是不可以的，因爲別人將要用斧來斬伐我。**黃帝有言曰：「上下一日百戰。」**君上賞賜力求適當，臣下求添妄亂無厭，故利害衝突，一日百戰。**下匿其私，用試其上；上操度量，以割其下。**廣雅釋詁：「割，裁也。」**故度量**

之立，主之寶也；黨與之具，臣之寶也。臣之所不弒其君者，黨與不具也。臣下隱藏着姦私來試探君上，君上掌握着法度來制裁臣下。因此，法度的設立是君主的法寶，黨與的形成是臣下的法寶。臣下所以不殺他的君主，是由于黨與還未形成。故上失扶寸，下得尋常。舊注：四指爲扶。啓雄按：八尺爲尋，倍尋爲常。這說：如果君上縱失掉象四個手指那樣寬或一寸長的權利，臣下們就獲得尋或常那樣多的私利。有國之君，不大其都；舊注：大其都，臣將據以叛國。有道之臣，不貴其家。「貴」字當作「富」。有道之君，不貴其臣。舊注：貴其臣，臣將貴勢過己。貴之富之，備將代之。舊注：臣既貴富備，必將代君。顧曰：「備」當作「彼」，舊注誤。備危恐殆，急置太子，禍乃無從起。舊注：太子者，君之副貳，國之重鎭，今欲備其危殆，必速置之，則禍端自息矣。內索出圉，必身自執其度量。太田方曰：入則索內宄，出則禦外姦。不言「入」而言「內」，不言「外」而言「出」，互文耳。應上文「欲治其內，欲治其外」之語也。說文：「索，入家搜也。」是「索」字內求之義也。「圉」「禦」通，詩小雅：「外禦其侮。」是「禦」字外禦之義也。厚者虧之，薄者靡之。荀子性惡注：「靡，磨切也。」厚，指重罪受重罰；薄，指輕罪受輕罰或警告。虧之，指減少他的重罪；靡之，指改正或鬥爭他的錯誤，像石磨刀切似的。虧靡有量，毋使民比周同欺其上。比周，解詳姦劫弒臣和飾邪篇首。這是說：君主用重罰來減少人的重罪，和用警告來改正人的錯誤，在掌握政策上是有度量的，不要讓人們祕密結黨，串同着來蒙欺君上。虧之若月，靡之若熱，在進行減少人的重罪中，像月缺漸虧似的逐漸進行。在改正人的錯誤中，像陽光發熱似的逐漸溫暖。簡令謹誅，必盡其罰。易繫辭虞注：「陰藏爲簡。」「簡令」，謂君主陰藏君令，與主道「謹其閉，固其門」，和本篇「權不欲見」意合。難三：「人主之大物，非法則術也。法者，編著之圖籍，設之于官府而布之于百姓者也。術者，藏之于胷中，以偶衆端而潛御羣臣者也。」此文「簡令」是用術，「謹誅」是執法。

毋弛而弓，一棲兩雄。這句用「弓」喻君權，用「棲」喻國境，用「兩雄」喻君主和僭擬君主的權臣。這是說：可不要弛緩了你的君權，謹防國內另有個勢均力敵的姦雄。一棲兩雄，其鬥顏顏。「狋」、「狺」、「顏」同字。說文：「狋，犬吠聲。」楚詞九辨：「猛犬狺狺而迎吠。」喻君臣鬥爭。豺狼在牢，其羊不繁。「豺狼」和「兩雄」「二貴」「夫妻」平列，似喻姦臣；「牢」喻朝廷，「羊」喻順臣。一家二貴，事乃無功。夫妻持政，子無適從。家庭中夫妻如果主持不同的家政，兒子們就無法確定方向來順從親命了。

爲人君者，數披其木，毋使木枝扶疏。舊注：披，落其枝也。數落木枝者，喻數削黜臣之威勢。啓雄按：「數披其木」，謂常常整頓內政。「木枝」喻私門及其黨與。「扶」借爲「枎」。說文：「枎疏，四布也。」木枝扶疏，將塞公閭，私門將實，公庭將虛，主將壅圍。廣雅釋詁：「圍，裹也。」「壅圍」卽「壅蔽包圍」的意思。數披其木，無使木枝外拒；木枝外拒，將逼主處。舊注：拒，謂枝之旁生者。啓雄按：廣雅釋詁：「拒，至也。」「木枝外拒」，謂私門的黨人滋蔓橫生，向外發展。「拒」字是動詞，舊注以爲名詞，誤。數披其木，毋使枝大本小；枝大本小，將不勝春風，不勝春風，枝將害心。「枝」喻臣及其私黨，「本」和「心」都喻君主和太子，「春風」喻時變。公子既衆，宗室憂吟。舊注：宗室，謂太宗適子家也。庶子既衆，勢淩適子，故憂吟。止之之道，數披其木，翼毳本「木」作「枝」。毋使枝茂；木枝數披，黨與乃離。集解「木」下無「枝」字，今據迂評等本增。木枝，指私門及其黨與。木，指王室。掘其根本，木乃不神。盧曰：或云「根」「本」二字當倒，與韻合。啓雄按：本篇上文「一」「要」二字均指君道，此句「根本」又喻「一」「要」。上文兩言「神」，均指君術的幽隱性。塡其洶淵，毋使水清。此句用洶湧的淵喩跋扈的臣，用水清喩勢成。探其懷，奪之威。高曰：之，其也。謂人主奪權柄于重臣之懷中而自用之。主上用之，若電若雷。舊注：威不下分則君命神而可畏，故若雷電。

第九篇　八姦

八姦，謂人臣所以成爲姦惡的術有八：（一）同牀，（二）在旁，（三）父兄，（四）養殃，（五）民萌，（六）流行，（七）威強，（八）四方。

凡人臣之所道成姦者有八術：　禮記禮器注：「道，猶由也，從也。」此言一般人臣之所以成爲姦邪，它的來歷是通過「八術」而造成的。　一曰在同牀。　陶曰：「在」字衍文。「一曰同牀」與下文「二曰在旁」等文例一律。下云「此之謂同牀」，即其證。　何謂同牀？曰：貴夫人，愛孺子，便僻好色，　蒲阪圓曰：「貴」「愛」，皆謂被親幸者。國策注：「孺子，婦人之美稱。」亦見外儲。　啓雄按：「僻」與「嬖」通用，說文：「便嬖，愛也」。　便嬖好色，指寵愛的美色。　此人主之所惑也。　託於燕處之虞，　「燕」借爲「晏」，說文：「晏，安也。」「虞」借爲「娛」，孟子盡心「驩虞如也」，漢書王褒傳「虞說耳目」，二「虞」字都借爲「娛」，是其證。　乘醉飽之時，而求其所欲，此必聽之術也。　舊注：乘，因也。　夫人、孺子等，因君醉飽之時，以求其所欲，事無不聽。　爲人臣者內事之以金玉，使惑其主，此之謂「同牀」。　舊注：以金玉之寶內事貴夫人、愛孺子等，使之惑主；主惑，則姦謀可成也。　二曰在旁。　何謂在旁？曰：優笑侏儒，左右近習，　舊注：優笑者，謂俳優能嗍笑者。　侏儒，短人也。　啓雄按：漢書五行志：「習，狎也。」左右近習，指在帝王右左，接近親狎帝王的人。　此人主未命而唯唯，未使而諾諾，先意承旨，觀貌察色以先主心者也。 荀子大略注：「唯唯，聽從貌。」禮記投壺疏：「諾，承領之詞。」「旨」借爲「恉」，說文：「恉，意也。」 此皆俱進俱退，皆應皆對， 舊注：謂君所欲進，則左右近習俱共進之；所欲退，則俱共退之。命之則皆應，問之則皆對。高曰：「俱進俱退」，卽下文所謂「同軌」也。「皆應皆對」，卽下文所謂「一辭」也。 一辭同軌以移主心者也。爲人臣者內事之以金玉玩好，外爲之行不法，使之化其主，此之謂「在旁」。 以上三個「之」字都是指「優笑侏儒，左右近習」的人。 三曰父兄。何謂父兄？曰：側室公子，人主之所親愛也；大臣廷吏，人主之所與度計也。此皆盡力畢議，人主之所必聽也。爲人臣者事公子側室以音聲子女，收大臣廷吏以辭言， 舊注：收，謂收攝其心。謂臣欲收大臣之心，以辭言爲聲譽。太田方曰：禮記：「公庶子生，就側室。」左傳注：「側室，支子、公子，母弟以下非嫡者也。」 處約言事， 王先愼曰：處約言事，謂平居約之言事也。 事成則進爵益祿以勸其心，使犯其主，此之謂「父兄」。 太田方曰：公子側室大臣廷吏者，人主伯叔父，若同異母兄弟，故曰「父兄」。 四曰養殃。何謂養殃？曰：人主樂美宮室臺池，好飾子女狗馬以娛其心，此人主之殃也。爲人臣者盡民力以美宮室臺池，重賦斂以飾子女狗馬，以娛其主而亂其心，從其所欲，而樹私利其間，此謂「養殃」。 蒲阪圓曰：「從」讀曰「縱」。上輔主惡，下竭民產，姦人居間，養成國殃以營私利。 五曰民萌。何謂民萌？ 「萌」借爲「氓」。氓，民也。 曰：爲人臣者散公財以說民人，行小惠以取百姓，使朝廷市井皆勸譽己，以塞其主， 「說」借爲「悅」。取百姓，謂爭取民心。秦策注：「勸，進也。」禮記郊特牲注：「塞猶蔽也。」而成其所欲，此之謂「民萌」。六曰流行。蒲阪圓曰：說客雄辯，如水流行無停滯。何謂流行？曰：人主者固壅其言談，希於聽論議，易移以辯說。舊注：君門隔於九重，賢俊希得與振，故言談論議希也。爲人臣者求諸侯之辯士，養國中之能說者，使之以語其私，爲巧文之言，流行之辭，示之以利勢，懼之以患害，施屬虛辭以壞其主，舊注：設施綴屬浮虛之辭。太田方曰：「壞」當作「環」，荀子：「朋黨比周以環主圖私。」此之謂「流行」。七曰威強。何謂威強？曰：君人者，以羣臣百姓爲威強者也。羣臣百姓之所善，則君善之；非羣臣百姓之所善，則君不善之。爲人臣者聚帶劍之客，養必死之士以彰其威，明爲己者必利，不爲己者必死，以恐其羣臣百姓而行其私，此之謂「威強」。帶劍客，在這裏指刺客，是姦臣的打手。孤憤篇：「以私劍窮之。」就是說：姦臣用暗殺手段來達到「威強」的目的。八曰四方。何謂四方？曰：君人者，國小則事大國，兵弱則畏強兵，大國之所索，小國必聽，強兵之所加，弱兵必服。爲人臣者重賦斂，盡府庫，虛其國以事大國而用其威，求誘其君；甚者舉兵以聚邊境而制斂於內，王先慎曰：詩桑扈疏：「斂，收攝之名。」爲臣者當強兵壓境，則在內制攝其君以便己私。下文「使之恐懼」，正承上震攝而言。薄者數內大使以震其君，太田方曰：薄，次甚者也。大使，所黨國之使者也。使之恐懼，此之謂「四方」。——凡此八者，人臣之所以道成姦，世主所以壅劫，失其所有也，不可不察焉。俞曰：「道」字衍。道，由也，義與「所以」同。

明君之於內也，內，指后妃夫人。備內「其賊在內，禍在所愛」，可供參考。娛其色而不行其謁，不使私請。舊注：所以防初姦之「同牀」也。其於左右也，使其身必責其言，不使益辭。舊注：所以防二姦之「在旁」也。其於父兄大臣也，聽其言也必使以罰任於後，周禮司隸注：「任猶用也。」不令妄舉。舊注：防三姦之「父兄」。其於觀樂玩好也，必令之有所出，舊注：謂知其所從來。王先慎曰：「之」當作「知」，注不誤。不使擅進，不使擅退，羣臣虞其意。舊注：防四姦之「養殃」也。虞，度也。必不令度君意擅有所進退也。王先慎曰：當作「不使擅進擅退，羣臣虞其意。」不重「不使」二字。其於德施也，縱禁財，發墳倉，舊注：積粟於倉若墳然。利於民者必出於君，不使人臣私其德。舊注：防五姦之「民萌」也。其於說議也，稱譽者所善，毀疵者所惡，必實其能，察其過，舊注：考實其能，察詳其過。不使羣臣相為語。舊注：防六姦之「流行」。其於勇力之士也，軍旅之功無踰賞，邑鬬之勇無赦罪，蒲阪圓曰：「踰」，「偸」字之訛，主道篇：「明君無偸賞，無赦罰。」邑鬥，私鬥也。不使羣臣行私財。舊注：防七姦之「威強」也。王先慎曰：「財」字衍。其於諸侯之求索也，法則聽之，不法則距之。舊注：防八姦之「四方」。所謂亡君者，非莫有其國也，而有之者皆非己有也。舊注：亡君雖有國，非己有之，令臣執制而有之。令臣以外為制於內，則是君人者亡也。蒲阪圓曰：姦臣假外諸侯之威以脅制其國，則君有人主之名，而失其實者也。聽大國，為救亡也，而亡亟於不聽，舊注：聽大國，則誅求無厭，每事皆聽，其傾國猶不足；有所不從，則有辭而見伐。故聽從之亡，急於不聽也。

故不聽。羣臣知不聽，則不外諸侯；舊注：臣之外交，以君之聽己，欲有所搆結；今君既不聽，則交之外心息矣。王先愼曰：「外」下脫「交」字。諸侯之不聽，則不受臣之誣其君矣。舊注：諸侯知我不聽用其臣，不受彼臣之浮言以罔誣其君也。王渭曰：「之不聽」，當作「知不聽」。

明主之爲官職爵祿也，所以進賢材，勸有功也。故曰：賢材者處厚祿，任大官；功大者有尊爵，受重賞。官賢者量其能，賦祿者稱其功。是以賢者不誣能以事其主，有功者樂進其業，故事成功立。「官」字是動詞，「賢」字是名詞。官賢者量其能，謂任用賢臣的人主量度賢臣的才能。晉語注：「賦，授也。」禮記檀弓注：「稱，衡量也。」賦祿者稱其功，謂給予俸祿的君主，衡量臣的功勞，使祿之多寡和功之大小相副稱。漢書孫寶傳注：「誣，謗也。」今則不然：不課賢不肖，論有功勞，用諸侯之重，王先愼曰：「論」上當有「不」字。用諸侯之重，謂諸侯所重，君遂用之。聽左右之謁。父兄大臣上請爵祿於上，而下賣之以收財利，及以樹私黨。故財利多者買官以爲貴，有左右之交者請謁以成重。「重」字指權勢，說詳說難篇中。功勞之臣不論，官職之遷失謬。是以吏偷官而外交，禮記表記注：「偷，苟且也。」這是說：官吏對于官職的事務馬虎應付，而對外結交以造勢力。棄事而財親。劉曰：「財親」當作「親財」，與「棄事」對文。高曰：「財親」當作「親財」，「親財」猶「好貨」。是以賢者懈怠而不勸，有功者隳而簡其業，此亡國之風也。「隳」正字作「墮」，「墮」借爲「惰」。呂覽處方注：「簡，惰也。」

第十篇　十過

本篇所列舉的十種過錯，和韓子的法術思想無密切關聯；所引述的歷史故事和所用的字，又跟他篇所說的所用的不同。因此，無論從思想體系上看，或從記載和文字上看，本篇都有些問題。

十過：一曰行小忠則大忠之賊也。二曰顧小利則大利之殘也。說文：「賊，敗也。」齊策注：「殘，壞也。」「賊」和「殘」都是敗壞傷害之意。三曰行僻自用，無禮諸侯，則亡身之至也。詩板釋文：「僻、邪也。」自用，謂主觀地固執己見，不聽人言。四曰不務聽治而好五音，則窮身之事也。「聽治」卽「聽政」，有時也說「聽朝」，「聽訟」，「聽官治」，「聽天下」。五曰貪愎喜利，則滅國殺身之本也。左僖十五傳注：「愎，戾也。」貪愎，貪欲而狠戾也。六曰耽於女樂，不顧國政，則亡國之禍也。書無逸傳：「過樂謂之耽。」七曰離內遠遊而忽於諫士，則危身之道也。八曰過而不聽於忠臣，而獨行其意，則滅高名，爲人笑之始也。九曰內不量力，外恃諸侯，則削國之患也。十曰國小無禮，不用諫臣，則絕世之勢也。秦策注：「父子相繼爲世。」荀子彊國注：「世，謂繼也。」絕世，謂斷絕了君主父子相繼的世襲。以上是十過之總綱。

奚謂小忠？昔者楚共王與晉厲公戰於鄢陵，楚師敗，而共王傷其目。晉楚戰于鄢陵見左成十六傳。共王被晉呂錡射傷目。酣戰之時，司馬子反渴而求飲，豎穀陽操觴酒而進之。蒲阪圓曰：「酣戰」，猶「戰半」也。楚語注：「穀陽，子反之內豎也。」高誘曰：「豎，小使也。」呂覽作「陽穀」。子反曰：「嘻，退！酒也。」穀陽曰：「非酒也。」子反受而飲之。子反之爲人也，嗜酒而甘之，弗能絕於口，而醉。戰既罷，共王欲復戰，令人召司馬子反；司馬子反辭以心疾。共王駕而自往，入其幄中，聞酒臭而還，曰：「今日之戰，不穀親傷，親傷，謂親身受傷，指被呂錡射中左目。所恃者司馬也。而司馬又醉如此，是亡楚國之社稷而不恤吾衆也。不穀無與復戰矣！」於是還師而去，斬司馬子反以爲大戮。故豎穀陽之進酒，不以讎子反也，釋詞：「不，猶非也。」其心忠愛之，而適足以殺之。故曰：「行小忠則大忠之賊也。」

奚謂顧小利？昔者晉獻公欲假道於虞以伐虢。見左僖二傳。荀息曰：「君其以垂棘之璧，與屈產之乘賂虞公，求假道焉，必假我道。」左傳注：「屈地生良馬，垂棘出美玉，故以爲名。」君曰：「垂棘之璧，吾先君之寶也；屈產之乘，寡人之駿馬也。若受吾幣，不假之道，將奈何？」荀息曰：「彼不假我道，必不敢受我幣；若受我幣而假我道，則是寶猶取之內府而藏之外府也，馬猶取之內廄而著之外廄也。「著」，讀爲「貯。」貯之外廄，即貯于外馬房。君勿憂。」君曰：「諾。」乃使荀息以垂棘之璧與屈產之乘賂虞公而求假道焉。虞公貪，利其璧與馬而欲許之。廣雅釋詁：

「利，貪也。」荀子王霸注：「利，貪求之也。」宮之奇諫曰：「不可許。夫虞之有虢也，如車之有輔。輔依車，車亦依輔，爾雅釋木：「輔，小木。」即在車兩旁夾輔車的板。虞虢之勢正是也。若假之道，則虢朝亡而虞夕從之矣！不可，願勿許。」虞公弗聽，遂假之道。荀息伐虢之，還反處三年，興兵伐虞，又剋之。顧曰：「反」字當在「興」字上，讀下屬。公羊傳：「還四年，反取虞。」俞曰：「伐虢」下脫「克」字，下云「又克之」，正承此而言。荀息牽馬操璧而報獻公，獻公說曰：「璧則猶是也。雖然，馬齒亦益長矣。」太田方曰：馬以齒占歲，故謂馬年爲齒。故虞公之兵殆而地削者何也？愛小利而不慮其害。故曰：「顧小利則大利之殘也。」

奚謂行僻？昔者楚靈王爲申之會，宋太子後至，執而囚之，狎徐君，楚子合諸侯于申，見左昭四傳。傳作：「宋太子佐後至，王田于武城，久而弗見。……徐子吳出也，以爲貳焉，故執諸申。」廣雅釋詁：「狎，輕也。」拘齊慶封。中射士諫曰：舊注：中射，士官也。有上中下。「合諸侯，不可無禮，此存亡之機也。昔者桀爲有戎之會而有緡叛之，紂爲黎丘之蒐而戎狄叛之，舊注：有戎、有緡，皆國名。由無禮也。君其圖之。」君不聽，遂行其意。居未期年，靈王南遊，羣臣從而劫之，靈王餓而死乾溪之上。蒲阪圓曰：申會在魯昭四年，乾谿之難在十三年，此云「未期年」，謬矣。故曰：「行僻自用，無禮諸侯，則亡身之至也。」

奚謂好音？昔者衛靈公將之晉，至濮水之上，稅車而放馬，設舍以宿。爾雅釋詁：「稅，舍也。」方言：「稅，舍車也。」「稅車」，謂解脫駕車的馬，故又曰「稅駕」或「解駕」。夜分，而聞鼓新聲者而說之，使人問左右，盡報弗聞。禮記月令注：「分，猶半也。」夜分，卽夜半。「說」借爲「悅」。乃召師涓而告之曰：「有鼓新聲者，使人問左右，盡報弗聞，其狀似鬼神，子爲我聽而寫之。」新聲，卽新淫聲。史記殷紀：「紂使師涓（「涓」當作「延」）作新淫聲。」下文說師延給紂作靡靡之樂，就是這種新聲。師涓曰：「諾。」因靜坐撫琴而寫之。尹曰：寫，放斅也，淮南本經：「雷震之聲，可以鐘鼓寫也。」師涓明日報曰：「臣得之矣，而未習也。請復一宿習之。」尹曰：習，謂熟練也。靈公曰：「諾。」因復留宿，明日而習之，遂去之晉。晉平公觴之於施夷之臺。說文：「觶實曰觴。」在此作動詞用。觴之，卽餉之。秦策「王觴將軍」，例與此同。酒酣，靈公起曰：「有新聲，願請以示。」平公曰：「善。」乃召師涓，令坐師曠之旁，援琴鼓之。禮記儒行注：「援，猶引也，取也。」「鼓」當爲「鼓」，廣雅釋詁：「鼓，鳴也。」未終，師曠撫止之，王先愼曰：史記論衡「止」上有「而」字。啓雄按：儀禮士喪禮注：「撫，手按之。」撫止，謂用手按而禁止之。曰：「此亡國之聲，不可遂也。」王先謙曰：遂，竟也。謂終曲。平公曰：「此道奚出？」王曰：「此道奚出」，本作「此奚道出」。道者，由也。言此聲何由出也。史記作「是何道出」，論衡作「此何道出」，皆其明證矣。師曠曰：「此師延之所作，與紂爲靡靡之樂也。靡靡之樂，是靡靡淫邪的曲調，是一種黃色音樂。「與紂」，卽「爲紂」；「與」「爲」二字古通用。及武王伐紂，師延東走，至於濮水而自投，故聞此聲者，必於濮水之上。先聞此聲者其國必削，不可遂。」平公曰：「寡人所好者音也，子其使遂之。」師涓鼓究之。太田方曰：究遂，竟其曲也。平公問師曠曰：「此所謂何聲也？」師曠曰：「此所謂清商也。」公曰：「清商固最悲乎？」師曠曰：「不如清徵。」清商、清徵、清角好象都是絃急音高的聲調。公曰：「清徵可得而聞乎？」師曠曰：「不可。古之聽清徵者，皆有德義之君也。論衡類聚「聽」字上並有「得」字。今吾君德薄，不足以聽。」平公曰：「寡人之所好者音也，願試聽之。」師曠不得已，援琴而鼓。一奏之，有玄鶴二八道南方來，集於郎門之垝；舊注：道、從也。垝、棟端也。盧曰：郎廊同。垝與禮記喪大記：「中屋履危」之「危」同。啓雄按：禮喪大記注：「危、棟上也」，卽棟上的屋脊。再奏之而列；三奏之，延頸而鳴，舒翼而舞，音中宮商之聲，聲聞于天。淮南原道注：「中，適也。」中宮商之聲，是說玄鶴的鳴聲合于宮商的音樂聲。平公大說，坐者皆喜。平公提觴而起，爲師曠壽，反坐而問曰：「音莫悲於清徵乎？」師曠曰：「不如清角。」平公曰：「清角可得而聞乎？」師曠曰：「不可。昔者黃帝合鬼神於泰山之上，集解據論衡、類聚在「泰山」上增一「西」字，今仍從乾道本。駕象車而六蛟龍，畢方並鎋，舊注：畢方，神名。蒲阪圓曰：「鎋」一作「轄」，齊策注：「鎋，車軸耑鍵也。」蚩尤居前，風伯進掃，雨師灑道，虎狼在前，鬼神在後，騰蛇伏地，「騰」借爲「螣」。爾雅釋魚注：「螣蛇，龍類，能興雲霧而遊其中。」鳳皇覆上，大合鬼神，作爲清角。今主君德薄，不足聽之，聽之將恐有敗。」平公曰：「寡人老矣，所好者音也，願遂聽之。」師曠不得已而鼓之。一奏而有玄雲從西北方起，再奏之大風至，大雨隨之，裂帷幕，破俎豆，隳廊瓦，坐者散走。平公恐懼，伏于廊室之間。晉國大旱，赤地三年。平公之身遂癃病。故曰：「不務聽治，而好五音不已，則窮身之事也。」

奚謂貪愎？昔者智伯瑤率趙、韓、魏而伐范、中行滅之，反歸，休兵數年，因令人請地於韓。韓康子欲勿與，段規諫曰：「不可不與也。夫智伯之爲人也，好利而鷙愎。彼來請地而弗與，則移兵於韓必矣。君其與之。與之，彼狃，舊注：狃，習也。得地於韓，將生心他求也。又將請地他國，他國且有不聽，不聽則智伯必加之兵。如是，韓可以免於患而待其事之變。」康子曰：「諾。」因令使者致萬家之縣一於智伯。智伯說，又令人請地於魏。宣子欲勿與，趙葭諫曰：「彼請地於韓，韓與之，今請地於魏，魏弗與，則是魏內自強而外怒智伯也。如弗予，其措兵於魏必矣。」宣子「諾。」王先慎曰：「必矣」下趙本有「不如予之」四字，是也；策有。「宣子」下當有「曰」字，策有。因令人致萬家之縣一於智伯。智伯又令人之趙請蔡、皋狼之地，趙襄子弗與。智伯因陰約韓魏，將以伐趙。襄子召張孟談而告之曰：「夫智伯之爲人也，陽規而陰疏，三使韓魏而寡人不與焉，舊注：三使陰以相約，知有異志也。其措兵於寡人必矣。今吾安居而可？」張孟談曰：「夫董閼于，簡主之才臣也。其治晉陽，而尹鐸循之，閼于即安于，尹鐸遵他治晉陽的舊政。其餘教猶存，君其定居晉陽而已矣。」君曰：「諾。」乃召延陵生，令將軍車騎先至晉陽，君因從之。君至，而行其城郭及五官之藏，城郭不治，倉無積粟，府無儲錢，庫無甲兵，邑無守具。襄子懼，乃召張孟談曰：「寡人行城郭及五官之藏，皆不備具，吾將何以應敵？」張孟談曰：「臣聞聖人之治，藏於臣不藏於府庫，顧曰：「臣」當作「民」。務修其教不治城郭。君其出令，令民自遺三年之食，有餘粟者入之倉；遺三年之用，有餘錢者入之府；遺有奇人者使治城郭之繕。」舊注：奇，餘也，謂閒人。盧曰：「有」上藏本無「遺」字。顧曰：「遺」下有脫文，藏本删「遺」字，非也。君夕出令，明日，倉不容粟，府無積錢，庫不受甲兵。王先愼曰：「無積」，當作「不容」。居五日而城郭已治，守備已具。君召張孟談而問之曰：「吾城郭已治，守備已具，錢粟已足，甲兵有餘，吾奈無箭何？」張孟談曰：「臣聞董子之治晉陽也，公宮之垣皆以荻蒿楛楚牆之，太田方曰：荻、蒿二草，楛、楚二木。其高至于丈，君發而用之，有餘箭矣。」於是發而試之，其堅則雖菌幹之勁弗能過也。高曰：「菌」借爲「簵」，「幹」當作「輅」。「輅」借爲「簬」。說文：「簵，簵簬也。」淮南本經「松柏菌露」，注：「菌露，竹莞也」。書禹貢：「惟簵簬楛，」鄭注：「簵簬，聆風也。」說文「枯」下引作「惟簵輅楛」，即「輅」「簬」通用之證。「簵簬」合二字爲一名，此不宜單用「簵」字，則「幹」爲「輅」譌，審矣。君曰：「吾箭已足矣，奈無金何？」張孟談曰：「臣聞董子之治晉陽也，公宮公舍之堂皆以鍊銅爲柱質，君發而用之。」质同礩，即基礎。於是發而用之，有餘金矣。號令已定，守備已具，三國之兵果至；至則乘晉陽之城，遂戰，三月弗能拔。因舒軍而圍之，決晉陽之水以灌之，圍晉陽三年。城中巢居而處，懸釜而炊，財食將盡，士大夫羸病。襄子謂張孟談曰：「糧食匱，財力盡，士大夫羸病，吾恐不能守矣！欲以城下，何國之可下？」下，謂投降。張孟談曰：「臣聞之：亡弗能存，危弗能安，則無爲貴智矣。君失此計者，臣請試潛行而出，見韓魏之君。」王先愼曰：「失」當爲「釋」，「者」字衍。策作「君釋此計，勿復言也」。張孟談見韓魏之君，曰：「臣聞脣亡齒寒。今智伯率二君而伐趙，趙將亡矣。趙亡，則二君爲之次。」二君曰：「我知其然也。雖然，智伯之爲人也，麤中而少親，我謀而覺，則其禍必至矣，爲之奈何？」漢書禮樂志注：「麤，抗厲也。」史記樂書正義：「中，心也。」「麤中而少親」，謂內心極嚴厲而少親信人。釋詞：「而猶如也。」「而覺」，謂如果被發覺。張孟談曰：「謀出二君之口，而入臣之耳，人莫之知也。」二君因與張孟談約三軍之反，與之期日，夜遣孟談入晉陽以報二君之反。襄子迎孟談而再拜之，且恐且喜。二君以約遣張孟談，顧曰：「以」讀爲「已」。因朝智伯而出，遇智過於轅門之外。智過怪其色，因入見智伯曰：「二君貌將有變。」君曰：「何如？」曰：「其行矜而意高，非他時之節也，君不如先之。」君曰：「吾與二主約謹矣：破趙而三分其地。寡人所以親之，必不侵欺。盧曰：「侵」當作「我」。兵之著於晉陽三年，今旦暮將拔之，而嚮其利，盧曰：「嚮」「饗」通。何乃將有他心？必不然，子釋勿憂，勿出於口。」明旦，二主又朝而出，復見智過於轅門。智過入見曰：「君以臣之言告二主乎？」君曰：「何以知之？」曰：「今日二主朝而出，見臣而其色動，而視屬臣，這個「屬」字是「屬意」之「屬」，即「注意」也。此必有變，君不如殺之。」君曰：「子置勿復言。」智過曰：「不可。必殺之；若不能殺，遂親之。」君曰：「親之奈何？」智過曰：「魏宣子之謀臣曰趙葭，韓康子之謀臣曰段規，此皆能移其君之計。君與其二君約：王先愼曰：「與其」二字倒，策作「君其與二子約」。破趙國，因封二子者各萬家之縣一，如是則二主之心可以無變矣。」智伯曰：「破趙而三分其地，又封二子者各萬家之縣一，則吾所得者少，不可。」智過見其言之不聽也，出，因更其族爲輔氏。至於期日之夜，趙氏殺其守隄之吏而決其水灌智伯軍。智伯軍救水而亂，韓魏翼而擊之，襄子將卒犯其前，大敗智伯之軍而擒智伯。智伯身死軍破，國分爲三，爲天下笑。故曰：「貪愎好利，則滅國殺身之本也。」

奚謂耽於女樂？昔者戎王使由余聘於秦，穆公問之曰：「寡人嘗聞道而未得目見之也，願聞古之明主得國失國何常以？」顧曰：說苑反質作「當何以也」。下文「常以儉得之」，「常」亦作「當」。由余對曰：「臣嘗得聞之矣：常以儉得之，以奢失之。」穆公曰：「寡人不辱而問道於子，蒲阪圓曰：

不辱，忘其不肖也。子以儉對寡人何也？」由余對曰：「臣聞昔者堯有天下，飯於土簋，飲於土鉶，其地南至交趾，北至幽都，東西至日月之所出入者，莫不賓服。堯禪天下，虞舜受之，作爲食器，斬山木而財之，蒲阪圓曰：說苑「財」作「裁」，通。削鋸修其迹，舊注：磨其斧迹。流漆墨其上，舊注：流，布也。輸之於宮，以爲食器，諸侯以爲益侈，國之不服者十三。舜禪天下而傳之於禹，禹作爲祭器，墨漆其外而朱畫其內，縵帛爲茵，蔣席，舊注：蔣，草名。頗緣，「頗」字今本作「額」，額緣，是說合于格式的邊緣。觴酌有采而樽俎有飾，此彌侈矣，而國之不服者三十三。夏后氏沒，殷人受之，作爲大路而建九旒，大路即大輅，是天子的車。旒，是旌旗的橫幅。九旒，是九幅橫綴的旗。食器雕琢，觴酌刻鏤，四壁堊墀，顧曰：「四」當作「白」，「白壁」與「堊墀」對文。啓雄按：堊墀，是用有顏色的土築成的臺階。茵席雕文，此彌侈矣，而國之不服者五十三。君子皆知文章矣，而欲服者彌少，臣故曰「儉其道也」。」由余出，公乃召內史廖而告之曰：「寡人聞鄰國有聖人，敵國之憂也。今由余聖人也，寡人患之，吾將奈何？」內史廖曰：「臣聞戎王之居，僻陋而道遠，未聞中國之聲，君其遺之女樂以亂其政，而後爲由余請期以疏其諫，彼君臣有閒，而後可圖也。」君曰：「諾。」乃使史廖以女樂二八遺戎王，因爲由余請期。戎王許諾，見其女樂而說之，設酒張飲，日以聽樂，終歲不遷，牛馬半死。由余歸，因諫戎王，戎王弗聽；由余遂去之秦。秦穆公迎而拜之上卿，「之」「爲」二字通，說苑反質作：「穆公迎而拜爲上卿。」問其兵勢與其地形，既以得之，舉兵而伐之，兼國十二，開地千里。故曰：「耽於女樂，不顧國政，亡國之禍也。」

奚謂離內遠遊？昔者田成子遊於海而樂之，號令諸大夫曰：「言歸者死。」顏涿聚曰：「君遊海而樂之，奈臣有圖國者何？君雖樂之，將安得？」田成子曰：「寡人布令曰：『言歸者死。』今子犯寡人之令。」援戈將擊之。顏涿聚曰：「昔桀殺關龍逢而紂殺王子比干，今君雖殺臣之身，以三之可也。以三之可也，是說用我的身體和關龍逢、比干三結合，成爲殺身爲國的忠臣好了。「三」字是動詞，有時也用「參」字。臣言爲國，非爲身也。」延頸而前曰：「君擊之矣！」君乃釋戈，趣駕而歸。至三日，而聞國人有謀不內田成子者矣。田成子所以遂有齊國者，顏涿聚之力也。故曰：「離內遠遊，則危身之道也。」

奚謂過而不聽於忠臣？昔者齊桓公九合諸侯，一匡天下，爲五伯長，管仲佐之。管仲老，不能用事，休居於家，桓公從而問之曰：「仲父家居有病，卽不幸而不起，政安遷之？」卽不起，指管仲的病若不好轉。政安遷之，問齊相的政權遷移到什麽人才好。管仲曰：「臣老矣，不可問也。雖然，臣聞之：知臣莫若君，知子莫若父。君其試以心決之。」君曰：「鮑叔牙何如？」管仲曰：「不可。鮑叔牙爲人剛愎而上悍，上悍，卽崇尙兇悍。剛則犯民以暴，愎則不得民心，悍則下不爲用。其心不懼，非霸者之佐也。」公曰：「然則豎刁何如？」管仲曰：「不可。夫人之情莫不愛其身，公妒而好內，豎刁自獖以爲治內，舊注：自獖，虧勢也。啓雄按：虧勢，是說割掉男性的生殖器。割掉公豬的生殖器叫作「獖」。此文「自獖」即難一的「自宮」，餘詳難一篇中。其身不愛，又安能愛君！」曰：「然則衞公子開方何如？」管仲曰：「不可。齊衞之閒不過十日之行，開方爲事君，欲適君之故，十五年不歸見其父母，此非人情也。其父母之不親也，又能親君乎！」公曰：「然則易牙何如？」管仲曰：「不可。夫易牙爲君主味，君之所未嘗食，唯人肉耳，易牙蒸其子首而進之，君所知也。人之情莫不愛其子，今蒸其子以爲膳於君，其子弗愛，又安能愛君乎！」公曰：「然則孰可？」管仲曰：「隰朋可。其爲人也，堅中而廉外，少欲而多信。夫堅中則足以爲表，廉外則可以大任，少欲則能臨其衆，多信則能親鄰國。此霸者之佐也，君其用之。」君曰：「諾。」居一年餘，管仲死，君遂不用隰朋而與豎刁。刁涖事三年，桓公南遊堂阜，豎刁率易牙、衞公子開方及大臣爲亂，桓公渴餒而死南門之寢，公守之室，身死三月不收，蟲出于戶。故桓公之兵橫行天下，爲五伯長，卒見弒於其臣而滅高名，爲天下笑者，何也？不用管仲之過也。故曰：「過而不聽於忠臣，獨行其意，則滅其高名，爲人笑之始也。」本節所說的，又見于難一、二柄二篇，解見難一和二柄二篇的篇中。

奚謂內不量力？昔者、秦之攻宜陽，韓氏急，公仲朋謂韓君曰：「與國不可恃也，豈如因張儀爲和於秦哉！因賂以名都而南與伐楚，是患解於秦而害交於楚也。」太田方曰：謂嫁害于楚。公曰：「善。」乃警公仲之行，舊注：警，飭戒也。將西和秦。楚王聞之懼，召陳軫而告之曰：「韓朋將西和秦，今將奈何？」陳軫曰：「秦得韓之都一，驅其練甲，秦韓爲一，以南鄉楚，此秦王之所以廟祠而求也，其爲楚害必矣。物茂卿曰：廟祠而求，謂禱求也。王其趣發信臣，說文：「趣，疾也。」信臣，指誠信可靠之臣。多其車，重其幣以奉韓曰：『不穀之國雖小，卒已悉起，願大國之信意於秦也。「信」借爲「伸」，信意，謂伸展意志也。策作「遂肆意」，即此意。因願大國令使者入境視楚之起卒也。』」韓使人之楚，楚王因發車騎陳之下路，謂韓使者曰：「報韓君言弊邑之兵今將入境矣。」使者還報韓君，韓君大悅，止公仲。公仲曰：「不可。夫以實告我者秦也，顧曰：「告」當作「苦」，史記作「伐」。以名救我者楚也，聽楚之虛言而輕誣強秦之實禍，則危國之本也。」左昭廿六傳注：「誣，欺也。」輕誣強秦，指將西和秦而突改變外交政策。韓君弗聽，公仲怒而歸，十日不朝。宜陽益急，韓君令使者趣卒於楚，冠蓋相望，而卒無至者，宜陽果拔，爲諸侯笑。趣，疾也，速也，今語「催促」之意。冠蓋，冠指使者的冠服，蓋指使者車蓋。冠蓋相望，謂韓國的使者往返于韓楚之間多也。卒，到底也。故曰：「內不量力，外恃諸侯者，則國削之患也。」

奚謂國小無禮？昔者晉公子重耳出亡，過於曹，曹君袒裼而觀之。卽曹君觀重耳之袒裼。文或有誤。釐負羈與叔瞻侍於前。顧曰：「叔瞻」與左傳及喻老皆不合。啓雄按：釐負羈卽僖負羈。「釐」借爲「僖」。叔瞻謂曹君曰：「臣觀晉公子，非常人也。君遇之無禮，彼若有時反國而起兵，卽恐爲曹傷。君不如殺之。」曹君弗聽。釐負羈歸而不樂，其妻問之曰：「公從外來，而有不樂之色何也？」負羈曰：「吾聞之：有福不及，禍來連我。舊注：君有福未必及己，其禍之至當連我也。今日吾君召晉公子，其遇之無禮，我與在前，吾是以不樂。」其妻曰：「吾觀晉公子，萬乘之主也；其左右從者，萬乘之相也。今窮而出亡，過於曹，曹遇之無禮，此若反國，必誅無禮，則曹其首也。子奚不先自貳焉。」左僖廿三傳注：「自貳，自別異于曹。」負羈曰：「諾。」乃盛黃金於壺，充之以餐，加璧其上，方言：「蓍飯爲餐。」左傳作：「饋盤飧，寘璧焉。」夜令人遺公子。公子見使者，再拜受其餐而辭其璧。公子自曹入楚，自楚入秦。入秦三年，秦穆公召羣臣而謀曰：「昔者晉獻公與寡人交，諸侯莫弗聞。獻公不幸離羣臣，出入十年矣。嗣子不善，吾恐此將令其宗廟不祓除而社稷不血食也。如是弗定，則非與人交之道。吾欲輔重耳而入之晉，何如？」羣臣皆曰：「善。」公因起卒，革車五百乘，疇騎二千，舊注：疇，等也。言馬齊等，皆精妙也。步卒五萬，輔重耳入之于晉，立爲晉君。重耳卽位三年，舉兵而伐曹矣。因令人告曹君曰：「懸叔瞻而出之，我且殺而以爲大戮。」又令人告釐負羈曰:「軍旅薄城,吾知子不違也。王先愼曰:薄,迫也。知不違,謂知不背吾也。其表子之閭,寡人將以爲令,令軍勿敢犯。」曹人聞之,率其親戚而保釐負羈之閭者七百餘家,此禮之所用也。故曹,小國也,而迫於晉楚之間,其君之危猶累卵也,而以無禮涖之,此所以絕世也。故曰:「國小無禮,不用諫臣,則絕世之勢也。」

第十一篇　孤憤

任公曰：本篇言純正法家與當塗重人不相容之故及其實況，最能表示著者反抗時代的精神。

智術之士，必遠見而明察，不明察不能燭私；　韓書多用「智」本字，是動詞，即今文「知」字。呂覽士容注：「燭，照也。」是動詞。「私」，是「私邪」的「私」，指奸臣的姦邪。能法之士，必強毅而勁直，不勁直不能矯姦。　懂得術治的人士，必須看得遠和察得明，如果觀察得不明，就不能看透壞人的姦邪。能行法治的人士，必須倔強堅決，剛勁正直，如果不剛勁正直，就不能矯正壞人的姦行。人臣循令而從事，案法而治官，非謂重人也。　這個「謂」字讀作「爲」。「重人」即「重臣」，與「貴重之臣」「當塗之人」同意。這是說：人臣遵循着君令行政事，按照着國法治官職，並不是爲重臣服務。重人也者：「重人」上似脫一「爲」字。無令而擅爲，虧法以利私，耗國以便家，私，指重臣的私邪。家，指重臣的封邑或采地。力能得其君，此所爲重人也。給重臣服務的人是這樣幹：他目中沒有君令而亂搞，虧損國法來便利重臣的私邪，又耗損國的財產來便利重臣的家邑；可是，他居然有取得君主信任的本領。這就是給重臣服務的作法。

智術之士明察，聽用，且燭重人之陰情；能法之士勁直，聽用，且矯重人之姦行。聽，謂智術能法之士的言被君聽取；用，謂智術能法之士的身被君任用。秦策注：「且，將也。」故智術能法之士用，則貴重之臣必在繩之外矣。禮記樂記注：「繩，度也。」，史記樂書集解引王肅曰：「繩，法也。」在繩外，是說：知術能法之士執法嚴，重臣必不容於法律。是智法之士與當塗之人不可兩存之仇也。智法之士，謂：智術和能法之士。當塗，即當路或當道，指當國的重臣。這是說：懂得術治的人士是明察的，如果他被君主聽從任用，就將要看透貴重權臣的祕密實情。能行法治的人士是勁直的，如果他被君主聽從任用，就將糾正重臣的姦行。因此，知術和能法的人士如果都被君主用了，那末，重臣必將被淸除出法度之外了。這就是知術能法之士所以跟當道的人成爲不可兩存的仇敵的原因。

當塗之人擅事要，則外內爲之用矣。說文：「擅，專也。」事要，指國事之樞紐總會，或機要權柄，擅事要即專權。外內爲之用，謂諸侯、百官、郎中、學士都被他利用。是以諸侯不因則事不應，故敵國爲之訟；呂覽盡數注：「因，依也。」謂依附。說文：「應，當也。」敵國，指強弱相等的匹敵國。說文一曰：「訟，歌訟。」「訟」「頌」古今字，即頌揚功德。百官不因則業不進，故羣臣爲之用；郎中不因則不得近主，故左右爲之匿；業不進，謂事業不能推進。廣雅釋詁：「匿，隱也。」爲之匿，謂藏匿隱瞞了重人的罪行。學士不因則養祿薄禮卑，故學士爲之談也。舊注：談者，謂爲重人延譽。——此四助者，邪臣之所以自飾也。重人不能忠主而進其仇，舊注：重人所仇者，法術之士也。啓雄按：謂重人不能爲忠于君主而「舉不避仇」。人主不能越四助而燭察其臣，故人主愈弊而大臣愈重。王先愼曰：本書「蔽」多作「弊」，姦劫弑臣「爲姦利之弊主」，「非不弊之術也」，難一「賞罰不弊於後」是也。

凡當塗者之於人主也，希不信愛也，又且習故；若夫卽主心同乎好惡，固其所自進也。爾雅釋詁：「希，罕也。」漢書五行志：「習，狎也。」故，猶舊也。方言：「卽，就也。」當塗者和君主的關係是這樣：所有當塗者們很少是不被君主信任和寵愛的，再加上當塗者早已摸透了君主的心意，因此，還就君主的心意，以君主的「好惡」爲「好惡」，這本來是他所以能「飛黃騰達」的慣技啊。官爵貴重，朋黨又衆，而一國爲之訟，當塗者的官爵既貴重，如附鳳翼似的朋黨與又衆多，所以國中的趨炎附勢者對他頌揚功德。漢人上書頌王莽者達四十八萬餘人，是個顯例。則法術之士欲干上者，非有所信愛之親，習故之澤也；又將以法術之言矯人主阿辟之心，是與人主相反也。爾雅釋言：「干，求也。」廣雅釋詁：「阿，邪也。」楚詞大招注：「阿，曲也。」「辟」借爲「僻」，詩板釋文：「僻，邪也。」處勢卑賤，無黨孤特。禮記禮運注：「勢，勢位也。」廣雅釋詁：「特，獨也。」夫以疏遠與近愛信爭，其數不勝也；舊注：數，理也。啓雄按：近，近習；愛，寵愛；信，親信。以新旅與習故爭，其數不勝也；易復釋文引鄭注云：「旅，客也。」以反主意與同好爭，其數不勝也；以輕賤與貴重爭，其數不勝也；以一口與一國爭，其數不勝也。舊注：重人與一國爲朋黨。法術之士操五不勝之勢，以歲數而又不得見；顧曰：「又」當作「猶」。啓雄按：「勢」字，指上述五種懸殊勢力對比的形勢。「數」字是動詞，音署，說文：「數，計也。」以歲數，謂拿年做單位來計算時日。**當塗之人乘五勝之資，而日暮獨說於前；**王先愼曰：此謂當塗之人獨與君言說，而法術之士見且猶不得亟，況得與言乎。啓雄按：史記留侯世家集解：「資，藉也。」謂以「五勝」作爲優勢的憑借。**故法術之士奚道得進，而人主奚時得悟乎？**奚道得進，是問：試問法術之士怎樣衝破「五不勝之勢」而找到前進的道路。奚時得悟，是問：君主何時才不年復一年地不見法術之士，因而得以醒悟。**故資必不勝而勢不兩存，法術之士焉得不危！**這句的大意是：法術之士具有必不勝的條件，又和當道的人勢不兩立，那末，法術之士怎能不危險呢。**其可以罪過誣者，以公法而誅之；**舊注：法術之士有過失可誣罔者，重人則以罪誅之。**其不可被以罪過者，以私劍而窮之。**舊注：若無過失可誣者，則使俠客以劍刺之以窮其命。啓雄按：廣雅釋詁：「被，加也。」**是明法術而逆主上者，不僇於吏誅，必死於私劍矣。**王先愼曰：「僇」與「戮」通。**朋黨比周以弊主，**朋黨，指姦邪的人們，結集在重臣的私門中爲黨羣。比周，指朋黨們彼此接近，行動祕密。左傳注：「比，近也。周，密也。」**言曲以便私者，必信於重人矣。**曲，指邪曲。私，指私邪。韓子書「私邪」「私曲」之「私」，都是「姦邪」的意思。**故其可以功伐借者，以官爵貴之；其可借以美名者，以外權重之：是以弊主上而趨於私門者，不顯於官爵，必重於外權矣。**那結私黨，親密地串同着來蒙蔽君主，而以歪曲的言論來便利私門的人，必定被重臣信任。重臣對他們，凡是可以拿功勞來做借口的，就用官爵來尊貴他們；凡是可以拿美名做借口的，就拿外交的職權來重用他們。因此，蒙蔽君主而奔走于重臣的私門者，不是在官爵上顯達就是在外交職權上重用了。今人主不合參驗而行誅，不待見功而爵祿，荀子和史記注都說：「參，驗也。」歸納韓子書各篇的文句，很多「參」字都有「驗」字的意思。合參驗，謂跟徵驗符合。八經篇有「合參」，「合其參」，「揆之以地，謀之以天，驗之以物，參之以人，四徵者符」，可以解釋此語。「見功」，今語「表現功勳」。故法術之士安能蒙死亡而進其說，姦邪之臣安肯乘利而退其身！漢書鼂錯傳注：「蒙，冒犯也。」文選典引注：「乘，因也。」即「因利乘便」之意。故主上愈卑，私門益尊。現在君主並不結合着多方面的考驗就誅罰，不等待作出功績就封爵給祿，因此，法術之士怎能冒着死亡的危險來貢獻他們的言說，姦邪之臣又怎肯趁着便利的時候而自退。這樣，君主就越來越卑下，而私門（指重臣）就越來越尊貴了。

夫越雖國富兵彊，中國之主皆知無益於己也，曰：「非吾所得制也。」集解「雖」下脫一「國」字，據明藏、迂評、趙、淩等本補。中國，謂中原的國。今有國者雖地廣人衆，然而人主壅蔽，大臣專權，是國爲越也。越是南方新興的強國，中原的國君們都知道：越之富強，無益於己。理由是：「並不是我所得以御制。」現在「有國」的國君，他的國雖然地廣人衆，可是他被重人閉塞耳目，而且大權又旁落到大臣手中，那末在表面上國雖然是君主的國，實際上自己的國和遠在南方的越國一樣。智不類越，而不智不類其國，不察其類者也。君主知道自己的國和越國不一樣，然而不知道自己今天的國和自己以往的國不一樣，那就是沒有審察類似的事實。二「智」字都是動詞。知不類越，就空間上言；不知不類其國，就時間上言。不察其類，謂不察「形式上之類似」和「實際上之類似」的差別。人主所以謂齊亡者，非地與城亡也，呂氏弗制，而田氏用之；孫曰：「主」字衍。太田方曰：呂氏，姜姓；齊者，呂尙之始封也。田氏，嬀姓。陳厲公佗之子完奔齊爲陳氏，後數十年至田常，弑簡公立平公，漸大，至太公和，遂以周安王命爲侯。所以謂晉亡者，亦非地與城亡也，姬氏不制，而六卿專之也。太田方曰：姬，晉姓；晉者，周成王弟唐叔虞之所封也。晉世家：「景公十二年，晉始作六卿。」其後分爲三。今大臣執柄獨斷而上弗知收，是人主不明也。人們所以說「齊國亡了」，並不是齊國的土地和城市都沒有了，只不過是呂氏不能控制它，而田氏佔用了它罷了。人們所以說「晉國亡了」，並不是晉國的土地和城市都沒有了，只不過是姬氏不能控制它，而六卿獨佔它罷了。現在有的國家，大臣掌握了國家政權，獨斷獨行，然而君主不知收回（或收捕大臣），那是君主不明察。與死人同病者，不可生也，與亡國同事者，不可存也。新論：「傳曰：『與死人同病者不可爲醫，與亡國同政者不可爲謀。』」今襲迹於齊晉，欲國安存，不可得也。凡是害了跟已死去的人同樣病症的人，是不能活的；凡是具有已滅亡國同樣的政事的國，是不能存的。現在的君主如果再踏齊晉兩國的蹤迹，反而希望自已的國能安存，那是不能取得的。

凡法術之難行也，不獨萬乘，千乘亦然。乘，兵車。天子有兵車萬乘，諸侯千乘，卿百乘。此文以「萬乘」代「大國」，以「千乘」代「小國」。人主之左右不必智也，人主於人有所智而聽之，因與左右論其言，是與愚人論智也。三「智」字是形名詞。這是說：人主的左右人們不見得準是智者，當人主對某一個人認他是有些才智，而且有意聽取他的建議之時，因此就和他的左右們來評論那個才智之士的言論，這就是和愚蠢的人來評論才智之士的才智了。**人主之左右不必賢也，人主於人有所賢而禮之，因與左右論其行，是與不肖論賢也。智者決策於愚人，賢士程行於不肖，則賢智之士羞而人主之論悖矣。**君主左右的人不見得準賢明，當君認某人是賢能要對他敬禮，因而和他的左右來評論那人的行爲，這樣，就是和不賢者來評論賢者的行爲了。如果智者的計策由愚人來決定，賢者的行爲由不賢者來評定，那末，賢智之士就認爲是羞恥，而君主的論斷也就錯誤了。

人臣之欲得官者，其修士且以精絜固身，其智士且以治辯進業。舊注：修士，謂修身之士，但精潔自固其身。啓雄按：秦策注：「且，將也。」賈子道術：「論物明辯謂之辯。」精潔，是形名詞，治辯是動名詞。**其修士不能以貨賂事人，**俞曰：「其修士」三字衍。**恃其精潔，而更不能以枉法爲治，**顧曰：「精潔」當作「精辯」。于曰：精辯，即精潔治辯之簡語。**則修智之士不事左右，不聽請謁矣。**王先愼曰：謂不以財貨賂左右，不能枉法從請謁。**人主之左右，行非伯夷也，**太田方曰：伯夷，孤竹君之長子，父欲立叔齊，及卒，叔齊讓伯夷，伯夷曰：「父命也。」遂逃去。周克殷，天下宗周，伯夷恥之，義不食周粟，隱於首陽山。啓雄按：孟子：「聞伯夷之風者，頑夫廉，……伯夷，聖之淸者也。」**求索不得，貨賂不至，則精辯之功息而毀誣之言起矣。**舊注：精，謂修士精潔；辯，謂智士辭辯。啓雄按：禮記樂記注：「息，休止也。」**治辯之功制於近習，**集解「辯」作「亂」，據張榜本改。**精潔**

之行決於毀譽，則修智之吏廢而人主之明塞矣。不以功伐決智行，不以參伍審罪過，左莊廿八傳注：「伐，功也。」易繫辭「參伍以變，錯綜其數」，注：「參，三也；伍，五也。略舉三五，諸數皆然。」荀子成相注：「參伍，猶錯雜也。」人臣中有兩類想得官職者：那修士要用精誠廉潔的修養來鞏固自己的品德，那智士要用修治辯慧的才能來推進自己的事業。他們不能用貨財賄賂來事人。他們既然靠精誠辯慧，更不能歪曲國法來處理政事。因此，修智之士既不事左右，又不聽從別人的請託。君主左右近臣的行為比不上伯夷那樣淸廉，如果向別人求索而不得，貨財賄賂不到手，那末修智之士的精誠辯慧的功就要熄滅，而左右近臣毀謗誣蔑的話就揑造起來。既然智士的修治辯慧的功被近臣所制裁，修士的精誠廉潔的行為被近臣的毀謗或稱譽所決定，那末修智的官吏就被廢棄，而君主的明察也就被蔽塞。君主如果不按照臣的功績來判斷臣的智行，又不用多方面的調查檢驗來審定臣的罪過，而偏聽近臣的話，這樣，無能的士就在朝廷，而愚蠢卑汚的官吏都做官了。而聽左右近習之言，則無能之士在廷而愚汚之吏處官矣。

萬乘之患，大臣太重；千乘之患，左右太信：此人主之所公患也。王先愼曰：「公」訓為「共」。荀子「此心術之公患也」，注：「公，共也。」是其證。且人臣有大罪，人主有大失，臣主之利與相異者也。顧曰：「與」當在「相」字下。啓雄按：「與」字疑在「臣主」二字之間。謂臣與主之間的利害本來是彼此相異的。何以明之哉？曰：主利在有能而任官，臣利在無能而得事；主利在有勞而爵祿，臣利在無功而富貴；主利在豪傑使能，舊注：豪傑之人有材能，然後使之。臣利在朋黨用私。是以國地削而私家富，主上卑而大臣重。故主失勢而臣得國；主更稱蕃臣，而相室剖符。舊注：君臣易位，故主稱蕃臣於其臣。相室剖符，言得專授人官，與之剖符也。蒲阪圓曰：三晉以大夫爲諸侯，猶仍舊號，故呼相國爲相室。啓雄按：漢書「與爾剖符」，注：「謂封之也。」謂剖分符節以封臣下。——此人臣之所以譎主便私也。說文：「譎，權詐也。」廣雅釋詁：「譎，欺也。」秦策注：「便，利也。」故當世之重臣，主變勢而得固寵者，十無二三。勢，指勢位。主變勢，謂先君薨，後君立，君位轉變。秦孝公卒，秦惠王即車裂商鞅，是此事之顯例。是其故何也？人臣之罪大也。臣有大罪者，其行欺主也，其罪當死亡也。智士者遠見而畏於死亡，必不從重人矣；賢士者修廉而羞與姦臣欺其主，必不從重臣矣。是當塗者之徒屬，非愚而不知患者，必汚而不避姦者也。解老：「屬之謂徒。」這是說：重臣罪大，智士和賢士都不從他，因此重臣的徒屬只有兩類人，即不是「愚而不知患者」，必定是「汚而不避姦者」了。大臣挾愚汚之人，上與之欺主，下與之收利侵漁，朋黨比周，相與一口惑主，敗法以亂士民，收利，謂收百姓之利。楚語注：「侵，犯也。」漢書宣帝紀注：「漁者，謂侵奪取之，若漁獵之爲也。」侵漁，亦謂侵奪百姓之利。朋黨比周，相與一口惑主，謂重臣結朋黨，親密地異口同聲地來欺惑君主，同時又敗壞法紀，好來擾亂士民。使國家危削，主上勞辱，此大罪也。臣有大罪而主弗禁，此大失也。使其主有大失於上，臣有大罪於下，索國之不亡者，不可得也。

第十二篇　說難

韓子指出游說之士發言之難，及其遭遇之險，是一篇反映出人情世故和君主心理的作品。韓子的本恉似乎在于針砭從衡家之作風，使人知所鑑戒，絕不是提倡游說之術。

凡說之難：非吾知之有以說之之難也；知之，謂說者認識事理。吾知之有以說之，謂說者有事理作游說內容，就用這些談資來喻說國君。上「之」字指事理，下「之」字指君主。這是說：游說的困難，其難處並不在于我能認識到事理，從而有事理來說服各國的君主。又非吾辯之能明吾意之難也；賈子道術：「論物明辯謂之辯。」即「具體分析」之意。這是說：所難的又並不在于當我分析事理時能夠表達出我的意思。前句言「不怕言之無物」，此句言「不怕言之無序，辭不達意」。又非吾敢橫失而能盡之難也。「橫」借爲「廣」，「失」借爲「逸」。敢橫失而能盡，謂放膽地利用廣博和縱逸的口才，而且能充分地表達自己的意見。凡說之難：在知所說之心，可以吾說當之。「所說」，謂「被說者」，指國君。呂覽無義注：「當，應也。」這是說：凡是游說的困難，在于說者知道君主的心理，因而拿出君主愛聽的話來適應它。所說出於爲名高者也，而說之以厚利，則見下節而遇卑賤，必棄遠矣。君主的意圖完全是爲着追求「名高」的，可是說者拿出「厚利」的言論來勸說他，那就會被君主看成爲志節卑下，從而用卑賤的待遇來對待說者；這樣，說者必然被君主拋棄得老遠老遠了。所說出於厚利者也，而說之以名高，則見無心而遠事情，必不收矣。君主的意圖完全是爲着追求「厚利」的，可是說者拿出「名高」的言論來勸說他，那就會被君主看成爲沒有頭腦而且離開事的實際太遠；這樣，說者必定不被君主收用了。所說陰爲厚利而顯爲名高者也，而說之以名高，則陽收其身而實疏之；說之以厚利，則陰用其言，顯棄其身矣。君主如果暗中爲着追求「厚利」，然而在表面上裝成爲着「名高」，說者如果拿出「名高」的言論來勸說他，這樣，君主在表面上就收用說者的人身，而實際上却疏遠說者；說者如果拿出「厚利」的言論來勸說他，這樣，君主在暗中采用他的言論，然而在表面上拋棄說者的人身。此不可不察也。

夫事以密成，語以泄敗。「語」字史記作「而」。泄敗，謂洩漏了祕密，事情就會失敗。未必其身泄之也，而語及所匿之事，如此者身危。事情是由于保密而成功，然而由于洩漏而失敗。未必是說者本人洩漏了君主的祕密，可是在他的言語中不自覺地說到君主內心所隱匿着的祕密心事，這樣，說者本身就危險（下文鄭武公殺關其思，就是個好例）。彼顯有所出事，而乃以成他故，蒲阪圓曰：如齊桓公惡蔡姬，乃以其附楚之名伐蔡。伐附楚，顯出也；惡蔡姬，乃其所以爲也。說者不徒知所出而已矣，又知其所以爲，如此者身危。君主在表面上做出一件事，可是利用這件事作幌子來暗中做成另一件事。說者不只是知道君主所扮演的是什麼把戲，而且還知道他爲什麼這樣幹。這樣，說者本身危險。規異事而當，知者揣之外而得之，事泄於外，必以爲己也，如此者身危。君主暗中規畫一件異常事情而規畫對了，可是外界的智者把這件密事猜出來了；這樣，密事就洩漏到外界。君主不知洩漏的眞相，必定以爲是說者洩露的。這樣，說者本身就危險。**周澤未渥也，而語極知，說行而有功則德忘，說不行而有敗則見疑，如此者身危。**說文：「周，密也。」廣雅釋詁：「渥，厚也。」「德忘」，司馬貞說「韓子作『見忘』」，似是。」這是說：君主對說者親密的恩澤還未達到深厚的程度，而說者盡其所知來講知心的話，所說的如果能實行而且見功效了，那就會被君主忘德；所說的如果不能實行而且有了失敗，那就會被君主懷疑。這樣，說者本身就危險。**貴人有過端，而說者明言禮義以挑其惡，如此者身危。**過端，指貴人的失德。這是說：貴人有了過錯事情，說者明白地說出禮義的準則，借此來挑剔他的缺點，這樣，說者本身就危險。**貴人或得計而欲自以爲功，說者與知焉，如此者身危。**禮記大學注：「得，謂得事之宜。」此「得計」謂計事情恰當。史記夏本紀索隱：「與，同也。」與知，謂貴人自以爲獨到的善策，却被說者同樣地想到了，故與（音預）知其計。**彊以其所不能爲，**拿君主所不能或所不肯做的事來強勸他做。如梁惠王本好利，而孟子強勸他好仁義，是一例。**止以其所不能已，**禁止君主做他所不能罷手的事。如漢景帝決定要廢栗太子，周亞夫想阻止景帝，景帝不聽周亞夫的勸阻，是一例。**如此者身危。故與之論大人，則以爲閒己矣；**大人，指君主的大臣。「閒」字是「離間」的「間」。這是說：說者如果跟君主談論他的大臣，君主就以爲說者想離間君主的君臣關係。**與之論細人，則以爲賣重；**細人，似指君主左右近習的人。「賣重」，史記引作「鬻權」。「重」字無「權」的古訓，但歸納和氏「近習不敢賣重」，「大臣貪重」，人主「勢重者人主之爪牙也」，喻老「制在己曰重，……勢重者人君之淵也」，外儲說右下「勢重盡在於啓也」，確含

「權」義。和氏及人主二篇都說：「近習不敢賣重。」歸納文義，「賣重」似謂君主左右親近的人，貪圖私利，出賣君主的機密；這樣，就是出賣了君主的權勢。**論其所愛，則以爲藉資；**管子內業注：「藉，因也。」說文段注：「資者，人之所藉也。」這是說：如果說者跟君主談論他所愛的人，君主就以爲說者因依着君主所寵愛的人來做自己的憑藉（即靠山）。**論其所憎，則以爲嘗己也。**如果談論君主所憎恨的人，君主就以爲說者嘗試自己（試探君主的心情）。**徑省其說，則以爲不智而拙之；**「徑」字是名詞作形容詞用，謂直捷簡易。這是說：說士若精簡他的說辭，君主就把說士評爲不明智，而且認他是鈍拙的人。**米鹽博辯，則以爲多而交之；**「米鹽」，作形容詞用，今語「瑣碎」之意。史記「占驗凌雜米鹽」，「其於米鹽事，大小皆關其手」；後漢書「米鹽靡密，初若煩碎」：都是沿用韓子語。多，指博辯之辭衆多。「交」字當從顧說作「史」。難言「捷敏辯給，繁於文采，則見以爲史」，儀禮「辭多則史」，論語「文勝質則史」，均以「史」爲辭多博辯之形容詞。這是說：如果說者瑣碎地作廣博的辯說，君主就認爲是話多，因而把說者的話看成是廢話。**略事陳意，則曰怯懦而不盡；**如果說者省略其事，來陳述意見，君主就說成是畏怯懦弱而不敢盡言。**慮事廣肆，則曰草野而倨侮。**慮謀事情時，如果說者廣泛地來侈談，那就被君主說成是粗野而且傲慢。**此說之難，不可不知也。**

凡說之務，在知飾所說之所矜而滅其所恥。游說者的急務，在于知道怎樣地來粉飾被說者（君主）所自豪的心理，而消滅他所羞恥的心理。**彼有私急也，必以公義示而強之。**當他有某種自私的急需時，說者就必須表示也合乎公義的看法來鼓勵他。周禮注：「強猶勸也。」**其意有下也，然而不能已，說者因爲之飾其美而少其不爲也。**當他的意圖有某種卑下的傾向時，然而不能自止，說者就給那個意圖誇飾成是美好的，反而不滿他不去幹。**其心有高也，而實不能及，說者爲之舉其過而見其惡而多其不行也。**當他的意圖有某種高尚的傾向時，然而在實際上他是做不到的，說者就給他舉出這個意圖的錯誤，顯示出這個意圖的壞處，反而贊揚他不去實行。（多，重也，解見下文，在此有贊成意）**有欲矜以智能，則爲之舉異事之同類者，多爲之地，使之資說於我，而佯不知也以資其智。**鶡冠子：「理之所居謂之地。」謂事理的依據。上「資」字，小爾雅廣言：「資，取也。」下「資」字，秦策注：「資，給也。」有時他要夸張他的智能，說者就給他舉出同類的別的事件，多多地給他提供參考資料，使他採取我的說法，而我裝成不知道，就這樣來資助他的智能。**欲內相存之言，則必以美名明之，而微見其合於私利也。**「欲內」「欲陳」「譽異人」「規異事」四句的主語是說者，跟上下文不同。「內」字讀「納入」「獻納」的「納」。「相存」跟「危害」相對，是「相安」之意。史記五帝紀索隱：「存亡，猶安危也。」這是說：說者要給君主獻納與人相安的話，就必須拿美名來說明「相安」的行動，而且暗示與人相安也合于私利。**欲陳危害之事，則顯其毀誹而微見其合於私患也。**廣雅釋詁：「顯，明也。」齊策注：「毀，謗也。」說文：「誹，謗也。」以上兩「見」字都同「現」字。**譽異人與同行者，**說者贊譽別一個和君主有同樣行動的人，這樣，就間接地贊揚了君主的行動。**規異事與同計者。**說者規畫別一件和君主正在作同樣計畫的事，這樣，就間接地幫助了君主計畫事情。這二句都指出說者不從正面來粉飾君主的自豪心理，却從旁面來進行。**有與同汙者，則必以大飾其無傷也；**如果別人有和君主同樣卑汚的，說者就必須用大力來粉飾說：那是沒有害處。**有與同敗者，則必以明飾其無失也。**如果別的事件有和君主所計畫的事同樣失敗的，說者就必須用明言來粉飾說：那是沒有錯誤。**彼自多其力，則毋以其難概之也；**太田方曰：呂覽注：「自多，自賢也。」啓雄按：說文：「多，重也。」史記老莊申韓傳索隱：「概猶格也。」這是說：當君主誇張他自己的力量時，說者就不要拿事實的困難來糾正他。**自勇其斷，則無以其謫怒之；**「謫」同「讁」，方言：「讁，過也。」「謫」與下句「敗」相對，謫指判斷的過錯。又：「無」字依上下文及藏本當作「毋」。這是說：當君主勇于武斷時，說者就不要指出他的過錯來招他生氣。**自智其計，則毋以其敗窮之。**「窮」讀爲「窘」，「窮」「窘」一聲之轉。說文：「窘，迫也。」這是說：當君主自以爲計事是明智時，就不要指出他曾經失敗過的往事來窘迫他。**大意無所拂悟，辭言無所繫縻，然後極騁智辯焉。**大意，指說士進說的大意。「拂」借爲「咈」，說文：「咈，違也。」「悟」借爲「啎」，說文：「啎，屰也。」「啎」同「忤」；「屰」同「逆」。「繫縻」各本作「擊摩」，是。「擊」借爲「乖」，說文：「乖，戾也。」說文：「摩，研也。」「擊摩」猶今語「抵觸摩擦」之意。**此道所得：親近不疑而得盡辭也。**等到說者的大意對于君主無所違逆了，他的言辭對于君主也無所抵觸了，說者才極度施展他的智慧和口辯來說話。從這條道路上所取得的，是：君主對于說者親近不疑。說者得以說盡內心的話。**伊尹爲宰，百里奚爲虜，皆所以干其上也。**孟子：「萬章問曰：『人有言伊尹以割烹要湯，有諸？百里奚自鬻於秦養牲者五羊之皮，食牛以要秦繆公，信乎？』」墨子：

「伊尹爲庖人，湯得而舉之。」大戴禮保傅注：「宰，膳夫。」史記索隱：「虜，奴隸。」爾雅釋言：「干，求也。」此二人者，皆聖人也，然猶不能無役身以進，如此其汙也。今以吾言爲宰虜，而可以聽用而振世，此非能士之所恥也。集解「士」作「仕」。史記索隱：「韓子作『士』。」今據改。「宰虜」二字下似脫一個「言」字。宰虜言，卽廚子和奴隸的話。說文：「振，舉救也。」這是說：雖然有人把我的話當作「宰虜之言」看待，可是，如果被君主采用了，而且在「救世」上又起了作用了，那末，能士們卻不以「役身以進」爲恥。夫曠日彌久，而周澤既渥，曠日彌久，指說者取得君主「親近不疑」的曠明的日子更久遠一些。周澤既渥，指君主對說者的感情由親密的恩澤未厚轉變爲已經很厚。深計而不疑，引爭而不罪，則明割利害以致其功，直指是非以飾其身。秦策注：「割猶分也。」「割」字有「分解」意。割利害，謂分析判斷事之利害。這是說：深入地爲君主計畫而不被君主懷疑，據引事理來向君主諫爭而不被君主加罪，就公開地分析利害來導致君主的功業，正直地指出事的是非來修飾君主的人品。以此相持，此說之成也。「持」「待」同從「寺」聲，通用。這是說：君對臣「不疑」「不罪」，臣對君「致其功」「飾其身」，彼此相對，又相待。

昔者鄭武公欲伐胡，故先以其女妻胡君以娛其意，因問於羣臣：「吾欲用兵，誰可伐者？」大夫關其思對曰：「胡可伐。」武公怒而戮之，曰：「胡，兄弟之國也，子言伐之，何也？」太田方曰：張儀傳：「秦楚娶婦嫁女，長爲兄弟之國。」是雖非同姓，娶嫁相謂亦曰「兄弟之國」。晉語注：「兄弟，婚姻之稱。」胡君聞之，以鄭爲親己，遂不備鄭，鄭人襲胡取之。宋有富人，天雨牆壞，其子曰：「不築必將有盜。」其鄰人之父亦云。暮而果大亡其財。其家甚智其子，而疑鄰人之父。此二人說者皆當矣，厚者為戮，薄者見疑，陶曰：「厚薄」猶「輕重」。啓雄按：「為」「見」，均猶「被」也，下同。則非知之難也，處之則難也。知之，指關其思知道伐胡和鄰父知道失財的事理。處之，指關其思和鄰父處理他們的見識。故繞朝之言當矣，其為聖人於晉而為戮於秦也，此不可不察。繞朝是春秋時秦大夫，他識破了晉國的詭計，指出晉人的欺騙性；可惜秦人不信他。事情的經過見於左文十三傳是這樣：「（晉）使魏壽餘偽以魏叛以誘士會（士會本是晉大夫，文七年奔秦），執其帑於晉，使夜逸，請自歸於秦，秦伯許之。履士會之足於朝。秦伯師於河西，魏人在東，壽餘曰：『請東人之能與夫二三有司言者，吾與之先。』使士會。士會辭曰：『晉人虎狼也，若背其言，臣死，妻子為戮。……』秦伯曰：『若背其言，所不歸爾帑者，有如河。』乃行。繞朝贈之以策，曰：『子（指士會）無謂秦無人，吾謀適不用也。』既濟，魏人譟而還。」

昔者彌子瑕有寵於衛君，衛國之法：竊駕君車者罪刖。彌子瑕母病，人聞，有夜告彌子，彌子矯駕君車以出。彌子瑕是衛靈公的嬖臣。「刖」借為「跀」，說文：「跀，斷足之刑。」呂覽悔過注：「擅稱君命曰矯。」君聞而賢之，曰：「孝哉！為母之故，忘其犯刖罪。」異日，與君遊於果園，食桃而甘，不盡，以其半啗君。王先愼曰：說文：「啗，食也。」食人為啗。君曰：「愛我哉！忘其口味以啗寡人。」及彌子色衰愛弛，得罪於君，君曰：「是固嘗矯駕吾車，又嘗啗我以餘桃。」故彌子之行未變於初也，而以前之所以見賢而後獲罪者，愛憎之變也。故有愛於主，則智當而加親；有憎於主，則智不當，見罪而加疏。廣雅釋詁：「弛，緩也。」莊子徐无鬼釋文：「當，合也。」故諫說談論之士不可不察愛憎之主而後說焉。夫龍之爲蟲也，柔可狎而騎也，然其喉下有逆鱗徑尺，若人有嬰之者則必殺人。舊注：嬰，觸。啓雄按：集解「蟲」作「虫」，據史記、御覽改。左傳：「蟲莫知於龍。」大戴禮：「有鱗之蟲三百六十，而蛟龍爲之長。」這是龍稱爲蟲的古說。禮記曲禮注：「狎，近也。」人主亦有逆鱗，說者能無嬰人主之逆鱗，則幾矣！爾雅釋詁：「幾，近也。」即差不多的意思。

第十三篇　和氏

本篇標題用「和氏」二字，是節取篇首字以名篇的標題方式，沒有什麼意義。這樣的標題，和論語孟子的標題略同，和本書其他各篇多不同。其實，本篇首段是一個寓言體故事，用卞和喻法術之士，用刖足喻法術之士的不幸遭遇，用玉璞喻法術。

楚人和氏得玉璞楚山中，王先愼曰：類聚、六帖引「和氏」作「卞和」，「楚」上有「於」字，無「璞」字。啓雄按：秦策：「鄭人謂玉未理者璞。」奉而獻之厲王；史記楚世家無「厲王」，後漢書孔融傳注引此文作「武王、文王、成王」，都跟韓子文不同。論衡變動篇：「厲、武之時，卞和獻玉，刖其兩足。」新序雜事作「厲王、武王、共王」，跟韓子有同有異。厲王使玉人相之，玉人曰：「石也。」王以和爲誑而刖其左足。爾雅釋詁：「相，視也。」說文：「誑，欺也。」刖，是斷足刑，解見說難篇末。及厲王薨，武王卽位，和又奉其璞而獻之武王，武王使玉人相之，又曰：「石也。」王又以和爲誑而刖其右足。武王薨，文王卽位，和乃抱其璞而哭於楚山之下，王先愼曰：「楚山」當作「荆山」，類聚六帖引作「荆山」。三日三夜，泣盡而繼之以血。王聞之，使人問其故，曰：「天下之刖者多矣，子奚哭之悲也？」和曰：「吾非悲刖也，悲夫寶玉而題之以石，貞士而名之以誑，此吾所以悲也。」釋詞：「夫，猶彼也。」小爾雅廣服：「題，定也。」詩商頌疏：「題，名也。」王乃使玉人理其璞而得寶焉，說文：「理，治玉也。」遂命曰：「和氏之璧」。

夫珠玉，人主之所急也，和雖獻璞而未美，未爲王之害也；此文似本作：「和獻璞雖未美，而未爲王之害也。」卽和所獻的璞雖未曾美化，却未必成爲王的害。然猶兩足斬而寶乃論，論寶若此其難也。呂覽應言注：「論，辨也。」釋詞：「其，猶之也。」今人主之於法術也，未必和璧之急也，而禁羣臣士民之私邪，此文脫誤難通，猜測文意，像是這樣：人主對于求法術，未必像求和氏璧那樣心急，而且未必禁止羣臣和士民的姦邪（指姦邪之人讒害法術之士，像玉人胡說「石也」那樣）。然則有道者之不僇也，特帝王之璞未獻耳。舊注：帝王之璞，卽法術也。有道之士所以不見僇者，則以未獻法術也。啓雄按：有道者，卽法術之士。史記楚世家索隱：「僇，辱也。」漢書賈誼傳注：「特，徒也。」這是說：法術之士所以不被迫害，只是帝王的璞玉（喻法術）未曾獻出罷了。主用術則大臣不得擅斷，近習不敢賣重；說難「與之論細人則以爲賣重」，史記韓非傳引作「鬻權」。賣重，指君主左右親近的人，貪圖私利，洩露了君主的祕密。這樣，就出賣了君主的權勢。餘詳說難篇中。官行法則浮萌趨於耕農，而游士危於戰陳；廣雅釋言：「浮，游也。」「萌」借爲「氓」。游氓，卽無業游民。游士，卽禮玉藻的「惰游之士」。「陳」借爲「敶」，說文：「敶，列也。」今字作「陣」。謂惰游之士冒危難于戰陣。則法術者乃羣臣士民之所禍也。人主非能倍大臣之議，越民萌之誹，獨周乎道言也，高曰：離騷「競周容以爲度」，注：「周，合也。」人主篇「周」正作「合」。啓雄按：「倍」借爲「背」。則法術之士雖至死亡，道必不論矣。王先愼曰：珠玉，人主之所急，然兩足刖而始論；法術不如和璧之急，故至死亡而不論。

昔者吳起教楚悼王以楚國之俗曰：「大臣太重，封君太衆，若此則上偪主而下虐民，此貧國弱兵之道也。不如使封君之子孫三世而收爵祿，絕滅百吏之祿秩；損不急之枝官，以奉選練之士。」據喻老篇和呂覽、淮南、列子，楚國封功臣，傳到第二代就把封地受回。吳起主張「三世而收爵祿」，比楚國舊法已放寬一些。「滅」字似是「減」字的錯字。絕滅祿秩，是說：或斷絕某些百吏的祿秩，或減少某些百吏的祿秩，應因事制宜地分別處理。枝官，似指重臣私門內的家臣。揚權篇末說「毋使木枝扶疏」，即此文「損枝官」的意思。悼王行之期年而薨矣，吳起枝解於楚。「枝」借爲「胑」，「胑」同「肢」，說文：「胑，體四胑也。」淮南主術：「吳起車裂支解。」肢解，是用車把人的四肢分裂開。史記吳起傳：「吳起……去之楚，楚悼王素聞起賢，至則相楚。明法審令，捐不急之官，廢公族疏遠者，以撫養戰鬥之士。……及悼王死，宗室大臣作亂而攻吳起。」商君教秦孝公以連什伍，設告坐之過，太田方曰：呂覽注：「過，責也。」公孫鞅封於商，號曰商君。商君傳：「令民爲什伍而相收司連坐，不告姦者腰斬。」啓雄按：商君的「連什伍，設告坐」法，詳見定法篇中。燔詩書而明法令，塞私門之請而遂公家之勞，舊注：於公有勞者不滯其功賞。禁游宦之民而顯耕戰之士。孝公行之，主以尊安，國以富強，八年而薨，王先愼曰：國策：「孝公行商君法十八年而死。」史記「商君相秦十年」，索隱：「國策蓋連其未作相之年說也。」案：此作「八年」，與史記、國策皆不合，疑「八」上奪「十」字。商君車裂於秦。史記商君傳：「秦孝公卒，太子立，……

秦惠王車裂商君……遂滅商君之家。」楚不用吳起而削亂，秦行商君法而富強，二子之言也已當矣，然而枝解吳起而車裂商君者何也？大臣苦法而細民惡治也。當今之世，大臣貪重，細民安亂，甚於秦楚之俗，而人主無悼王孝公之聽，貪重，謂貪權，解見說難篇中。安亂，謂安於亂政。廣雅釋詁：「聽，謀也。」則法術之士安能蒙二子之危也而明己之法術哉！王先愼曰：「也」字衍。此世所亂無霸王也。顧曰：今本「所」下有「以」字。啓雄按：有「以」字是，趙本、凌本均有。漢書鼂錯傳注：「蒙，冒犯也。」

第十四篇　姦劫弒臣

「姦」、「劫」、「弒」三字都是形動詞。謂姦邪臣、劫君臣、弒主臣。

凡姦臣皆欲順人主之心以取信幸之勢者也。「信」字各本都作「親」。獨斷：「親愛者皆曰幸。」「幸」亦作「倖」。信幸，指君主的親信和寵倖。是以主有所善，臣從而譽之；主有所憎，臣因而毀之。凡人之大體，取舍同者則相是也，取舍異者則相非也。大體，在這裏指人們的「共性」，呂覽情欲注：「體，性也。」韓子有大體篇，說「不逆天理，不傷情性」，是「大體」包天理和人性了。今人臣之所譽者，人主之所是也，此之謂同取；人臣之所毀者，人主之所非也，此之謂同舍。夫取舍合而相與逆者，未嘗聞也。取舍合，指姦臣在譽毀兩方面和君主符合，即上文「取舍同」。相與逆，謂君臣之間彼此相違逆，即上文「相非」。此人臣之所以取信幸之道也。孤憤：「當塗者之於人主也，希不信愛也；……卽主心，同好惡，固其所自進也。」與此文略同。夫姦臣得乘信幸之勢以毀譽進退羣臣者，人主非有術數以御之也，非參驗以審之也，王先愼曰：依上文「非」下脫「有」字。啓雄按：非有參驗以審之，是說人主並沒有徵驗用來審核姦臣毀譽的話是眞是假。「參驗」二字解詳孤憤篇中。必將以曩之合己信今之言，此幸臣之所以得欺主成私者也。

如果人主不檢驗幸臣的毀譽，就必定會拿幸臣過去跟自己意見相同的成見，來輕信幸臣現在的話。幸臣就利用人主這種經驗主義來欺主成私。

故主必蔽於上而臣必重於下矣。此之謂擅主之臣。國有擅主之臣，則羣下不得盡其智力以陳其忠，百官之吏不得奉法以致其功矣。何以明之？夫安利者就之，危害者去之，此人之情也。今爲臣盡力以致功，竭智以陳忠者，其身困而家貧，父子罹其害；罹其害，謂遭遇其禍害。爲姦利以弊人主，王先愼曰：「弊」讀爲「蔽」。行財貨以事貴重之臣者，身尊家富，父子被其澤：人焉能去安利之道而就危害之處哉！治國若此其過也，而上欲下之無姦，吏之奉法，其不可得亦明矣。故左右知貞信之不可以得安利也，王先愼曰：「利」字涉上文而衍。必曰：「我以忠信事上，積功勞而求安，是猶盲而欲知黑白之情，劉文典曰：「情」與「誠」古字通用，「知黑白之誠」，猶言「明定黑白」耳。必不幾矣。爾雅釋詁：「幾，近也。」必不幾，指自己認爲「善有善報」的想法，和客觀實情必不接近。若以道化行正理，不趨富貴，事上而求安，王先愼曰：「化」疑「術」之誤，「事上」二字當在「行正理」上，「若以道術事上」與上「我以忠信事上」相對。是猶聾而欲審清濁之聲也，愈不幾矣。二者不可以得安，我安能無相比周，蔽主上，爲姦私以適重人哉！」左文十八傳注：「比，近也；周，密也。」相比周，謂臣們和重人親近，祕密結黨。三蒼：「適，悅也。」此必不顧人主之義矣。其百官之吏，亦知方正之不可以得安也，必曰：「我以清廉事上而求安，若無規矩而欲爲方圓也，必不幾矣。

若以守法不朋黨治官而求安，是猶以足搔頂也，愈不幾也！王先愼曰：「也」當作「矣」。二者不可以得安，能無廢法行私以適重人哉！」顧曰：「能」上當有「我安」二字。此必不顧君上之法矣。故以私爲重人者衆，而以法事君者少矣。是以主孤於上而臣成黨於下，此田成之所以弑簡公者也。

夫有術者之爲人臣也，得效度數之言，上明主法，下困姦臣，以尊主安國者也。俞曰：「得」字衍。此論有術者之爲人臣，其道如此，非論得不得也。蓋涉下文而衍。是以度數之言得效于前，則賞罰必用于後矣。歸納難一「管仲非明此度數於桓公」，問田「先生立法術，設度數」，及本篇文，度數似指法度術數。人主誠明於聖人之術，而不苟於世俗之言，匡謬正俗：「苟者，媮合之稱。」不苟于世俗之言，謂不偷合于世俗的言論。循名實而定是非，因參驗而審言辭。是以左右近習之臣，知僞詐之不可以得安也，必曰：「我不去姦私之行，盡力竭智以事主，而乃以相與比周，妄毀譽以求安，是猶負千鈞之重，陷於不測之淵而求生也，必不幾矣。」百官之吏，亦知爲姦利之不可以得安也，必曰：「我不以淸廉方正奉法，乃以貪汚之心枉法以取私利，是猶上高陵之顚，墮峻谿之下而求生，王先愼曰：依上文當有「也」字。必不幾矣。」安危之道若此其明也，左右安能以虛言惑主，而百官安敢以貪漁下？漁下，是說貪官奪取人民的錢財。漢書宣帝紀注：「漁者，謂侵奪取之，若漁獵之爲也。」是以臣得陳其忠而不弊，迂評、纂聞「弊」作「蔽」，二字韓子通用。下得守其職而不怨。此管仲之所以治齊，而商君之所以強秦也。從是觀之，則聖人之治國也，固有使人不得不愛我之道，而不恃人之以愛爲我也。俞曰「不得不愛我」，當作「不得不爲我」，涉下句而誤。下文「恃吾不可不爲者安矣」，「不可不爲」即「不得不爲」也；又曰「明主者使天下不得不爲己視」，此「使人不得不爲我」之義也。可據以訂正。恃人之以愛爲我者危矣，恃吾不可不爲者安矣。夫君臣非有骨肉之親，正直之道可以得利，則臣盡力以事主；正直之道不可以得安，則臣行私以干上。明主知之，故設利害之道以示天下而已矣。夫是以人主雖不口教百官，不目索姦衺，而國已治矣。人主者，非目若離婁乃爲明也，非耳若師曠乃爲聰也。不任其數，而待目以爲明，所見者少矣，不任其數，是說君主不使用他的「術」。周禮注：「任猶用也。」廣雅釋言：「數，術也。」非不弊之術也。治要「弊」作「蔽」。不因其勢，而待耳以爲聰，所聞者寡矣，非不欺之道也。明主者，使天下不得不爲己視，使天下不得不爲己聽。故身在深宮之中而明照四海之內，而天下弗能蔽，弗能欺者何也？闇亂之道廢而聰明之勢興也。故善任勢者國安，不知因其勢者國危。古秦之俗，君臣廢法而服私，是以國亂兵弱而主卑。商君說秦孝公以變法易俗而明公道，賞告姦，王先愼曰：史記衞鞅傳：「告姦者與斬敵首同賞。」困末作而利本事，王先愼曰：末作，工商也。本事，耕織也。衞鞅傳：「事末利及怠而貧者，舉以爲收孥；大小僇力本業，耕織致粟帛多者，復其身：故末作困而本事利。」當此之時，秦民習故俗之有罪可以得免，無功可以得尊顯也，故輕犯新法。於是犯之者其誅重而必，告之者其賞厚而信。故姦莫不得而被刑者衆，民疾怨而衆過日聞。王先愼曰：「衆」當作「罪」。孝公不聽，遂行商君之法，民後知有罪之必誅，而告姦者衆也，集解「告」作「私」，據纂聞改。故民莫犯，其刑無所加。是以國治而兵強，地廣而主尊。此其所以然者，匿罪之罰重，而告姦之賞厚也。此亦使天下必爲己視聽之道也。至治之法術已明矣，而世學者弗知也。

且夫世之愚學，皆不知治亂之情；讘詼多誦先古之書，以亂當世之治；王先愼曰：情，實也。說文：「讘，多言也。唊，安語也。」此「詼」字當作「唊」。言愚學溺於所聞，妄談治亂，誦說先古之書，使人主聞之，不敢變法而理。智慮不足以避穽井之陷，王先愼曰：「穽井」當作「井穽」，外傳「兩轡相扶，不陷井穽」，是其證。禮記：「人皆曰予知，驅而納諸罟擭陷阱之中而莫知避也。」即「智慮不足以避陷穽」義。又妄非有術之士。聽其言者危，用其計者亂，王先愼曰：狃於故習，輕犯新法。法古循禮，不敢變更。此亦愚之至大而患之至甚者也。俱與有術之士，王先愼曰：「與」讀若「爲」，禮記內則「小切之與稻米」，周禮醢人注作「小切之爲稻米」，是其證。此言世之愚學與法術之士皆名爲有術之士，而其實不同也。有談說之名，而實相去千萬也。此夫名同而實有異者也。夫世愚學之人比有術之士也，猶螘垤之比大陵也；說文：「螘，蚍蜉也。」與蟻略同。

說文：「垤，蟻封也。」 其相去遠矣。 而聖人者，審於是非之實，察於治亂之情也。 故其治國也，正明法，陳嚴刑，將以救羣生之亂，去天下之禍，使強不陵弱，衆不暴寡，耆老得遂，幼孤得長，邊境不侵，君臣相親，父子相保，而無死亡係虜之患，此亦功之至厚者也。 愚人不知，顧以爲暴。 秦策注：「顧，反也。」 愚者固欲治而惡其所以治，皆惡危而喜其所以危者。 何以知之？ 夫嚴刑重罰者，民之所惡也，而國之所以治也；哀憐百姓，輕刑罰者，民之所喜，而國之所以危也。 聖人爲法國者， 高曰：「法」下當有「於」字。 必逆於世，而順於道德。 知之者同於義而異於俗，弗知之者異於義而同於俗。 天下知之者少，則義非矣。

處非道之位，被衆口之譖，溺於當世之言，而欲當嚴天子而求安，幾不亦難哉！ 荀子榮辱注：「幾讀爲豈。」 此夫智士所以至死而不顯於世者也。 楚莊王之弟春申君， 顧曰：與楚世家、春申君傳皆不合。 有愛妾曰余，春申君之正妻子曰甲， 余欲君之棄其妻也，因自傷其身以視君而泣， 「視」借爲「示」。 曰：「得爲君之妾，甚幸。 雖然，適夫人非所以事君也，適君非所以事夫人也。 身故不肖，力不足以適二主，其勢不俱適， 三蒼：「適，悅也。」「故」「固」二字通，是本然之詞。 與其死夫人所者，不若賜死君前。 妾以賜死，若復幸於左右， 「以」字下疑脫「此」字。 左定十傳注：「以，猶爲也。」 以賜死，即因爲不能適悅二主的緣故而賜死。 若復幸於左右，謂若免罪而再度親幸于王之左右。 顧君必察之，無爲人笑。」君因信妾余之詐，爲棄正妻。余又欲殺甲而以其子爲後，因自裂其親身衣之裏以示君而泣，說文：「裏，衣內也。」曰：「余之得幸君之日久矣，甲非弗知也，今乃欲強戲余，余與爭之，至裂余之衣，而此子之不孝，莫大於此矣！」君怒而殺甲也。故妻以妾余之詐棄，而子以之死。從是觀之，父之愛子也，猶可以毀而害也；君臣之相與也，非有父子之親也，而羣臣之毀言，非特一妾之口也，何怪夫賢聖之戮死哉！此商君之所以車裂於秦，而吳起之所以枝解於楚者也。王先愼曰：釋名：「車裂曰轘。」轘，散也。肢體分散也。是二子皆受轘死，各國名刑不同，韓非亦因而稱之耳。「枝」當作「支」。啓雄按：枝解，詳和氏篇末。凡人臣者，有罪固不欲誅，無功者皆欲尊顯；而聖人之治國也，賞不加於無功，而誅必行於有罪者也。然則有術數者之爲人也，有術數者之爲人，是指有術數的「法術之士」之爲人。固左右姦臣之所害，非明主弗能聽也。顧曰：藏本今本「人」下有「臣」字。

世之學術者說人主，陶曰：「術」字衍。韓子申明法術而訾當時爲僞學，故上文云：「至治之法術已明矣，而世學者弗知也。」啓雄按：韓子在此說「施與貧困者，此世之所謂仁義」，跟他在顯學所說的「今世之學士語治者多曰『與貧窮地以實無資』，……故不道仁義」意合。此文「哀憐百姓，不忍誅罰者，此世之所謂惠愛也」，跟他在五蠹所說的「今儒墨皆稱先王兼愛天下，……聞死刑之報，君爲流涕」意合。可見此文是對儒墨「學者」而發，不是對法家「學術者」而發的。陶說甚確。不曰：「乘威嚴之勢以困姦衺之臣」，而皆曰：「仁義惠愛而已矣！」世主美仁義之名而不察其實，是以大者國亡身死，小者地削主卑。何以明之？夫施與貧困者，此世之所謂仁義；哀憐百姓，不忍誅罰者，此世之所謂惠愛也。夫有施與貧困，顧曰：當衍「有」字。則無功者得賞；不忍誅罰，則暴亂者不止。國有無功得賞者，則民不外務當敵斬首，顧曰：「不外」當作「外不」。內不急力田疾作，皆欲行貨財，事富貴，爲私善，立名譽，以取尊官厚俸；故姦私之臣愈衆，而暴亂之徒愈勝，不亡何待！夫嚴刑者，民之所畏也；重罰者，民之所惡也。故聖人陳其所畏以禁其衺，設其所惡以防其姦，是以國安而暴亂不起。吾以是明仁義愛惠之不足用，而嚴刑重罰之可以治國也。無捶策之威，銜橛之備，太田方曰：捶策，馬鞭也。漢書王吉傳注：「銜，馬銜也。橛，車鉤心也。」雖造父不能以服馬；無規矩之法，繩墨之端，雖王爾不能以成方圓；無威嚴之勢，賞罰之法，雖堯舜不能以爲治。今世主皆輕釋重罰嚴誅，行愛惠，而欲霸王之功，亦不可幾也。史記晉世家索隱：「幾，望也。」謂不能冀望霸王之功。故善爲主者，明賞設利以勸之，使民以功賞而不以仁義賜；嚴刑重罰以禁之，使民以罪誅而不以愛惠免。是以無功者不望，而有罪者不幸矣。託於犀車良馬之上，則可以陸犯阪阻之患；俞曰：漢書馮奉世傳注引晉灼云：「犀，堅也。」乘舟之安，持檝之利，則可以水絕江河之難；「檝」，正體作「楫」。廣雅釋詁：「絕，渡也。」操法術之數，行重罰嚴誅，則可以致霸王之功。治國之有法術賞罰，猶若陸行之有犀車良馬也，水行之有輕舟便檝也，乘之者遂得其成。漢書司馬相如傳注引張揖云：「乘，用也。」謂采用法術賞罰，遂得以成功。伊尹得之湯以王，管仲得之齊以霸，商君得之秦以強。此三人者，皆明於霸王之術，察於治強之數，而不以牽於世俗之言；適當世明主之意，則有直任布衣之士，立爲卿相之處；劉曰：「卿相之處」，猶言「卿相之位」。立爲，即立於。左傳莊廿二「並於正卿」，釋文謂：「於或作爲。」處位治國，則有尊主廣地之實：此之謂足貴之臣。湯得伊尹，以百里之地立爲天子；桓公得管仲，立爲五霸主，九合諸侯，一匡天下；孝公得商君，地以廣，兵以強。故有忠臣者，外無敵國之患，內無亂臣之憂，長安於天下，而名垂後世，所謂忠臣也。若夫豫讓爲智伯臣也，上不能說人主使之明法術度數之理以避禍難之患，下不能領御其衆以安其國；及襄子之殺智伯也，豫讓乃自黔劓，顧曰：「黔」當作「黥」。敗其形容，以爲智伯報襄子之仇。是雖有殘刑殺身以爲人主之名，「刑」「形」通用。而實無益於智伯若秋毫之末。此吾之所下也，而世主以爲忠而高之。古有伯夷叔齊者，武王讓以天下而弗受，二人餓死首陽之陵。若此臣者，不畏重誅，不利重賞，伯夷叔齊不貪求君主的重賞。不可以罰禁也，不可以賞使也。此之謂無益之臣也，吾所少而去也，而世主之所多而求也。「所少」「所下」指所輕視的，「所多」指所重視的。

諺曰：「厲憐王。」楚策：「春申君……使人請孫子於趙，孫子爲書謝曰：『癘人憐王，此不恭之語也。』」此文「厲」字借爲「癘」，指患癩病人。癘人憐王，謂癘病的人可憐那被劫弒的君，認爲他的痛苦甚于自己的癘病。此不恭之言也。雖然，古無虛諺，不可不察也。此謂劫殺死亡之主言也。王先愼曰：「謂」讀爲「爲」。「殺」，策作「弒」。人主無法術以御其臣，雖長年而美材，大臣猶將得勢，擅事主斷，而各爲其私急。而恐父兄豪傑之士借人主之力以禁誅於己也。王先愼曰：父兄，謂側室公子，人主之所親愛也，見八姦。豪傑之士，卽上所云「有術之士」。故弒賢長而立幼弱，廢正的而立不義。顧曰：藏本「的」作「適」，是也。策、外傳皆作「適」。故春秋記之曰：「楚王子圍將聘於鄭，未出境，聞王病而反，因入問病，以其冠纓絞王而殺之，遂自立也。齊崔杼，其妻美，而莊公通之，數如崔氏之室。及公往，崔子之徒賈舉率崔子之徒而攻公。公入室，請與之分國，崔子不許；公請自刃於廟，崔子又不聽。公乃走，踰於北牆。賈舉射公，中其股，公墜，崔子之徒以戈斫公而死之，而立其弟景公。」近之所見：盧曰：外傳「之」作「世」。李兌之用趙也，餓主父百日而死；卓齒之用齊也，顧曰：「卓」「淖」同字。擢湣王之筋，懸之廟梁，宿昔而死。廣雅釋言：「宿，留也。」釋詁：「昔，夜也。」宿昔而死，是說湣王的殘生停留了一夜才死過去。故厲雖癰腫疕瘍，上比於春秋，未至於絞頸射股也；下比於近世，未至餓死擢筋也。故劫弒死亡之君，此其心之憂懼，形之苦痛也，必甚於厲矣。由此觀之，雖「厲憐王」可也。

第十五篇　亡徵

左昭十七傳注：「徵，始有形象而徵也。」韓子在本篇運用因果律的原理，列舉四十七項可以滅亡的徵象，指出一個國家所以滅亡的原因，又論證了其因果的關係。

凡人主之國小而家大，權輕而臣重者，可亡也。周禮夏官序官注：「家，卿大夫采地。」權，指君權。簡法禁而務謀慮，荒封內而恃交援者，可亡也。呂覽處方「長不簡慢」注：「簡，惰也。」左成二傳注：「封，境也。」羣臣爲學，門子好辯，商賈外積，小民內困者，可亡也。韓子反對「修文學，習言談」，見五蠹篇。此文爲學，指爲文學或儒學。門子，舊說是「大夫嫡子」。但據此文及國語「育門子，選賢良」的文意，門子似指爲學的大臣門下的食客。例如：呂不韋的門下食客，九流百家都有，他們爲討論學術而辯論，是很自然的。韓子所謂「門子好辯」，也許是指這樣的事情。好宮室臺榭陂池，事車服器玩，好罷露百姓，煎靡貨財者，可亡也。釋名釋山：「山旁曰陂。」指花園中的石山。秦策注：「事，治也。」廣雅釋詁：「罷，勞也。」「罷」借爲「疲」。左昭元傳注：「露，羸也。」「靡」借爲「糜」，說文：「糜，爛也。」「煎靡貨財」，猶言「剝削人民貨財」。用時日，事鬼神，信卜筮而好祭祀者，可亡也。聽以爵不以衆言參驗，聽別人的意見時，以提意見者有無爵位作爲接受或不接受的標準，而不拿羣衆的言論來參合檢驗事實。用一人爲門戶者，可亡也。太田方曰：謂令一人處要地如門戶然，言之出納不得不由是人也。官職可以重求，爵祿可以貨得者，可亡也。王先愼曰：八姦「財利多者買官以爲貴，有左右之交者請謁以成重，此亡國之風也」，卽此意。啓雄按：重，指權勢。詳見說難篇首。以重求，謂以權勢求得之。緩心而無成，柔茹而寡斷，好惡無決而無所定立者，可亡也。釋名釋言語：「緩，浣也，斷也，持之不急則動搖浣斷自放縱也。」「茹」亦「柔」也，廣雅釋詁：「茹，柔也。」饕貪而無饜，近利而好得者，可亡也。漢書禮樂志注：「貪甚曰饕。」「饜」古字作「猒」。周語注：「猒，足也。」喜淫刑而不周於法，好辯說而不求其用，濫於文麗而不顧其功者，可亡也。周禮宮正注：「淫，放濫也。」離騷注：「周，合也。」中山策注：「麗，美也。」淺薄而易見，漏泄而無藏，不能周密而通羣臣之語者，可亡也。太田方曰：好惡易見，則下因其情。漏泄則令無威而姦謀成。「通」猶「漏」也，敵國易用閒。很剛而不和，愎諫而好勝，不顧社稷而輕爲自信者，可亡也。莊子漁父：「見過不更，聞諫愈甚，謂之很。」左僖十五傳注：「愎，戾也。」愎諫，卽違反別人的諫爭。恃交援而簡近鄰，怙強大之救而侮所迫之國者，可亡也。呂覽驕恣「自驕則簡士」，注：「簡，傲也。」說文：「怙，恃也。」說文：「迫，近也。」羈旅僑士，重帑在外，上閒謀計，下與民事者，可亡也。羈旅僑士，重帑在外，謂受了敵國厚幣收買的賓氓或客民。爾雅釋言「閒，俔也」，注：「左傳謂之諜，今之細作也。」「與」音「預」，穀梁僖十九傳注：「與，廁豫。」上閒謀計，下與民事，謂向上偵伺國計機密，在下參預人民政事。民信其相，下不能其上，主愛信之而弗能廢者，可亡也。下不能其上，謂臣民與君上彼此不相善。漢書百官公卿表注：「能，善也。」此言民不信任君而信任相，君愛信相而不能廢免相，這樣，就大權旁落，相有篡位的可能。境內之傑不事，而求封外之士，不以功伐課試，而好以名問舉錯，羈旅起貴以陵故常者，可亡也。荀子性惡注：「事，任也。」左莊廿八傳注：「伐，功也。」說文：「課，試也。」「問」借爲「聞」。名聞，謂名譽聲聞。禮記樂記疏：「陵，越也。」故常，指境內故舊常貴的人。輕其適正，庶子稱衡，太子未定而主卽世者，可亡也。「適」借爲「嫡」。書君奭鄭注：「衡，平也。」主卽世，是君主死了。大心而無悔，國亂而自多，不料境內之資而易其鄰敵者，可亡也。太田方曰：詩「維此文王，小心翼翼」，箋：「恭愼貌。」大心則不恭敬，無悔則不改過，自多其智則賢能退。啓雄按：呂覽謹聽注：「自多，自賢也。」「易」借爲「敡」，說文：「敡，侮也。」國小而不處卑，力少而不畏強，無禮而侮大鄰，貪愎而拙交者，可亡也。太田方曰：拙交，不能交驩也。喜利，故貪愎，所以畜怨也；不知諸侯之謀，故交拙，所以孤獨也。太子已置，而娶於強敵以爲后妻，則太子危，如是，則羣臣易慮者，可亡也。顧曰：藏本今本重「羣臣易慮」。蒲阪圓曰：易慮，謂改視以輕儲君，若費無極譖太子建之類。怯懾而弱守，蚤見而心柔懦，知有謂可，斷而弗敢行者，可亡也。易繫辭鄭注：「持不惑曰守。」弱守，謂持而惑，操守弱。「蚤」借爲「早」。「斷而」當作「而斷」。這是說：在他的智慧中有些是對的，可是他的決斷力不足，所以不敢照樣實行。出君在外而國更置，質太子未反而君易子，如是則國攜，國攜者，可亡也。出國的君主還生存在外國，然而國內又另立一個新君主；抵押在外國的太子還未返國，然而君主又換一個新太子；這樣，國人就有分歧心意。說文：「攜，有二心也。」挫辱大臣而狎其身，刑戮小民而逆其使，禮記曲禮注：「狎，習也，近也。」逆其使，似謂違逆人情道理來役使那些「刑戮小民」。懷怒思恥而專習則賊生，賊生者，可亡也。劉文典曰：習者，狎近也。使所挫辱刑戮之人得近於前，則生賊弒之禍也。大臣兩重，父兄衆強，內黨外援以爭事勢者，可亡也。婢妾之言聽，愛玩之智用，外內悲惋而數行不法者，可亡也。「惋」正字作「宛」，說文：「宛，屈艸自覆也。」陶詩注：「宛，屈也。」數，音朔。數，是屢次。簡侮大臣，無禮父兄，勞苦百姓，殺戮不辜者，可亡也。好以智矯法，時以行襍公，「行」字迂評本、趙本、凌本、今本作「私」，是。說文：「襍，五采相合也。」今字作「雜」。這是說：好以主觀的私智擅矯客觀的公法，有時還拿私行來雜亂了公功。法禁變易，號令數下者，可亡也。無地固，迂評本作「地無固」，似是。謂地形無險固的，跟「城郭惡」句法同。城郭惡，無畜積，財物寡，無守戰之備而輕攻伐者，可亡也。種類不壽，荀子禮論「先祖者類之本也」，注：「類，種也。」此「種類」指君主的種族。不壽，謂不久壽，即短命，故下句曰「主數即世」。主數即世，嬰兒爲君，大臣專制，樹羇旅以爲黨，數割地以待交者，可亡也。羇旅，指外國的羇旅之臣。周禮注：「待，給也。」交，即下文「大國之交」。大臣樹立外人爲私黨，又犧牲國土以給大國。太子尊顯，徒屬衆強，多大國之交，而威勢蚤具者，可亡也。變褊而心急，趙本、今本、日本纂聞等本「變」均作「偏」，作「偏」是。廣雅釋詁：「偏，邪也。」爾雅釋言：「褊，急也。」小爾雅廣言：「褊，狹也。」輕疾而易動發，心悁忿而不訾前後者，可亡也。說文：「悁，忿也。」字林：「悁，含怒也。」禮記少儀注：「訾，恩也。」主多怒而好用兵，簡本教而輕戰攻者，可亡也。太田方曰：本，農事也。教，練兵也。不務農則貧，不練兵則弱。貴臣相妬，大臣隆盛，外藉敵國，內困百姓，以攻怨讐，而人主弗誅者，可亡也。君不肖而側室賢，王先慎曰：八姦：「何謂父兄？曰側室公子。」是「側室」即君之父兄行也。太子輕而庶子伉，漢書宣帝紀注：「伉，強也。」韓詩碩人傳：「桀，健也。」廣官吏弱而人民桀，如此則國躁，國躁者，可亡也。雅釋詁：「躁，擾也。」藏怒而弗發，懸罪而弗誅，使羣臣陰憎而愈憂懼，而久未可知者，可亡也。懸，懸久也。荀子性惡注：「懸繫以久長。」懸罪，謂懸繫獄罪久而不斷，即「當斷不斷」之意。出軍命將太重，邊地任守太尊，專制擅命，徑爲而無所請者，可亡也。后妻淫亂，主母畜穢，外內混通，男女無別，是謂兩主，兩主者，可亡也。太田方曰：后妻主母皆驕奢，或黨於后妻，或黨於主母，故曰「兩主」。后妻賤而婢妾貴，太子卑而庶子尊，相室輕而典謁重，如此則內外乖，內外乖者，可亡也。太田方曰：相室，卿也。典謁，主賓客告請之事者。乖，背也。后妻之人不與衆婢和，太子之人不與庶子和，相室典謁亦不相和。大臣甚貴，偏黨衆強，壅塞主斷，而重擅國者，可亡也。太田方曰：壅塞，掩蔽主明也。主斷，楚策「州侯主斷」注：「謂其專決。」劉文典曰：「而重擅國者」義不可通，疑當作「壅塞主斷而擅國重者，可亡也」。重，即權也。私門之官用，馬府之世，舊注：馬府，軍馬之府立功者。顧曰：今本「世」下有「絀」字。劉文典曰：「世」當爲「勢」，聲之誤也。下「絀」字是「勢絀」，與「官用」「善舉」「勞廢」文皆相對。「勢」誤爲「世」，又敓「絀」字，義既不可通，句法又不一律。

矣。鄉曲之善舉，淮南原道注：「曲隈，崖岸委曲。」吳都賦劉注：「曲謂僻也。」鄉曲，指窮鄉的崖岸曲隈。官職之勞廢，貴私行而賤公功者，可亡也。公家虛而大臣實，正戶貧而寄寓富，耕戰之士困，末作之民利者，可亡也。見大利而不趨，聞禍端而不備，淺薄於爭守之事，而務以仁義自飾者，可亡也。太田方曰：「軍爭守圉，所可深察也，而簡之。」太玄：「飾自好。」諸葛武侯所謂「論安言計，動引聖人」者。不爲人主之孝，而慕匹夫之孝，不顧社稷之利，而聽主母之令，女子用國，刑餘用事者，可亡也。太田方曰：「孝經：「富貴不離其身，然後能保其社稷而和其人民，蓋諸侯之孝也。……謹身節用以養父母，此庶人之孝也。」啓雄按：主母之令，女子用國，蓋指趙威后參朝政用事之類。漢書蓋寬饒傳「以刑餘爲周、召」，注：「晉使奄人當權軸也。」秦趙高是其顯例。辭辯而不法，心智而無術，主多能而不以法度從事者，可亡也。親臣進而故人退，王先愼曰：「「親」讀爲「新」。」啓雄按：「親」「新」古通用，書金縢「惟朕小子其新迎」，馬本「新」作「親」。不肖用事而賢良伏，無功貴而勞苦賤，如是則下怨，下怨者，可亡也。父兄大臣祿秩過功，章服侵等，宮室供養太侈，而人主弗禁，則臣心無窮，臣心無窮者，可亡也。公壻公孫與民同門，暴慠其鄰者，可亡也。「慠」正字作「傲」，說文：「傲，倨也。」這句的意思，好象說：公壻公孫，有跟人民同里門出入的；但他們粗暴地傲慢那些鄰人。

亡徵者，非曰必亡，言其可亡也。夫兩堯不能相王，兩桀不能相亡；亡王之機，必其治亂其強弱相踦者也。「踦」借爲「觭」，說文：「觭，角一俯一仰也。」比喻兩種對立勢力顯出一強一弱。木之折也必通蠹，牆之壞也必通隙，通蠹、通隙，指通過蠹蟲和隙穴兩種破壞力。然木雖蠹，無疾風不折；牆雖隙，無大雨不壞。萬乘之主有能服術行法，以爲亡徵之君風雨者，其兼天下不難矣。說文：「服，用也。」這是說：萬乘強國的君主，如果有人用術行法，來做那個犯了亡徵的亂君的「風雨」，這樣，他要兼併天下是不難了。韓子喜用譬喻語，書中屢見。

第十六篇　三守

三守，是人主有三種要守持（掌握）着的東西：（一）守持着超越左右的蒙蔽傾聽端直之言的君術；（二）守持着超越左右的誹譽主動地愛利人和憎惡人的主威；（三）守持着殺生奪予的君權，不使大臣侵移。

人主有三守。三守完，則國安身榮；三守不完，則國危身殆。何謂三守？人臣有議當途之失，用事之過，舉臣之情，當途，卽當道者；用事，卽執政者；都是韓子的常用語。「舉臣」不知何指。呂覽異寶注：「舉，猶謀也。」那末「舉臣」或指「謀臣」。人主不心藏而漏之近習能人，使人臣之欲有言者不敢不下適近習能人之心，而乃上以聞人主，本書有度文多與管子明法篇文同，有度「至能人之門」，管子明法作「至私人之門」，可見韓子之「能人」有「私人」之意。然則端言直道之人不得見，而忠直日疏。愛人不獨利也，待譽而後利之；憎人不獨害也，待非而後害之：「非」借爲「誹」。本書六反：「害者，利之反也。」此文「害之」，謂不利之。這是說：人主愛某人，却不能獨斷地利或賞某人，必等待左右稱譽某人，才能利或賞他。人主憎某人，也不能獨斷地不利或罰某人，必待左右誹謗某人，才能不利或罰他。重，指主權。然則人主無威而重在左右矣。惡自治之勞憚，「憚」借爲「癉」，爾雅釋詁：「癉，勞也。」使羣臣輻湊用事，這「用」字是動詞，方言：

「用，行也。」謂君主怕辦事辛苦，使羣臣湊合着來施行政事。因傳柄移藉，高曰：藉者，勢位也。八經「權籍不失」，荀子儒效「履天子之籍」，淮南氾論「周公履天子之籍」，諸「籍」字皆謂勢位。「籍」「藉」古通用，故此用「藉」字。使殺生之機奪予之要在大臣，這個「要」字是「當塗之人擅事要」的「要」，指事情的樞機總會。奪，指剝奪權。予，指賜予權。如是者侵。此謂三守不完。三守不完，則劫殺之徵也。

凡劫有三：有明劫，明劫，據下文似謂明顯地劫脅。有事劫，有刑劫。人臣有大臣之尊，外操國要以資羣臣，素問天元紀大論注：「要，樞紐也。」國要，指國權的樞要。使外內之事非己不得行，雖有賢良，逆者必有禍，而順者必有福。然則羣臣莫敢忠主憂國以爭社稷之利害。人主雖賢，不能獨計，而人臣有不敢忠主，則國爲亡國矣。「有」讀爲「又」。這是說：君主雖賢，但他一個人不能獨自計謀國政；在這時候，人臣又不敢獻計效忠。那末，國將要成爲亡國了。此謂國無臣。國無臣者，豈郎中虛而朝臣少哉！羣臣持祿養交，劉注荀子臣道「持祿養交」句曰：「養交，卽養客也。……蓋荀子之時，爲臣者莫不養士。觀孟子言『萬鍾於我何加焉』，萬鍾之受，卽持祿也；『窮乏者得我』，卽養交也。」餘詳荀子簡釋。行私道而不效公忠，此謂明劫。鬻寵擅權，周禮循閭氏注：「鬻，養也。」鬻寵，卽育寵。下文「險言禍福得失之形，以阿主之好惡」，就是姦臣養育君寵的手段。矯外以勝內，太田方曰：矯借外國之權，而內脅君以求欲。險言禍福得失之形，以阿主之好惡。人主聽之，卑身輕國以資之，事敗與主分其禍，而功成則臣獨專之。

諸用事之人，壹心同辭以語其美，則主言惡者必不信矣。顧曰：主，謂爲主首也。與初見秦「主謀」義同。此謂事劫。至於守司囹圄，禁制刑罰，人臣擅之，此謂刑劫。三守不完，則三劫者起；三守完，則三劫者止。三劫止塞，則王矣。

第十七篇　備內

內，指宮內后妃和嫡子等。備內，謂防備后妃和嫡子被姦臣利用來劫君弒主。

人主之患，在於信人，信人則制於人。人臣之於其君，非有骨肉之親也，縛於勢而不得不事也。釋名釋言語：「縛，薄也。」「薄」讀爲「迫」。縛於勢，謂被權勢所逼迫。故爲人臣者，窺覘其君心也，說文：「覘，窺也。」晉語注：「覘，微視也。」無須臾之休，而人主怠慠處其上，「慠」正字作「傲」。怠傲處其上，謂人主怠懈倨傲地居姦臣之上。此世所以有劫君弒主也。爲人主而大信其子，則姦臣得乘於子以成其私，故李兌傅趙王而餓主父。爲人主而大信其妻，則姦臣得乘於妻以成其私，故優施傅麗姬殺申生而立奚齊。夫以妻之近與子之親，而猶不可信，則其餘無可信者矣。且萬乘之主，千乘之君，后妃夫人、適子爲太子者，或有欲其君之蚤死者。何以知其然？夫妻者，非有骨肉之恩也，王先愼曰：「恩」疑「親」之誤。愛則親，不愛則疏。語曰：「其母好者其子抱。」母親如果是美好，她的兒子就被君主寵愛手抱。然則其爲之反也：其母惡者其子釋。丈夫年五十而好色未解也，婦人年三十而美色衰矣。以衰美之婦人事好色之丈夫，則身死見疏賤，而子疑不爲後，顧曰：藏本無「死」字，按以下句例之，此當作「疑」。下又云「而擅萬乘不疑」，相承也。此后妃夫人之所以冀其君之死者也。唯母爲后而子爲主，則令無不行，禁無不止，男女之樂不減於先君，而擅萬乘不疑，此鴆毒扼昧之所以用也。伊曰：鴆，毒鳥也，取其羽，漬之酒而飲之，立死。啓雄按：釋名：「縊繩曰縊。縊，扼也，扼其頸也。」「昧」借爲「務」，說文：「務，剌也，劃也。」扼，似指縊殺；昧，似指刀殺。故桃左春秋曰：俞曰：「左」疑「兀」字之誤。「桃兀」，蓋即「檮兀」之異文。楚之濤兀亦有春秋之名，楚語申叔時所謂「敎之春秋」是也。故謂之檮兀春秋矣。「人主之疾死者不能處半。」人主弗知，則亂多資。故曰：利君死者衆，則人主危。故王良愛馬，越王勾踐愛人，爲戰與馳。醫善吮人之傷，含人之血，非骨肉之親也，利所加也。故輿人成輿，則欲人之富貴；匠人成棺，則欲人之夭死也。非輿人仁而匠人賊也，人不貴則輿不售，人不死則棺不買，情非憎人也，利在人之死也。故后妃夫人太子之黨成而欲君之死也，君不死則勢不重，情非憎君也，利在君之死也。故人主不可以不加心於利己死者。故日月暈圍於外，其賊在內，備其所憎，禍在所愛。是故明王不舉不參之事，荀子解蔽注：「參，驗也。」下文卽申釋此「參驗」意。不食非常之食；遠聽而近視，以審內外之失；省同異之言，以知朋黨之分；偶參伍之驗，以責陳言之實；執後以應前，按法以治衆，衆端以參觀。衆端參觀，說詳內儲說上七術。士無幸賞，無踰行，殺必當，罪不赦，則姦邪無所容其私矣。

顧曰：今本重「賞」字，誤。按本書南面云「雖有賢行，不得踰功而先勞」，即此「無踰行」之意。王先愼曰：此與「傜役多」不相接，「私」字下當有脫文。

啓雄按：備內篇文，似止于此。下文論人臣藉權勢以「犯法爲逆」，與本篇文恉不相蒙，或是他篇的錯簡誤附于此。

傜役多則民苦，民苦則權勢起，權勢起則復除重，後漢書杜詩傳注：「復，優寬也。」左成二傳注：「重猶多也。」復除重，謂貴人的權勢起，就優寬和免除民衆的傜役增多。五蠹「事私門而完解舍，解舍完則遠戰」，也是權貴免民傜役的事。復除重則貴人富。苦民以富貴人，起勢以藉人臣，舊注：藉，假借也。非天下長利也。君主勞苦了人民來讓貴人們發財，又造起權勢來給人臣們憑藉借用；這樣做法，不符合天下長遠的利益。故曰：傜役少則民安，民安則下無重權，下無重權則權勢滅，權勢滅則德在上矣。今夫水之勝火亦明矣，然而釜鬵間之，水煎沸竭盡其上，而火得熾盛焚其下，水失其所以勝者矣。今夫治之禁姦又明於此，蒲阪圓曰：「治」宜作「法」。謂以水火之喩，觀法姦之分，則其理明白可知也。然守法之臣爲釜鬵之行，則法獨明於胷中，而已失其所以禁姦者矣。此文以「水」喩「法」，以「火」喩「姦」，以「釜鬵（音尋，大釜也）」喩「姦臣」。這是說：水能勝火，是很明顯的道理；然而，在水火的中間有一個釜把水火隔開了；這樣，水在上面就被火煮乾了，而火在下面得以旺盛地焚燒，這是因爲水失掉勝火的場合呵！法能禁姦，比水然而能勝火更明顯，然而執法的臣從中斡那釜鬵般的勾當；（指蔽主和枉法等）這樣，法律只能在人們的心中明白，然而早已失掉它能禁姦的作用了。上古之傳言，春秋所記，犯法爲逆以成大姦者，未嘗不從尊貴之臣也；而法令之所以備，刑罰之所以誅，常於卑賤。是以其民絕望，無所告愬。大臣比周，蔽上爲一，陰相善而陽相惡以示無私，相爲耳目以候主隙。蒲阪圓曰：伺其間隙，欲以危之。人主掩蔽，無道得聞，有主名而無實，臣專法而行之，周天子是也。偏借其權勢，則上下易位矣。此言人臣之不可借權勢。

第十八篇　南面

人主之過，在己任在臣矣，顧曰：當衍「任」下「在」字。又必反與其所不任者備之。王先愼曰：衞嗣君貴薄疑以敵如耳是也，見七術。啓雄按：大戴記小辨：「事戒不虞曰知備。」此其說必與其所任者爲讐，而主反制於其所不任者。其說，指所不任者之言說。三蒼：「讎，對也。」說文：「讎猶應也。」下文：「以臣備臣，則相愛者比周而相譽，相憎者朋黨而相非。」這是說：所任者與監察者相匹相應，或相譽，或相誹。今所與備人者，且曩之所備也。今天跟君主在一起來防備別人的人，正是從前被君主防備的對象。人主不能明法而以制大臣之威，無道得小人之信矣。人主釋法而以臣備臣，則相愛者比周而相譽，相憎者朋黨而相非，「非」借爲「誹」，意林「非」作「誹」。這是說：君主如果不修明國法來制裁大臣的威勢，那就無從取得小民的信任了。君主如果不用法治，却利用這個臣來防備那個臣，那末臣們相愛的就親密地彼此相譽，對憎的人就結私黨來詆毀他們。非譽交爭，則主惑亂矣。人臣者，非名譽請謁無以進取，非背法專制無以爲威，非假於忠信無以不禁。舊注：僞爲忠信然後不禁。三者，惽主壞法之資也。「惽」同「惛」。這是說：名譽請謁，背法專制，和假于忠信三種壞事都成爲惛迷君主，敗壞法紀的資源。人主使人臣雖有智能不得背法而專制，雖有賢行不得踰功而先勞，雖有忠信不得釋法而不禁，人主使人臣之法：人臣雖有智能，人主使人臣不得背法專制地來治民；人臣雖有賢行，人主對人臣不能踰越他的立功而預先地來勞賞他們；人臣雖有忠信，但人主對于他的違法行動不得釋法而不禁。此之謂明法。

人主有誘於事者，有壅於言者，二者不可不察也。人臣易言事者，少索資，以事誣主，這個「資」字，即上文「壞法之資」的「資」，指壞事的資源或根據。少索資，謂輕易發言的臣少在事理的根源上思索。主誘而不察，因而多之，多，重也。多之，是說受了誘惑的君主不查察臣的言，卻稱贊他們。則是臣反以事制主也，如是者謂之誘，顧曰：「誘」下當有「於事」二字。誘於事者困於患。凡是被事的表面誘惑者，必定要被憂患困苦住了。其進言少，其退費多，雖有功，其進言不信。「信」字借爲「伸」。這是說：君主應該這樣辨察臣的發言：他所獻進的言論在積極性上少，然而在消極方面損失多，那末，雖然在表面上有功，他的言論在積極作用上並不能施展開。不信者有罪，盧曰：「不」上脫「夫」字，凌本有。事有功者必賞，顧曰：當作「事雖有功不賞」。王先愼曰：顧說是，下云「事雖有功必伏其罪」，即其證。則羣臣莫敢飾言以惽主。主道者，使人臣前言不復於後，後言不復於前，易襍卦：「復，反也。」論語學而孔注：「復猶覆也。」這是說：使人臣之言前後一致，不反覆無常。事雖有功必伏其罪，謂之任下。臣的言如前後相反，雖有功必罰，這叫做任下。人臣爲主設事而恐其非也，則先出說設言曰：「議是事者，妒事者也。」人臣給君主布置政事，然而又怕被別人批評，所以預先說出一套假設的話說：「凡是有人評議這件事，就是妒嫉這件事的人。」人主藏是言，不更聽羣臣；羣臣畏是言，不敢議事：二勢者用，二勢：君主受了一個臣的蒙蔽不再聽羣臣的話，和羣臣不敢批評政事兩種形勢。則忠臣不聽而譽臣獨任，如是者謂之壅於言，壅於言者制於臣矣。主道者，使人臣必有言之責，又有不言之責。集解據張本改乾道本「必有」爲「有必」，不對，今從乾道本。此句「言」即下文「妄言」，「不言」即下文「默然」。言無端末，辯無所驗者，此言之責也；以不言避責，持重位者，此不言之責也。以上五個「責」字都是「責罰」「責備」的「責」字。言之責，指無端末無徵驗而亂發言的責備；不言之責，指爲保持祿位者不敢正義直言而守緘默的責備。人主使人臣言者必知其端以責其實，不言者必問其取舍以爲之責，此句二「責」字似是「責求」之「責」，但句文有譌脫，未知確否。則人臣莫敢妄言矣，又不敢默然矣，言默則皆有責也。

人主欲爲事，不通其端末而以明其欲，有爲之者，其爲不得利，必以害反。此語似謂：人主欲爲事，臣們不在客觀事物上求通曉其端末，却在人主的主觀願欲上求明曉；若有人實行起來，事實的回答是：不會得到利，而必定得到害。知此者，任理去欲，舉事有道，謂知前句所述是不合理的人們，就任用客觀的物理，去掉主觀的人欲，所以舉事才有正當辦法。計其入多，其出少者，可爲也。惑主不然：計其入不計其出，出雖倍其入，不知其害，則是名得而實亡，如是者，功小而害大矣。凡功者，其入多，其出少乃可謂功。今大費無罪而少得爲功，則人臣出大費而成小功，小功成而主亦有害。

不知治者，必曰：「無變古，毋易常。」五蠹：「聖人不期脩古，不法常行，論世之事，因爲之備。」又：「事因於世，而備適於事。」是知治者的言論。變與不變，聖人不聽，正治而已。「正治」之「正」字是動詞。周禮宰夫注：「正猶定也。」「治」字是「治理」「修治」之「治」，是動名詞。謂依時間、地方、條件而定治道。然則古之無變，常之毋易，在常古之可與不可。詩閟宮箋：「常，守也。」這是說：那末，「無變古，毋易常」的關鍵問題在於保守思想的對不對了。伊尹毋變殷，太公毋變周，則湯武不王矣。管仲毋易齊，郭偃毋更晉，則桓文不霸矣。左傳「晉大夫卜偃」，晉語作「郭偃」，是郭偃即卜偃。墨子所染作「高偃」，蓋古文「郭」作「𩫏」，損泐成「高」字。凡人難變古者，憚易民之安也。呂覽樂成「三世然後安之」，注：「安，習也。」夫不變古者，襲亂之迹；適民心者，恣姦之行也。民愚而不知亂，上懦而不能更，是治之失也。人主者明能知治，嚴必行之，故雖拂於民心，立其治。顧曰：藏本今本「心」作「必」。王先愼曰：乾道本脫「必」字，藏本脫「心」字，當作「拂於民心，必立其治」。說在商君之內外而鐵殳重盾而豫戒也。太田方曰：說，僻也。殳，兵器，戟屬。盾，櫓也。商君爲民所惡，故出入執兵器，戒其不虞也。事見史記商君傳。故郭偃之始治也，文公有官卒；管仲始治也，桓公有武車：戒民之備也。

是以愚戇窳墮之民，苦小費而忘大利也，故夤虎受阿謗而輾小變而失長便，(?)故鄒賈非載旅，(?)狎習於亂而容於治，故鄭人不能歸。(?)盧曰：多不可曉，疑有脫誤。顧曰：此皆未詳。

第十九篇　飾邪

據本篇文「夫舍常法而從私意，則臣下飾於智能」，和「人臣……背法飾智，……以邪爲智」，可見「飾邪」的題恉是說「臣下巧飾智能」。他如「鑽龜數筴」等，也屬于飾邪的行動。又按：韓子指出卜筮的欺騙性，在破除迷信上所起的作用，比起荀子「卜筮然後決大事……以文之也」的說法更爲徹底。

鑿龜數筴，兆曰「大吉」，而以攻燕者，趙也。鑿龜，是卜人鑽灼龜殼，使殼發熱成爲坼裂的兆紋，從兆紋中來占吉凶。數筴，是筮人數蓍草的莖，從計數蓍草中來占吉凶。鑿龜數筴，兆曰「大吉」，而以攻趙者，燕也。龜筴對于彼此相攻的雙方(燕和趙)，卜兆都說是「大吉」，可見它們的欺騙性。劇辛之事燕，無功而社稷危；鄒衍之事燕，無功而國道絕。趙代先得意於燕，後得意於齊，國亂節高。顧曰：十過「其行矜而意高，非他時之節也」，卽此「節高」之義。自以爲與秦提衡，太田方曰：提衡，言兩兩相對，爭輕重也。漢書張湯傳贊「相與提衡」，注：「臣瓚曰：『衡，平也，言二人齊也。』」非趙龜神而燕龜欺也。趙又嘗鑿龜數筴而北伐燕，將劫燕以逆秦，兆曰「大吉」。始攻大梁而秦出上黨矣，王先愼曰：「攻」「出」二字互誤。兵至釐而六城拔矣，至陽城，秦拔鄴矣，龐援揄兵而南，則鄣盡矣。盧曰：「龐援」卽「龐煖」，亦作「龐涓」。顧曰：「援」讀爲「煖」。史記燕、趙世家，漢書人表皆作「煖」。「援」「煖」同字。南者，兵自燕返也。啓雄按：揄兵卽引兵。說文：「揄，引也。」鄣，是邊境上防守的堡城。趙將龐煖要攻燕，却先從攻魏大梁入手。攻魏未勝，却一再敗于秦了。

臣故曰：趙龜雖無遠見於燕，且宜近見於秦。秦以其大吉，辟地有實，救燕有名。趙以其大吉，地削兵辱，主不得意而死。又非秦龜神而趙龜欺也。王先愼曰：趙世家：「悼襄王九年卒。」初時者，魏數年東鄉攻盡陶、衞，太田方曰：初時，謂安釐王時也。專見有度篇。史記魏世家：「東至陶、衞之郊。」數年西鄉以失其國，太田方曰：孟子梁惠王「西喪地於秦七百里」，卽是時事也。此非豐隆、淮南天文注：「豐隆，雷也。」文選思玄賦：「豐隆，雲師。」五行、太一、「太一」卽「太乙」，或作「泰一」。淮南天文注：「太乙，天神也。」王相、尹曰：王相，王良也。天官書漢中四星，曰天駟，旁一星曰王良。攝提、星名，史記天官書：「大角兩旁各有三星，鼎足句之，曰攝提。」六神、太田方曰：六韜：「六甲之分，微妙之神。」五括、尹曰：五括，卽五車，天官書：「樓庫有五車。」天河、太田方曰：晉書天文志：「天高西一星曰天河。」殷搶、物茂卿曰：「殷搶」疑卽「天槍」。歲星太田方曰：天官書：「歲星贏縮，以其舍命國，所在國不可伐。」非數年在西也。太田方曰：言豐隆以下，所在國勝也。西，指秦也。又非天缺(?)、弧逆(?)、刑星、尹曰：太白也。星經：「太白主刑殺。」熒惑、太田方曰：廣雅云：「熒惑謂之罰星。」奎台(?)非數年在東也。太田方曰：天缺以下所在國負也。故曰：龜筴鬼神，不足舉勝；左右背鄉，「東鄉」「西鄉」「背鄉」三個「鄉」字都借爲「向」。不足以專戰。然而恃之，愚莫大焉。

古者先王盡力於親民，加事於明法。彼法明則忠臣勸，罰必則邪臣止。忠勸邪止，而地廣主尊者，秦是也。羣臣朋黨比周，朋黨，是說姦邪的臣結成私黨，如附鳳翼的鳥羣似的。比周，是說朋黨們彼此接近，行動祕密。以隱正道，行私曲而地削主卑者，山東是也。亂弱者亡，人之性也。治強者王，古之道也。越王勾踐恃大朋之龜，與吳戰而不勝，身臣入宦于吳；顧曰：「臣」字當衍。反國棄龜，明法親民以報吳，則夫差爲擒。故恃鬼神者慢於法，恃諸侯者危其國。曹恃齊而不聽宋，齊攻荆而宋滅曹，荆恃吳而不聽齊，越伐吳而齊滅荆，顧曰：二「荆」字皆當作「邢」。許恃荆而不聽魏，荆攻宋而魏滅許，鄭恃魏而不聽韓，魏攻荆而韓滅鄭。今者韓國小而恃大國，主慢而聽秦魏，恃齊荆爲用，而小國愈亡。故恃人不足以廣壤，而韓不見也。韓不見，謂韓王看不見靠別國的幫助比不上靠自己法治的道理。荆爲攻魏而加兵許、鄢，齊攻任扈而削魏，不足以存鄭，而韓弗知也。此皆不明其法禁以治其國，恃外以滅其社稷者也。

臣故曰：明於治之數，廣雅釋言：「數，術也。」則國雖小，富；賞罰敬信，民雖寡，強。賞罰無度，國雖大，兵弱者，地非其地，民非其民也。俞曰：此言賞罰無紀則國雖大而兵必弱，所以然者，由地非其地，民非其民也。無地無民，堯舜不能以王，三代不能以強。人主又以過予，人臣又以徒取。過予，是不應給予的却失當地給予了。徒取，是無功勞却白白地取得利祿。舍法律而言先王，以明古之功者，上任之以國。臣故曰：是願古之功，以古之賞賞今之人也，主以是過予，而臣以此徒取矣主過予則臣偷幸，說文：「偷，巧黠也。」偷幸，即取巧僥倖。臣徒取則功不尊，無功者受賞則財匱而民望，財匱而民望則民不盡力矣。故用賞過者失民，用刑過者民不畏。有賞不足以勸，有刑不足以禁，則國雖大必危。故曰：小知不可使謀事，小忠不可使主法。荊恭王與晉厲公戰于鄢陵，荊師敗，恭王傷，酣戰，而司馬子反渴而求飲，其友豎穀陽奉卮酒而進之，王先愼曰：他書無以穀陽豎爲子反友者，呂覽權勳、淮南人閒注：「豎，小使也。」「友」字爲衍文。子反曰：「去之，此酒也。」豎穀陽曰：「非也。」子反受而飲之。子反爲人嗜酒，甘之，不能絕之於口，醉而臥。恭王欲復戰而謀事，使人召子反，子反辭以心疾。恭王駕而往視之，入幄中，聞酒臭而還，曰：「今日之戰，寡人目親傷，所恃者司馬，司馬又如此，是亡荊國之社稷而不恤吾衆也，「亡」與「忘」通用。寡人無與復戰矣！」罷師而去之，斬子反以爲大戮。故曰：豎穀陽之進酒也，非以端惡子反也，實心以忠愛之，兩個「以」字都讀作「因爲」的「爲」字。禮記禮器注：「端，本也。」這是說：穀陽之所以進酒，本來並非因爲憎惡子反，他的眞心是因爲忠愛他。而適足以殺之而已矣。此行小忠而賊大忠者也。故曰：小忠，大忠之賊也。若使小忠主法，謂使行小忠的人主持法治。則必將赦罪，赦罪以相愛，是與下安矣，然而妨害於治民者也。

當魏之方明立辟，說文：「辟，法也。」「明」字是動詞。方明立辟，是說正在明確法治。從憲令行之時，顧曰：當衍「行」字。有功者必賞，有罪者必誅，強匡天下，威行四鄰；及法慢，妄予，而國日削矣。當趙之方明國律，從大軍之時，人衆兵強，辟地齊燕；及國律慢，用者弱，太田方曰：用事者懦弱。而國日削矣。當燕之方明奉法，審官斷之時，東縣齊國，南盡中山之地；及奉法已亡，官斷不用，左右交爭，論從其下，則兵弱而地削，國制於鄰敵矣。故曰：明法者強，慢法者弱。強弱如是其明矣，而世主弗爲，國亡宜矣。語曰：「家有常業，雖飢不餓；「飢」當作「饑」，指饑荒年頭。國有常法，雖危不亡。」夫舍常法而從私意，則臣下飾於智能；臣下飾於智能，則法禁不立矣。是妄意之道行，治國之道廢也。治國之道，去害法者，則不惑於智能，不矯於名譽矣。昔者舜使吏決鴻水，先令有功而舜殺之；太田方曰：先令有功，不受令而治水有功也。禹朝諸侯之君會稽之上，防風之君後至而禹斬之。以此觀之，先令者殺，後令者斬，則古者先貴如令矣。王先謙曰：首以遵令爲貴，故曰「先貴如令」。故鏡執清而無事，美惡從而比焉；禮記樂記注：「比，同也。」衡執正而無事，輕重從而載焉。夫搖鏡則不得爲明，搖衡則不得爲正，法之謂也。故先王以道爲常，以法爲本，本治者名尊，本亂者名絕。凡智能明通，有以則行，無以則止。凡是知能明通者，如果有用「以道爲常，以法爲本」作原則的，就照辦；如果沒有，就不幹。故智能單，道不可傳於人，王先謙曰：單，盡也。言雖智能竭盡，虛而無徵，不能為後人法守，故云：「道不可傳於人。」而道法萬全，智能多失。夫懸衡而知平，設規而知圓，萬全之道也。明主使民飾於道之故，王渭曰：「於」下當有「法知」二字。顧曰：「法」句絕，「知」下屬。啓雄按：據下文，這句應是這樣：「明主使民飾於法，知道之故。」王顧二說都對。故佚而有功。釋規而任巧，釋法而任智，惑亂之道也。亂主使民飾於智，不知道之故，故勞而無功。釋法禁而聽請謁，羣臣賣官於上，取賞於下，「賞」讀為「償」。是以利在私家而威在羣臣，故民無盡力事主之心，而務為交於上。民好上交，則貨財上流而巧說者用；王先慎曰：流，行也。巧說用，謂請謁也。若是則有功者愈少。姦臣愈進而材臣退，則主惑而不知所行，民聚而不知所道。舊注：道，從也。此廢法禁，後功勞，舉名譽，聽請謁之失也。凡敗法之人，必設詐託物以來親，顧曰：今本「來」作「求」。又好言天下之所希有，此暴君亂主之所以惑也，人臣賢佐之所以侵也。太田方曰：賢佐者，姦臣之偽賢者也。主慕古賢，故姦人假託以侵上也。故人臣稱伊尹管仲之功，王先慎曰：此下疑脫「而見用」三字，與下「而見殺」對文。則背法飾智有資；蒲阪圓曰：伊尹放太甲，管仲忍縲紲，姦人舉為口實，以為枉法誣能之資。稱比干子胥之忠而見殺，則疾強諫有辭。顧曰：「疾」下當有脫字。夫上稱賢明，下稱暴亂，不可以取類，王先謙曰：能用伊尹管仲，是賢明之主；殺子胥比干，是暴亂之主。凡此稱說古人，皆以劫制其君，使下易於干進，上難於行罰。然伊尹管仲不世出，進諫者非必比干子胥，故曰「不可以取類」。若是者禁。君之立法，以爲是也，今人臣多立其私智，以法爲非者，是邪以智，太田方曰：「是邪以智」，一作「以邪爲智」。凡智以公爲尙，今人臣立其陰謀，故以君之立法爲非也，是人以不正之事爲智也。過法立智，太田方曰：以踰常法立智名。如是者禁主之道也。太田方曰：姦臣禁主不使立法之道也。

明主之道，集解「明」作「禁」，據迂評、纂聞、翼毳等本改。必明於公私之分，明法制，去私恩。夫令必行，禁必止，人主之公義也。必行其私，信於朋友，不可爲賞勸，不可爲罰沮，「沮」借爲「阻」。罰沮，是說用懲罰的方法來阻止他。人臣之私義也。私義行則亂，公義行則治，故公私有分。人臣有私心，有公義：修身潔白，而行公行正，此句「行正」二字似衍其一。居官無私，人臣之公義也；汙行從欲，安身利家，人臣之私心也。明主在上，則人臣去私心，行公義；亂主在上，則人臣去公義，行私心。故君臣異心：君以計畜臣，臣以計事君。君臣之交，計也：蒲阪圓曰：君垂爵祿以易下死，臣竭智力以取上賞。害身而利國，臣弗爲也；害國而利臣，君不爲也。臣之情，害身無利；君之情，害國無親。君臣也者，以計合者也。至夫臨難必死，盡智竭力，爲法爲之。上「爲」字是「因爲」的「爲」，讀去聲。故先王明賞以勸之，嚴刑以威之。賞刑明則民盡死，民盡死則兵強主尊。刑賞不察則民無功而求得，有罪而幸免，則兵弱主卑。故先王賢佐盡力竭智。故曰：公私不可不明，法禁不可不審，先王知之矣。

第二十篇　解老

本篇雖以「解老」名篇，但作者不是全用道家思想來解老，而夾雜着一些儒家思想和法家思想于其間。他引用老子文和各本老子多不同；他對于老子引文的解釋又和漢魏以來的注解多不同。這樣，就和道家思想有些出入了，又和各本老子文及後人的老子注也有所出入了。解老者既已是這樣，從事于解「解老」者必定要在舊基礎上跟着也要這樣，請讀者鑑察。又按：本篇自第三節以下論仁論義論禮，全是儒家思想，跟韓非的思想體系不合。在「工人數變業」一節說：「法令更則利害易，利害易則民務變。……治大國而數變法則民苦之。」跟他的「法與時轉則治」的主張不同。據此，本篇中間確實象有後人的作品夾雜在其間。

德者，內也；得者，外也。德是人性以內的東西，得是從外界得來的東西。「上德不德」，據下句「言其神不淫于外」，和上句「得者外也」，下「德」字借爲「得」。言其神不淫於外也。周禮注：「淫，放濫也。」這句說：「上等的德不從外界有所求得。」這就是說：他的神（神指人的聰明智慧）不放濫遊蕩到外界。神不淫於外則身全，全，指人的身體、精神、德性都具備，都純全。身全之謂德。德者，得身也。二「德」字集解據御覽改作「得」，不對，今從韓子各本。本篇下文「德也者，人之所以建生也」，「精神不亂之謂有德」，禮記鄉飲酒義「德也者，得於身也」，都可以參證。凡德者，以無爲集，以無欲成，以不思安，以不用固。爲之欲之，則德無舍；史記天官書正義：「舍，所止宿也。」這是說：德是這樣一種東西：它是由于人無作爲而集成的，又是由于無貪欲而造成的，又由于不思慮得以安寧的，又由于不用力得以安固的；相反地，如果人有所作爲，有所貪欲，那末，德那個東西就會失掉它的着落了。德無舍則不全。用之思之則不固，不固則無功，無功則生有德。王先愼曰：生有德，承上「不全」「無功」兩者言，疑「無功」上（啓雄按：王氏指下句「無功」）脫「不全」二字。……本無而致有之謂「生」，老子「下德爲之而有以爲也」；「有以爲」，卽所謂「生有德」也。啓雄按：這個「德」字也是借爲「得」，生有得，謂生于有得。德則無德，不德則有德。這兩句的前兩個「德」字都借爲「得」。這是說：人的神要是放濫于外界來求得，就無德；要是不放濫于外界來求得，就有德。故曰：「上德不德，是以有德。」老子三十八章文。以下八段同。

所以貴無爲無思爲虛者，謂其意無所制也。韓子以「無爲無思」爲虛，可是不承認有意要做「無爲無思」的虛；但跟管子心術「虛者，無藏也」，荀子解蔽「不以所已臧害所將受謂之虛」又不同。夫無術者，故以無爲無思爲虛也。夫故以無爲無思爲虛者，其意常不忘虛，是制於爲虛也。晉語注：「制，專主也。」這是說：所以重視某人用「無爲無思」來做到「虛」的原因，說的是他的心意無所專心注意（卽不老惦念着「無爲無思」的工夫），那種無術的人，他故意拿「無爲無思」來做手段以求達到「虛」的目的。須知那種故意用「無爲無思」來要求「虛」的人，他的心經常忘不掉那個「虛」，這就是專心注意到做「虛」了。虛者，謂其意所無制也。盧曰：「所無」疑倒。啓雄按：應據前文及盧說校乙。今制於爲虛，是不虛也。虛者之無爲也，不以無爲爲有常；不以無爲爲有常則虛，虛則德盛，德盛之謂上德。故曰：「上德無爲而無不爲也。」韓書的「常」字，有時指經常性，見本篇及主道、忠孝、揚權。這是說：所謂眞正做到虛者，是指他的心意無所專注，如果專心注意要做到虛，那顯然是不虛了。虛者的無爲是這樣：他絕不把無爲作爲一種具有經常性的工夫，如果做到不把無爲作爲一種具有經常性的工夫，那就是虛了。虛就是德盛，德盛就叫做上德。所以說：「上德是無爲的，然而又是無不爲的。」

仁者，謂其中心欣然愛人也。其喜人之有福而惡人之有禍也，生心之所不能已也，非求其報也。故曰：「上仁爲之而無以爲也。」玉篇：「以，爲也。」「爲」字讀去聲，「因爲」之「爲」。下段同。這節說：仁者愛人是純出於中心的欣喜，生於本心之不能已止，不是希求受愛者的報答。故曰：最高的「仁」，行動起來乃是無所爲而爲之的。下文「有以爲」和這「以」字同。

義者，君臣上下之事，「事」字淩本、藏本、御覽都作「禮」。據下句例，「事」字下似脫一「也」字。父子貴賤之差也，知交朋友之接也，親疏內外之分也。臣事君宜，下懷上宜，子事父宜，賤敬貴宜，知交友朋之相助也宜，親者內而疏者外宜。淮南本經注：「宜，適也。」呂覽當賞注：「宜猶當也。」言親者分在內而疏者分在外，都是適當的。義者，謂其宜也，宜而爲之，故曰：「上義爲之而有以爲也。」

禮者，所以貌情也，羣義之文章也，「貌」字是動詞。廣雅釋詁：「貌，見也。」荀子禮論注：「貌，象也。」有今語「體現」或「表象」的意思。說文：「文，遺畫也，象交文。」今字作「紋」。周髀算經注：「章，條也。」「文章」二字的意思在這裏指各種事宜有條有理地結合。君臣父子之交也，貴賤賢不肖之所以別也。中心懷而不諭，故疾趨卑拜以明之；說文：「諭，告也。」引申爲「表達」之意。這是說：中心懷念着情感，不用言語說出來，却用「疾趨」「卑拜」表達出來。實心愛而不知，故好言繁辭以信之。「知」是呂覽自知「知于顏色」的「知」，注：「知猶見也。」「信」讀爲「申」。這是說：實心愛禮而不能表達，所以用好言繁辭來申述這種實心。禮者，外飾之所以諭內也。外飾，承上文「貌情」「文章」言。這是說：在外表上的文飾，爲的是要表達內心中的實情。故曰：禮以貌情也。這句不是老子文，是韓子總結前半節的文。凡人之爲外物動也，不知其爲身之禮也。荀子禮論注：「凡，常也。」「凡人」卽下句之「衆人」，一般人也。詩烝民傳：「物，事也。」「爲身」的「爲」字讀去聲。「其」字指行禮的動作。衆人之爲禮也，以尊他人也，故時勸時衰。說文：「勸，勉也。」小爾雅廣詁：「勸，力也。」這是說：一般人對于行禮的心理是：以爲禮是用來尊敬別人的，因此，有時勉力來行禮，又有時衰殺懈怠地行禮。君子之爲禮，以爲其身，以爲其身，故神之爲上禮；以爲其身，謂用禮作爲自已修身的東西。「神」字借爲「伸」，爾雅：「神，重也。」神之爲上禮，謂把「爲其身」的禮伸展而注重，成爲上等的禮。上禮神而衆人貳，故不能相應；左昭十三傳注：「貳，不壹也。」周語注：「貳，二心也。」這是說：君子爲上禮需要專心注重，但是衆人二心，時勸時衰而不專心，故衆人爲禮不能和上禮相應。不能相應，故曰：「上禮爲之而莫之應。」衆人雖貳，聖人之復恭敬，盡手足之禮也不衰；所以說：「當君子行起上禮來，就沒有人來應和他。」衆人對于禮雖然是三心二意，可是聖人還是一再必恭必敬，極盡了手足之禮而不馬虎或怠懈下去。故曰：「攘臂而仍之。」馬敍倫校詁：「『仍』『扔』音義同。」高亨正詁：「廣雅：『扔，引也，』攘臂而扔之者，謂攘臂以引人民使就於禮也。」

道有積而德有功，顧曰：「德」當作「積」。德者道之功。功有實而實有光，仁者德之光。光有澤而澤有事，義者仁之事也。事有禮而禮有文，陶曰：兩「禮」字皆當作「理」。禮者義之文也。故曰：「失道而後失德，失德而後失仁，失仁而後失義，失義而後失禮。」老子作「失道而後德……失義而後禮」，沒有下四個「失」字。據上文的文意，是說道、德、仁、義、禮五種東西有因依相生的關係，那末，「失」字不是「亡失」。說文：「失，縱也。」失道，失德，失仁，……謂發縱伸展道、德、仁、義、禮，使之相因而遞生。如果這樣解，那末下四「失」字有無都可。

禮爲情貌者也，文爲質飾者也。夫君子取情而去貌，好質而惡飾。夫恃貌而論情者，其情惡也；須飾而論質者，其質衰也。何以論之？和氏之璧不飾以五采，隋侯之珠不飾以銀黃，黃，即黃金。書牧誓「王左杖黃鉞」，傳：「以黃金飾斧。」其質至美，物不足以飾之。夫物之待飾而後行者，其質不美也。周禮司爟注：「行猶用也。」是以父子之間，其禮樸而不明。樸而不明，是說父與子之間的禮貌是樸實的，不用客氣的動作和言語來表明敬禮，今語「至親無文」，與此略同。**故曰：「禮薄也。」**太田方曰：經文云：「夫禮者忠信之薄也。」下舉全文，故略于此曰「禮薄也」。**凡物不並盛，陰陽是也；理相奪予，威德是也；實厚者貌薄，父子之禮是也。由是觀之，禮繁者實心衰也。然則爲禮者，事通人之樸心者也。**「事」，是「從事」之「事」。說文：「通，達也。」這是說：事物不能同時都盛，陰和陽就是這樣的例；事理是互相在消滅着和在伸展着的，威和德就是這樣的例；實情親厚者外表是簡薄的，父和子之間的禮就是這樣的例。由此可見，凡是禮節繁多，就是實心衰微。那末，行禮是從事表達人的質樸心情的行動。**衆人之爲禮也，人應則輕歡，不應則責怨。**齊策注：「應，答也。」這是說：衆人誤認爲禮是用來尊敬別人的，所以當別人答禮時，就輕易地歡喜起來，當別人不答禮時，就怪責怨恨別人。**今爲禮者事通人之樸心，而資之以相責之分，能毋爭乎？有爭則亂，**呂覽注：「分分，恐恨也。」此「分」字或指人與人之間的分異而怪恨，或是「介」字的錯字。介，指媒介。這是說：爲禮的人，應該從事于表達人那種質樸的心情，然而反資助了衆人彼此相責怨的怨恨心理。這樣，能沒有彼此的紛爭嗎？**故曰：「夫禮者，忠信之薄也，而亂之首乎！」**君子爲禮，取情去貌，故禮是忠信簡薄的表象。衆人爲禮，以相怨責，故爲亂之首。

先物行，先理動，之謂前識。爾雅釋詁：「行，言也。」易虞注：「動，發也。」「行」「動」二字在這裏是指並未通過實物觀察或物理試驗，就預先對那「物」「理」發出已經認識的發言。像這樣並未通過體驗或觀察而自以爲「認識」，是唯心主義的猜測，絕不是唯物主義的檢驗，韓子叫這樣的「認識」作「前識」。所以下文他申釋一句說：「前識的含義是：沒有事物根據作為認識的來源或依據，却憑個人的臆想來胡亂猜測。」前識者，無緣而忘意度也。王先愼曰：「『忘』與『妄』通。左哀廿七傳注『言公之多忘』，釋文『忘』本又作『妄』。」啓雄按：緣指下文「緣理」，無緣妄意度：謂不遵認識過程就胡亂猜測。何以論之？詹何坐，弟子侍，有牛鳴於門外。弟子曰：「是黑牛也，而白在其題。」說文：「題，頷也。」徐鉉曰：「今俗作『額』。」詹何曰：「然，是黑牛也，而白在其角。」使人視之，果黑牛而以布裹其角。以詹子之術，嬰衆人之心，文選注引說文：「嬰，繞也。」這是說：用詹子的那樣的道術，然而糾纏在衆人的用心中（即不根據觀察的實證而主觀地胡亂猜測）。華焉殆矣！文選七命注：「華，浮華。」賈子道術：「反誠為殆。」這是說：詹子的道術，仍然不能免除掉那種衆人主觀地猜度的心理，那是浮華不誠實了。故曰：「道之華也。」嘗試釋詹子之察，而使五尺之愚童子視之，亦知其黑牛而以布裹其角也。此「察」字與「視」字相反，可知是指無「徵驗」的主觀猜想。呂覽本味注：「察，省也。」論語為政皇疏：「察，沈吟用心忖度之也。」這是反對主觀臆測，而提倡實事求是地檢驗的言論。故以詹子之察，苦心傷神，而後與五尺之愚童子同功，是以曰：「愚之首也。」故曰：「前識者，道之華也，而愚之首也。」前識是道術中的虛華，而且也是愚蠢的起頭。

所謂「大丈夫」者，謂其智之大也。所謂「處其厚不處其薄」者，行情實而去禮貌也。厚，即情實，指老實態度。薄，即禮貌，指客氣俗套。所謂「處其實不處其華」者，必緣理，不徑絕也。荀子修身注：「徑，捷速也。」廣雅釋詁：「絕，斷也。」「徑絕」，跟「緣理」的思想方法正相反，謂未通過認識過程就直捷地判斷，即上文「無緣而妄意度」。就是說：思考時不因依客觀的事理而直捷地胡亂臆度。這句的「實」字，指客觀實際；「華」字指虛浮無根。所謂「去彼取此」者，去貌徑絕，而取緣理好情實也。顧曰：「去」下當有「禮」字。衍「好」字。啓雄按：去彼取此，從社會交際上說，要去「禮貌」取「情實」，即去客氣俗套而取誠實態度。從思想方法上說，要去「徑絕」取「緣理」，即去臆想臆斷的方法，而取實事求是的方法。故曰：「去彼取此。」

人有禍則心畏恐，心畏恐則行端直，行端直則思慮熟，思慮熟則得事理。行端直則無禍害，無禍害則盡天年；得事理則必成功。盡天年則全而壽；必成功則富與貴。全壽富貴之謂福。而福本於有禍，故曰：「禍兮福之所倚。」以成其功也。老子注：「倚，因也。」說文：「倚，依也。」這段說出矛盾着的事物向着和它相反方面轉化的過程，也說出壞事變好事的原因及其經歷。

人有福則富貴至，富貴至則衣食美，衣食美則驕心生，驕心生則行邪僻而動棄理。行邪僻則身死夭，動棄理則無成功。夫內有死夭之難，而外無成功之名者，大禍也。而禍本生於有福，王先謙曰：上「福本於有禍」與此對文，不當更有「生」字。故曰：「福兮禍之所伏。」「伏」是「隱伏」之「伏」，晉語注：「伏，隱也。」這段說出好事變壞事的原因，及其互相轉化的歷程。以上二段，都略具辯證思維的意味。

夫緣道理以從事者，無不能成。廣雅釋詁：「緣，循也。」管子修靡注：「緣，順也。」這是說：那遵循着事物的道理（指規律）來辦事的人，沒有不成功的。

無不能成者，大能成天子之勢尊，而小易得卿相將軍之賞祿。陶曰：依下文，「天子」下當有「諸侯」。夫棄道理而妄舉動者，雖上有天子諸侯之勢尊，而下有倚頓、陶朱卜祝之富，「倚頓」，史記孔叢子都作「猗頓」。陶朱，或陶朱公，即范蠡。卜祝，似指卜筮、巫祝。卜人、祝官在古代迷信社會中，不貴而富，似有可能。鹽鐵論「為民巫祝，以取釐謝，或以成業致富」，是一證。猶失其民人而亡其財貨也。衆人之輕棄道理而易妄舉動者，不知其禍福之深大而道闊遠若是也，禍福之深大，指禍和福之間有聯系，而且矛盾着的對立面能互相轉化。道闊遠若是，指事物的道理彼此聯系如此之廣闊和久遠。故諭人曰：「孰知其極。」「諭」亦作「喻」，說文：「諭，告也。」廣雅釋言：「諭，曉也。」「極」字指道理「深大」「闊遠」的究竟。

人莫不欲富貴全壽，而未有能免於貧賤死夭之禍也。心欲富貴全壽，而今貧賤死夭，是不能至於其所欲至也。禮記樂記注：「至，達也。」字林：「至，到也。」這是說：心欲富貴壽，然而事實上卻反成貧賤死夭，這樣就是不能達到他希望所要達到的目的了。凡失其所欲之路而妄行者之謂迷，迷則不能至於其所欲至矣。今衆人之不能至於其所欲至，故曰「迷」。衆人之所不能至於其所欲至也，自天地之剖判以至于今，「以至于今」下，語未完足，必有脫文。下段「不以奪賤欺貧」句下，混入「其故何也？……而舉之也」，與上下文意不相同，也不貫通，似是本段的脫文誤入于下段。故曰：「人之迷也，其日故以久矣。」老子「故」作「固」，「故」「固」二字古通用，都是本然之詞。「以」「已」二字同。

所謂方者，內外相應也，內心和外貌相適應。言行相稱也。言語和行動相符合，即說得到必做得到。漢書注：「稱，副也。」所謂廉者，必生死之命也，堅定不移地對待該生就必定生，該死就不怕犧牲的命運問題。輕恬資財也。對資產錢財輕視，對于它的興趣淡薄。恬指恬淡。解詳下文。所謂直者，義必公正，心不偏黨也。在行爲上必定公正，在心術上不偏邪不結黨。所謂光者，官爵尊貴，衣裘壯麗也。今有道之士，雖中外信順，不以誹謗窮墮；有道之士，雖然內心和外貌誠信而順理，可是不因此就誹謗那因窮阨而墮落的人。雖死節輕財，不以侮罷羞貪；雖然能爲節操而死，又能輕視錢財，可是不因此就侮慢那疲弱不能者和恥笑那貪利者。雖義端不黨，不以去邪罪私；雖勢尊衣美，不以夸賤欺貧。楊曰：「夸賤欺貧」之下當接下文「故曰方而不割」云云。「其故何也」以下至「是以行軌節而舉之也」凡百六字，乃上節論「人之迷」一節之文錯簡在此。

其故何也？使失路者而肯聽習問知，即不成迷也。王渭曰：「習」當作「能」，見下文。啓雄按：「而」猶「如」也。今衆人之所以欲成功而反爲敗者，生於不知道理，而不肯問知而聽能。衆人不肯問知聽能，而聖人強以其禍敗適之，則怨。王渭曰：「適」讀爲「謫」。啓雄按：這是說：衆人不肯請教智者和聽從能者，如果聖人強調地用它的禍敗（謂聖人指出衆人不知道理，不肯問智者，和不肯聽能者的失敗）來怪責他們，這樣，衆人就怨恨聖人了。衆人多而聖人寡，寡之不勝衆，數也。管子法法注：「數，理也。」今舉動而與天下爲讎，非全身長生之道也，是以行軌節而舉之也。說文：「軌，車轍也。」賈子道術：「緣法循理謂之軌。」離騷注：

「節，度也。」禮記樂記注：「節，法度也。」淮南脩務注：「舉，援也。」這是說：聖人緣法循理地遵軌道和依法度來行動，從而又援引天下民衆使人免於迷惑。故曰：「方而不割，廉而不劌，「方」是墨子天志「中吾矩者謂之方」的「方」，指矩型的直角。九章算術：「邊謂之廉。」廣雅釋言：「廉，稜也。」說文：「劌，利傷也。」這是說：自己雖然方正，只是在律己方面使自己「內外相應，言行相稱」，自己雖嚴直，只是在律己方面「必生死，輕資財」，而不割裂或傷害別人。直而不肆，光而不耀。」老子注：「肆，申也。」小爾雅廣言：「肆，突也。」「耀」指炫耀。這是說：自己雖正直，只是在律己方面使自己「必公正，不偏黨」，而不觸突別人。自己雖「宦爵尊貴，衣裘壯麗」，而不對別人誇耀自己的富貴榮華。

聰明睿智，天也；動靜思慮，人也。天，是天生的，自然的。人，是人爲的，非自然的。人也者，乘於天明以視，寄於天聽以聽，託於天智以思慮。三蒼：「乘，載也。」文選注：「乘，因也。」這三句說：「乘」「寄」「託」在天生的基礎之上來「視」「聽」「思慮」。故視強則目不明，聽甚則耳不聰，思慮過度則智識亂。目不明則不能決黑白之分，王先愼曰：「分」當依下文作「色」。耳不聰則不能別清濁之聲，智識亂則不能審得失之地。得失之地，指成功或失敗在理論上的根據。鶡冠子天權：「理之所居謂之地。」目不能決黑白之色則謂之盲，耳不能別清濁之聲則謂之聾，心不能審得失之地則謂之狂。劉師培注荀子君道「是狂生者也」句，解釋「狂」字甚詳，現在節引幾句：「古人以物蒙首者，其音近于狂。……故于外物多所蔽者，古人亦稱爲『狂』。論語『其蔽也狂』，左傳『幼而狂』，蓋均指蔽于物而迷亂者言。韓非解老『心不能審得失之地謂之狂』，蓋以其中心迷亂，無知妄行，近于爲物所蒙，謂之曰『狂』。」餘詳荀子簡釋頁一六二、一六三。盲則不能避晝日之險，不分晝夜，盲人都看不見東西，所以在白天行動，他也不能避免危險。聾則不能知雷霆之害，狂則不能免人間法令之禍。書之所謂「治人」者，王先愼曰：「書，謂德經。」適動靜之節，省思慮之費也。史記日者傳索隱：「適，調也。」離騷注：「節，度也。」謂調和動靜舉止的節度。所謂「事天」者，不極聰明之力，不盡智識之任。苟極盡則費神多，費神多則盲聾悖狂之禍至，是以嗇之。嗇之者，愛其精神，嗇其智識也。故曰：「治人事天莫如嗇。」下文：「少費之謂嗇。」風俗通：「嗇者，省也。」這是說：如果要修治人爲（即搞好動靜思慮等動作），從事天然（卽乘天明來視，寄天聰來聽，託天智來思慮），沒有比采用「愛精神和嗇智識」的方法更好了。老子五十九章文，下四段同。

衆人之用神也躁，躁則多費，多費之謂侈。聖人之用神也靜，靜則少費，少費之謂嗇。嗇之謂術也，生於道理。盧曰：「謂」，張本作「爲」。夫能嗇也，是從於道而服於理者也。愛惜精神，不急躁，也是遵照道理來行動的。衆人離於患，陷於禍，猶未知退，而不服從道理。「離」借爲「羅」，說文：「羅，以絲罟鳥也。」「羅」同「罹」，思元賦注：「離，羅也。」今語「遭遇」也。聖人雖未見禍患之形，虛無服從於道理以稱蚤服。禮記樂記注：「形猶見也。」「見」同「現」。這是說：聖人雖未見禍患的出現，却已虛無地來服從道理，這樣就和「早服」的作法相符合。故曰：「夫謂嗇，是以蚤服。」盧曰：張本「謂」作「惟」，「以」作「謂」。啓雄按：老子作「夫唯嗇，是謂早服。」這是說：「正因爲聖人能愛惜精神，所以他能早日服從道理。」

知治人者，其思慮靜；知事天者，其孔竅虛。「治人」、「事天」解見前二段。喻老：「空竅者，神明之戶牖也。……故曰：『不出戶，知天下；不闚牖，知天道。』此言神明之不離其實也。」所謂「孔竅虛」，謂人的五官使用得適當，所以人的精神和外物交通無礙。思慮靜，故德不去；王先愼曰：「故」上當有「則」字。故，舊也。孔竅虛，則和氣日入。故曰：「重積德。」夫能令故德不去，新和氣日至者，蚤服者也。故曰：「蚤服是謂重積德。」老子五十九章文。「重」借爲「緟」，說文：「緟，增益也。」謂重疊地來積累德。積德而後神靜，神靜而後和多，和多而後計得，和，指不喜不怒，無哀無樂心境中的冲和。計得而後能御萬物，能御萬物則戰易勝敵，戰易勝敵而論必蓋世，論必蓋世，故曰「無不克」。陶曰：此文本云：「能御萬物則戰易勝敵而論必蓋世。戰易勝敵，論必蓋世，故曰：『無不克。』」下文云「戰易勝敵則兼有天下，論必蓋世則民人從」，亦以二句對言，是其證。今本中二句誤倒。無不克本於重積德，故曰：「重積德則無不克。」戰易勝敵則兼有天下，論必蓋世則民人從。進兼天下而退從民人，「人」字下似脫「則其術遠」四個字。其術遠則衆人莫見其端末，莫見其端末，是以莫知其極。故曰：「無不克則莫知其極。」

凡有國而後亡之，有身而後殃之，陶曰：兩「後」字皆「復」字之訛。不可謂能有其國，能保其身。夫能有其國，必能安其社稷；能保其身，必能終其天年，而後可謂能有其國，能保其身矣。

夫能有其國，保其身者，必且體道。體道則其智深，其智深則其會遠，其會遠，衆人莫能見其所極。體道，卽履道，謂躬行實踐道，因而體會出道理。周語注：「會，計也。」極，究竟也。「衆人」上似脫一「則」字。唯夫能令人不見其事極，顧曰：「能」上當有「體道」二字。不見其事極者爲能保其身，有其國。故曰：「莫知其極，莫知其極則可以有國。」盧曰：複「莫知其極」四字，疑衍。

所謂「有國之母」，母者，道也。道也者，生於所以有國之術，所以有國之術，故謂之「有國之母」。這句的「故」字應在句首，原文似是這樣：「故所以有國之術謂之有國之母。」夫道以與世周旋者，「道以」當作「以道」。其建生也長，持祿也久。故曰：「有國之母，可以長久。」所謂「有國之母」，是這樣解釋：「母」，就是指道。然而道又是從所以能享有國的術中生出來的，所以能享有國的術就叫做「有國之母」。用道來和世人周旋（應付多方面）的人，他在建立生命上是長遠的，在保持養祿上是長久的，所以說：「有國之母（卽道術），可以長久。」樹木有曼根，曼根是四旁伸張的根。有直根。根者，書之所謂「柢」也。俞曰：「根」上當有「直」字。所謂「深根固柢」者，「根」卽「曼根」，「柢」是「直根」。今奪直字，失其旨矣。柢也者，木之所以建生也；曼根者，木之所以持生也。德也者，人之所以建生也；祿也者，人之所以持生也。今建於理者，其持祿也久，故曰：「深其根。」體其道者，其生日長，故曰：「固其柢。」柢固則生長，根深則視久，故曰：「深其根，固其柢，長生久視之道也。」劉文典曰：呂氏春秋重己「無賢不肖莫不欲長生久視」，注：

「視，活也。」

工人數變業則失其功，作者數搖徙則亡其功。作者，似指耕作者。搖徙，指變動農作物。一人之作，日亡半日，十日則亡五人之功矣。謂如果一個人的工作量，每天亡失掉半天的功績，加起一個人十天所亡失掉的總功績，就等于亡失掉五個人一天工作量的總功績了。萬人之作，日亡半日，十日則亡五萬人之功矣。然則數變業者，其人彌衆，其虧彌大矣。凡法令更則利害易，利害易則民務變，民務變謂之變業。故以理觀之，事大衆而數搖之則少成功，藏大器而數徙之則多敗傷，喻老：「事者，爲也。」老子「治人事天」注：「事，用也。」事大衆，謂使用大衆作爲事業。烹小鮮而數撓之則賊其宰，王先愼曰：各本「宰」作「澤」，治要引作「宰」，今據改。割烹，宰夫之職，當烹時而頻數撓亂，則宰夫不能盡其烹飪之功，是謂賊害其宰。啓雄按：說文：「澤，光潤也。」指光潤的鮮次，不改字也可通。治大國而數變法則民苦之。是以有道之君貴靜，不重變法。集解據治要、類聚在「靜」字上增一「虛」字，改「不」字爲「而」字。但本段反對頻頻地「變」、「更」，所以要「貴靜」，但與「虛」無關。本篇及他篇雖屢言「虛」，但本段不言「虛」。「重」字雖有「難」「矜惜」「愼重」之意，但此「重」字借爲「緟」。說文「緟，增益也。」重變法，謂重重疊疊地屢次變法。今仍從乾道等本。故曰：「治大國者若烹小鮮。」老子六十章文，下段同。老子無「者」字。

人處疾則貴醫，有禍則畏鬼。聖人在上則民少欲，民少欲則血氣治而舉動理，舉動理則少禍害。顧曰：藏本、今本重「舉動理」，按當重「血氣治而舉動理」七字。夫內無痤疽癉痔之害，而外無刑罰法誅之禍者，其輕恬鬼也甚。這個「輕恬」跟上文「輕恬資財」的「輕恬」同，都是形容詞作動詞用。恬是安靜。古書中常見「恬淡」「恬澹」「恬然」連語，下文有「恬淡平安」句，恬指表示安然淡薄態度。故曰：「以道莅天下，顧曰：傅本此下有「者」字。其鬼不神。」高亨正詁：「此『神』字借為『䰠』，說文：『䰠，神也。』蓋鬼靈曰『䰠』，與『神』義別。『其鬼不䰠』，猶言『其鬼不靈』耳。」啓雄按：韓子中的「神」字多作形容詞用，如揚權「主上不神」，「木乃不神」。太玄玄文注：「神，幽冥也。」易繫辭：「陰陽不測之謂神。」此「神」字似指幽冥不測的神祕性。治世之民，不與鬼神相害也。釋詞：「與猶為也。」下文二句同。為鬼神相害，即被鬼神相害。故曰：「非其鬼不神也，其神不傷人也。」鬼祟也疾人之謂鬼傷人，王渭曰：「也」字衍。啓雄按：祟，是鬼神的禍害。又按：據下句例，「也」字當在句末。人逐除之之謂人傷鬼也。民犯法令之謂民傷上，上刑戮民之謂上傷民。民不犯法則上亦不行刑，上不行刑之謂上不傷人。故曰：「聖人亦不傷民。」王先慎曰：上當有「非其神不傷人」句。上不與民相害，而人不與鬼相傷，故曰：「兩不相傷。」民不敢犯法，則上內不用刑罰，而外不事利其產業。此文「內」指民之內體，「外」指民之外物。老子注：「事，用也。」與上句「用」字相對。荀子王霸注：「利，貪求之也。」「其」字指人民。這是說：民如果不犯法，那末君上在人民身上用不着刑罰人體，在外物上用不着沒收人民的產業。上內不用刑罰而外不事利其產業，則民蕃息，民蕃息而蓄積盛，民蕃息而蓄積盛之謂有德。這是說：聖人不傷民，民又不犯法，就使得民蕃國富，因而導致有德。凡所謂祟者，魂魄去而精神亂，精神亂則無德。鬼不祟人則魂魄不去，魂魄不去則精神不亂，精神不亂之謂有德。上盛蓄積而鬼不亂其精神，則德盡在於民矣。故曰：「兩不相傷則德交歸焉。」言其德上下交盛而俱歸於民也。小爾雅廣言：「交，俱也。」這是說：君上民下的德都隆盛，然而德都歸到人民身上。

有道之君，外無怨讎於鄰敵，而內有德澤於人民。夫外無怨讎於鄰敵者，其遇諸侯也外有禮義；顧曰：「外」字當衍，八字爲一句。內有德澤於人民者，其治人事也務本。王先愼曰：「人」當作「民」。下文「治民事務本」，即承此而言。遇諸侯有禮義則役希起，治民事務本則淫奢止。說文：「役，戍邊也。」即戰役。「希」借爲「稀」，爾雅釋詁：「希，罕也。」務本，指趨向于農業，詭使：「耕，農之本務。」禮記緇衣注：「淫，貪侈也。」凡馬之所以大用者，外供甲兵而內給淫奢也。今有道之君，外希用甲兵而內禁淫奢；上不事馬於戰鬥逐北，而民不以馬遠通淫物，所積力唯田疇，積力於田疇必且糞灌，秦策注：「且，將也。」禮記月令「糞田疇」，正義：「糞，壅苗之根。」廣雅釋詁：「灌，濆也。」今語「灌溉」或「灌注」。故曰：「天下有道，卻走馬以糞也。」老子四十六章文，下四段同。解詳喻老篇首，下四段同。

人君者無道，則內暴虐其民而外侵欺其鄰國。內暴虐則民產絕，外侵欺則兵數起。民產絕則畜生少，兵數起則士卒盡。畜生少則戎馬乏，士卒盡則軍危殆。戎馬乏則將馬出，顧曰：「將」當作「牸」。鹽鐵論「當此之時，卻走馬以糞，其後師旅數發，戎馬不足，牸牝入陣，故駒犢生於戰地」，即本於此。下文誤同。軍危殆則近臣役。馬者，軍之大用；郊者，言其近也。今所以給軍之具於將馬近臣，王先愼曰：牸馬近臣，非軍中之用，今因乏殆，故並及之。故曰：「天下無道，戎馬生於郊矣。」

人有欲則計會亂，計會亂而有欲甚，王先愼曰：「而」字依上下文當作「則」。啓雄按：周語注：「會，計也。」計會亂，謂計算的總結錯亂，指人們一切計劃。有欲甚則邪心勝，邪心勝則事經絕，事經絕則禍難生。顧曰：「經」當作「徑」。上文：「必緣理，不徑絕。」陸行不緣理爲「徑」，周禮「禁徑踰」者是也。水行不緣理爲「絕」，爾雅「正絕流曰亂」是也。王先愼曰：「經」「徑」二字義同。易上經釋文、廣雅釋言：「經，徑也。」釋名：「徑，經也。」言人之所經由也。二字疊訓。左僖廿五傳「趙衰以壺飧從徑」，釋文：「徑讀爲經。」是「經」「徑」古通用。由是觀之，禍難生於邪心，邪心誘於可欲。可欲之類，進則教良民爲姦，退則令善人有禍。此文「教」字與「令」字對，亦使令之意。淮南主術注：「教，令也。」進，指前進，即往好做，退，指後退，即往壞做。姦起則上侵弱君，禍至則民人多傷。然則可欲之類，上侵弱君而下傷人民。夫上侵弱君而下傷人民者，大罪也。故曰：「禍莫大於可欲。」是以聖人不引五色，不淫於聲樂；明君賤玩好而去淫麗。依語法及下句例，「引」字下似脫一「於」字。引於五色，謂被五色所引誘也。「引」即孟子告子「耳目之官不思而蔽於物，物交物則引之而已矣」的「引」字。

人無毛羽，不衣則不犯寒；爾雅釋詁：「犯，勝也。」這是說：人的體溫不能戰勝侵犯人體的寒氣。上不屬天而下不著地，以腸胃爲根本，不食則不能活；是以不免於欲利之心。欲利之心不除，其身之憂也。故聖人衣足以犯寒，食足以充虛，則不憂矣。爾雅釋詁：「憂，思也。」素問注：「憂，深慮也。」廣雅釋詁：「虛，空也。」淮南氾論注：「虛，孔竅也。」「虛」字在此句指腹內空虛。衆人則不然：大爲諸侯，小餘千金之資，其欲得之憂不除也。胥靡有免，死罪時活，劉文典曰：此謂：胥靡刑徒，有可赦免；死罪之囚，時而得活。啓雄按：呂覽求人注：「胥靡，刑罪之名。」今不知足者之憂終身不解，故曰：「禍莫大於不知足。」

故欲利甚於憂。據下文此「於」字訓「則」。又八說「法明則內無變亂之患，計得則外無死虜之禍」，乾道本下「則」字作「於」，可見「於」「則」二字是互文。憂則疾生，疾生而智慧衰，智慧衰則失度量，失度量則妄舉動，妄舉動則禍害至。禍害至而疾嬰內，疾嬰內則痛，禍薄外則苦。上句二「而」字均猶「則」，見釋詞七。文選注引說文：「嬰，繞也。」晉語注：「薄，迫也。」苦痛雜於腸胃之間，則傷人也憯，顧曰：「腸胃」當作「外內」。憯則退而自咎，退而自咎也生於欲利，故曰：「咎莫憯於欲利。」詩北山箋：「咎，罪過也。」自咎，是自己憎恨自己的罪過。咎莫憯於欲利，是說災咎是憯痛的，比較起來，沒有別的災咎比由貪利招引來的災害更憯痛了。

道者，萬物之所然也，萬理之所稽也。廣雅釋詁：「稽，合也，當也，同也。」這是說：道，是萬物自然演成的規律，也是適合于萬理的天道。理者，成物之文也；道者，萬物之所以成也。理，謂整理或治理，是動名詞。成，謂造成，是動詞。文，謂使萬物有條有理地組織起來成爲秩序，使物類紀律化。這是說：理是使物類成爲合理的組織。道是萬物所以構成的道理。故曰：「道，理之者也。」理，是動詞。道者，無非是把錯綜的萬物，作綜合的整理，使它們都條理化、合理化罷了。物有理，不可以相薄，物有理不可以相薄，故理之爲物之制。易說卦虞注：「薄，入也。」說郛無上「之」字，似衍。禮記曲禮注：「制，法度也。」這是說：萬物都有理，不可以錯雜地相侵入。因此這個有條不紊的理就是萬物的法度。即萬物各有它們的理，綜合起這些物理就是「道」。萬物各異理，萬物各異理而道盡。萬物各有不同的理，道是集合萬物異理的總體，因此，萬物雖然各異理，但總合成「道」時，那個「道」就把一切理都包括完盡了。稽萬物之理，故不得不化，萬物、無時不在變化中，所以總合萬物之理的「道」也不能不跟着無時不在變化之中。下文「凡道之情，不制不形，柔弱隨時，與理相應」，即申釋這句。不得不化，故無常操，由于「道」永遠在變化過程中，所以人們在操作或行動中就不應該有守恆不變的常住性或保守性（即不要固執常規，不要機械地墨守老一套）。無常操，是以死生氣稟焉，萬智斟酌焉，萬事廢興焉。書說命傳：「稟，受也。」後漢書鄭興傳注：「斟酌，謂取其意旨也。」這是說：既然沒有恆常性的成見或辦法，所以他對消滅着和生長着的氣都承受，對萬樣的智慮都斟酌地采納，對各種事情該興辦的就興辦，該廢除的就廢除。天得之以高，地得之以藏，維斗得之以成其威，莊子大宗師成玄英疏：「維斗，北斗也，爲衆星綱維，故謂之維斗。」成其威，蓋謂爲衆星綱維，故成其威德。日月得之以恒其光，五常得之以常其位，列星得之以端其行，四時得之以御其變氣，軒轅得之以擅四方，赤松得之與天地統，孫曰：「統」疑當作「終」，言壽與天地同長也。「終」「統」二字篆文形近而誤。聖人得之以成文章。「文章」二字解見本篇篇首。道，與堯舜俱智，與接輿俱狂，與桀紂俱滅，與湯武俱昌。以爲近乎，遊於四極；以爲遠乎，常在吾側；以爲暗乎，其光昭昭；以爲明乎，其物冥冥；而功成天地，和化雷霆，宇內之物，恃之以成。凡道之情，不制不形，柔弱隨時，與理相應。萬物得之以死，得之以生；萬事得之以敗，得之以成。道譬諸若水：溺者多飲之卽死，渴者適飲之卽生；譬之若劍戟：愚人以行忿則禍生，聖人以誅暴則福成。故得之以死，得之以生，得之以敗，得之以成。道的情況是這樣：它不制作也不現形，它柔弱地隨時變化來和理相適應。萬物得它因而死，得它因而生；萬事得它因而敗，得它因而成。道好比水似的，沉溺的人多飲它就死，口渴的人適當地喝它就生；又好比劍戟似的，愚人用它來洩忿（殺人或自殺）就生禍，聖人用它來誅罰暴人就成福。因此，得道因而死，得道因而生，得道因而敗，得道因而成。本節沒有老子引文，不知解老子那句，是不是本篇原文大成問題。

人希見生象也，而得死象之骨，案其圖以想其生也，故諸人之所以意想者皆謂之「象」也。「希」借爲「稀」。「案」借爲「按」。漢書揚雄傳注：「按，依也。」意想，卽臆度或臆測。易繫辭「象也者，像也」，釋文：

「象，擬也。」今語「想像」。今道雖不可得聞見，聖人執其見功以處見其形，高曰：「處」者，「審度」之誼。周語「目以處義」，大戴禮「以其聲，處其氣」，又「聽其聲，處其氣」，呂覽「察其情，處其形」，淮南「援黑白而示之則不處焉，相地形處次舍」，論衡「惡則處凶妖之禍」，諸「處」字皆「審度」之誼。此王念孫說。啓雄按：見功卽現功，漢書韓信傳注：「見，顯露也。」現功，謂顯示和表現的功。故曰：「無狀之狀，無物之象。」老子十四章文。「無物之象」，古本老子有作「無象之象」的，比較好些。

凡理者，方圓、短長、麤靡、堅脆之分也，小爾雅廣詁：「靡，細也。」漢書揚雄傳注：「靡，纖密也。」故理定而後物可得道也。易繫辭虞注：「定，成列也。」這是說：理如有方圓、短長、粗細、堅脆等對立面的分列，這樣，萬物才可以被人們說明其所以然之理。故定理有存亡，有死生，有盛衰。從形象上看，物是有方圓、長短、粗細、堅脆的分異的，從運動上看，物是有存亡、死生、盛衰的變革的，這就是定理。夫物之一存一亡，乍死乍生，初盛而後衰者，不可謂常。韓子在「道者萬物之所以然也」一段和這幾句，似是樸素地、辯證地理解「一切皆流，一切皆變」和「有某種東西在產生着和發展着，有某種東西在敗壞着和衰頽着」的客觀情況和實際。這個「常」字指守恆不易（不是物質運動守恆定律），下文可證。唯夫與天地之剖判也俱生，至天地之消散也不死不衰者謂「常」。而常者，無攸易，無定理。王先愼曰：無攸易，謂無所變易也。啓雄按：「無定理，謂無存亡、死生、盛衰的變易，和無方圓、短長、粗細、堅脆之分。無定理，非在於常，是以不可道也。陶曰：「非」乃「而」字之誤。

啓雄按：「常」字下乾道本有「所」字。盧顧王據張本、凌本、藏本删。其實此句問題不在「所」字之有無，而在「非在於常」與「無定理」二句不一致。因爲定理是變易的，非在於常的；相反地，無定理是不變易的，在於常的。因此這個「非」字或是「而」字之訛，或是衍文。聖人觀其玄虛，用其周行，強字之曰「道」，然而可論。說文：「玄，幽遠也。」廣雅釋詁：「虛，空也。」廣雅釋詁：「周，徧也。」又釋言：「周，旋也。」詩十月之交箋：「行，道度。」考工輈人注疏：「字猶名也。」這是說：聖人觀察那個幽遠的空虛（卽太空），用那個周轉的運行軌道，勉強地稱呼它做「道」（卽規律），這個客觀規律雖然難察難曉，但是可以論說其理。故曰：「道之可道，非常道也。」老子一章文作「道可道，非常道」。這是說：那個能論說其理的道，就不是那守恆不變易的道。

人始於生而卒於死。始之謂出，卒之謂入。故曰：「出生入死。」下二段引八句老子文，均見五十章。莊子大宗師「古之眞人不知說生，不知惡死，其出不訢，其入不距」，亦以生爲「出」，以死爲「入」。人之身三百六十節，四肢九竅，其大具也。素問陰陽應象大論「上竅下竅」，注：「上竅，耳目鼻口；下竅，前陰後陰。」四肢與九竅十有三者，十有三者之動靜盡屬於生焉。屬之謂徒也，說文：「屬，連也。」詞詮：「於猶以也。」「徒」字是「徒侶」「徒黨」的「徒」，在這裏指四肢九竅。屬於生，指四肢九竅彼此連結着來生存。屬之謂徒，把那十三件東西連結起來就成爲徒類或徒侶。故曰：「生之徒也十有三者。」這一句似是韓子語，不是引老子文。「曰」字似是後人所增。至其死也，十有三具者皆還而屬之於死，死之徒亦有十三。故曰：「生之徒十有三，死之徒十有三。」凡民之生生，莊子大宗師釋文引崔注：「常營其生為生生。」而生者固動，動盡則損也；孫曰：「盡」字衍。此謂一動即損，下文「而動不止，是損而不止也」，正承此言之。而動不止，是損而不止也。損而不止則生盡，生盡之謂死，則十有三具者皆為死死地也。故曰：「民之生生而動，動皆之死地，亦十有三。」韓子在這段裏用人體的四肢九竅來說出人類的生理變化，也合于「一切皆流，一切皆變」的規律。

是以聖人愛精神而貴處靜。這句的上下，好象都有脫文。此甚大於兕虎之害。「此」字指「動皆之死地」。夫兕虎有域，動靜有時，避其域，省其時，則免其兕虎之害矣。爾雅釋詁：「省，察也。」民獨知兕虎之有爪角也，而莫知萬物之盡有爪角也，不免於萬物之害。太田方曰：「不」上脫「故」字。何以論之？時雨降集，曠野閒靜，而以昏晨犯山川，則風露之爪角害之；事上不忠，輕犯禁令，則刑法之爪角害之；處鄉不節，憎愛無度，則爭鬥之爪角害之；嗜慾無限，動靜不節，則痤疽之爪角害之；好用其私智而棄道理，則網羅之爪角害之。太田方曰：網羅，謂參伍之政也。難篇：「以天下為網羅，則不失一姦矣。」以上舉可畏之物件。又上文「此甚」以下八字當在此下。兕虎有域，而萬害有原，避其域，塞其原，則免於諸害矣。凡兵革者，所以備害也。重生者雖入軍無忿爭之心，無忿爭之心，則無所用救害之備。此非獨謂野處之軍也，聖人之遊世也，無害人之心，

無害人之心，則必無人害，無人害則不備人，故曰：「陸行不遇兕虎。」入山不恃備以救害，顧曰：「山」當作「世」。故曰：「入軍不備甲兵。」遠諸害，故曰：「兕無所投其角，虎無所錯其爪，兵無所容其刃。」王先愼曰：釋名：「容，用也。」合事宜之用也。不設備而必無害，天地之道理也。體天地之道，天地之道，即自然規律。人們如果能體察規律，就沒有死的道理了。故曰：「無死地焉。」動無死地，而謂之「善攝生」矣。據上文「十三具者皆爲死死地」，「地」字是物質名詞，可是在這句中的「地」字可作抽象名詞用。鶡冠子夜行：「地，理也。」釋詞：「而猶則也。」

愛子者慈於子，重生者慈於身，貴功者慈於事。慈母之於弱子也，務致其福，務致其福則事除其禍，事除其禍則思慮熟，二「事」字都是動詞。喻老：「事者，爲也。」易文言傳疏：「所營謂之事。」思慮熟則得事理，得事理則必成功。必成功則其行之也不疑，不疑之謂勇。聖人之於萬事也，盡如慈母之爲弱子慮也，故見必行之道。見必行之道則其從事亦不疑，乾道本「則」字下有「明」字，集解據張榜本刪。「明」字有無都可以。這是說：聖人思慮和處理萬事，完全像慈母給兒子考慮那樣：通過考慮周到而摸索出事理，因此聖人認識到必定遵行的規律。如果能認識得到必須遵行的規律，所以聖人從事工作也不疑惑。不疑之謂勇。不疑生於慈，故曰：「慈故能勇。」老子六十七章文，下三段同。

周公曰：「冬日之閉凍也不固，則春夏之長草木也不茂。」天地不能常侈常費，而況於人乎。故萬物必有盛衰，萬事必有弛張，國家必有文武，官治必有賞罰。是以智士儉用其財則家富，聖人愛寶其神則精盛，人君重戰其卒則民衆，管子權修「重盡其民力」注：「重，矜惜之也。」民衆則國廣，是以擧之曰：「儉故能廣。」漢書嚴助傳注：「擧，總也。」禮記雜記注：「擧猶言也。」「擧之曰」，猶「總而言之」。

凡物之有形者易裁也，易割也。何以論之？有形則有短長，有短長則有小大，有小大則有方圓，有方圓則有堅脆，有堅脆則有輕重，有輕重則有白黑。短長、大小、方圓、堅脆、輕重、白黑之謂理，上文：「凡理者方圓、短長、麤靡、堅脆之分也。」理定而物易割也。故議於大庭而後言則立，周書大匡「王乃召冢卿、三老、三吏、大夫、百執事之人朝於大庭」，注：「庭當爲廷。大廷，外朝之廷。」此文「大庭」，似泛指大會議庭。言，指言論。「則」，猶「乃」也。立，指理定。權議之士知之矣。謂能權衡衆議之長短得失之士知此道理。故欲成方圓而隨其規矩，則萬事之功形矣。這是說：欲擧辦萬事的人，他遵照着客觀規律來辦事，就像木匠欲成方或圓而依隨着矩或規一樣，那末，萬事的功都顯現了。而萬物莫不有規矩。議言之士，計會規矩也。聖人盡隨於萬物之規矩，故曰：「不敢爲天下先。」據上文所言，解老者似認識萬物的規矩是第一性的，本源的，聖人的意識是第二性的，從生的的道理。因此，聖人不敢使自己從生的意識反過來做天下萬物的先導者（即強使客觀服從主觀）。不敢爲天下先，則事無不事，功無不功，而議必蓋世，上「事」字是喻老「事者爲也」之「事」，指從事；下「事」字是易繫辭「通變之謂事」之「事」，指靈活行事。上「功」字是漢書高祖功臣表「用力曰功」之「功」，指功勞；下「功」字指成功或勝利。爾雅釋詁：「功，成也，勝也。」欲無處大官，其可得乎！處大官之謂爲成事長，王先謙曰：爲字衍。是以故曰：「不敢爲天下先，故能爲成事長。」王先愼曰：此當衍「故」字，或衍「是以」字。上文或作「是以曰」，或作「故曰」，是其證。

慈於子者不敢絕衣食，慈於身者不敢離法度，慈於方圓者不敢舍規矩。故臨兵而慈於士吏則戰勝敵，慈於器械則城堅固。故曰：「慈，於戰則勝，以守則固。」說文：「慈，愛也。」這是說：衣食能決定愛子的成敗，法度能決定自愛的正確性，規矩能確定方圓的認識，士吏的力量能決定戰爭，器械的利便能決定城守。由于客觀能決定主觀，所以人們先從愛客觀存在的物或人入手，以求達到自愛的目的。「慈」字的含意兼指「愛物」「愛人」和「自愛」。夫能自全也而盡隨於萬物之理者，必且有天生，天生也者，生心也。自全，指人們對于衣食、法度、規矩、士吏、器械都具備了，都搞好了。隨萬物之理，指人們使自己的思想意識遵從着客觀的萬物之理。呂覽音律注：「且，將也。」這是說：那個能自全又隨萬物之理的人，必將有「自然產生的東西」跟着而來，那個「自然產生的東西」是什麼呢？就是指那個隨從萬物之理而生出來的思想意識。故天下之道盡之生也，下「之」字猶「於」也。這是說：天下的道理完全是通過「生」的關係而產生（指隨物理而生人心）。若以慈衞之也，事必萬全而舉無不當，則謂之寶矣。故曰：「吾有三寶，持而寶之。」老子：「我有三寶，持而保之：一曰慈，二曰儉，三曰不敢爲天下先。」韓子引此句總結前三段。

書之所謂「大道」也者，端道也；顧曰：解五十三章「行於大道」。所謂「貌施」也者，邪道也；王先愼曰：貌，飾也，下文所謂「飾巧詐」也。「施」讀爲「迆」，迆，邪也。啓雄按：「貌」字是動詞，本篇上文：「禮者，所以貌情也。」貌情是好表象，貌邪是壞表象。所謂「徑大」也者，佳麗也。佳麗也者，邪道之分也。馬敍倫校詁：「蓋韓非本文作『所謂徑道（「大」爲「道」誤）也者，邪道也。所謂貌施也者，佳麗也。佳麗也者，邪道之分也。』」啓雄按：馬說似可從。「貌施」，似謂「以淫侈爲俗」，因而邪道之中又歧出「邪道之分」來。「朝甚除」也者，獄訟繁也。高亨正詁：「除讀爲塗。文選西都賦注引廣雅：『塗，汚也。』「除」「塗」同聲系，古通用。」獄訟繁則田荒，田荒則府倉虛，府倉虛則國貧，國貧而民俗淫侈，民俗淫侈則衣食之業絕，說文：「俗，習也。」二「俗」字都是動詞。衣食之業絕則民不得無飾巧詐，飾巧詐則知采文，知采文之謂「服文采」。呂覽長見注：「知猶爲也。」「服」借爲「艮」，說文：「艮，治也。」獄訟繁，倉廩虛，而有以淫侈爲俗，則國之傷也，若以利劍刺之，王先愼曰：國之受傷，猶身受利劍之刺。故曰：「帶利劍。」諸夫飾智故以至於傷國者，淮南覽冥注：「智故，巧詐也。」又原道注：「智故，巧飾也。」其私家必富；私家必富，故曰：「資貨有餘。」國有若是者，則愚民不得無術而效之，效之則小盜生。荀子修身「術禮義而情愛人」注：「術，法也。」廣雅釋詁：「術，法也。」是動詞。由是觀之，大姦作則小盜隨，大姦唱則小盜和。竽也者，五聲之長者也，故竽先則鍾瑟皆隨，王先愼曰：「鐘」古通用「鍾」。啓雄按：「先」字是動詞，荀子修身「以善人先者謂之敎」，注：「先，首唱也。」竽唱則諸樂皆和。今大姦作則俗之民唱，俗之民唱則小盜必和，故「服文采，帶利劍，厭飮食，而資貨有餘者，是之謂盜竽矣。」顧曰：「故」下當有「曰」字。德經無「而」「者」「之」「矣」四字，「竽」作「夸」。王先愼曰：「夸」字無義，當依此訂正。以上見五十三章。

人無愚智，莫不有趨舍。「趨」「舍」都是動名詞。趨，卽追求，指所走向的歸趨。「舍」借爲「捨」；捨，卽放棄追求。恬淡平安，莫不知禍福之所由來。後漢書班彪傳注：「恬淡，猶淸靜也。」得於好惡，怵於淫物，而後變亂。「怵」借爲「訹」，說文：「訹，誘也。」淮南原道「怵然若有所誘慕」，是佐證。所以然者，引於外物，亂於玩好也。恬淡有趨舍之義，平安知禍福之計，而今也玩好變之，外物引之。引之而往，故曰「拔」。至聖人不然：一建其趨舍，「一」借爲「壹」，說文：「壹，專壹也。」雖見所好之物不能引，不能引之謂「不拔」；一於其情，雖有可欲之類，神不爲動，神不爲動之謂「不脫」。爲人子孫者，體此道以守宗廟，不滅之謂「祭祀不絕」。體此道，指體驗「善建不拔，善抱不脫」的道理。不滅，謂不滅絕此道理。身以積精爲德，家以資財爲德，鄉國天下皆以民爲德。今治身而外物不能亂其精神，故曰：「修之身，其德乃眞。」眞者，愼之固也。高曰：「愼」當爲「悳，」蓋古時「悳」亦作「愼」若「慙」亦作「慚」之例，「愼」譌爲「愼」也。說文「悳，外得於人，內得於己也。」「悳」卽道德本字。「眞者悳之固」，正解老子「其德乃眞」之「眞」。若作「愼」則不可通矣。治家者，無用之物不能動其計，則資有餘，故曰：「修之家，其德有餘。」盧曰：「有」老子作「乃」，當據改。治鄉者行此節，則家之有餘者益衆，三「此節」上承「無用之物不能動其計」句，下起「各以此科適觀息耗」句，謂治鄉治國治天下有一定的節度和節制。故曰：「修之鄉，其德乃長。」治邦者行此節，則鄉之有德者益衆，故曰：「修之邦，其德乃豐。」莅天下者行此節，則民之生莫不受其澤；故曰：「修之天下，其德乃普。」修身者以此別君子小人，治鄉治邦莅天下者，陶曰：「治鄉」上依上下文當有「治家」二字。各以此科適觀息耗，則萬不失一。說文：「科，程也。」指前文的節度。呂覽重已注：「適，節也。」是副詞，指調節地觀察。漢書宣帝紀注：「息，謂生長。」蒼頡篇：「耗，消也。」故曰：「以身觀身，謂以積眞德的君子作標準來觀察（衡量）別人是君子或是小人。以家觀家，以鄉觀鄉，以邦觀邦，以天下觀天下。吾奚以知天下之然也？以此。」前段引老子文，全見五十四章。

第二十一篇　喻老

「喻」同「諭」，說文：「諭，告也。」漢書賈誼傳注：「諭，譬也。」韓子列舉史事來譬喻老子的微妙意思，是韓子借用古今歷史故事來闡發老子思想的作品。但韓子所喻說的老子文，有時跟原文意思不全合，有點象「斷章取義」，可見韓子也借喻老來表達他自己的思想。

天下有道，無急患，則曰靜，顧曰：「曰」當作「日」。太田方曰：「曰靜」二字衍。**遽傳不用，**「遽」和「傳」是兩個名詞，詩江漢釋文：「以車曰傳，以馬曰遽。」傳是指車，遽是指馬，都是急速傳遞的交通工具。**故曰：「卻走馬以糞。」**老子四十六章文，下同。呂覽召類注：「卻猶止也。」禮記月令正義：「糞，壅苗之根。」這是說：天下有道了，騎驛和車傳都不用了，因此停止了馬的奔走，改用它們來耕田。「卻」字作「退還」解也可。解老篇中亦解此句，可參閱。**天下無道，攻擊不休，相守數年不已，甲冑生蟣蝨，燕雀處帷幄，而兵不歸，**儀禮既夕注：「甲，鎧也。」即鐵衣。「冑」、「軸」、「鈾」同；秦叫做「兜鍪」，俗叫做「盔」，即鐵帽。廣雅釋器：「帷，帳也。」淮南氾論注：「幄，幕也。」即行軍所用的帳幕。**故曰：「戎馬生於郊。」**戎馬在郊野中產生小馬。這意味著：牝馬不够用或都戰死了，所以連懷孕的牝馬也用來作戰馬。

翟人有獻豐狐玄豹之皮於晉文公，「翟」借為「狄」。方言：「凡物之大貌曰豐。」「豐狐」，即「大狐」，楚詞說苑作「封狐」。文公受客皮而歎曰：「此以皮之美自爲罪。」夫治國者以名號爲罪，徐偃王是也；太田方曰：名號者，水經注云：「偃王治國，仁義著聞，欲舟行上國，乃導溝陳蔡之間，得朱弓矢，以得天瑞，遂因名爲號，自稱徐偃王，江淮諸侯服從者三十六國。周王聞之，遣使至楚，令伐之，偃王愛民不鬥，遂爲楚敗。」以城與地爲罪，虞虢是也。左僖二年傳：「晉荀息以屈產之乘，與垂棘之璧，假道於虞以伐虢……虞公許之。宮之奇諫，不聽。……滅下陽。」左僖五年傳：「晉侯復假道於虞以伐虢。……宮之奇諫，……弗聽。……冬，晉滅虢。師還襲虞，滅之，執虞公。」故曰：「罪莫大於可欲。」沒有別的罪罰能比得上可以被別人貪欲的罪罰那樣大了。也就是說：凡是有經濟價値的東西，就是被別人貪取的對象，所以凡是能成爲被別人貪取的對象，必將成爲招惹災難性的「罪」的東西。

智伯兼范、中行而攻趙不已，韓魏反之，軍敗晉陽，身死高粱之東，遂卒被分，漆其首以爲溲器。王先愼曰：說苑建本作「酒器」。說文：「溲，浸沃也。」溲器，卽釀酒之器。故曰：「禍莫大於不知足。」沒有別的禍災能比得上不知滿足所招來的禍災那樣大了。

虞君欲屈產之乘與垂棘之璧，不聽宮之奇，故邦亡身死。這事見前注及十過篇首。左僖二年傳注：「屈地生良馬，垂棘出美玉。四馬曰乘。」左傳說「執虞公」，未說虞公死。故曰：「咎莫憯於欲得。」說文：「咎，災也。」說文：「憯，痛也。」解老作「咎莫憯於欲利」，漢書司馬遷傳作「禍莫憯於欲利」。這是說：沒有別的災咎能比得上欲利貪得所招來的災咎那樣痛憯了。

邦以存爲常，霸王其可也；身以生爲常，富貴其可也。太田方曰：淮南詮言：「國以全爲常，霸王其寄也；身以生爲常，富貴其寄也。」「可」字依淮南當作「寄」。啓雄按：韓子的「可」字和淮南子的「寄」字，疑都是「奇」的誤字。「奇」是特殊之意。不欲自害，則邦不亡，身不死。陶曰：「欲」上疑脫「以」字，「不以欲自害」，即「知足爲足」之義。故曰：「知足之爲足矣。」王本老子作「知足之足常足矣」，司馬光本作「知足常足矣」，與韓子引文參校，司馬本最好。此句「之爲足」猶「是爲足」。這是說：知足，就算是足够了。

楚莊王既勝狩于河雍，太田方曰：「狩」，類聚、類函作「晉」，是。史記：「楚莊十七年敗晉師于河上，遂至衡雍而歸。」啓雄按：楚莊王敗晉師于邲，次于衡雍，詳見左宣十二年傳。或曰：「狩，謂狩獵。」歸而賞孫叔敖，孫叔敖請漢間之地，沙石之處。楚邦之法，祿臣再世而收地；唯孫叔敖獨在。呂覽孟冬紀、淮南人間、史記滑稽傳、列子說符都記孫叔敖這事。此不以其邦爲收者，瘠也，故九世而祀不絕。故曰：「善建不拔，善抱不脫，子孫以其祭祀，世世不輟。」老子五十四章文。以其祭祀，謂用寢丘封地來祭祀孫叔敖。孫叔敖之謂也。

制在己曰重，制，指君主的專制主權。「重」，指權重，韓子中的「重」字有時也指主權，考詳說難篇中。不離位曰靜。韓非在主道、揚權等篇言君道，屢次強調「靜」，可與此文互發。重則能使輕，靜則能使躁。故曰：「重爲輕根，靜爲躁君。」故曰：「君子終日行不離輜重也」。王先愼曰：此與上二句道經連文，不應有

「故曰」二字。「故曰」當爲「是以」之譌，道經作「是以」，即其證。**邦者，人君之輜重也。**主父生傳其邦，王先慎曰：史記趙世家：「武靈王二十七年傳國，立王子何以爲王，自稱爲主父。」**此離其輜重者也；故雖有代、雲中之樂，超然已無趙矣。**太田方曰：代、雲中皆趙地。惠文王三年，起靈壽北地方，從代道大通還歸，行賞大赦，置酒酺五日。此云「代、雲中之樂」，即是事也。**主父萬乘之主，而以身輕於天下。無勢之謂輕，離位之謂躁，是以生幽而死。**王先慎曰：惠文王四年，公子成、李兌圍主父宮三月餘，而餓死沙邱宮。**故曰：「輕則失臣，躁則失君。」**老子廿六章文。「臣」字王本作「本」，永樂大典本作「根」。河上本及治要作「臣」，成玄英道德經義疏云：「忠良竄匿失臣也。」可見漢唐古本多與喻老同。此文「輕」字似指主父輕易讓勢位，「失臣」似謂失掉羣臣（如公子成、李兌等都變成叛臣）；「躁」指離開君位，「失君」似謂失掉君位。**主父之謂也。**

勢重者，人君之淵也。八經：「勢者，勝衆之資。」指勢力。重，指主權，見上文及說難篇中。**君人者勢重於人臣之間，失則不可復得也。**呂覽期賢注：「於猶在也。」這是說：勢力主權，是人君淵海般的廣大東西。然而這種廣大勢力主權，是靠羣臣合羣策羣力而形成的。那末，君主的勢力主權，從客觀上說，可以說存在於人臣的中間了。君主如果掌握不好，就會旁落到臣的手中，旁落就回不來了。**簡公失之於田成，晉公失之於六卿，而邦亡身死。**簡公，指齊簡公。田成，即田常或陳恆，成、是他的諡。晉公兼指晉頃公、定公、出公、哀公、幽公、烈公、孝公、靜公。六卿，指晉韓、趙、魏、范、中行、智六家。**故曰：「魚不可脫於深淵。」賞罰者，邦之利器也，在君則制**

臣，在臣則勝君。君見賞，臣則損之以爲德；君見罰，臣則益之以爲威。廣雅釋詁：「見，示也。」這二句說：君如果表示要賞賜，臣就減損一些君的賞品，借此來顯示自己的恩德（卽借君主的薄賞來對比自己的厚賞，借此顯示私德，借此收買人心）。君如果要表示要刑罰，臣就增益一些刑罰，借此來顯示自己的威勢。人君見賞而人臣用其勢，人君見罰而人臣乘其威。故曰：「邦之利器不可以示人。」上二句均老子三十六章文。

越王入宦於吳，而觀之伐齊以弊吳。顧曰：藏本、今本「觀」作「勸」。按「觀」，示也。吳兵既勝齊人於艾陵，張之於江、濟，強之於黃池，故可制於五湖。故曰：「將欲翕之，王先愼曰：「翕」，簡文作「歙」。說文：「歙，縮鼻也。」「歙」有「縮」義，故與「張」爲對。「翕」乃「歙」省。必固張之；將欲弱之，必固強之。」楊曰：「固」字讀爲「姑」。晉獻公將欲襲虞，遺之以璧馬；知伯將襲仇由，遺之以廣車。王先愼曰：西周策「昔智伯欲伐厹由，遺之大鐘，載以廣車，因隨入以兵」，注：「廣車，廣大車也。」啓雄按：廣車是一種兵車，見左傳。故曰：「將欲取之，必固與之。」起事於無形而要大功於天下，是謂微明。顧曰：「是」上當有「故曰」二字。啓雄按：微明，謂由幽微而顯明。又按：「微」借爲「敳」，六書故引唐本說文：「敳，見其耑也。」謂當事情萌發預兆時，人已經明察了。處小弱而重自卑，謂損弱勝強也。顧曰：當作：「而重自卑損之謂『弱勝強』也。」

有形之類，大必起於小；行久之物，族必起於少。晉語注：「行，歷也。」白虎通：「族者，湊也，聚也。」前句說物類的個體，後句說物類的羣體。故曰：「天下之難事必作於易，天下之大事必作於細。」

說文：「作，起也。」作於易，作於細，謂起自易事，起自細事。是以欲制物者於其細也。「於」字上似脫一「制」字。謂凡是想制裁物類者，要先在物類的細小處來制裁它們。故曰：「圖難於其易也，爲大於其細也。」二句均老子六十三章文。又按：二句應依老子合併爲一，移置本段末「聖人蚤從事焉」句之下。千丈之隄，以螻蟻之穴潰；百尺之室，以突隙之烟焚。王引之曰：「突隙之烟不能焚室，「烟」當作「熛」，「熛」誤爲「煙」，又轉寫爲「烟」耳。舊本書鈔引此正作「熛」。說文：「熛，火飛也。」故曰白圭之行隄也塞其穴，王先愼曰：「曰」即「白」字之誤而複者。丈人之愼火也塗其隙。古書中的「丈人」或「杖者」，多半是指扶杖的老年人，以「丈人」爲位尊者之稱。是以白圭無水難，丈人無火患。此皆愼易以避難，敬細以遠大者也。呂覽孝行注：「敬，畏愼也。」扁鵲見蔡桓公，立有閒，扁鵲曰：「君有疾在腠理，秦策注：「閒，須臾也。」史記扁鵲傳正義：「腠理，謂皮膚也。」不治將恐深。」桓侯曰：「寡人無疾。」扁鵲出，桓侯曰：「醫之好治不病以爲功。」居十日，扁鵲復見曰：「君之病在肌膚，不治將益深。」桓侯不應。扁鵲出，桓侯又不悅。居十日，扁鵲復見曰：「君之病在腸胃，不治將益深。」桓侯又不應。扁鵲出，桓侯又不悅。居十日，扁鵲望桓侯而還走。王先愼曰：還走，反走也。桓侯故使人問之。史記新序及張榜本均無「故」字。扁鵲曰：「疾在腠理，湯熨之所及也；廣韻引風俗通：「火斗曰熨。」在此作動詞用。史記扁鵲傳索隱：「以藥物熨帖也。」在肌膚，鍼石之所及也；太田方曰：本草「砭石鍼石」注「砭石如玉，可以爲鍼」是也。以鍼石爲一物，非也。

外傳：「扁鵲入砥鍼礪石。」可見鍼，金針；石，石針矣。在腸胃，火齊之所及也；史記倉公傳：「爲之液湯火齊逐熱」，「飲以火齊湯」，「爲一火齊米汁」，「夫藥石者，有陰陽水火之齊」，「以火齊粥」，「定五味及和齊湯法」。漢書郊祀志：「化丹沙諸藥，齊爲黃金。」歸納以上各句，「火齊」的含義似是火煎的藥劑，「齊」都讀爲「劑」。在骨髓，司命之所屬，無奈何也。今在骨髓，臣是以無請也。」詩羔裘傳：「司，主也。」小爾雅廣義：「屬，逮也」。司命之所屬，主管生命者（指骨髓病症）之所逮及。或曰：司命是神名，禮記祭法疏：「司命者，宮中小神。」居五日，桓侯體痛，使人索扁鵲，已逃秦矣。「已逃秦」的謂語上無主語，史記、新序重「扁鵲」二字，是。桓侯遂死。故良醫之治病也，攻之於腠理，此皆爭之於小者也。周禮瘍醫「凡療瘍以五毒攻之」，注：「攻，治也。」夫事之禍福，亦有腠理之地，故曰聖人蚤從事焉。顧曰：「曰」字衍。新序「故聖人早從事矣」其明證也。啓雄按：末句說：談到那事情的禍或福，也同樣地有它們的皮膚紋理的境地（指禍福的預兆），因此，聖人趁早着手把事情搞好。

昔晉公子重耳出亡，過鄭，鄭君不禮。詳見左傳二十三年傳及十過。叔瞻諫曰：「此賢公子也，君厚待之，可以積德。」鄭君不聽。叔瞻又諫曰：「不厚待之，不若殺之，無令有後患。」鄭公又不聽。及公子返晉邦，舉兵伐鄭，大破之，取八城焉。左傳卅年傳「晉侯秦伯圍鄭，晉軍函陵，秦軍氾南」，史記鄭世家「晉秦共圍鄭」，均未言「取八城焉」。晉獻公以垂棘之璧假道於虞而伐虢，大夫宮之奇諫曰：「不可。脣亡而齒寒，虞虢相救，非相德也。今日晉滅虢，明日虞必隨之亡。」左傳五年傳：「晉侯復假道於虞以伐虢。宮之奇諫曰：『虢，虞之表也，虢亡，虞必從之。……諺所謂「輔車相依，脣亡齒寒」者，其虞虢之謂也。』」這是說：虞與虢是相依共存的，所以二國間的關係是國際上的相救關係，不是人情上的相德關係。

虞君不聽，受其璧而假之道。晉已取虢，還反滅虞。此二臣者，皆爭於腠理者也，而二君不用也。然則叔瞻、宮之奇亦虞、鄭之扁鵲也，而二君不聽，故鄭以破，虞以亡。故曰：「其安易持也，其未兆易謀也。」當事情安定時，還容易維持；當後患未有預兆時，還容易圖謀。

昔者紂為象箸而箕子怖。王先慎曰：說文：「怖，惶也。」下文「吾懼其卒，故怖其始」，卒言「懼」，則始當言「惶」。史記淮南「怖」作「唏」，誤。類聚、御覽引作「怖」。以為象箸必不加於土鉶，必將犀玉之杯；象箸玉杯必不羹菽藿，則必旄、象、豹胎；說文：「鉶，器也。」說文：「鬻（羹），五味盉（和）羹也。」說文：「尗，豆也。」「尗」「菽」古今字，菽是豆的總名。廣雅釋草：「豆角謂之莢，其葉謂之藿。」旄，指旄牛或髦牛，見漢書及史記西南夷傳。旄、象、豹胎必不衣短褐而食於茅屋之下，則錦衣九重，廣室高臺。王先慎曰：「則」下當有「必」字，說林上有，是其證。啓雄按：「短褐」，翼毳作「裋褐」。吾畏其卒，故怖其始。居五年，紂為肉圃，設炮烙，俞曰：段氏玉裁謂：「炮烙」本作「炮格」。惟炮格似有二義：荀子議兵「紂為炮格刑」，注引列女傳：「炮格為膏銅柱，加之炭上，令有罪者行焉輒墜火中，紂與妲己大笑。」此炮格為淫刑，是一義也。若此文云「紂為肉圃，設炮格」，則似為飲食奢侈之事，別為一義。蓋為銅格布火其下，欲食者於肉圃取肉置格上烙炮而食之也。呂氏春秋過理：「糟邱酒池，肉圃為格。」其爲炮肉之格明矣。啓雄按：難二有「炮宰和五味」語，可爲段說之證。登糟丘，臨酒池，紂遂以亡。故箕子見象箸以知天下之禍。故曰：「見小曰明。」老子五十二章文。這句是說：能見到細小處，就叫做明察。卽從見象箸的小事，能預料到肉圃、炮格、糟丘、酒池的奢侈，就叫明察。

句踐入宦於吳，身執干戈，爲吳王洗馬，王先愼曰：「洗」「先」古通，謂前馬而走。古本賤役，至漢始以此名官。啓雄按：日知錄雜論：「洗馬，越語：『句踐身親爲夫差前馬。』韓子：『爲吳王洗馬。』『洗』音『銑』。淮南：『爲吳兵(王)先馬走。』荀子：『天子出門，諸侯持輪挾輿先馬。』然則洗馬者，馬前引導之人也。亦有稱『馬洗』者。」故能殺夫差於姑蘇。文王見詈於王門，盧曰：「王」卽古「玉」字。顧曰：呂氏春秋「武王事之，夙夜不懈，亦不忘玉門之辱」，注：「文王得歸，乃築靈臺，作玉門，武王以此爲恥而不忘也。」「王」卽「玉」字。顏色不變，而武王擒紂於牧野。故曰：「守柔曰強。」越王之霸也不病宦，武王之王也不病詈。故曰：「聖人之不病也，以其不病，是以無病也。」王先愼曰：此謂不以爲病，故能除病。以上見七十一章。啓雄按：蘇軾留侯論：「彼其能有所忍也，然後可以就大事。句踐之困於會稽而歸臣妾於吳者，三年而不倦……忍小忿而就大謀。」是此文的申釋。

宋之鄙人得璞玉而獻之子罕，王先愼曰：見左襄十五年傳。二柄有「子罕」，當別一人。啓雄按：此事亦見于呂覽異寶、淮南精神、新序節士等篇。子罕不受。鄙人曰：「此寶也，宜爲君子器，不宜爲細人用。」子罕曰：「爾以玉爲寶，我以不受子玉爲寶。」是鄙人欲玉，而子罕不欲玉。故曰：「欲不欲，而不貴難得之貨。」宋國有個鄉民獲得一塊璞玉，他就把玉獻給子罕，子罕不接受。鄉民說：「這是寶物，應該用來做官吏的器物，不應該拿來做平民的用具。」子罕說：「你把玉看成是珍寶，我却把不接受你的玉看成是珍寶。」這就是說：鄉民愛好玉，而子罕不愛好玉。所以說：「愛好那不愛好（指愛好那無物慾的主張），因而不寶貴那些難得的貨財。」

王壽負書而行，見徐馮於周塗，馮曰：淮南道應「見徐馮於周塗，徐馮曰」，注：「王壽古好書人，徐馮周之隱者。」據淮南，「馮」字上似有「徐」字。周塗，卽周途，指四通八達的大道。「事者爲也，爲生於時，知者無常事。書者言也，言生於知，知者不藏書。前句二「事」字都是動名詞，卽「從事」之「事」，指行爲。淮南道應：「事者，應變而動，變生於時，故知時者無常行。書者，言之所出也，言出於知者，故知不藏書。」此文「爲」字卽「應變而動」；「知者」，卽「知時者」；「常事」，卽「常行」；「言生」卽「言出」。今子何獨負之而行？」徐馮說：「做事是人們的行爲，人們的行爲是在適當的時機而產生的，因此智者沒有恆常性的行事（卽無固定不變的行爲）。書本所記載的是人們的言論，言論是由人們的智識而產生的，因此智者不藏書。現在你爲什麼背着書走路呢？」於是王壽因焚其書而儛之。「儛」是「舞」字的別體。故知者不以言談教，而慧者不以藏書篋，陶曰：「篋」疑當爲「學」，以俗音近而誤也。「學」與「教」文義相配，下文「此世之所過也，而王壽復之，是學不學也」，語意與此相承。此世之所過也，而王壽復之，是學不學也。「復」借爲「复」，說文：「复，行故道也。」韓子謂：「不以言談教，不以藏書」是世人行爲的過程。老子謂：「學不學」是衆人的過程。王壽走回這條世間衆人的老路上來。故曰：「學不學，復歸衆人之所過也。」老子六十四章文。這是說：學那不學的方法，而復歸到衆人所經歷過的歷程上來。

夫物有常容，因乘以導之。此文「常容」指物的正常容態，包括：(一)物象形容，(二)動靜常態。呂覽盡數注：「因，依也。」「乘」是「憑藉」之意。謂憑藉着物象形容和動靜姿態來引導萬物。因隨物之容，故靜則建乎德，動則順乎道。莊子天地：「物得以生謂之德。」這是說：萬物是有正常的容態的，人們就應該依照和憑借着物的常容來引導它們。依照和隨順着物的容態，所以當萬物靜時就在德上建立(似謂在適當的條件中生長)，當萬物動時就順着自然規律。宋人有爲其君以象爲楮葉者，三年而成，豐殺莖柯，王先愼曰：豐殺，謂肥瘦也。啓雄按：殺，衰也，減也，差也(見三禮注)，在此作「瘦」解。莖，在此指葉上的主脈。柯，在此指葉上的支脈。毫芒繁澤，高曰：「繁」當作「顡」，聲之誤也。淮南泰族正作「顡」。亂之楮葉之中而不可別也。王先愼曰：列子同。六帖引「亂」作「雜」，「別」作「辨」。啓雄按：荀子解蔽注：「亂，雜也。」此人遂以功食祿於宋邦。顧曰：「功」，列子作「巧」。列子聞之曰：「使天地三年而成一葉，則物之有葉者寡矣。」王先愼曰：六帖引「天地」作「造化」，「寡」作「鮮」。故不乘天地之資而載一人之身，不隨道理之數而學一人之智，此皆一葉之行也。列子聽到這件事，就說：「假使天地用三年的時間才生長成一片葉的話，那末植物中有葉的就很少了。」所以人們如果不依順着天地自然的資材，却要任(凭)一個人的體力，不依隨着自然規律的理，却要學一個人的智巧，這是等于「彫刻一片象牙葉」的行動。故冬耕之稼，后稷不能羨也；漢書食貨志「呂收奇羨」，注：「羨，饒溢也。」豐年大禾，臧獲不能惡也。以一人力，則后稷不足；隨自然，則臧獲有餘。故曰：「恃萬物之自然而不敢爲也。」

「恃」是依靠，也可以讀爲「待」。老子「萬物恃之而生」，注：「恃，待也。」「恃」「待」二字同從「寺」聲，通用。顯學：「夫恃自直之箭，百世無矢；恃自圜之木，千世無輪矣。」二「恃」字均通「待」。這是說：依靠萬物的自然而然，而人們不敢自作自爲。

空竅者，神明之戶牖也。淮南精神：「夫孔竅者，精神之戶牖也。」據下句及淮南，可見「神明」是指精神，與書、左傳、禮記之「神明」不同，與莊子、荀子之「神明」大同小異。耳目竭於聲色，精神竭於外貌，故中無主。中無主，則禍福雖如丘山，無從識之。故曰：「不出於戶，可以知天下；不闚於牖，可以知天道。」此言神明之不離其實也。孔竅（指耳目口鼻）是精神的門窗。如果人們的耳力目力都在聲色上用盡，精神在外表容儀上用盡，就使人內心沒有主宰。如果內心沒有主宰了，那末禍福雖然像丘山那樣大放在眼前，也沒有法來認識它們。所以說：「不出戶門，就可以知天下的事情；不窺窗戶，就可知天道。」這就是說：精神不離開實（實指充實物，即不竭的精神充滿人身）。

趙襄主學御於王子期，劉曰：「王子期」當作「王於期」。於期卽王良異名，故外儲說右並言「王良」「造父」，復以「於期」與「造父」並文。「於」「于」古通，故或作「王于期」，「于」「子」形近，遂訛爲「子」。俄而與於期逐，三易馬而三後。襄主曰：「子之教我御，術未盡也？」對曰：「術已盡，用之則過也。凡御之所貴，馬體安於車，人心調於馬，而後可以進速致遠。今君後則欲逮臣，先則恐逮於臣。夫誘道爭遠，非先則後也；爾雅釋詁：「誘，進也。」誘道，似謂競爭着來賽馬車。而先後心在於臣，上何以調於馬？這句的主語是趙襄主。「而」字下似省掉一個「君」字。「上」讀爲「尙」。此君之所以後也。這段佚掉引老子文。這是說：趙襄主跟王於期學駕馬車。不久，襄主就跟於期比賽趕車了。襄主三次跟於期掉換馬，然而三次比賽襄主都落後。襄主問於期說：「你敎我駕車，技術還未敎完嗎？」於期說：「技術已敎完了，你運用技術時犯錯誤。駕車技術最重要的是使馬和車調協，人心要支配着馬，這樣才能前進得快而到達得遠。可是，當你落後時就想趕上我，當先進時就怕被我趕上。凡是競爭進前，不是先進就是落後；然而你無論是先進或落後，心思總注到我身上，試問還拿什麼心思來支配馬呢？這就是你所以落後的原因。」

白公勝慮亂，王先愼曰：秦策注：「慮，謀也。」啓雄按：白公勝作亂見左哀十六年傳。罷朝，倒杖而策銳貫顊，顧曰：淮南道應、列子說符作「罷朝而立，倒杖策，錣上貫頤」。按：「顊」即「頤」字之別體也。高曰：「而策」當作「策而」，轉寫誤倒。謂倒持其策，而策銳穿其頤也。淮南、列子，其一證也。高注「策端有針以刺馬，謂之錣」，是「錣」與「銳」同意。又淮南說山：「白公勝之倒杖策也。」明此亦必作「倒杖策」。二證也。血流至於地而不知。鄭人聞之曰：「顊之忘，將何爲忘哉！」顧曰：「爲」，淮南、列子作「不」。故曰：「其出彌遠者，其智彌少。」此言智周乎遠，則所遺在近也。釋名釋言語：「出，推也，推而前也。」謂注意遠達。詩鹿鳴傳：「周，至也。」「乎」借爲「于」。是以聖人無常行也。能並智，故曰：「不行而知。」能並視，故曰：「不見而明。」隨時以舉事，因資而立功，用萬物之能而獲利其上，故曰：「不爲而成。」所以說：「心思推進得越遠，他所知道的就越少。」這就是說：智慮如果貫到遠處，所遺忘的將在近處。因此聖人沒有永恆不易的行動。一切都能知道，所以說：「不走路就知道事物。」一切都能看見，所以說：「不觀察就明瞭。」隨時適應着時變來行動，因依着條件來立功，利用萬物的能力而在物力上獲得利益，所以說：「不用作爲就成功。」

楚莊王莅政三年，無令發，無政爲也。右司馬御座而與王隱曰：說文：「莅，臨也。」臨政卽當國主持國政。右司馬是官名，未知何人。呂覽重言：「荆莊王立三年，不聽而好讔。成公賈入諫，與君王讔。」史記楚世家：「莊王卽位三年，不出號令，伍舉曰：『願有進隱。』」新序雜士又說是「士慶」。小爾雅廣言：「御，侍也。」「隱」或「讔」，卽隱語，史記集解：「隱，謂隱藏其意。」古曰「廋辭」，俗曰「謎語」。卽隱藏起謎底，用隱語形式說出謎面，使人猜測。「有鳥止南方之阜，三年不翅，不飛不鳴，嘿然無聲，此爲何名？」名，不是鳥名，「名」字是動名詞，指「言所表達的事物之理」。考詳揚權、主道篇首。王曰：「三年不翅，將以長羽翼；不飛不鳴，將以觀民則。爾雅釋詁：「則，法也，常也。」民則，似指社會規律。雖無飛，飛必冲天；雖無鳴，鳴必驚人。呂覽重言注：「冲，至也。」又按：隱語和答語都是雙關語。子釋之，不穀知之矣。」說文：「釋，解也。」釋之，放棄這種掛心。老子：「侯王自謂孤、寡、不穀。」處半年，乃自聽政，所廢者十，所起者九，誅大臣五，舉處士六，而邦大治。舉兵誅齊，敗之徐州，顧曰：史記年表：「威王七年，圍齊於徐州。」楚世家同。或此「莊王」謂威王也。勝晉於河壅，合諸侯於宋，遂霸天下。莊王不爲小害善，故有大名；王先謙曰：「害」字不當有，蓋與「善」形近誤衍。不蚤見示，故有大功。故曰：「大器晚成，大音希聲。」大的器物，製成時候就要晚一些，大的音響，發出聲調就要少一些。

楚莊王欲伐越，顧曰：荀子注引無「莊」字。按：莊王與莊蹻不同時，或此「莊王」亦謂威王也。莊子諫曰：「王之伐越，何也？」曰：「政亂兵弱。」楚莊王敗晉於邲，在前五九七年，而莊周是前三百年左右人，與齊宣、梁惠、孟子同時，此莊子不是莊周。乾道本及翼毳「莊」並作「杜」。莊子曰：「臣患智之如目也：釋詞：「之，是也。」這是說：我所憂患的是：你的見識跟眼看東西似的，能見遠景而不見近身。能見百步之外而不能自見其睫。王之兵自敗於秦晉，喪地數百里，此兵之弱也。莊蹻爲盜於境內而吏不能禁，此政之亂也。荀子議兵：「莊蹻起，楚分而爲三四。」商君書弱民：「莊蹻發於內，楚分爲五。」呂覽介立：「莊蹻暴郢。」這是莊蹻作亂的記載，但未說他的年代。史記西南夷傳：「楚威王使將軍莊蹻略巴、蜀、黔中。莊蹻者，故楚莊王苗裔也。」據此，莊蹻是楚威王時人。楊倞說：「蹻初爲盜，後爲楚將」。王之弱亂，非越之下也，而欲伐越，此智之如目也。」王乃止。故知之難，不在見人，在自見。故曰：「自見之謂明。」老子三十三章文作「自知者明」。這是說：能够看見自己就叫做明察。

子夏見曾子，曾子曰：「何肥也？」對曰：「戰勝，故肥也。」戰勝，指思想鬥爭勝利。曾子曰：

「何謂也？」子夏曰：「吾入見先王之義則榮之，出見富貴之樂又榮之，兩者戰於胸中，未知勝負，故臞。二問句的「也」字猶「邪」猶「歟」。「則榮」，猶「卽榮」，「就榮」。說文：「臞，少肉也。」今字多作「癯」，卽「癯瘦」之意。今先王之義勝，故肥。」是以志之難也，不在勝人，在自勝也。故曰：「自勝之謂強。」老子三十三章文作「自勝者強」。這是說：能够戰勝自己就叫做堅強。

周有玉版，紂令膠鬲索之，文王不予；費仲來求，因予之。膠鬲是紂的忠臣；費仲是紂的諛臣。是膠鬲賢而費仲無道也，釋詞：「是猶夫也。」周惡賢者之得志也，故予費仲。文王舉太公於渭濱者，貴之也；而資費仲玉版者，是愛之也。秦策注：「資，給也。」愛之，似指愛費仲之才。內儲說下：「文王資費仲而游於紂之旁，令之諫紂而亂其心。」故曰：「不貴其師，不愛其資，貴師，指文王舉太公；愛資，指文王愛費仲的資材。荀子性惡注：「資，材也。」費仲得志于殷，對周有利，所以費仲成爲文王圖殷的有用資材。雖知大迷，是謂要妙。」高亨正詁：「『要』『幽』古通用，詩七月『四月秀葽』，大戴禮夏小正『葽』作『幽』，卽其左證。『幽妙』猶言『深妙』。」這是說：如果不重視他的師傅，又不愛惜他的資材，那末，他雖然是個智者，仍然會大迷惑，這就叫做「深妙」(指幽深微妙的道理)。

第二十二篇　說林上

史記韓非傳索隱：「說林者，廣說諸事，其多若林，故曰說林也。」太田方說：「劉向著書名說苑，淮南子亦有說林，皆言有衆說，猶林中有衆木也。」

湯以伐桀，「已」「以」同。而恐天下言己爲貪也，因乃讓天下於務光。而恐務光之受之也，乃使人說務光曰：「湯殺君，而欲傳惡聲于子，故讓天下於子。」湯殺桀，奪了他的天下。被人批評是篡奪的行動，所以湯要把天下讓給務光，這樣就把篡奪的壞名聲傳給務光了。務光因自投於河。

秦武王令甘茂擇所欲爲於僕與行事，難一「當世之行事、都丞」注：「二官雖卑。」此文以「行事」與「僕」對舉，可見行事是卑官。這是說：秦武王令甘茂在僕和行事二官中擇一所欲爲之官而爲之。孟卯曰：「公不如爲僕。公所長者使也，使，指出使，行人之事。管子侈靡注：「行人，使人也。」公雖爲僕，王猶使之於公也。甘茂在名義上雖然担任僕的職位，但是武王仍用甘茂之所長而使甘茂出使。公佩僕璽而爲行事，是兼官也。」

子圉見孔子於商太宰。吳語「商、魯之間」注：「商，宋也。」周成王封微子啓于宋，以承繼商後，所以商是宋的別稱。太宰是官名。見，謂引見，今語「介紹」之意。孔子出，子圉入，請問客。孔子晤見太宰後，孔子出；子圉送孔子出後，子圉復入。子圉問太宰對于客（孔子）的印象何如。太宰曰：「吾已見孔子，則視子猶蚤蝨之細者也。吾今見之於君。」上「見」字是「晤見」的「見」，下「見」字是「引見」的「見」。子圉恐孔子貴於君也，因謂太宰曰：「君已見孔子，亦將視子猶蚤蝨也。」宋君如果已晤見孔子，那末也將把你看成蚤蝨那樣微小了。太宰因弗復見也。太宰承藉着子圉的告戒，因而再不介紹孔子給宋君。

魏惠王爲臼里之盟，顧曰：「臼」，韓策作「九」。將復立於天子。王先愼曰：「立於」二字當衍，策無。彭喜謂鄭君曰：顧曰：「鄭君」，策作「韓王」，按鄭卽韓也。「君勿聽。大國惡有天子；小國利之。若君與大不聽，魏焉能與小立之。」

晉人伐邢，蒲阪圓曰：春秋莊三十一年狄伐邢，次年正月齊救邢，此云「晉人」，謬。齊桓公將救之。鮑叔曰：「太蚤。邢不亡，晉不敝；晉不敝，齊不重。且夫持危之功，不如存亡之德大。君不如晚救之以敝晉，齊實利；「齊實利」上似本有「於」字，與下文「其名實美」相對。待邢亡而復存之，其名實美。」桓公乃弗救。

子胥出走，邊候得之。說文：「候，伺望也。」荀子富國注：「候，斥候也。」邊候，是邊境上伺望的斥候。子胥曰：「上索我者，以我有美珠也；今我已亡之矣，我且曰子取吞之。」候因釋之。斥候恐怕楚王解剖自己的肚子來取美珠，所以釋放了子胥。

慶封爲亂於齊而欲走越，顧曰：左傳云「奔吳」。其族人曰：「晉近，奚不之晉？」慶封曰：「越遠，利以避難。」族人曰：「變是心也，居晉而可；不變是心也，雖遠越，其可以安乎！」爾雅釋詁：「之，往也。」廣雅釋詁：「是，此也。」變是心，謂變革此作亂之心。「而」猶「其」也，「殆」也，「而」「其」二字都是或然之詞。

智伯索地於魏宣子，魏宣子弗予。任章曰：「何故不予？」宣子曰：「無故請地，故弗予。」王先愼曰：「請」當爲「索」，上下文並作「索」，策亦作「索」。任章曰：「無故索地，鄰國必恐。彼重欲無厭，天下必懼。君予之地，智伯必驕而輕敵，鄰邦必懼而相親。以相親之兵待輕敵之國，則智伯之命不長矣。周書曰：『將欲敗之，必姑輔之；將欲取之，必姑予之。』王先愼曰：王應麟疑此爲蘇秦所讀周書陰符之類。君不如予之以驕智伯。且君何釋以天下圖智氏，而獨以吾國爲智氏質乎？」王先愼曰：質，的也；存韓「則秦必爲天下兵質矣」，義正同。啓雄按：淮南原道「弓矢質的」，注：「質的，射者之準執也。」即射布上的鵠的或箭靶。這句說：「且問你爲什麼放棄用全天下之力來圖謀（指反抗）智氏的政策，反而單獨地用我們一國來做智氏的箭靶（指進攻對象）呢？」君曰：「善。」乃與之萬戶之邑。智伯大悅，因索地於趙，弗與；因圍晉陽。韓魏反之外，趙氏應之內，智氏自亡。國策「自」作「遂」，說苑亦作「遂」。

秦康公築臺三年，荆人起兵，將欲以兵攻齊。據下文「臣恐其攻齊爲聲，而以襲秦爲實」句，可見此句是楚人聲言擊東，其實擊西的戰術欺語。任妄曰：「饑召兵，疾召兵，勞召兵，亂召兵。蒲阪圓曰：饑饉、疾疫、勞役、內亂，皆敵兵乘隙之資也。築臺，謂民疲勞。君築臺三年，今荊人起兵，將攻齊，臣恐其攻齊為聲，而以襲秦為實也，不如備之。」「將攻齊」上似挩「言」字，「攻齊為聲」上似挩「以」字。任妄似秦臣，但不見經傳。戍東邊，荊人輟行。秦康公聽從任妄的話，派兵戍守東部邊境，楚人就停止軍事行動。

齊攻宋，宋使臧孫子南求救於荊，荊大說，許救之，甚歡。顧曰：「歡」當從策作「勸」，高注：「勸，力也。」臧孫子憂而反，其御曰：「索救而得，今子有憂色，何也？」臧孫子曰：「宋小而齊大。夫救小宋而惡於大齊，此人之所以憂也；而荊王說，必以堅我也。我堅而齊敝，荊之所利也。」這是說：「楚王喜悅，又願意救宋，是用這種手段來堅定我們的抵抗信心。我們堅持抗敵，齊自然敝下去，這就是楚人所貪利的（指貪取「漁人得利」之「利」）。」臧孫子乃歸。齊人拔五城於宋，而荊救不至。

魏文侯借道於趙而攻中山，趙肅侯將不許，蒲阪圓曰：策無「肅」字。魏文、趙肅相去殆六十年，宜作「烈侯」為正。趙刻曰：「君過矣。魏攻中山而弗能取，則魏必罷，罷則魏輕，二「罷」字都借為「疲」。廣雅釋詁：「罷，勞也。」魏輕則趙重。魏拔中山，必不能越趙而有中山也，是用兵者魏也，而得地者趙也。君必許之。許之而大歡，集解不重「許之」，今依顧據策及藏本校增。彼將知君利之也，必將輟行。君不如借之道，示以不得已也。」「而」猶「如」也。這是說：趙王答應魏國借道，趙王如果表示出大歡悅的心情，那末，魏國將會知道趙王貪利的心理，必將要停止攻中山的行動。所以不如借道給魏，而表示出一種不得已的僞心情。

鴟夷子皮事田成子，蒲阪圓曰：春秋末，稱「鴟夷子皮」者有三：一、楚之賢人，二、齊之姦商，三、齊人黨于田氏者。田成子去齊，走而之燕，鴟夷子皮負傳而從。漢書寧成傳注：「傳，出關之符也。」至望邑，子皮曰：「子獨不聞涸澤之蛇乎？澤涸，蛇將徙，有小蛇謂大蛇曰：『子行而我隨之，人以爲蛇之行者耳，必有殺子者。子不如相銜負我以行，人必以我爲神君也。』乃相銜負以越公道而行，人皆避之曰：『神君也。』今子美而我惡，以子爲我上客，千乘之君也；以子爲我使者，萬乘之卿也。子不如爲我舍人。」田成子因負傳而隨之，至逆旅，逆旅之君待之甚敬，因獻酒肉。這個「舍人」指王公貴人的左右親近的人。逆旅，即旅客的館舍。

溫人之周，周不納客，問之曰：「客耶？」對曰：「主人。」問其巷而不知也，吏因囚之。君使人問之曰：「子非周人也，而自謂非客，何也？」對曰：「臣少也誦詩，曰：『普天之下，莫非王土；率土之濱，莫非王臣。』詩北山傳：「普，大也。率，循也。濱，涯也。」今君天子，則我天子之臣也。豈有爲人之臣而又爲之客哉？故曰『主人』也。」君使出之。

韓宣王謂樛留曰：「吾欲兩用公仲、公叔，其可乎？」對曰：「不可。晉用六卿而國分，簡公兩用田成、闞止而簡公殺，魏兩用犀首、張儀而西河之外亡。今王兩用之，其多力者樹其黨，寡力者借外權。羣臣有內樹黨以驕主，集解「主」下有「內」字，據迂評、翼毳校刪。有外爲交以削地，王曰：「削地」當爲「列地」。「列」古「裂」字，裂，分也。言借外權以分地也。韓策作「或外爲交以裂其地」，是其明證。則王之國危矣。」

紹績昧醉寐而亡其裘，宋君曰：「醉足以亡裘乎？」對曰：「桀以醉亡天下，而康誥曰：『毋彝酒』。」今本尙書此句不在康誥而在酒誥。段玉裁曰：「此酒誥而系之康誥者，蓋周時通酒誥、梓材爲康誥也。」爾雅釋詁：「彝，常也。」彝酒，謂常飲酒。彝酒者，常酒也。常酒者，天子失天下，匹夫失其身。

管仲、隰朋從桓公伐孤竹，春往冬反，迷惑失道。管仲曰：「老馬之智可用也。」乃放老馬而隨之，遂得道。行山中無水，隰朋曰：「蟻冬居山之陽，夏居山之陰，蟻壤寸而有水。」乃掘地，遂得水。以管仲之聖而隰朋之智，至其所不知，不難師於老馬與蟻。釋名釋言語：「難，憚也，人所忌憚也。」今人不知以其愚心而師聖人之智，不亦過乎！

有獻不死之藥於荊王者，謁者操之以入。楚策注：「謁者，掌賓客讚受事。」中射之士問曰：「可食乎？」曰：「可。」因奪而食之。王大怒，使人殺中射之士，中射之士似是周禮夏官的「射人」。中射之士使人說王曰：「臣問謁者，曰『可食』，王先愼曰：楚策重「謁者」二字，是也，此脫。臣故食之，是臣無罪而罪在謁者也。且客獻不死之藥，臣食之而王殺臣，是死藥也，是客欺王也。夫殺無罪之臣而明人之欺王也，不如釋臣。」王乃不殺。

田駟欺鄒君，鄒君將使人殺之。田駟恐，告惠子。惠子見鄒君曰：「今有人見君則䀹其一目，奚如？」太田方曰：惠子名施。「䀹」同「睫」，接其偏目也。偏目視人，蓋當時侮謾人之狀。君曰：「我必殺之。」惠子曰：「瞽兩目䀹，君奚爲不殺？」君曰：「不能勿䀹。」惠子曰：「田駟東欺齊侯，南欺荆王，駟之於欺人，瞽也，君奚怨焉！」王先愼曰：瞽以閉目爲常，駟以欺人爲常，習以性成，又何尤焉。鄒君乃不殺。

魯穆公使衆公子或宦於晉，或宦於荆。王先愼曰：欲結援晉楚，故使公子宦焉。犂鉏曰：「假人於越而救溺子，越人雖善遊，子必不生矣。太田方曰：「遊」「游」通，浮行水上也。難勢：「待越人之善海遊者以救中國之溺人，越人善遊矣，而溺者不濟矣。」失火而取水於海，海水雖多，火必不滅矣，遠水不救近火也。今晉與荆雖強，而齊近，魯患其不救乎？」

嚴遂不善周君，患之。「患之」上無主語。患之，謂周君患之。馮沮曰：「嚴遂相，而韓傀貴於君，不如行賊於韓傀，則君必以爲嚴氏也。」嚴遂卽嚴仲子。韓傀卽韓俠累，他是韓哀侯的叔父，所以說「貴於君」。此句二「君」字都是指韓哀侯。行賊，指暗殺。韓策及史記刺客傳均載嚴遂使聶政刺殺韓傀事。馮沮勸周君暗殺韓傀，欲以此嫁罪于嚴遂，或在聶政暗殺事之前。

張譴相韓，病將死，公乘無正懷三十金而問其疾。通志氏族略：「秦爵二十，八日公乘，久居是爵者，子孫以爲氏。」居一月，公自問張譴曰：「若子死，將誰使代子？」答曰：「無正重法而畏上。雖然，不如公子食我之得民也。」張譴死，因相公乘無正。

樂羊爲魏將而攻中山，其子在中山，中山之君烹其子而遺之羹。樂羊坐於幕下而啜之，盡一杯。說文：「啜，嘗也。」文侯謂堵師贊曰：「樂羊以我故而食其子之肉。」答曰：「其子而食之，且誰不食？」樂羊罷中山，王先愼曰：吳語注：「罷，歸也。」謂樂羊歸自中山也。文侯賞其功而疑其心。孟孫獵得麑，使秦西巴持之歸，其母隨之而啼，秦西巴弗忍而與之。孟孫適至而求麑，答曰：「余弗忍而與其母。」孟孫大怒，逐之；居三月，復召以爲其子傅。其御曰：「曩將罪之，今召以爲子傅，何也？」逐之而未治罪，故曰「曩將罪之」。孟孫曰：「夫不忍麑，又且忍吾子乎？」故曰：「巧詐不如拙誠。」樂羊以有功見疑，秦西巴以有罪益信。

曾從子，善相劍者也。衞君怨吳王，曾從子曰：「吳王好劍，臣相劍者也，臣請爲吳王相劍，拔而示之，因爲君刺之。」衞君曰：「子爲之是也，非緣義也，爲利也。高曰：「爲之」當作「之爲」。言子之爲此事也，非緣義，乃爲利耳。吳強而富，衞弱而貧，子必往，吾恐子爲吳王用之於我也。」乃逐之。

紂爲象箸而箕子怖，以爲象箸必不盛羹於土鉶，則必犀玉之杯；玉杯象箸必不盛菽藿，則必旄象豹胎；旄象豹胎，必不衣短褐而舍茅茨之下，則必錦衣九重，高臺廣室也。稱此以求，則天下不足矣。漢書景帝紀注：「稱，副也。」稱此以求，謂合於此心願以追求滿足物慾，那末天下所有的東西都不够用了。聖人見微以知萌，顧曰：「萌」當作「明」。見端以知末。故見象箸而怖，知天下不足也。

周公旦已勝殷，將攻商蓋，太田方曰：左昭九傳：「武王克商，蒲姑、商奄，吾東土也。」「奄」疑「蓋」之別名。「蓋」「奄」皆訓「覆」，一義二字。史記吳世家「公子蓋餘」，左傳作「掩餘」，可見「蓋」之爲「奄」矣。辛公甲曰：王先愼曰：即辛甲，周太史，見左襄四傳。一曰辛尹，晉語所謂「文王訪於辛尹」者也。「大難攻，小易服，不如服衆小以劫大。」乃攻九夷而商蓋服矣。

紂爲長夜之飲，懼以失日，顧曰：「懼」當作「懽」。啓雄按：此謂紂爲長夜之飲，因狂歡而忘失甲子的日曆。問其左右，盡不知也。乃使人問箕子。箕子謂其徒曰：「爲天下主而一國皆失日，天下其危矣。一國皆不知而我獨知之，吾其危矣。」辭以醉而不知。

魯人身善織屨，妻善織縞，而欲徙於越。魯國有個人，本人善于織麻鞋，妻善于織生絹，然而想遷徙到越國去。或謂之曰：「子必窮矣。」魯人曰：「何也？」曰：「屨爲履之也，王先愼曰：說文：「屨，履也。」

「履，足所依也。」是「履」爲足踐之通稱。而越人跣行；縞爲冠之也，而越人被髮。以子之所長游於不用之國，欲使無窮，其可得乎！」

陳軫貴於魏王，顧曰：魏策云「田需」。按：「田」「陳」同字，「軫」當依策作「需」。惠子曰：「必善事左右。夫楊，橫樹之卽生，倒樹之卽生，王先愼曰：策「卽」作「則」，二字通。折而樹之又生。然使十人樹之而一人拔之，則毋生楊矣。至以十人之衆，樹易生之物而不勝一人者，何也？樹之難而去之易也。子雖工自樹於王，而欲去子者衆，子必危矣。」

魯季孫新弑其君，吳起仕焉。或謂起曰：「夫死者始死而血，已血而衂，已衂而灰，已灰而土，及其土也，無可爲者矣。「衂」正字作「衄」，廣雅釋言：「衄，縮也。」後漢書段熲傳注：「傷敗曰衂。」指血盡肉縮而腐爛也。灰，本是死火餘燼，在此借喻死人殘骸。殘骸又化成土，比喻季孫逐漸地失敗。今季孫乃始血，其毋乃未可知也。」吳起因去之晉。

隰斯彌見田成子，田成子與登臺四望，三面皆暢，南望，隰子家之樹蔽之。田成子亦不言。隰子歸，使人伐之；斧離數創，王先愼曰：離，割也。見儀禮士冠禮注。言斧割其樹創未多也。隰子止之。其相室曰：左昭廿五傳「相其室」，注：「相，治也。」相室，在這裏似指治理家室者。「何變之數也？」爾雅釋詁：「數，疾也。」謂改變快速。隰子曰：「古者有諺曰：『知淵中之魚者不祥。』古諺又曰：「察見淵魚者不祥，智料隱匿者有殃。」下文「知微」，即「智料隱匿」之意。 夫田子將有大事，而我示之知微，我必危矣。不伐樹，未有罪也；知人之所不言，其罪大矣。」乃不伐也。

楊子過於宋，東之逆旅，王先愼曰：莊子山木「楊」作「陽」，釋文司馬云：「陽朱也。」案「楊」「陽」二字古通，本書自作「楊」，下「楊朱之弟」及此皆作「楊」。「東之」當依莊子作「宿於」，下重「逆旅」字。 有妾二人，其惡者貴，美者賤。楊子問其故，逆旅之父答曰：「美者自美，吾不知其美也；惡者自惡，吾不知其惡也。」楊子謂弟子曰：「行賢而去自賢之心，焉往而不美。」 實行賢德而去掉自以爲賢的心情，那末，不論幹什麼沒有不美的。

衞人嫁其子而教之曰：「必私積聚。爲人婦而出，常也。 禮記曲禮注：「言子者通男女。」古書稱女子也用「子」，例：處子、小戎子。 秦策注：「婦人大歸曰出。」即逐回娘家。 其成居，幸也。」 王先愼曰：書益稷鄭注：「成猶終也。」 其子因私積聚，其姑以爲多私而出之。其子所以反者倍其所以嫁，其父不自罪於教子非也，而自知其益富。 今人臣之處官者，皆是類也。 集解「今」作「令」，據迂評、纂聞、翼毳校改。 謂現在人臣們的處官者，都是這一類人呵。 指居官貪汚，而被革職放逐。

魯丹三說中山之君而不受也，因散五十金事其左右。復見，未語而君與之食。魯丹出，不反舍，遂去中山。其御曰：「及見，乃始善我，何故去之？」魯丹曰：「夫以人言善我，必以人言罪我。」未出境而公子惡之曰：「爲趙來間中山。」君因索而罪之。漢書鄒陽傳「惡之孝王」，注：「惡，謂讒毁也。」廣雅釋詁：「間，覗也。」謂間諜伺探敵情。

田伯鼎好士而存其君，白公好士而亂荊，其好士則同，其所以爲則異。王先愼曰：「所以」下當有「好士之」三字，此謂「其好士則同，其所以好士之爲則異」。淮南注：「爲，故也。」公孫友自刖而尊百里，盧曰：「友」當作「支。」豎刁自宮而諂桓公，「諂」正字作「慆」，音滔。離騷「椒專佞以慢慆兮」，注：「慆，淫也。」二柄難一都說「桓公妒而好內，豎刁自宮以治內」。好內，指好女色；好色是淫邪行爲。豎刁知桓公好色而多心，所以割傷自己的生殖器來幫助桓公幹淫亂的事。這就是「諂桓公」。俗本「諂」誤作「諂」，宋乾道本日本纂聞解詁等本不誤。其自刑則同，其所以自刑之爲則異。慧子曰：盧曰：「慧」「惠」同。「狂者東走，逐者亦東走，其東走則同，其所以東走之爲則異。故曰：同事之人，不可不審察也。」

第二十三篇　說林下

伯樂教二人相踶馬，相與之簡子廐觀馬。莊子馬蹄「怒則分背相踶。」李注：「踶，蹋也。」「蹋」即今「踏」字。踶馬，是以後足相踐踏或踢蹴的馬。一人舉踶馬，其一人從後而循之，集解「人」字下衍「舉踶馬，其一人」六字，據迂評、纂聞、翼毳刪。「舉」是「舉薦」「推舉」之「舉」。「循」借爲「揗」，說文：「揗，摩也。」這是說：一個人推舉或指出一匹馬，另一個人從後身撫摩着馬。三撫其尻而馬不踶，廣雅釋親：「尻，臀也。」另一人三次撫摩馬尾巴髖骨而馬不踢踏。此自以爲失相。此，指舉踶馬之人。失相，謂看錯了。其一人曰：「子非失相也，此其爲馬也，踒肩而腫膝。踒肩，未詳。「腫」似是「擁腫」之「腫」，腫膝，指腫大的膝，大而無力。夫踶馬也者，舉後而任前；腫膝不可任也，故後不舉。「任」猶「凭」也，「凭」又作「憑」，依靠也。這是說：踶馬的姿態是高舉起後足，而凭倚前足着地。可是腫大的前膝不能凭依，因此後足也不能翹舉。子巧於相踶馬而拙於任腫膝。」「拙於任腫膝」句的言外之意似是：不明白凭依腫膝的馬不能踶的道理。俞樾說，「任」字是「在」的錯字，「在」者，察也。高亨說，「任」字也有「察」的意思。都可以備一說。夫事有所必歸，而以有所腫膝而不任，智者之所獨知也。「以有所腫膝而不任」比喻因有所不利的阻力而不能凭藉。這是說：凡事本來都有必然的歸宿的，可是由于有些不利的阻力，就失掉凭藉的條件，這是智者所獨知的道理。惠子曰：「置猿於柙中，則與豚同。」故勢不便，非所以逞能也。

衞將軍文子見曾子，曾子不起，而延於坐席，正身見於奧。王先愼曰：說文：「奧，宛也，室之西南隅。」謂藏室之尊處也。己處於尊，客坐於旁，故文子以爲侮而不敬也。文子謂其御曰：「曾子，愚人也哉！以我爲君子也，君子安可毋敬也！以我爲暴人也，暴人安可侮也！曾子不僇，命也。」

鳥有翢翢者，「翢翢」同「周周」，是一種鳥名。這類鳥彙彼此銜羽相依相比以防顚仆。重首而屈尾，將欲飲於河，則必顚，乃銜其羽而飮之。人之所有飲不足者，不可不索其羽也。人們中所有「飲不足」的，不能不用「銜其羽」的方法去求索。就是說：人類也要互助合作，才能滿足人們的物質要求。

鱣似蛇，「鱣」字似借爲「蟺」，蟺即蟮魚，故形似蛇。蠶似蠋，蠋也是桑蟲，但與蠶不同。淮南說林：「蠶之與蠋，狀相類而愛憎異。」人見蛇則驚駭，見蠋則毛起。漁者持鱣，婦人拾蠶，利之所在，皆爲賁、諸。太田方曰：賁，孟賁；諸，專諸：皆古之勇士。言利之所在，忘其所驚駭而皆爲孟賁、專諸之勇矣。皆，指漁者婦人也。

伯樂教其所憎者相千里之馬，教其所愛者相駑馬。以千里之馬時一有，其利緩；駑馬日售，其利急。此周書所謂「下言而上用者，惑也」。孫曰：此所引蓋逸周書佚文。淮南氾論「周書有言曰：『上言者下用也，下言者上用也。上言者常也，下言者權也。』」高注：「用，可否相濟也。常，謂君常也。權，謀也。謀度事宜不失其道。」兩文同出一原，而意恉皆不甚明晰。以高說推之，似謂上言而下用之者爲事之常，下言而上用之者則爲權時暫用。「權」與「常」相對爲文，故文子道德亦云「上言者常用也，下言者權用也」，即隱襲淮南書語。此云「下言而上用者惑也」，「惑」「或」古通用，「或」亦不常用之言，與淮南、文子言「權」略同。韓子引之者，以況千里馬時一，其利緩，猶「下言上用」之不可爲常耳。高曰：讀「惑」爲「或」，是。此謂卑下之言而適用於上流社會者，乃時或用之，不可常用也。

桓赫曰：「刻削之道，鼻莫如大，目莫如小。鼻大可小，小不可大也；目小可大，大不可小也。」舉事亦然：爲其後可復者也，則事寡敗矣。舉辦事情跟刻削同樣做法，做那種日後可以再做加工工作的事，這樣，事情就會少失敗了。

崇侯、惡來知不適紂之誅也，書大傳注：「適，猶得也。」這是說：崇侯、惡來只知道逢迎人意，動作都能順適紂的意思，所以不獲得紂之誅罰。而不見武王之滅之也。比干、子胥知其君之必亡也，而不知身之死也。故曰：「崇侯、惡來知心而不知事，王先愼曰：二人窺見紂心之喜怒，而不明國事廢興。比干、子胥知事而不知心。」王先愼曰：二人能料國事之成敗，而不知己之生死。聖人其備矣。知心和知事都重要，不可偏廢。聖人既知心而又知事，所以兼備兩種認識。

宋太宰貴而主斷。說林上有「商太宰」，內儲說上有「商太宰」及「戴驩，宋太宰」。商即是宋，那末本書的「宋太宰」或「商太宰」說不定全是指「戴驩」。楚策「州侯主斷」，注：「謂其專決」。指專權決斷政事。季子將見宋君，梁子聞之曰：「語必可與太宰三坐乎，顧曰：「三」讀爲「參」。高誘注戰國策云：「參，三人並也。」啓雄按：這是說：季子跟宋君所說的話，必須像和宋君、太宰三人並坐着所說的那樣才無危險。就是說：不要背着太宰說不利于太宰的話。不然，將不免。」季子因說以貴主而輕國。顧曰：「主」當作「生」。呂氏春秋有貴生，即其義。宋君貴重其生，輕賤其國，則太宰長擅宋，故參坐而無惡於太宰矣。

楊朱之弟楊布，衣素衣而出，天雨，解素衣，衣緇衣而反，詩緇衣傳：「緇，黑色。」其狗不知而吠之。楊布怒，將擊之。楊朱曰：「子毋擊也，子亦猶是。曩者使女狗白而往，黑而來，子豈能毋怪哉！」使女狗，謂假使汝的狗。

惠子曰：「羿執鞅持扞，王引之曰：「鞅」當爲「決」。決，謂韘也，箸於右手大指所以鉤弦也。扞，謂韝也，或謂之拾，或謂之遂，箸於左臂所以扞弦也。啓雄按：決或韘是用象骨和皮革製成的鉤弦開弓的東西。扞或韝是皮製的左臂衣，用來收拾衣袖以便利弓弦。操弓關機，「關」借爲「彎」，說文：「彎，持弓關矢也。」小爾雅廣詁：「彎，引也。」「關」字是動詞。鬼谷子注：「機，所以主弩之放發。」越人爭爲持的。的是質的，即射布上的「鵠的」或「箭靶」。羿精於射，故人不怕危險。弱子扞弓，王引之曰：「扞弓」當作「扜弓」。說文：「弙，滿弓有所嚮也。」字或作「扜」。大荒南經「扜弓射黃蛇」，注：「扜，挽也。」弱子扜弓，則矢必妄發，故慈母入室閉戶。慈母入室閉戶。故曰：『可必，則越人不疑羿；不可必，則慈母逃弱子。』」

桓公問管仲：「富有涯乎？」王先愼曰：說文：「厓，山邊也。」又：「崖，高邊也。」皆有邊義。新附：「涯，水邊也。」水至於邊則無水矣，是涯爲水之止境。答曰：「水之以涯，其無水者也。富之以涯，其富已足者也。人不能自止於足，而亡其富之涯乎。」釋詞：「而猶乃也。」「亡」借爲「無」。這是說：不知足者，乃無富的限度。

宋之富賈有監止子者，與人爭買百金之璞玉，因佯失而毀之，說文：「失，縱也。」佯失，謂裝假失手，跌璞玉下地，把璞玉跌壞一點。負其百金，孫曰：「負其百金」者，謂償其値百金。「負」猶「陪」也，「陪」今俗作「賠」。而理其毀瑕，說文：「理，治玉也。」禮記聘義注：「瑕，玉之病也。」得千溢焉。事有舉之而有敗，而賢其母舉之者，負之時也。這三句似說明「物或損之而益」的道理。「母」，是「母子」的「母」，「母」字喻事的本始，「子」喻事的後果。老子書中的「母」字有時跟「始」對舉，也有「始」意。這是說：人們的舉事，有明知這樣來舉辦它是有些失敗的，然而有遠見的人賢貴那個「本始」，從而舉辦它，這是暫時賠欠的時期（也是「失敗是成功之母」意）。

有欲以御見荆王者，衆騶妒之，說文：「騶，廄御也。」這是說：有個想拿御馬技能來見楚王的人，但他遭受到楚王的一羣馬夫妒忌。因曰：「臣能撽鹿。」「撽」借爲「徼」。封禪文「徼麋鹿之怪獸」，注：「徼，遮也。」這是說：我能御車追鹿，遮擊鹿。見王，王爲御，不及鹿；既見王，王先御車追鹿，却趕不上鹿。自御，及之。那個人親自來御車，就趕上鹿了。王善其御也，乃言衆騶妒之。既已獲得楚王稱贊他的駕御技能之後，他才把一羣馬夫妒忌他的經過說出。

荆令公子將伐陳，公子是誰，伐陳在何時，都不知道。王先愼謂：「左哀十六傳『楚公孫朝伐陳』，此言『公子』當卽『公孫朝』。」不能盡信。丈人送之曰：「晉強，不可不愼也。」公子曰：「丈人奚憂！吾爲丈人破晉。」丈人曰：「可。吾方廬陳南門之外。」王先愼曰：公子方伐陳，丈人卽爲廬於南門之外，較公子所說爲更易矣。啓雄按：「廬」字是動詞，說文：「廬，寄也。」公子曰：「是何也？」曰：「我笑句踐也。爲人之如是其易也，已獨何爲密密十年難乎！」漢書劉向傳「密勿從事」，注：「猶黽勉也。」「密密」或「密勿」都是「愼密勉力」的意思。越王句踐被吳困于會稽，十年生聚，十年敎訓，可謂「難」了。丈人誡公子不要輕易難事，所以說：「我笑句踐。人們做人本來是那麼容易的，可是句踐自己爲什麼愼密勉力了十年那樣艱苦呢！」這是從反面來警戒公子的輕敵態度。

堯以天下讓許由，許由逃之，舍於家人，家人藏其皮冠。漢書惠帝紀注：「家人，言庶人之家。」藏其皮冠，謂家主人藏自己的冠，因爲他不知許由能讓天下，反疑許由盜竊皮冠。夫棄天下而家人藏其皮冠，是不知許由者也。「許由」又作「許繇」。諸子書、國策、史記、漢書都見他的名。

三蝨食彘，相與訟，一蝨過之，曰：「訟者奚說？」三蝨曰：「爭肥饒之地。」一蝨曰：「若亦不患臘之至而茅之燥耳，若又奚患？」太田方曰：若，爾也。臘，祭名，嘉節故殺六畜以相慶。茅，菅類，以茅爓去彘毛而炮之也。「耳」當作「耶」。於是乃相與聚嘬其身而食之。彘臞，人乃弗殺。

蟲有螝者，顏氏家訓勉學：「吾讀莊子『螝二首』，韓子『蟲有螝者，一身二口』，不識此字何音，後見古今字詁『此古之「虺」字』，可見虺即古之兩頭蛇。」一身兩口，爭食相齕，說文：「齕，齧也。」相齧即相噬相咬之意。遂相殺也。人臣之爭事而亡其國者，皆螝類也。

宮有堊，器有滌，則潔矣。廣雅釋室：「堊，塗也。」釋名：「堊，先泥之，次以白灰飾之。」說文：「滌，洒也。」行身亦然，無滌堊之地則寡非矣。人們學習以求少犯錯誤，跟每天洗臉以求去垢一樣。

公子糾將爲亂，桓公使使者視之。使者報曰：「笑不樂，視不見。雖笑而心不喜，雖視而目不見。這是心憂而神不在的表徵。必爲亂。」乃使魯人殺之。

公孫弘斷髮而爲越王騎，公孫喜使人絕之曰：「吾不與子爲昆弟矣。」公孫弘曰：「我斷髮，子斷頸而爲人用兵，我將謂子何？」周南之戰，公孫喜死焉。蒲阪圓曰：周南，周之南界也，即伊闕也。史記：「韓僖王三年，使公孫喜率周、魏之師攻秦，秦敗我二十四萬，虜喜于伊闕。」

有與悍者鄰，欲賣宅而避之。人曰：「是其貫將滿矣，子姑待之。」「貫」，是書泰誓「商罪貫盈」之「貫」，謂兇悍累累如貫之將滿。說文：「貫，錢貝之貫。」廣雅釋詁：「貫，累也。」此文以「貫」喻習行。答曰：「吾恐其以我滿貫也。」這似說：吾恐怕他用我來做他積累兇悍的一個環節。遂去之。故曰：「物之幾者，非所靡也。」說文：「幾，微也，殆也。」爾雅釋詁：「幾，危也。」「靡」借爲「摩」。左宣十二傳：「摩，近也。」

孔子謂弟子曰：「孰能導子西之釣名也？」太田方曰：子西，楚令尹。淮南要略注：「導，諫也。」漢書公孫弘傳「飾詐欲以釣名」，師古曰：「釣，取也，言若釣魚之謂也。」子貢曰：「賜也能。」乃導之，不復疑也。孔子曰：「寬哉！不被於利。絜哉！民性有恆。——曲爲曲，直爲直。孔子曰蒲阪圓曰：三字衍。子西不免。」子西在魯哀公十六年被白公勝殺死。左傳稱白公「不爲利諂」，國語稱白公「直而剛」。孔子此語，語意不明，似指白公而言。白公之難，子西死焉。故曰：「直於行者曲於欲。」「直於行」似指子西召王孫勝爲白公而言；「曲於欲」似指子西救鄭被白公殺而言。

晉中行文子出亡，過於縣邑，蒲阪圓曰：文子，荀寅也。史記：「晉定公二十二年奔齊。」從者曰：「此嗇夫，公之故人，公奚不休舍？且待後車。」嗇夫，本是收穀的田夫，後用作小官的官名。書僞胤征傳：「嗇夫，主幣之官。」文子曰：「吾嘗好音，此人遺我鳴琴；吾好珮，此人遺我玉環：是振我過者也。孟子注：「振，揚也。」以求容於我者，吾恐其以我求容於人也。」求容，謂求悅。呂覽似順「順令而取容」，注：「容，悅也。」孟子盡心「有事君人者，事是君則爲容悅者也」，朱注：「阿徇以爲容，逢迎以爲悅。」這是說：從前求悅於我的人，現在會拿我來求悅於晉君。乃去之。果收文子後車二乘而獻之其君矣。

周趮謂宮他曰：「周趮」，魏策作「周肖」對齊王稱「外臣」。「爲我謂齊王曰：『以齊資我於魏，請以魏事王。』」用齊國的國力來資助我在魏國做官，我就使魏國服事齊王。宮他曰：「不可，是示之無魏也，齊王必不資於無魏者而以怨有魏者。魏策作「不可，是示齊輕也。夫齊不以無魏者以害有魏者」，注：「魏臣而假重於外，是示齊以無魏之重也。」重，指政權。怨(或害)有魏者，指無魏之政權者對有魏之政權者的競爭。公不如曰：『以王之所欲，臣請以魏聽王。』齊王必以公爲有魏也，必因公。是公有齊也，因以有齊、魏矣。」魏策作：「公不如示有魏，公曰：『王之所求於魏者，臣請以魏聽。』齊必資公矣。是公有齊，以齊有魏也。」

白圭謂宋令尹曰：令尹，是春秋、戰國楚官，宋策作「大尹」是。左哀廿六傳注：「大尹，近官有寵者。」「君長，自知政，公無事矣。呂覽長見「三年而知鄭國之政」，注：「知猶爲也。」這是說：宋君長大了，他自己來執政，那末，你就沒有工作了。今君少主也，而務名，不如令荆賀君之孝也，則君不奪公位而大敬重公，則公常用宋矣。」太田方曰：蓋當時太后聞政，大尹攝事。

管仲鮑叔相謂曰：「君亂甚矣，必失國。齊國之諸公子其可輔者，非公子糾則小白也。與子人事一人焉，先達者相收。」管仲乃從公子糾，鮑叔從小白。國人果弑君。小白先入爲君，魯人拘管仲而效之，漢書注：「效，獻也。」魯人把管仲拘捕起來，又把他獻給小白。鮑叔言而相之。故諺曰：「巫咸雖善祝，不能自祓也。秦醫雖善除，不能自彈也。」廣雅釋言：「彈，拼也。」「拼」同「摒」。自彈，謂自己摒除疾病。以管仲之聖而待鮑叔之助，此鄙諺所謂「虜自賣裘而不售，士自譽辯而不信」者也。巫咸，秦醫。「虜」是奴隸。「虜」「士」都是用來比喻管仲的人。

荆王伐吳，吳使沮衞蹷融犒於荆師，荆將軍曰：「縛之，殺以釁鼓。」問之曰：「汝來，卜乎？」答曰：「卜。」「卜吉乎？」曰：「吉。」荆人曰：「今荆將以女釁鼓，其何也？」答曰：「是故其所以吉也。吳使人來也，固視將軍怒。盧曰：「人」，凌本作「臣」。「怒」字衍。將軍怒，將深溝高壘；將軍不怒，將懈怠。今也將軍殺臣，則吳必警守矣。且國之卜，非爲一臣卜。夫殺一臣而存一國，其不言吉何也？且死者無知，則以臣釁鼓無益也；死者有知也，臣將當戰之時，臣使鼓不鳴。」荆人因不殺也。

知伯將伐仇由，而道難不通，太田方曰：淮南精神注：「仇由，近晉之狄國也。」難，謂險阻也。乃鑄大鐘遺仇由之君。仇由之君大說，除道將內之。周禮典祀注：「除，芟掃也。」老子注：「除，潔好也。」說文：「內，入也。」今多用「納」字代之。即掃除道路，將接納知伯軍。赤章曼枝曰：「不可。此小之所以事大也，而今也大以來，卒必隨之，不可內也。」用大鐘作遺贈禮物，是小國事大國的行動，然而現在是大國用這種行動來事我，侵卒必將隨之而來，因此不能接納。仇由之君不聽，遂內之。赤章曼枝因斷轂而驅，至於齊，赤章或赤張是周時的複姓。斷轂，似謂斷軸末的轊。轊是軸伸出轂外的軸頭，它阻礙車前進。田單避樂毅追擊時，曾用斷轊的方法得脫。七月而仇由亡矣。

越已勝吳，又索卒於荆而攻晉。左史倚相謂荆王曰：「夫越破吳，豪士死，銳卒盡，大甲傷。今又索卒以攻晉，示我不病也。不如起師與分吳。」荆王曰：「善。」因起師而從越。物茂卿曰：謂就軍與戰也。越王怒，將擊之。大夫種曰：「不可。吾豪士盡，大甲傷，我與戰必不剋，不如賂之。」乃割露山之陰五百里以賂之。蒲阪圓曰：露山蓋在江淮之間。史記：「越滅吳，而不能正江淮之北。楚東侵，廣地至泗上。」

荆伐陳，吳救之，軍間三十里，雨十日，夜星。軍間三十里，謂楚吳兩軍間隔三十里。「星」借爲「姓」，蒼頡篇：「姓，雨止無雲也。」說文：「姓而夜除星見也。」「姓」亦作「暒」，又作「晴」，即今「晴朗」字。左史倚相謂子期曰：「雨十日，甲輯而兵聚，「輯」借爲「戢」，說文：「戢，藏兵也。」甲輯兵聚，謂吳人疑楚人不備戰的情形。吳人必至，不如備之。」乃爲陳。「陳」借爲「敶」，今字作「陣」。陳未成也而吳人至，見荆陳而反。左史曰：「吳反覆六十里，其君子必休，小人必食，尹曰：君子，謂軍吏。小人，士卒也。我行三十里擊之，必可敗也。」乃從之，遂破吳軍。

韓趙相與爲難。秦策「與秦爲難，」注：「難猶敵也。」這句說：韓和趙互相作敵對。韓子索兵於魏，王渭曰：「子」字衍，策無。曰：「願借師以伐趙。」魏文侯曰：「寡人與趙兄弟，不可以從。」趙又索兵攻韓，文侯曰：「寡人與韓兄弟，不敢從。」二國不得兵，怒而反。已乃知文侯以搆於己，「搆」借爲「講」，說文：「講，和解也。」西周策「秦未與魏講」，即謂未講和罷兵之意。乃皆朝魏。

齊伐魯，索讒鼎，左昭三傳「讒鼎之銘」注：「讒，鼎名。」魯以其雁往。「雁」借爲「贗」，說文：「贗，火色也。」贗鼎，似指用火燒法造成假顏色，與眞鼎相似的鼎。今字作「贋」。齊人曰：「鴈也。」魯人曰：「眞也。」齊曰：「使樂正子春來，吾將聽子。」魯君請樂正子春，樂正子春曰：「胡不以其眞往也？」君曰：「我愛之。」答曰：「臣亦愛臣之信。」類函引韓子，及呂覽、新序，「樂正子春」作「柳下惠」。

韓咎立爲君，未定也。弟在周，周欲重之，而恐韓咎不立也。綦毋恢曰：「不若以車百乘送之。得立，因曰『爲戒』；不立，則曰『來效賊』也。」效賊，卽獻賊，說見前。

靖郭君將城薛，太田方曰：靖郭君，孟嘗君父田嬰也。將城薛，將遷居於薛也。客多以諫者。靖郭君謂謁者曰：「毋爲客通。」齊人有請見者曰：「臣請三言而已，過三言，臣請烹。」太田方曰：三言，三字也。如老子五千言。靖郭君因見之。客趨進曰：「海，大，魚。」因反走。靖郭君曰：「請聞其說。」客曰：「臣不敢以死爲戲。」靖郭君曰：「願爲寡人言之。」答曰：「君聞大魚乎？網不能止，繳不能絓也，左莊九傳「秦子梁子……皆止」，注：「止，獲也。」繳是用絲縷繫矢的弋射。絓字未詳，似謂用絲縷系矢弋射之，從而懸挂之之意。廣雅釋詁：「絓，懸也。」蕩而失水，螻蟻得意焉。今夫齊亦君之海也，君長有齊，奚以薛爲？君失齊，雖隆薛城至於天猶無益也。」靖郭君曰：「善。」乃輟，不城薛。

荆王弟在秦，秦不出也。中射之士曰：「資臣百金，臣能出之。」因載百金之晉，見叔向曰：「荆王弟在秦，秦不出也。請以百金委叔向。」「叔向」二字似衍。叔向受金而以見之晉平公曰：「可以城壺丘矣。」蒲阪圓曰：城此地則或有不利于秦者也。平公曰：「何也？」對曰：「荆王弟在秦，秦不出也，是秦惡荆也，必不敢禁我城壺丘。若禁之，我曰：『爲我出荆王之弟，吾不城也。』彼如出之，可以德荆；集解「德」作「得」，據迂評、纂聞、翼毳等本校改。東周策注：「德，恩之也。」彼不出，是卒惡也，必不敢禁我城壺丘矣。」公曰：「善。」乃城壺丘，謂秦公曰：「爲我出荆王之弟，吾不城也。」秦因出之，荆王大說，以鍊金百鎰遺晉。

闔廬攻郢，戰三勝，問子胥曰：「可以退乎？」子胥對曰：「溺人者一飲而止，則無溺者，集解「溺」作「逆」，據迂評、纂聞、翼毳校改。以其不休也，不如乘之以沈之。」此語似本作「與其休也，不如乘以沈之」，衍二字。

鄭人有一子，將宦，謂其家曰：「必築壞牆，是不善人將竊。」其巷人亦云。不時築，而人果竊之。以其子爲智，以巷人告者爲盜。鄭人不及時修築壞牆，後來果然遭受到小偷的盜竊。鄭人認爲他的兒子是明智，却懷疑那個會提忠告意見的同巷鄰居是盜匪。

第二十四篇 觀行

古之人目短於自見，故以鏡觀面；智短於自知，故以道正己。鏡無見疵之罪，道無明過之惡。淮南注：「短，缺也。」目短于自見，智短于自知，是說目缺乏自見之力，智缺乏自知之力。「見」同「現」。「見」「明」二字都是動詞。目失鏡則無以正鬚眉；身失道則無以知迷惑。西門豹之性急，故佩韋以自緩；董安于之心緩，故佩弦以自急。故以有餘補不足，以長續短，之謂明主。

天下有信數三：物茂卿曰：信數，謂術數之必然者。一曰智有所不能立，二曰力有所不能舉，三曰彊有所不能勝。故雖有堯之智而無衆人之助，大功不立；有烏獲之勁而不得人助，不能自舉；有賁、育之彊而無法術，不得長生。據上下文，此句似本作「不得長勝」。故勢有不可得，事有不可成。故烏獲輕千鈞而重其身，非其身重於千鈞也，勢不便也。離朱易百步而難眉睫，非百步近而眉睫遠也，道不可也。故明主不窮烏獲以其不能自舉；「窮」字是動詞，借爲「窘」。不「窮」、是說：不使別人窘迫或困難。不因離朱以其不能自見。因可勢，求易道，物茂卿曰：可勢，勢之可者。王先慎曰：此言因其可得之勢，求其易行之道也。即承上「勢不便，道不可」而言。故用力寡而功名立。時有滿虛，時機是由條件構成的，然而條件有充足具備的，也有不充足具備的。事有利害，物有生死，人主爲三者發喜怒之色，則金石之士離心焉。聖賢之撲淺深矣(?)。故明主觀人，不使人觀己。太田方曰：明主之道，己處於暗而照乎外，故能觀人而不使人觀己也。明於堯不能獨成，烏獲之不能自舉，賁、育之不能自勝，以法術則觀行之道畢矣。太田方曰：「以法術」三字衍。

第二十五篇　安危

安術有七，危道有六。

安術：一曰賞罰隨是非，二曰禍福隨善惡，三曰死生隨法度，廣雅釋詁：「隨，順也，行也。」謂賞或罰必順從着是或非而行。下二句解釋同此例。四曰有賢不肖而無愛惡，五曰有愚智而無非譽，「非」讀爲「誹」。六曰有尺寸而無意度，七曰有信而無詐。在客觀上只觀察賢或不肖，而絕不有成見地對人愛或惡。下二句解釋同此例。

危道：一曰斲削於繩之內，二曰斲割於法之外，王先愼曰：「『法』疑作『繩』」，大體「不引繩之外，不推繩之內」，孤憤「必在繩之外矣」，是其證。蒲阪圓曰：繆稱訓：「繩之內與繩之外，皆失直者也。」三曰利人之所害，四曰樂人之所禍，五曰危人之所安，六曰所愛不親，所惡不疏。如此，則人失其所以樂生而忘其所以重死。人不樂生則人主不尊，不重死則令不行也。史記貨殖傳索隱：「重，難也。」重死，卽難于就死，謂愛惜生命也。

使天下皆極智能於儀表，盡力於權衡，物茂卿曰：儀表、權衡，皆謂法令也。以動則勝，以靜則安。治世使人樂生於爲是，愛身於爲非，是，指合法的好事；非，指非法的壞事。這二句說：治世使人們快樂地活着來幹合法的好事，同時也爲愛惜身體不幹那非法的壞事。小人少而君子多，故社稷常立，國家久安。奔車之上無仲尼，覆舟之下無伯夷。太田方曰：奔車覆舟，喩危亂之國也。危邦不入，亂邦不居，孔子也。治則進，亂則退，伯夷也。故勢危法亂則智廉之人先去，啓雄按：這二句喩在暴亂的國家中，人們都不樂生愛身，所以人人都作亂行暴，致使社會上無好人。故號令者，國之舟車也。安則智廉生，危則爭鄙起。故安國之法，若饑而食，盧曰：「饑」，當作「飢」，下同。寒而衣，不令而自然也。先王寄理於竹帛，太田方曰：中庸「文武之政，布在方策」也。其道順，故後世服。今使人饑寒去衣食，雖賁、育不能行；集解「育」譌作「欲」，據各本校改。廢自然，雖順道而不立。強勇之所不能行，則上不能安；拿行不通的事情來勉強勇者去硬幹，像這樣的強迫命令的後果，也使君主不能安樂。上以無厭責已盡，則下對「無有」，君主用無厭足的貪心來責求臣民獻納已盡的財物，那末，臣民就拿「再沒有了」的話來應對。無有則輕法。顧曰：當重「下對無有」四字。法所以爲國也，而輕之，則功不立，名不成。聞古扁鵲之治其病也，王先愼曰：「其」字當爲「甚」之殘闕字。「甚病」與「危國」相對爲文，明其爲「甚」之誤。下云「甚病之人利在忍痛」，作「甚」字，即其證。以刀刺骨；聖人之救危國也，以忠拂耳。刺骨，故小痛在體而長利在身；拂耳，故小逆在心而久福在國。故甚病之人利在忍痛，猛毅之君以福拂耳。王先愼曰：謂以拂耳之言爲福也。忍痛，故扁鵲盡巧；拂耳，則子胥不失；壽安之術也。病而不忍痛，則失扁鵲之巧；危而不拂耳，則失聖人之意。如此，長利不遠垂，功名不久立。

人主不自刻以堯，而責人臣以子胥，是幸殷人之盡如比干。盡如比干則上不失，下不亡。不權其力而有田成，而幸其身盡如比干，故國不得一安。後漢申屠剛傳：「懼然自刻。」歸納後漢書和本篇二句文義，自刻似是把事情銘心刻骨地來自勉之意。子胥是吳國因諫爭而被殺的臣，比干是殷之忠臣，田成是齊之奸臣。禮記注：「幸，覬也。」即希冀僥倖之意。這是說：君主如果不拿堯做榜樣來勉勵自己，却要求人臣像伍子胥那樣說出逆耳的話；這就等于暴君紂希望全體殷民像比干那樣忠了。都像比干，君上就無失，臣下就無喪亡。君主如果不權衡國與家實力的對比，就會有田成出現，然而君主還希望他完全像比干那樣，所以國家得不到一天的安寧。廢堯舜而立桀紂，則人不得樂所長而憂所短。失所長，則國家無功；守所短，則民不樂生。以無功御不樂生，不可行於齊民。太田方曰：齊，等也。漢書注：「無有貴賤，謂之齊民。」若今言「平人」矣。如此，則上無以使下，下無以事上。

安危在是非，不在於強弱；存亡在虛實，不在於衆寡。故齊萬乘也，而名實不稱，上空虛於國，內不充滿於名實，故臣得奪主。殺天子也，而無是非：「劉曰：「殺」乃「殷」誤，與「齊」對文，指紂事言。下云「使讒諛以詐僞爲貴」，謂用惡來、費仲也；「傴以天性剖背」，即刳割孕婦諸事之變詞也。賞於無功，使讒諛以詐僞爲貴，誅於無罪，使傴以天性剖背。傴，指背脊彎曲的僂人。宋康王解剖僂傴人的駝背，是殺無罪人的舉動。以詐僞爲是，天性爲非，小得勝大。

明主堅內，故不外失。失之近而不亡於遠者無有。蒲阪圓曰：堅內，明內治也。近，謂近失正國之理也。亡，失也。墨子：「無法儀而其事能成者無有。」故周之奪殷也，拾遺於庭，太田方曰：拾遺於庭，言其易也。使殷不遺於朝，則周不敢望秋毫於境，而況敢易位乎。

明主之道忠法，其法忠心，陶曰：「忠」讀爲「衷」，左僖廿四傳注：「衷，適也。」故臨之而法，去之而思。蒲阪圓曰：謂臨民以法，則去後見思。陶曰：「而法」之「法」，當爲「治」。堯無膠漆之約於當世而道行，舜無置錐之地於後世而德結。能立道於往古而垂德於萬世者之謂明主。

第二十六篇　守道

聖王之立法也，其賞足以勸善，其威足以勝暴，其備足以必完。備，即設備的東西，在這裏指所立的法。其備足以必完，是說聖王所立的法足可以保證政治完善。法 盧曰：「法」字衍。太田方曰：類聚無「法」字。治世之臣，功多者位尊，力極者賞厚，情盡者名立。物茂卿曰：極，謂勤勞。情，謂情實。善之生如春，惡之死如秋，善道之生物如春暖之發育萬物，惡道之滅物如秋寒之凋萎萬物。故民勸極力而樂盡情，此之謂上下相得。上下相得，故能使用力者自極於權衡，用人：「盡力于權衡以任事。」結合本句研究它，權衡是喻考慮事情的輕重得失時所用的準則（暗指法律）。而務至於任鄙；戰士出死，而願爲賁、育；賁，是孟賁；育，是夏育。孟賁、夏育、任鄙三人都是戰國時的力士。荀子富國「出死斷亡」，注：「出死，謂出身致死。」守道者皆懷金石之心，以死子胥之節。用力者爲任鄙，戰如賁、育，中爲金石，則君人者高枕而守已完矣。王先愼曰：中爲金石，即心懷金石也，此指上「守道者皆懷金石之心」而言。

古之善守者，以其所重禁其所輕，以其所難止其所易。太田方曰：重罰者，人之所畏而難侵也；小不善者，人之所輕而易止也。故立重罰而示之，使人止不善於所易止之地，而無麗於所惡畏之刑。故君子與小人俱正，盜跖與曾、史俱廉。何以知之？夫貪盜不赴谿而掇金，赴谿而掇金則身不全；賁、育不量敵則無勇名，盜跖不計可則利不成。

明主之守禁也，賁、育見侵於其所不能勝，盜跖見害於其所不能取。廣雅釋詁：「見，示也，」今字作「現」。孟賁、夏育在不能勝之時就表現出侵犯法紀的行動；跖在不能取之時就表現出殘害人命的行動。這種「侵犯」和「害取」的行動，正是明主所禁的對象。故能禁賁、育之所不能犯，守盜跖之所不能取，則暴者守愿，邪者反正。大勇愿，巨盜貞，則天下公平而齊民之情正矣。

人主離法失人，則危於伯夷不妄取，而不免於田成、盜跖之禍，王先慎曰：說文：「危，在高而懼也。」故「危」有「高」義。文選七命注引論語鄭注，莊子盜跖釋文引李注，並云：「危，高也。」此言人主雖於伯夷不妄取之高，離法失人，不能禁止臣下，終有田常、盜跖之禍。啓雄按：廣雅釋言：「則，即也。」「則」「即」二字古同聲通用。這是說：人主如果離法失人心，即使他的清高賽過「伯夷不妄取」的清高，然而仍不能免于田常、盜跖篡弑那樣的禍害。何也？今天下無一伯夷，而姦人不絕世，故立法度量。度量信則伯夷不失是，而盜跖不得非；法分明則賢不得奪不肖，說文：「賢，多才也。」史記孟荀傳：「天下方務於合從連衡，以攻伐爲賢。」可見此「賢」字不是指多才而德厚者，而是指多才而陵人者。強不得侵弱，衆不得暴寡。託天下於堯之法，則貞士不失分，姦人不徼幸；寄千金於羿之矢，則伯夷不得亡，而盜跖不敢取。歸納上文「不得非」「不得奪」「不得侵」「不得暴」的「不得」字，都有「不能」意。這是說：把千金放在羿的矢所能保護的範圍中，那末伯夷不能亡失金，而盜跖也不敢取金。堯明於不失姦，故天下無邪；羿巧於不失發，故千金不亡。邪人不壽而盜跖止；如此，故圖不載宰予，不擧六卿；書不著子胥，王先謙曰：此宰予謂齊簡公臣，與田成爭權而死者。六卿，晉臣。言無爭奪亡滅之禍，故圖書不得而載著。太田方曰：圖，如漢時圖功臣，蓋古亦有之矣。不明夫差。孫吳之略廢，盜跖之心伏。太田方曰：其治如此，則無宰予以下之事，又何圖書之有焉。所謂「使夫智者不敢爲」也。人主甘服於玉堂之中，而無瞋目切齒傾取之患；太田方曰：甘服，老子：「甘其食，美其服。」此謂外無所慕也。玉堂，謂人主之宮也。揚雄解嘲：「得遭明盛之世……歷金門，上玉堂。」蓋雄本韓子「玉堂」「金城」之對。人臣垂拱於金城之內，而無扼腕聚脣嗟唶之禍。服虎而不以柙，禁姦而不以法，塞僞而不以符，此賁、育之所患，堯舜之所難也。故設柙非所以備鼠也，所以使怯弱能服虎也；立法非所以避曾、史也，顧曰：藏本、今本「避」作「備」。所以使庸主能止盜跖也；爲符非所以豫尾生也，所以使衆人不相謾也。不恃比干之死節，不幸亂臣之無詐也；恃怯之所能服，握庸主之所易守。當今之世，爲人主忠計，爲天下結德者，利莫長於如此。故君人者無亡國之圖，而忠臣無失身之畫。明於尊位必賞，故能使人盡力於權衡，死節於官職。通賁、育之情，不以死易生，惑於盜跖之貪，不以財易身，則守國之道畢備矣。太田方曰：「惑」一作「明」，是。明必罰之道，雖盜跖之貪，然不以身殉財。

第二十七篇　用人

聞古之善用人者，必循天順人而明賞罰。循天則用力寡而功立，順人則刑罰省而令行，明賞罰則伯夷盜跖不亂。如此則白黑分矣。治國之臣，效功於國以履位，見能於官以受職，盡力於權衡以任事。治國的臣用獻納功績給國家的做法來實踐他的職位，又用在官職中表現才能的做法來接受職位，又用盡力于按法辦事的做法來担任職事。人臣皆宜其能，太田方曰：「各處其宜，故上下無爲。使雞司夜，令貍執鼠，皆用其能。」勝其官，輕其任，而莫懷餘力於心，莫負兼官之責於君。故內無伏怨之亂，外無馬服之患。馬服之患，指趙括在長平戰敗之患，餘詳顯學篇中。明君使事不相干，故莫訟；楚詞謬諫注：「干，觸也。」使士不兼官，故技長；使人不同功，故莫爭。爭訟止，技長立，則彊弱不觳力，「觳」借爲「觸」。史記李斯傳集解：「觳抵，即角抵。」冰炭不合形，天下莫得相傷，治之至也。

釋法術而任心治，堯不能正一國；去規矩而妄意度，奚仲不能成一輪；廢尺寸而差短長，王爾不能半中。淮南原道注：「中，適也。」漢書刑法志注：「中，當也。」使中主守法術，拙匠執規矩尺寸，則萬不失矣。君人者能去賢巧之所不能，守中拙之所萬不失，則人力盡而功名立。

明主立可爲之賞，設可避之罰。故賢者勸賞而不見子胥之禍，不肖者少罪而不見傴剖背，」王先愼曰：此宋康王事，安危篇云「誅於無罪，使傴以天性剖背」是也。盲者處平而不遇深谿，愚者守靜而不陷險危。如此，則上下之恩結矣。古之人曰：「其心難知，喜怒難中也。」故以表示目，表，指儀表或標記。以鼓語耳，以法教心。君人者釋三易之數，而行一難知之心，如此，則怒積於上而怨積於下，以積怨而御積怨，則兩危矣。

明主之表易見，故約立；其教易知，故言用；其法易爲，故令行。三者立而上無私心，則下得循法而治，望表而動，隨繩而斲，因攢而縫。俞曰：「攢」當作「簪」。荀子賦「簪以爲父」，注：「簪形似箴而大。」是簪亦箴類，故曰「因簪而縫」也。說文：「鑽可以綴著物者。」「簪」即「鑽」之叚字，亦或作「撍」，古本韓子當作「撍」，傳寫誤爲「攢」。如此，則上無私威之毒，而下無愚拙之誅。故上君明而少怒，下盡忠而少罪。

聞之曰：「舉事無患者，堯不得也。」而世未嘗無事也。君人者不輕爵祿，不易富貴，不可與救危國。故明主厲廉恥，招仁義。周語注：「招，舉也。」昔者介子推無爵祿而義隨文公，不忍口腹而仁割其肌，故人主結其德，書圖著其名。人主樂乎使人以公盡力，而苦乎以私奪威。人臣安乎以能受職，而苦乎以一負二。舊注：謂一身兩役也。太田方曰：恐被兼官之責也。故明主除人臣之所苦，而立人主之所樂。上下之利，莫長於此。太田方曰：下無兼官之責，上得公忠之務。

不察私門之內，輕慮重事，厚誅薄罪，久怨細過，長侮偸快，物茂卿曰：重事而輕慮之，薄罪而厚誅之，細過而久怨之，偸快而長侮之。數以德追禍，舊注：禍賊當誅，而反以德報之。是斷手而續以玉也，太田方曰：人臣若手也，今羣臣離心而邪佞在傍，是猶斷手而續以玉也。故世有易身之患。物茂卿曰：易身，謂易主也。自主言之，故不云「主」而云「身」。

人主立難爲而罪不及，則私怨生；物茂卿曰：難爲，難爲之法。罪不及，不矜不能也。人臣失所長而奉難給，則伏怨結。勞苦不撫循，憂悲不哀憐，喜則譽小人，賢不肖俱賞，怒則毀君子，使伯夷與盜跖俱辱，故臣有叛主。

使燕王內憎其民而外愛魯人，則燕不用而魯不附。民見憎，不能盡力而務功；集解無「民」字，據迂評、翼毳等本補。顧曰：今本「見」上有「民」字，按當脫「燕」字。魯見說，而不能離死命而親他主。物茂卿曰：離死生，不問死生也。如此，則人臣爲隙穴，而人主獨立。蒲阪圓曰：爲隙穴，謂挾篡盜之心也。備內篇：「相爲耳目以候主隙。」以隙穴之臣而事獨立之主，此之謂危殆。

釋儀的而妄發，雖中小不巧；周語注：「儀，準也。」淮南兵略注：「的，射準也。」釋法制而妄怒，雖殺戮而姦人不恐。罪生甲，禍歸乙，伏怨乃結。故至治之國，有賞罰而無喜怒。故聖人極有刑法，而死無螫毒(?)，故姦人服。發矢中的，賞罰當符，故堯復生，羿復立。如此，則上無殷夏之患，下無比干之禍，君高枕而臣樂業，道蔽天地，德極萬世矣。

夫人主不塞隙穴而勞力於赭堊，物茂卿曰：「赭堊」，外飾也。暴雨疾風必壞。不去眉睫之禍而慕賁、育之死，不謹蕭牆之患而固金城於遠境，蕭牆，指宮門內的屛或照壁；在這裏比喻最近的地方。金城，是邊境上的堅城或長城，比喻遠的地方。不用近賢之謀而外結萬乘之交於千里，飄風一旦起，則賁、育不及救，而外交不及至，禍莫大於此。當今之世，爲人主忠計者，必無使燕王說魯人，無使近世慕賢於古，無思越人以救中國溺者。如此，則上下親，內功立，外名成。

第二十八篇　功名

明君之所以立功成名者四：明君所用來作立功成名的條件有四：一、得天時，二、得人心，三、因技能，四、得勢位。一曰天時，二曰人心，三曰技能，四曰勢位。非天時，雖十堯不能冬生一穗；說文：「非，違也。」逆人心，雖賁、育不能盡人力。故得天時則不務而自生，得人心則不趣而自勸，「趣」借爲「促」，督促之意。因技能則不急而自疾，得勢位則不進而名成。若水之流，若船之浮。守自然之道，行毋窮之令，故曰明主。

夫有材而無勢，雖賢不能制不肖。故立尺材於高山之上，下臨千仞之谿，材非長也，位高也。桀爲天子，能制天下，非賢也，勢重也。堯爲匹夫，不能正三家，非不肖也，位卑也。千鈞得船則浮，錙銖失船則沈，非千鈞輕而錙銖重也，有勢之與無勢也。故短之臨高也以位，不肖之制賢也以勢。人主者，天下一力以共載之，故安；天下臣民同心合力來支持，或擁護君主。荀子富國「以國載之」，語法與此句同。又王制：「君者舟也，庶人者水也。水則(能)載舟。」語意與此句同。衆同心以共立之，故尊；人臣守所長，盡所能，故忠。以尊主主御忠臣，王渭曰：當衍一「主」字。則長樂生而功名成。名實相持而成，張本「持」作「待」，「持」「待」通用。名實相待，是說君主的功名還要依靠四種實事實物（卽天時、人心、技能、勢位）才能成功。形影相應而立，故臣主同欲而異使。太田方曰：欲安利者上下皆同，故曰「同欲」。臣職勤勞，使君尊而佚，君職無爲，使臣卑而勞，故曰「異使」。人主之患，在莫之應，故曰：一手獨拍，雖疾無聲。人臣之憂，在不得一，太田方曰：在不得與上爲一。故曰：右手畫圓，左手畫方，不能兩成。太田方曰：此喩人臣如左右手也。左右各徇其私，而不與元首爲一，則亦不相利矣。故曰：至治之國，君若桴，臣若鼓，技若車，事若馬。故人有餘力易於應，而技有餘巧便於事。立功者不足於力，親近者不足於信，成名者不足於勢。近者已親，而遠者不結，則名不稱實者也。太田方曰：上三「不足」，下一「不結」，謂助者不足也。言助者不足，則其名雖賢，不副其實矣。聖人德若堯舜，行若伯夷，而位不載於世，則功不立，名不遂。太田方曰：「世」一作「勢」，是。載，乘也。不乘勢則不能以致功名矣。故古之能致功名者，衆人助之以力，近者結之以成，劉曰：「成」當作「誠」，上文「助之以力」，與前「不足于力」應，此與「不足于信」應。誠，卽信也。遠者譽之以名，尊者載之以勢。如此，故太山之功長立於國家，而日月之名久著於天地。此堯之所以南面而守名，舜之所以北面而效功也。效功，卽獻功。

第二十九篇　大體

古之全大體者：望天地，觀江海，因山谷，日月所照，四時所行，雲布風動；太田方曰：如天地之無不持載，無不覆幬，如江海之廣大，如山谷之高深，如日月之代明，如四時之錯行。德澤雲布，四方風動。是皆任自然調和陰陽之事也。不以智累心，不以私累己；寄治亂於法術，託是非於賞罰，屬輕重於權衡；不逆天理，不傷情性；不吹毛而求小疵，不洗垢而察難知；不引繩之外，不推繩之內；太田方曰：言雖不爲苛察，而當其可治，則必不措也。荀子：「辨姦猶引繩以持曲直。」不急法之外，不緩法之內；守成理，因自然；禍福生乎道法，而不出乎愛惡；能從整體看事情的君主，他的治國方法是因道全法。因此人們的禍或福，是依據「道」和「法」生成的，不是從君主個人的「愛」或「憎」出發的。是客觀的，不是主觀的。榮辱之責，在乎己而不在乎人。人們如果順道守法，就榮而多福，逆道違法就辱而多禍，那末，榮辱福禍的發生，責任仍然應由各人自己担負，不能怨天尤人。故至安之世，法如朝露，純樸不散，謂法如朝露那麼純潔淳樸，普及而不散。心無結怨，口無煩言。故車馬不疲弊於遠路，旌旗不亂於大澤，萬民不失命於寇戎，雄駿不創壽於旗幢，豪傑不著名於圖書，不錄功於盤盂，記年之牒空虛。極安樂的時世，沒有戰爭，車馬旌旗都用不着，萬民不怕敵人殺害。在戰陣上立功成名的豪傑也沒有了，所以記年的圖書（指史册）

不載戰鬥英雄的名。故曰：利莫長於簡，福莫久於安。使匠石以千歲之壽，操鉤，視規矩，舉繩墨而正太山；使賁、育帶干將而齊萬民；雖盡力於巧，極盛於壽，太山不正，民不能齊。故曰：古之牧天下者，不使匠石極巧以敗太山之體，不使賁、育盡威以傷萬民之性。因道全法，君子樂而大姦止；澹然閒靜，因天命，持大體。故使人無離法之罪，魚無失水之禍。如此，故天下少不可。盧曰：「少」，淩本作「無」。

上不天則下不徧覆，心不地則物不畢載。物茂卿曰：謂君之心當如天地也。太山不立好惡，故能成其高；江海不擇小助，故能成其富。故大人寄形於天地而萬物備，歷心於山海而國家富。上無忿怒之毒，下無伏怨之患，上下交順，以道爲舍。故長利積，大功立，名成於前，德垂於後，治之至也。

第三十篇　內儲說上七術

太田方曰：儲，待也。前漢揚雄傳注：「有儲蓄以待所用也。」說者，篇中所云「其說在」云云之「說」，謂所以然之故也，言此篇儲若是之說而備人主之用也。儲說一篇，分爲內、外。內篇又分爲上下；外篇分爲左右，左右各復分爲上下。內外、左右、上下非有他義，以簡編重多故耳。蒲阪圓曰：儲說古人或謂之「連珠」，楊升庵外集云：「北史李先傳：『魏帝召先讀韓子連珠二十二篇。』韓非書中有連語，先列其目而後著其解，謂之『連珠』。」啓雄按：內外儲說的內容包括「經」和「說」兩部分：（一）經的部分首先概括地指出所要說的事理，然後用「其說在某事、某事」的簡單詞句，在歷史上約舉歷史故事以爲證。（二）說的部分把經文中所約舉的歷史故事逐一詳明地來敍說一些，有時還用「一曰」的體裁作補充敍說，或保存不同的異說。

主之所用也七術，所察也六微。——內儲說下六微：「六微……此六者，主之所察也。」據此，可見「微」是指君主要察覺的六種微妙幽隱的事端。

七術：一曰衆端參觀，據下文，衆端是指衆人的言行；參觀不止是觀行，主要的是聽言。衆端參觀，謂對衆人所言和所行的事，作參驗比較，觀察長短得失，不偏觀聽。二曰必罰明威，不以仁慈之愛亂法，凡有罪者必受罰，這樣，就表明法是威嚴不可侵的，故曰「必罰明威」。三曰信賞盡能，對有功者信實地賜賞，絕不失信，這樣就使羣臣竭盡其材能，輕死而聽命，故曰「信賞盡能」。四曰一聽責下，物茂卿曰：謂一一聽之，而一一責之。高曰：一聽，一一聽之也。後文說中齊宣王使人吹竽節「好一一聽之」，即其義。荀子勸學注：「一，皆也。」呂覽貴直注：「一猶皆也。」「一」訓爲「皆」，咸謂「一一」也。五曰疑詔詭使，太田方曰：詔，命也。疑詔，使下疑其所詔也。幽通賦注：「詭，反也。」詭使，言近而示之遠，遠而示之近，反其所使也。六曰挾知而問，物茂卿曰：以我所知而佯問之，與孟子「挾賢挾知」別。七曰倒言反事，舊注：或倒其言，或反其事，則姦情可得而盡。——此七者，主之所用也。

經一　參觀

觀聽不參則誠不聞，韓書的「參」字，有時兼含「參驗」和「參伍（即參錯）」二意。這是說：君主觀行聽言，如果不從多方面參錯比較，取得徵驗，才信以爲眞，那末、誠實的言行不會上達。聽有門戶則臣壅塞。太田方曰：言嬖寵之人當要路，則羣下不得不由之，譬之若門戶也。如是，則其人壅塞君明矣。其說在侏儒之夢見竈，哀公之稱「莫衆而迷」。此文「其說在某某」，謂此事理的說明，在歷史上某件事可爲例證。墨子經下很多「說在某，說在某某」等句；又經上云「說，所以明也」；又小取云「以說出故」，謂以論說說明立辭之故：語義與韓子不同，但可證其時有此語法。故齊人見河伯，與惠子之言「亡其半」也。其患在豎牛之餓叔孫，而江乙之說荆俗也。

嗣公欲治不知，舊注：不知，謂不知治之術也。故使有敵。蒲阪圓曰：嗣公，嗣君也。敵，謂使其貴勢匹敵以相參也。是以明主推積鐵之類而察一市之患。太田方曰：積鐵，喻周密也。一市，喻衆口也。言周密不測而察衆口之信否也。啓雄按：以上各事，詳見說及說注。以下經二至經七都跟經一相同。

經二　必罰

愛多者則法不立，威寡者則下侵上。愛多者仁慈必多，故法難以建立；威寡者嚴厲必寡，故臣下侵犯上。是以刑罰不必則禁令不行。其說在董子之行石邑，與子產之教游吉也。故仲尼說隕霜，而殷法刑棄灰；將行去樂池，將行，是官名。樂，音岳。池，音陀。而公孫鞅重輕罪。重輕罪，謂對輕罪施重罰。是以麗水之金不守，而積澤之火不救。成歡以太仁弱齊國，卜皮以慈惠亡魏王。管仲知之，故斷死人；嗣公知之，故買胥靡。據下文「戮尸」，可知此「斷死人」，是斬斷死尸。莊子庚桑楚注：「胥靡，刑徒人也。」

經三　賞譽

賞譽薄而謾者下不用，漢書匈奴傳注：「謾，欺誑也。」下不用，謂臣下不用命。賞譽厚而信者下輕死。其說在文子稱「若獸鹿」。故越王焚宮室，而吳起倚車轅，易說卦虞注：「倚，立也。」李悝斷訟以射，宋崇門以毀死。句踐知之，故式怒鼃；「式」借爲「軾」，軾是車前橫版，古人俯首伏軾表示敬禮。

「式」「軾」都是動詞。昭侯知之，故藏弊袴。厚賞之使人爲賁、諸也，賁，是孟賁；諸，是專諸：都是古代的勇士。婦人之拾蠶，漁者之握鱣，鱣，即蟮魚。是以效之。俞曰：當作「以是效之」。效者，明也。是，即指婦人漁者而言。謂厚賞之下，可使人人爲賁、諸，以婦人之拾蠶，漁者之握鱣明之也。

經四　一聽

一聽則愚智不分，太田方曰：「一」字上脫「不」字。八經：「聽不一則後悖於前，後悖於前則愚智不分。」高曰：「分」當作「紛」，廣雅釋詁：「紛，亂也。」言一一聽之則智愚不亂也。責下則人臣不參。太田方曰：「責」上脫「無」字，言無督責下，則人臣不相參，八經「聽不參則無以責下」是也。其說在索鄭與吹竽。太田方曰：此二條不一一而聽之解也。其患在申子之以趙紹、韓沓爲嘗試。太田方曰：自此以下，無督責下之患也。蒲阪圓曰：荀子「嘗試之說」注：「謂假借以事試爲之也。」故公子氾議割河東，而應侯謀弛上黨。

經五　詭使

荀子正論注：「詭，詐也。」詭使，謂詭詐地使令人，和詭使篇題義不同。

數見久待而不任，姦則鹿散；太田方曰：數見其人，良久須其人，而不復任其人，則鹿散。鹿善散善聚，故以爲喻。使人問他則不鬻私。使人，謂使令別人。「問他」，當作「間他」，「間」是「間廁」「間雜」的「間」。他，指他人或他事。禮記樂記注：「鬻，生也。」謂當使令別人時，詭詐地間雜着他人或他事，以防別人發生私害。是以龐敬還公大夫，而戴讙詔視輼車；周主亡玉簪，商太宰論牛矢。

經六　挾智

挾智而問，則不智者至；深智一物，衆隱皆變。趙曰：言挾己之智而問，則自多其智，故不智者反得以用其欺，是不若深知一物，則智有所積而衆隱皆變爲顯也，乃與下事相合。其說在昭侯之握一爪也。故必審南門而三鄉得。集解無「審」字，據迂評、翼毳補。太田方曰：審一方而三方皆得知。周主索曲杖而羣臣懼，卜皮事庶子，西門豹詳遺轄。太田方曰：「事」當作「使」。「詳」「佯」通。

經七　倒言

倒言反事以當所疑，則姦情得。舊注：倒錯其言，反爲其事，以試其所疑也。故陽山謾樛豎，顧曰：「陽」「山」當倒，詳後。淖齒爲秦使，齊人欲爲亂，子之以白馬，子產離訟者，嗣公過關市。太田方曰：「市」當作「吏」。

「一」或作「傳一」，其實是「說一」，即對上文「經一、參觀」所舉的事例而詳說之。

衛靈公之時，彌子瑕有寵，專於衛國。侏儒有見公者曰：「臣之夢踐矣。」我的夢見于實踐的行事中。公曰：「何夢？」對曰：「夢見竈，爲見公也。」公怒曰：「吾聞見人主者夢見日，奚爲見寡人而夢見竈！」對曰：「夫日兼燭天下，一物不能當也；人君兼燭一國，一人不能擁也。

呂覽士容注：「燭，照也。」「不能當」，猶「不能擋」。「擁」借爲「邕」，「邕」同「壅」。故將見人主者夢見日。夫竈，一人煬焉，則後人無從見矣。莊子寓言釋文：「煬，炊也。」這是說：炊者以身蔽障火光，故背後的人無從見竈內火光。今或者一人有煬君者乎？舊注：此譏彌子瑕專擁蔽君之明也。則臣雖夢見竈，不亦可乎！」

魯哀公問於孔子曰：「鄙諺曰：『莫衆而迷。』辦事如果沒有羣衆的智慧作指導，就會迷惑。今寡人舉事與羣臣慮之，而國愈亂，其故何也？」孔子對曰：「明主之問臣，一人知之，一人不知也；一人知之，謂「知之爲知之」；一人不知，謂「不知爲不知」；這才是「直議」，而不是「一辭同軌于季孫氏」。如是者，明主在上，羣臣直議於下。今羣臣無不一辭同軌乎季孫者，舉魯國盡化爲一，君雖問境內之人，猶不免於亂也。」

一曰：太田方曰：韓子記異聞也。顧曰：「一曰」者，劉向敍錄時所下校語也。謂一見於晏子春秋，其所曰者如此。凡本書「一曰」皆同例。晏嬰子聘魯，哀公問曰：「語曰：『莫三人而迷。』舊注：舉事不與三人謀，必迷惑。今寡人與一國慮之，魯不免於亂，何也？」晏子曰：「古之所謂『莫三人而迷』者，一人失之，二人得之，三人足以爲衆矣，故曰『莫三人而迷』。今魯國之羣臣以千百數，一言於季氏之私，王先愼曰：謂衆口同聲也。人數非不衆，所言者一人也，安得三哉！」

齊人有謂齊王曰：「河伯，大神也，王何不試與之遇乎？臣請使王遇之。」乃爲壇場大水之上，齊人為齊王在大河的岸上堆土為壇，闢地為場。而與王立之焉。有閒，大魚動，因曰：「此河伯。」舊注：直信一人言，故有斯弊也。

張儀欲以秦韓與魏之勢伐齊荊，而惠施欲以齊荊偃兵。魏策：「張儀欲以魏合於秦韓而攻齊楚，惠施欲以魏合於齊楚以案兵。」可見這是魏國主戰與主和兩派的爭辯。偃兵，謂伏匿兵，即按兵不動。二人爭之。羣臣左右皆為張子言，而以攻齊荊為利，而莫為惠子言。王果聽張子，而以惠子言為不可。攻齊荊事已定，惠子入見。王言曰：王先愼曰：「言」字衍。啓雄按：上二「王」字都是指魏王。「先生毋言矣！攻齊荊之事果利矣，一國盡以為然。」惠子因說：「不可不察也。夫齊荊之事也誠利，太田方曰：「夫」下脫「攻」字。一國盡以為利，是何智者之衆也？攻齊荊之事誠不利，一國盡以為利，何愚者之衆也？凡謀者，疑也。太田方曰：左傳：「咨難為謀。」凡咨事之難於衆者，以疑貳故也。疑也者，誠疑以為可者半，以為不可者半。舊注：若誠有疑則半可半不可。今一國盡以為可，是王亡半也。劫主者，固亡其半者也。」事理老是存在着矛盾的，反對派雖是少數派，但對立面的意見必須考慮，有時道理是在少數派一邊。

叔孫相魯，貴而主斷。「主斷」，猶言「專擅決斷」。其所愛者曰豎牛，亦擅用叔孫之令。叔孫有子曰壬，豎牛妒而欲殺之，因與壬游於魯君所，魯君賜之玉環，壬拜受之而不敢佩，使豎牛請之叔孫。豎牛欺之曰：「吾已為爾請之矣，使爾佩之。」壬因佩之。豎牛因謂叔孫：「何不見壬於君乎？」叔孫曰：「孺子何足見也？」豎牛曰：「壬固已數見於君矣。君賜之玉環，壬已佩之矣。」叔孫召壬見之，而果佩之，叔孫怒而殺壬。壬兄曰丙，豎牛又妒而欲殺之。叔孫爲丙鑄鐘，鐘成，丙不敢擊，使豎牛請之叔孫。豎牛不爲請，又欺之曰：「吾已爲爾請之矣，使爾擊之。」丙因擊之。叔孫聞之曰：「丙不請而擅擊鐘。」怒而逐之。丙出走齊，居一年，豎牛爲謝叔孫，叔孫使豎牛召之，又不召而報之曰：「吾已召之矣，丙怒甚，不肯來。」叔孫大怒，使人殺之。二子已死，叔孫有病，豎牛因獨養之，而去左右，不內人，曰：「叔孫不欲聞人聲。」因不食而餓死。叔孫已死，豎牛因不發喪也，徙其府庫重寶空之而奔齊。夫聽所信之言而子父爲人僇，此不參之患也。說文：「內，入也。」不內人，謂不接納人入。「僇」借爲「戮」。不參，指在聽言觀行上不參驗地來聽納和觀察

江乙爲魏王使荆，謂荆王曰：「臣入王之境內，聞王之國俗曰：『君子不蔽人之美，不言人之惡。』誠有之乎？」王曰：「有之。」「然則若白公之亂，得庶無危乎！舊注：不言人惡，則白公得成其姦謀，故危。誠得如此，臣免死罪矣。」舊注：有惡不言，何罪之有。

衛嗣君重如耳，愛世姬，而恐其皆因其愛重以壅己也，乃貴薄疑以敵如耳，尊魏姬以耦世姬，曰：「以是相參也。」嗣君知欲無壅，而未得其術也。夫不使賤議貴，王先愼曰：謂賤不得訾

議貴者。下必坐上，王先愼曰：「必」字衍。「賤議貴」，「下坐上」，均承上「夫不使」來。坐，卽商君「告坐之法」。不使下坐上者，不使下與上告坐也。而必待勢重之鈞也，而後敢相議，勢重之鈞，謂雙方的勢力權威相均等。則是益樹壅塞之臣也，嗣君之壅乃始。

夫矢來有鄉，舊注：鄉，方也。有從來之方。則積鐵以備一鄉；矢來無鄉，則爲鐵室以盡備之。「鄉」借爲「向」。這是說：矢如果有一定的方向而來，那就積鐵爲鐵壁以防備這一方向；若矢來無定方向，就要鑄一鐵室以盡防四方八面。備之則體不傷。故彼以盡備之不傷，此以盡敵之無姦也。彼以盡備，指爲鐵室以防備矢；此以盡敵，指君盡用君術以敵對姦臣的欺詐。

龐恭與太子質於邯鄲，謂魏王曰：「今一人言市有虎，王信之乎？」曰：「不信。」「二人言市有虎，王信之乎？」曰：「不信。」「三人言市有虎，王信之乎？」王曰：「寡人信之。」龐恭曰：「夫市之無虎也明矣，然而三人言而成虎。今邯鄲之去魏也遠於市，議臣者過於三人，願王察之。」龐恭從邯鄲反，竟不得見。八經「言之爲物也以多信，不然之物，十人云疑，百人然乎，千人不可解也」，和本節的意思相同，都是反對輕信人言的言論。

二一

「二」是「說二」，卽對上文「經二、必罰」的說明。

董閼于爲趙上地守，行石邑山中，見深澗峭如牆，深百仞，因問其旁鄉左右曰：「人嘗有入此者乎？」對曰：「無有。」曰：「嬰兒盲聾狂悖之人嘗有入此者乎？」對曰：「無有。」「牛馬犬彘嘗有入此者乎？」對曰：「無有。」董閼于喟然太息曰：「吾能治矣，使吾法之無赦，猶入澗之必死也，則人莫之敢犯也，何爲不治！」

子產相鄭，病將死，謂游吉曰：「我死後，子必用鄭，必以嚴莅人。夫火形嚴，故人鮮灼；水形懦，故人多溺。子必嚴子之形，集解「形」作「刑」，乾道本作「形」，下同，今改從乾道本。「嚴子形」與「火形嚴」同。無令溺子之懦。」故子產死，盧曰：「故」字衍。游吉不肯嚴形，集解「肯」字作「忍行」，「形」作「刑」，今改從乾道本。鄭少年相率爲盜，處於雚澤，盧曰：左傳作「萑苻之澤」。王先愼曰：「雚」爲今文，「萑」爲古文。將遂以爲鄭禍。游吉率車騎與戰，一日一夜僅能剋之。游吉喟然歎曰：「吾蚤行夫子之教，必不悔至於此矣！」

魯哀公問於仲尼曰：「春秋之記曰：『冬十二月霣霜不殺菽。』何爲記此？」仲尼對曰：「此言可以殺而不殺也。夫宜殺而不殺，桃李冬實。天失道，草木猶犯干之，而況於人君乎！」「霣」借爲「隕」，說文：「隕，從高下也。」隕霜，即霜降。菽，是豆之總名，漢書五行志：「菽、草之難殺者也。」仲尼的話是這樣：「這是說：本來可以殺菽而不殺。應該殺而不殺，那末，桃李在冬季會結果。天如果失掉天道，草木還干犯天道，何況人君如果失了君道呢。」舊注「人君失道，人臣淩之者宜」，即是仲尼的言外之意。

殷之法刑棄灰於街者，子貢以爲重，問之仲尼。仲尼曰：「知治之道也。夫棄灰於街必掩人，舊注：灰塵播揚，善掩翳人也。掩人，人必怒，怒則鬭，鬭必三族相殘也。此殘三族之道也，雖刑之可也。且夫重罰者，人之所惡也；而無棄灰，人之所易也。使人行之所易，而無離所惡，此治之道。」呂覽音初注：「之，其也。」行其所易，指無棄灰。「離」借爲「羅」或「罹」，遭遇也。無離所惡，毋遭遇重罰。

一曰：殷之法，棄灰于公道者斷其手。子貢曰：「棄灰之罪輕，斷手之罰重，古人何太毅也？」舊注：毅，酷也。曰：「無棄灰，所易也；斷手，所惡也。行所易，不關所惡，古人以爲易，故行之。」王先愼曰：「不關所惡，謂不入斷手之法也。書大傳『雖禽獸之聲猶悉關于律』，注：『關猶入也。』」

中山之相樂池，以車百乘使趙，選其客之有智能者以爲將行，舊注：將主行道之人，以爲行位。中道而亂。樂池曰：「吾以公爲有智，而使公爲將行，今中道而亂，何也？」客因辭而去，曰：「公不知治。有威足以服之人，而利足以勸之，故能治之。今臣，君之少客也。夫從少正長，從賤治貴，而不得操其利害之柄以制之，此所以亂也。嘗試使臣，彼之善者我能以爲卿相，彼不善者我得以斬其首，何故而不治！」

公孫鞅之法也重輕罪。「重輕罪」，即下文「行刑重其輕者」，謂重罰那犯輕罪的人。重罪者，人之所難犯也；而小過者，人之所易去也。使人去其所易，無離其所難，此治之道。夫小過不生，大罪不至，是人無罪而亂不生也。

一曰：公孫鞅曰：「行刑重其輕者。輕者不至，重者不來。是謂以刑去刑。」俞曰：「不至」，當作「不生」，言犯輕罪者不得生也。商子說民：「輕者不生。」

荆南之地，麗水之中生金，人多竊采金。采金之禁，得而輒辜磔於市，甚衆，壅離其水也，俞曰：此言辜磔其人而棄尸于水之中，流爲積尸壅遏，遂至分流，是謂壅離其水，極言辜磔者之多也。王先愼曰：得，謂獲其人也。「而」猶「則」也。而人竊金不止。夫罪莫重辜磔於市，猶不止者，不必得也。故今有於此，「有」字下似脫一「人」字。曰：「予汝天下而殺汝身。」庸人不爲也。夫有天下，大利也，猶不爲者，知必死。故不必得也，這個「也」字應在「知必死」句下。則雖辜磔，竊金不止；知必死，則天下不爲也。盧曰：凌本「則」字作「雖予之」，疑以意改。

魯人燒積澤，天北風，火南倚，舊注：火勢南靡，故曰倚也。恐燒國。哀公懼，自將衆趣救火，左右無人，盡逐獸而火不救，乃召問仲尼，仲尼曰：「夫逐獸者樂而無罰，救火者苦而無賞，此火之所以無救也。」哀公曰：「善。」仲尼曰：「事急不及以賞。救火者盡賞之，則國不足以賞於人，請徒行罰。」哀公曰：「善。」於是仲尼乃下令曰：「不救火者比降北之罪，逐獸者比入禁之罪。」令下未遍，而火已救矣。

成驩謂齊王曰：「王太仁，太不忍人。」王曰：「太仁，太不忍人，非善名邪？」對曰：「此人臣之善也，非人主之所行也。夫人臣必仁而後可與謀，不忍人而後可近也；不仁則不可與謀，忍人則不可近也。」王曰：「然則寡人安所太仁，安不忍人？」王渭曰：「安」下當有「所」字。對曰：「王太仁於薛公，而太不忍於諸田。太仁薛公，則大臣無重；王先愼曰：此謂齊王不裁抑薛公，則大臣得無重乎。「無」猶「得無」也。啓雄按：韓子中的「重」字，有時指「重視」。難言「難言重患」，五蠹「重爭士橐」，六反「重命畏事」，是其證。無重，謂無比重視。太不忍諸田，則父兄犯法。大臣無重，則兵弱於外；父兄犯法，則政亂於內。兵弱於外，政亂於內，此亡國之本也。

魏惠王謂卜皮曰：「子聞寡人之聲聞亦何如焉？」下「聞」字，是詩卷阿「令聞令望」之「聞」，「聲聞」猶「聲望」。對曰：「臣聞王之慈惠也。」王欣然喜曰：「然則功且安至？」對曰：「王之功至於亡。」王曰：「慈惠，行善也，行之而亡何也？」卜皮對曰：「夫慈者不忍，而惠者好與也。不忍則不誅有過，好予則不待有功而賞。有過不罪，無功受賞，雖亡，不亦可乎！」此文「好與」「好予」的「與」「予」字，都借為「与」，說文：「与，賜予也。」

齊國好厚葬，布帛盡於衣衾，材木盡於棺椁。桓公患之，以告管仲，曰：「布帛盡則無以為幣，材木盡則無以為守備，而人厚葬之不休，禁之奈何？」管仲對曰：「凡人之有為也，非名之則利之也。」於是乃下令曰：「棺椁過度者戮其尸，罪夫當喪者。」夫戮死無名，罪當喪者無利，人何故為之也。 物茂卿曰：當喪者，謂喪主也。

衛嗣君之時，有胥靡逃之魏，因為襄王之后治病。「胥靡」解見經二。衛嗣君聞之，使人請以五十金買之，五反而魏王不予，乃以左氏易之。舊注：「左氏」，都邑名也。羣臣左右諫曰：「夫以一都買一胥靡，可乎？」王曰：「非子之所知也。夫治無小而亂無大，法不立而誅不必， 舊注：當誅而不誅，故曰「不必」也。 雖有十左氏無益也；法立而誅必，雖失十左氏無害也。」魏王聞之曰：「主欲治而不聽之，不祥。」因載而往，徒獻之。 謂空獻胥靡，不取地和金。

三

「三」是「說三」，即對上文「經三、賞譽」的說明。

齊王問於文子曰：「治國何如？」對曰：「夫賞罰之為道，利器也。君固握之，不可以示人。若如臣者，猶獸鹿也，唯薦草而就。」太田方曰：管子八觀「薦草多衍」，注：「薦，茂草也。」「而」猶「之」也。言凡庸人臣之歸厚賞，猶獸鹿之走壙也，唯薦草之就，如無是，則去而適他耳。

越王問於大夫種曰：「吾欲伐吳，可乎？」對曰：「可矣。吾賞厚而信，罰嚴而必。君欲知之，何不試焚宮室。」於是遂焚宮室，人莫救之。乃下令曰：「人之救火者死，比死敵之賞；救火而不死者，比勝敵之賞；不救火者，比降北之罪。」人之塗其體，被濡衣而走火者，左三千人，右三千人。此知必勝之勢也。

吳起爲魏武侯西河之守，秦有小亭臨境，後漢光武紀注：「亭，候伺候望敵之所。」吳起欲攻之。不去則甚害田者，去之則不足以徵甲兵。舊注：亭，小故也。於是乃倚一車轅於北門之外而令之曰：「有能徙此南門之外者，賜之上田上宅。」人莫之徙也。及有徙之者，遂賜之如令。俄又置一石赤菽於東門之外而令之曰：「有能徙此於西門之外者，賜之如初。」人爭徙之。乃下令曰：「明日且攻亭，有能先登者，仕之國大夫，賜之上田上宅。」人爭趨之，於是攻亭一朝而拔之。

李悝爲魏文侯上地之守，而欲人之善射也，乃下令曰：「人之有狐疑之訟者，狐疑之訟，指疑似而難判斷的獄訟。令之射的，的，是質的，指射布上的「鵠的」或「箭靶」。中之者勝，不中者負。」令下而人皆疾習射，日夜不休。及與秦人戰，大敗之，以人之善射也。

宋崇門之巷人，服喪而毀，甚瘠，太田方曰：居喪致瘠曰毀。上以爲慈愛於親，上，謂宋君。舉以爲官師。師，長也。明年，人之所以毀死者歲十餘人。子之服親喪者，爲愛之也，而尚可以賞勸也，況君上之於民乎。

越王慮伐吳，慮，謀也。欲人之輕死也，出見怒鼃，乃爲之式。從者曰：「奚敬於此？」王曰：「爲其有氣故也。」明年之請以頭獻王者歲十餘人。由此觀之，譽之足以殺人矣。趙本「明年」下無「之」字。

一曰：越王勾踐見怒鼃而式之，御者曰：「何爲式？」王曰：「鼃有氣如此，可無爲式乎？」士人聞之曰：「鼃有氣，王猶爲式，況士人之有勇者乎！」是歲人有自剄死，以其頭獻者。故越王將復吳而試其教，燔臺而鼓之，使人赴火者，賞在火也；舊注：火雖殺人，赴之必得賞，故赴之不懼也。臨江而鼓之，使人赴水者，賞在水也；臨戰而使人絕頭刳腹而無顧心者，賞在兵也。又況據法而進賢，其助甚此矣。舊注：進賢可以得賞，又無水火之難，則人豈不爲哉。其所以不進賢者，但不賞故也。顧曰：「助」當作「勸」。

韓昭侯使人藏弊袴，侍者曰：「君亦不仁矣，弊袴不以賜左右而藏之。」昭侯曰：「非子之所知也，吾聞明主之愛，一嚬一笑。舊注：必憂其不善，勸其能善，不妄爲也。嚬有爲嚬，而笑有爲笑。今夫袴，豈特嚬笑哉！舊注：嚬笑尚不妄爲，況弊袴豈可以無功而與也。袴之與嚬笑相去遠矣，吾必待有功者，故收藏之未有予也。」

鱣似蛇，蠶似蠋。人見蛇則驚駭，見蠋則毛起。然而婦人拾蠶，漁者握鱣，利之所在，則忘其所惡，皆爲貴、諸。

四

「四」是「說四」，即對上文「經四、一聽」的說明。

魏王謂鄭王曰：王先愼曰：鄭卽韓也，說見說林上。「始鄭梁一國也，已而別，今願復得鄭而合之梁。」鄭君患之，召羣臣而與之謀所以對魏。鄭公子謂鄭君曰：「此甚易應也。君對魏曰：『以鄭爲故魏而可合也，則弊邑亦願得梁而合之鄭。』」魏王乃止。「弊」借爲「敝」。

齊宣王使人吹竽，必三百人。南郭處士請爲王吹竽，宣王說之，廩食以數百人。釋詞：「以猶及也。」這是說：吹竽者食廩穀將近數百人。宣王死，湣王立，好一一聽之，處士逃。

一曰：韓昭侯曰：「吹竽者衆，吾無以知其善者。」田嚴對曰：「一一而聽之。」

趙令人因申子於韓請兵，將以攻魏。申子欲言之君，而恐君之疑己外市也，舊注：爲外請兵，取其貨利，故曰「市」。不則恐惡於趙，乃令趙紹、韓沓嘗試君之動貌而後言之，內則知昭侯之意，外則有得趙之功。三國兵至，韓王謂樓緩曰：集解「國」字下無「兵」字，據迂評、翼毳校增。太田方曰：國策作「三國攻秦，入函谷」。三國，魏齊韓也。「韓王」國策作「秦王」，是也。「三國之兵深矣，寡人欲割河東而講，何如？」王先愼曰：策注：「講，成也。」案春秋時人謂之「成」，戰國時人謂之「講」，其義一也。說文：「講，和解也。」對曰：「夫割河東，大費也；免國於患，大功也。此父兄之任也，王何不召公子氾而問焉？」王召公子氾而告之，對曰：「講亦悔，不講亦悔。王今割河東而講，三國歸，王必曰：『三國固且去矣，吾特以三城送之。』不講，三國也入韓，則國必大舉矣，王必大悔王曰：『不獻三城也。』」盧曰：下「王」字衍。臣故曰：『王講亦悔，不講亦悔。』」王曰：「爲我悔也，寧亡三城而悔，無危乃悔，寡人斷講矣。」斷講，謂決斷要講和

應侯謂秦王曰：「王得宛、葉、藍田、陽夏，斷河內，困梁鄭，王先愼曰：梁鄭即魏韓。啓雄按：「困」字集解誤作「因」，據乾道、纂聞等本改。所以未王者，趙未服也。弛上黨在一而已，舊注：廢上黨，棄一郡而已。以臨東陽，則邯鄲口中虱也。舊注：以守上黨之兵臨東陽，則邯鄲危如口中虱也。王拱而朝天下，後者以兵中之，荀子彊國注：「中，擊也。」謂秦王拱手而朝天下諸侯時，有後至者，秦則以兵擊之。然上黨之安樂，其處甚劇，太田方曰：「其處」與「甚劇」相似，疑誤衍。臣恐弛之而不聽，奈何？」蒲阪圓曰：奈何，問之辭也。上黨本韓地，而近于趙，應侯恐二國後或爭取其地，因以爲己罪，故却問王，使王自決也。王曰：「必弛易之矣。」顧曰：「易」字當衍，「弛」即「易」也，不容複出。謂以地易上黨。

五

「五」是「說五」，即對上文「經五、詭使」的說明。

龐敬，縣令也，遣市者行，而召公大夫而還之，龐敬遣市者和公大夫同行之市，而單獨召公大夫還。立有閒，無以詔之，卒遣行。舊注：不命，卒遣去，俱不測其由也。市者以爲令與公大夫有言，不相信，以至無姦。

戴驩，宋太宰，夜使人曰：「吾聞數夜有乘輼車至李史門者，謹爲我伺之。」尹曰：李史，治獄官也。管子法法：「皋陶爲李。」鶡冠子：「王鈇治不踰官，使史李不誤。」使人報曰：「不見輼車，見有奉笥而與李史語者，有閒，李史受笥。」太田方曰：說文：「笥，飯及衣之器也。」禮記曲禮：「苞苴簞笥。」

周主亡玉簪，令吏求之，三日不能得也。周主令人求，而得之家人之屋閒。周主曰：「吾知吏之不事事也，上「事」字是動詞，下「事」字是名詞。事事，指任使臣事。求簪三日不得之；吾令人求之，不移日而得之。」於是吏皆聳懼，以爲君神明也。「神明」猶「明智」。莊子、荀子中的「神明」多指人之睿智，韓子中的「神明」有時指人的精神，有時指人的明智。

商太宰使少庶子之市，顧反而問之曰：「何見於市？」對曰：「無見也。」太宰曰：「雖然，何見也？」對曰：「市南門之外甚衆牛車，僅可以行耳。」太宰因誡使者：「無敢告人吾所問於女。」因召市吏而誚之曰：「市門之外何多牛屎！」傅曰：屎本字爲𦳊，屎、矢皆𦳊借字。市吏甚怪太宰知之疾也，乃悚懼其所也。一切經音義引三倉：所，處也。指工作崗位。悚懼其所，謂警惕地站好他的崗位。

六

「六」是「說六」，即對上文「經六、挾智」的說明。

韓昭侯握爪，而佯亡一爪，求之甚急。左右因割其爪而效之。昭侯以此察左右之不誠。尹曰：爪，指甲也。效，獻也。

韓昭侯使騎於縣，使者報，昭侯問曰：「何見也？」對曰：「無所見也。」昭侯曰：「雖然，何見？」曰：「南門之外，有黃犢食苗道左者。」昭侯謂使者：「毋敢洩吾所問於女。」乃下令曰：「當苗時，禁牛馬入人田中，固有令，而吏不以爲事，這二句說：本來是有君主的禁令在，然而官吏們不以爲有這一回事。牛馬甚多入人田中。亟舉其數上之；不得，將重其罪。」於是三鄉舉而上之。太田方曰：越語注：「鄉，方也。」三鄉，東西北門之外。昭侯曰：「未盡也。」復往審之，乃得南門之外黃犢。吏以昭侯爲明察，皆悚懼其所而不敢爲非。

周主下令索曲杖，吏求之數日不能得。周主私使人求之，不移日而得之。乃謂吏曰：「吾知吏不事事也。曲杖甚易也，而吏不能得，我令人求之，不移日而得之，豈可謂忠哉！」吏乃皆悚懼其所，以君爲神明。

卜皮爲縣令，其御史汙穢而有愛妾。卜皮乃使少庶子佯愛之，以知御史陰情。王先愼曰：卜皮使庶子佯愛御史之愛妾。

西門豹爲鄴令，佯亡其車轄，令吏求之不能得，使人求之而得之家人屋閒。

七

「七」是「說七」，卽對上文「經七、倒言」的說明。

陽山君相謂，聞王之疑己也，乃僞謗樛豎以知之。顧曰：藏本、今本「謂」作「衞」。按：「謂」當作「韓」，「陽山」當作「山陽」。韓策有「或謂山陽君曰：『秦對君以山陽』」云云，可證。

淖齒聞齊王之惡己也，乃矯爲秦使以知之。

齊人有欲爲亂者，恐王知之，因詐逐所愛者，令走王知之。似作「詐逐所愛者走，令王知之」。

子之相燕，坐而佯言曰：「走出門者何，白馬也？」左右皆言不見。有一人走追之，報曰：「有。」子之以此知左右之不誠信。舊注：僞報有白馬者是不誠信。

有相與訟者，子產離之，而無使得通辭，倒其言以告而知之。

衞嗣公使人爲客過關市，關市苛難之，因事關市以金，與關吏乃舍之。盧曰：「與」字衍。王先謙曰：關市，蓋關吏之從者，與吏有別。嗣公爲關吏曰：「某時有客過而所，與汝金，而汝因遣之。」王先愼曰：「爲」「謂」古通。關市乃大恐，而以嗣公爲明察。

第三十一篇　內儲說下六微

本篇把宮廷中和社會上種種陰謀儘量揭露，有如照妖鏡把妖魔眞相照出，使姦邪無所隱形。這些姦邪，正是法治的對象。在黑暗的舊社會中既然有這樣的事，那末，爲要達到法治的目的，從客觀上先作一些觀察以取得認識，也是必要的。

六微：「微」字解詳內儲說上篇首。一曰權借在下，君主把權勢借給在下的羣臣。二曰利異外借，利異，謂君主的利跟姦臣的利是不同的。外借，指姦臣向外國借外力來成他的私利。三曰託於似類，謂大臣假託于類似之事以欺主而成私姦。四曰利害有反，主利與臣利，國害與臣害，有時是彼此相反。五曰參疑內爭，「參」是「參雜」之「參」，「疑」借爲「擬」。這是說：君權和臣權相參，甚至臣權跟君權一樣大，這樣，就引起朝廷內爭權。六曰敵國廢置。敵國專務廢置我國的賢良，所以對敵計要覺察。——此六者，主之所察也。

經一　權借

權勢不可以借人，上失其一，臣以爲百。君主的權勢失掉一，臣下就借用此權勢做出擅權百倍的行動。故臣得借則力多，力多則內外爲用，內外爲用則人主壅。其說在老聃之言失魚也。老子三十六章：「魚不可脫於淵，國之利器，不可以示人。」是以人主久語而左右鬻懷刷，翼毳「刷」作「尉」。太田方曰：左右因人主慰安之言以外自售。其患在胥僮之諫厲公，與州侯之一言而燕人浴矢也。太田方曰，「一言」，「一口」也，前篇云「一言於季孫之私」是也。「而」猶「與」也。啓雄按：從「經一」至「經六」所舉的歷史故事，都詳見于「說一」至「說六」。

經二　利異

君臣之利異，故人臣莫忠，故臣利立而主利滅。是以姦臣者召敵兵以內除，舉外事以眩主，苟成其私利，不顧國患。姦臣招引敵國的兵來除自己在國內的異黨，又舉起外交上的事情來迷惑君主的視聽，只要能成就他的私利，他不管國家的後患。其說在衞人之夫妻禱祝也。故戴歇議子弟，而三桓攻昭公；公叔內齊軍，而翟黃召韓兵；太宰嚭說大夫種，大成牛教申不害；盧曰：韓策、史記趙世家、漢書古今人表俱作「大成午」，此「牛」字譌，後同。司馬喜告趙王，呂倉規秦楚；宋石遺衞君書，白圭教暴譴。

經三　似類

似類之事，人主之所以失誅，而大臣之所以成私也。似類之事，即相類似的事情。類似的事很難分辨眞假，君主如果不明察，誅罰就錯了；姦臣也利用這種似是而非的事來成私邪。是以門人捐水而夷射誅，濟陽自矯而二人罪，司馬喜殺爰騫而季辛誅，鄭袖言惡臭而新人劓，費無忌教郄宛而令尹誅，陳需殺張壽而犀首走。故燒芻廥而中山罪，殺老儒而齊陽賞也。

經四　有反

事起而有所利，其尸主之；王先愼曰：尸，主也。其尸主之，謂其君主之也。下云「國害則省其利者」，即指君言。有所害，必反察之。是以明主之論也，國害則省其利者，臣害則察其反者。其說在楚兵至而陳需相，太田方曰：魏有兵害，而陳需享其利。黍種貴而廩吏覆。太田方曰：爾雅：「覆，審察也。」是以昭奚恤執販茅，而不僖侯譙其次，（？）蒲阪圓曰：譙，責也。次，謂其次當爲尙宰者。文公髮繞炙，而穰侯請立帝。蒲阪圓曰：秦立爲帝，則穰侯必益封，此亦有所利而爲之者耳。

經五　參疑

參疑之勢，亂之所由生也，故明主愼之。是以晉驪姬殺太子申生，而鄭夫人用毒藥，衞州吁殺其君完，公子根取東周，王子職甚有寵而商臣果作亂，嚴遂、韓廆爭而哀侯果遇賊，集解「侯」誤作「公」，據各本及日本本改。下文說五亦作「侯」。田常、闞止、戴驩、皇喜敵而宋君、簡公殺。王先愼曰：「田常」下說作「田恆」，後人避諱改也。其說在狐突之稱二好，與鄭昭之對未生也。

經六　廢置

敵之所務，在淫察而就靡，王先愼曰：淫，亂也。靡，非也。人主之察旣亂，則舉事皆非。人主不察，則敵廢置矣。王先愼曰：此言人主不明敵之所務，則敵得以廢置我之人才矣。故文王資費仲，而秦王患楚使，黎且去仲尼，而干象沮甘茂。是以子胥宣言而子常用，內美人而虞、虢亡，佯遺書而萇弘死，用雞猳而鄶桀盡。

廟攻

王先愼曰：趙本作「廟攻七」。案：經既明言「六微」，則不應有「七」字，此接上文而來，並不應另標「廟攻」二字。蒲阪圓曰：上文總敍「六微」，止言「六曰敵國廢置」，而無「廟攻」之目。何犿序云「六微內亡去三章，其廢置章亦有殘缺」，而未嘗言及「廟攻」章，此蓋後人因章中有「此謂廟攻」之語，妄意割裂以添此章名者耳。

參疑廢置之事，明主絕之於內而施之於外。資其輕者，輔其弱者，此謂廟攻。太田方曰：絕之於內者，不使敵行參疑廢置之事於我也。施之於外者，我施行之於敵也。資輕輔弱者，謂如文王資費仲也。周書大武注：「攻，謂奪其計使不成也。」言論之於廊廟之上而攻乎千里之外，故曰「廟攻」。參伍既用於內，觀聽又行於外，則敵僞得。太田方曰：參伍，參伍互相錯而驗也。觀聽，明耳目也，謂用間也。敵僞得，得知敵之情僞也。其說在秦侏儒之告惠文君也。故襄疵言襲鄴，而嗣公賜令蓆。「蓆」說作「席」。

「一」是「說一」，卽對上文「經一、權借」的說明。

勢重者，人主之淵也；臣者，勢重之魚也。下句似本作「人主者，勢重之魚也」。勢重卽權勢。這是說：權勢好比是君主的淵海，君主好比是「淵海般的權勢」中的魚。魚失於淵而不可復得也，人主失其勢重於臣而不可復收也。二「而」字都讀作「則」。古之人難正言，故託之於魚。太田方曰：「正言」猶「直言」也。此章解老子「魚不可脫於淵」語。

賞罰者，利器也，君操之以制臣，臣得之以擁主。故君先見所賞，則臣鬻之以爲德；君先見所罰，則臣鬻之以爲威。故曰：「國之利器，不可以示人。」說難「與之論細人則以爲賣重」，史記引「賣重」作「鬻權」，可見「鬻」「賣」二字通用。此文「鬻之」，指姦臣賣弄君主的權柄。

靖郭君相齊，與故人久語，則故人富，懷左右刷，「刷」當作「尉」，「尉」同「慰」，卽安慰。則左右重。久語懷刷，小資也，猶以成富，況於吏勢乎。顧曰：「成富」下當有「取重」二字。啓雄按：「吏勢」跟「久語」「懷刷」對擧，「吏」字應是動詞，或是「使」字損壞字，使勢，謂行使權勢。

晉厲公之時，六卿貴，胥僮長魚矯諫曰：「大臣貴重，敵主爭事，外市樹黨，下亂國法，上以劫主，而國不危者，未嘗有也。」公曰：「善。」乃誅三卿。尹曰：三卿卽三郤：郤錡、郤犨、郤至。胥僮長魚矯又諫曰：「夫同罪之人，尹曰：同，共也。今律謂共犯，如欒書、中行偃是。偏誅而不盡，是懷怨而借之間也。」物茂卿曰：謂誅其一半，使其懷怨而借之以間隙也。公曰：「吾一朝而夷三卿，予不忍盡也。」長魚矯對曰：「公不忍之，彼將忍公。」公不聽。居三月，諸卿作難，遂殺厲公而分其地。

州侯相荊，貴而主斷。荊王疑之，因問左右，左右對曰「無有」，如出一口也。州侯是楚襄王幸臣，見楚策。主斷，謂專擅着決斷。

燕人無惑，故浴狗矢。「無惑」，集解據張榜本改作「惑易」，今仍從乾道、迂評、凌閣等本。「故」猶「而」也。「矢」借為「菌」，說文：「菌，糞也。」俗字作「屎」。浴狗矢，似是古代愚蠢而迷信的除妖方法。這句說：燕人本是無妖惑的却遭到狗屎湯的淋浴。燕人其妻有私通於士，其夫早自外而來，士適出，夫曰：「何客也？」其妻曰：「無客。」問左右，左右言「無有」，如出一口。其妻曰：「公惑易也。」因浴之以狗矢。物茂卿曰：惑易，謂病惑而視聽變易也。

一曰：燕人李季好遠出，其妻私有通於士，季突至，士在內中，妻患之。其室婦曰：「令公子裸而解髮，直出門，吾屬佯不見也。」於是公子從其計，疾走出門。季曰：「是何人也？」家室皆曰：「無有。」季曰：「吾見鬼乎？」婦人曰：「然。」「為之奈何？」曰：「取五牲之矢浴之。」季曰：「諾。」乃浴以矢。一曰：浴以蘭湯。

二一

「二」是「說二」，即對上文「經二、利異」的說明。

衛人有夫妻禱者而祝曰：「使我無故，得百束布。」其夫曰：「何少也？」對曰：「益是，子將以買妾。」 蒲阪圓曰：夫妻異利，猶君臣之各務其便也。

荆王欲宦諸公子於四鄰，戴歇曰：「不可。」「宦公子於四鄰，四鄰必重之。」 顧曰：二句荆王之言。 曰：「子出者重，重則必爲所重之國黨，則是敎子於外市也，不便。」

魯孟孫、叔孫、季孫相戮力劫昭公，遂奪其國而擅其制。魯三桓公偪， 王先愼曰：「公偪」當作「偪公」。公，謂公室也。 昭公攻季孫氏，而孟孫氏、叔孫氏相與謀曰：「救之乎？」叔孫氏之御者曰：「我家臣也，安知公家。」「凡有季孫與無季孫於我孰利？」皆曰：「無季孫必無叔孫。」「然則救之。」於是撞西北隅而入。孟孫見叔孫之旗入，亦救之。三桓爲一，昭公不勝。逐之，死於乾侯。 王先愼曰：撞，撞公圍也。事見左傳。

公叔相韓而有攻齊，公仲甚重於王， 俞曰：爾雅釋詁：「攻，善也。」「有」讀爲「又」。相韓而有攻齊，謂相韓而又善齊也。 公叔恐王之相公仲也，使齊韓約而攻魏。公叔因內齊軍於鄭以劫其君，以固其位而信兩國之約。 王先愼曰：鄭即韓也，說見說林上。

翟黃，魏王之臣也，而善於韓，乃召韓兵令之攻魏，因請爲魏王搆之以自重也。 王先愼曰：搆，講也。

越王攻吳王，吳王謝而告服，尹曰：告，請也，謂謝會稽之罪而請服。越王欲許之，范蠡、大夫種曰：「不可。昔天以越與吳，吳不受。今天反夫差，亦天禍也。越語「今將反此義以報此禍。」以吳予越，再拜受之，不可許也。」太宰嚭遺大夫種書曰：「狡兔盡則良犬烹，敵國滅則謀臣亡。大夫何不釋吳而患越乎？」蒲阪圓曰：釋，舍也。吳存則爲越患，謀臣猶見尊用也。大夫種受書讀之，太息而歎曰：「殺之，越與吳同命。」殺之，指越王殺戮謀臣。這是說：如果越王忘恩而殺功臣，那末，越國將與吳國同樣要滅亡。

大成牛從趙謂申不害於韓曰：「以韓重我於趙，王先愼曰：「以」上當有「子」字。請以趙重子於韓，是子有兩韓，我有兩趙。」

司馬喜，中山君之臣也，而善於趙，嘗以中山之謀微告趙王。禮記學記疏：「微，幽隱也。」微告，即暗中密告。

呂倉，魏王之臣也，而善於秦荊，微諷秦荊令之攻魏，因請行和以自重也。廣雅釋詁：「諷，諫也。」微諷，謂微言勸諫。

宋石，魏將也；衛君，荊將也。兩國搆難，二子皆將。宋石遺衛君書曰：「二軍相當，兩旗相望，唯毋一戰，戰必不兩存。兩軍兵力相當，距離又不遠，唯有避免戰鬥，如戰，必不能兩存。此乃兩主之事也，與子無有私怨，善者相避也。」

白圭相魏，暴譴相韓。白圭謂暴譴曰：「子以韓輔我於魏，我以魏待子於韓，臣長用魏，子長用韓。「待」借爲「持」。「待」「持」同從「寺」聲，古多通用。荀子禮論「兩者相持而長」，史記禮書引作「待」。荀子解蔽注：「持，扶翼也。」

三

「三」是「說三」，即對上文「經三、似類」的說明。

齊中大夫有夷射者，御飲於王，醉甚而出，倚於郎門。門者刖跪請曰：太田方曰：刖，斷足也。荀子勸學「蟹六跪而二螯」，注：「跪，足也。」啓雄按：「刖跪」或「跀足」是古刑名，又見外儲說左下首篇。「足下無意賜之餘隸乎？」顧曰：藏本同，今本「隸」作「瀝」。夷射叱曰：「去！刑餘之人，何事乃敢乞飲長者！」刖跪走退。及夷射去，刖跪因捐水郎門霤下，類溺者之狀。說文：「捐，棄也。」禮記喪大記疏：「屋簷霤下。」史記范雎傳索隱：「溺，即溲也。」指便溺，俗作「尿」。明日，王出而訶之，曰：「誰溺於是？」刖跪對曰：「臣不見也，雖然，昨日中大夫夷射立於此。」王因誅夷射而殺之。王先謙曰：誅，責也。與下「乃誅萇弘而殺之」，文句一例。

魏王臣二人不善濟陽君，濟陽君因僞令人矯王命而謀攻己。王使人問濟陽君曰：「誰與恨？」對曰：「無敢與恨。雖然，嘗與二人不善，不足以至於此。」魏王問濟陽君：「跟什麼人有怨恨？」濟陽君答道：「我不敢跟別人結怨，可是曾經跟兩個人有些意見，但不致于這樣（指攻己）。」王問左右，左右曰：「固然。」王因誅二人者。

季辛與爰騫相怨，司馬喜新與季辛惡，因微令人殺爰騫，禮學記疏：「微，幽隱也。」微令人，謂祕密使人。中山之君以爲季辛也，因誅之。

荊王所愛妾有鄭袖者，荊王新得美女，鄭袖因教之曰：「王甚喜人之掩口也，爲近王，必掩口。」釋詞：「爲猶若也。」爲近王，即如果接近王。美女入見，近王，因掩口。王問其故，鄭袖曰：「此固言惡王之臭。」及王與鄭袖、美女三人坐，袖因先誡御者曰：「王適有言，必亟聽從王言。」釋詞：「適猶若也。」說文：「亟，敏疾也。」爾雅釋詁：「亟，疾也，速也。」美女前，近王甚，數掩口。王悖然怒曰：「劓之！」御因揄刀而劓美人。王先愼曰：「『御』下當有『者』字。」啓雄按：說文：「揄，引也。」

一曰：魏王遺荊王美人，荊王甚悅之。夫人鄭袖知王悅愛之也，亦悅愛之，甚於王，衣服玩好擇其所欲爲之。王曰：「夫人知我愛新人也，其悅愛之甚於寡人，此孝子所以養親，忠臣之所以事君也。」王先愼曰：「『子』下當有『之』字，此與下句文法一例。楚策正有『之』字。」夫人知王之不以己爲妒也，因爲新人曰：『王甚悅愛子，然惡子之鼻，子見王，常掩鼻，則王長幸子矣。』」王先愼曰：「爲」與「謂」古通。啓雄按：獨斷：「親愛者皆曰幸。」長幸，謂長久寵愛。於是新人從之，每見王，常掩鼻。王謂夫人曰：「新人見寡人常掩鼻何也？」對曰：「不已知也。」「已」字當作「己」，不己知，謂荆王不自知。王強問之，對曰：「頃嘗言惡聞王臭。」王怒曰：「劓之！」夫人先誡御者曰：「王適有言，必可從命。」御者因揄刀而劓美人。

費無極，荆令尹之近者也。郄宛新事令尹，蒲阪圓曰：近，謂其與令尹親近也。「事」者，非必臣之，如左傳萇弘事劉文公之比。令尹甚愛之，無極因謂令尹曰：「君愛宛甚，何不一爲酒其家？」令尹曰：「善。」因令之爲具於郄宛之家。無極教宛曰：「令尹甚傲而好兵，子必謹敬，先亟陳兵堂下及門庭。」宛因爲之。令尹往而大驚曰：「此何也？」無極曰：「君殆，去之！事未可知也。」蒲阪圓曰：左傳：「吾幾禍子，子惡將爲子不利。」案殆，危也。令尹大怒，舉兵而誅郄宛，遂殺之。

犀首與張壽爲怨，王先愼曰：「爲」猶「相」也。上文「季辛與爰騫相怨」，句法正同。陳需新入，不善犀首，因使人微殺張壽。魏王以爲犀首也，乃誅之。蒲阪圓曰：「誅」云者，非必殺之。秦策注：「犀首，公孫衍也。」司馬彪曰：「犀首，魏官名，若今虎牙將軍。」

中山有賤公子，馬甚瘦，車甚弊。左右有私不善者，「弊」借爲「敝」，破壞也。有私不善者，謂左右中有私怨公子者。乃爲之請王曰：王先愼曰：「請」下當有「於」字。「公子甚貧，馬甚瘦，王何不益之馬食。」王不許。左右因微令夜燒芻廄，「令」字下似挩一「人」字。王以爲賤公子也，乃誅之。

魏有老儒而不善濟陽君，客有與老儒私怨者，因攻老儒殺之，以德於濟陽君，曰：「臣爲其不善君也，故爲君殺之。」濟陽君因不察而賞之。客利用濟陽君對老儒的怨仇，就殺了老儒來報自己的私仇，却借此對濟陽君討好。濟陽君不察客的詭計就賞賜了他。

一曰：濟陽君有少庶子者，不見知，欲入愛於君者。下「者」字似衍。齊使老儒掘藥於馬梨之山，濟陽少庶子欲以爲功，入見於君曰：「齊使老儒掘藥於馬梨之山，名掘藥也，實間君之國。君殺之，物茂卿曰：間，諜也。王先謙曰：「殺之」上當有「不」字。是將以濟陽君抵罪於齊矣。臣請刺之。」君曰：「可。」於是明日得之城陰而刺之，濟陽君還，益親之。禮記坊記疏：「益，漸也。」益親之，謂他由「不見知」(即不被親愛)逐漸轉爲親愛。

四

「四」是「說四」，即對上文「經四、有反」的說明。

陳需，魏王之臣也，善於荆王，而令荆攻魏。荆攻魏，陳需因請爲魏王行解之，因以荆勢相魏。方言：「倂，挩也。」行倂，似是「行成解脫」的簡語，即求和以免戰禍之意。

韓昭侯之時，黍種常貴甚。集解「甚」字作「尠有」，今據乾道本改。昭侯令人覆廩，覆，指審察，解見經四。廩吏果竊黍種而糶之甚多。

昭奚恤之用荊也，有燒倉廥窌者而不知其人。顧曰：「窌」當作「窌」。昭奚恤令吏執販茅者而問之，果燒也。王先謙曰：「果燒」下疑有「者」字。

昭僖侯之時，宰人上食，而羹中有生肝焉。昭侯召宰人之次而誚之「誚」同「譙」，廣雅：「譙，呵也。」即「呵責」或「譴責」。曰：「若何爲置生肝寡人羹中？」宰人頓首服死罪，曰：「竊欲去尙宰人也。」「尙」借爲「掌」。廣雅釋詁：「尙，主也。」尙宰人，即主管膳宰的膳夫。

一曰：僖侯浴，湯中有礫。僖侯曰：「尙浴免，則有當代者乎？」左右對曰：「有。」僖侯曰：「召而來。」譙之曰：「何爲置礫湯中？」對曰：「尙浴免，則臣得代之，是以置礫湯中。」

文公之時，宰臣上炙而髮繞之。文公召宰人而譙之曰：「女欲寡人之哽邪？奚爲以髮繞炙？」宰人頓首再拜，請曰：「臣有死罪三：援礪砥刀，利猶干將也，切肉肉斷而髮不斷，臣之罪一也。援錐貫臠而不見髮，臣之罪二也。奉熾爐炭，肉盡赤紅，炙熟而髮不焦，臣之罪三也。堂下得微有疾臣者乎？」王引之曰：「得微」即「得無」也。邶風式微傳：「微，無也。」晏子春秋雜篇

「諸侯得微有故乎，國家得微有事乎」，莊子盜跖「得微往見跖耶」，皆其證也。公曰：「善。」乃召其下而譙之，果然，乃誅之。

一曰：晉平公觴客，少庶子進炙而髮繞之，平公趣殺炮人，毋有反令。炮人呼天曰：「嗟乎！臣有三罪，死而不自知乎！」平公曰：「何謂也？」對曰：「臣刀之利，風靡骨斷，而髮不斷，是臣之一死也。說文：「靡，披靡也。」披靡，即分散貌，謂快刀把空氣衝散而成風。桑炭炙之，肉紅白而髮不焦，是臣之二死也。炙熟，又重睫而視之，髮繞炙而目不見；是臣之三死也。意者堂下其有翳憎臣者乎？殺臣不亦蚤乎！」重睫，未詳。翳憎，似謂心中隱藏着憎恨，即暗怨。「蚤」借爲「早」。

穰侯相秦，而齊強。穰侯欲立秦爲帝而齊不聽，因請立齊爲東帝，而不能成也。顧曰：「不」當作「乃」。

五

「五」是「說五」，即對上文「經五、參疑」的說明。

晉獻公之時，驪姬貴，擬於后妻，而欲以其子奚齊代太子申生，因患申生於君而殺之，遂立奚齊爲太子。「擬」借爲「儗」，說文：「儗，僭也。」禮記樂記注：「患，害也。」

鄭君已立太子矣，而有所愛美女欲以其子爲後。夫人恐，因用毒藥賊君殺之。

衛州吁重於衛，擬於君，羣臣百姓盡畏其勢重。州吁果殺其君而奪之政。呂覽音初注：「之，其也。」殺其君而奪之政，謂州吁弒衛桓公而奪其政。見左隱四傳。

公子朝，周太子也，弟公子根甚有寵於君，君死，遂以東周叛，分爲兩國。顧曰：難三「朝」作「宰」。

楚成王以商臣爲太子，既而又欲置公子職；商臣作亂，遂攻殺成王。一曰：楚成王商臣爲太子，顧曰：「成王」下當有「以」字。既欲置公子職。商臣聞之，未察也，乃爲其傅潘崇曰：王先愼曰：「爲」「謂」字通。「奈何察之也？」潘崇曰：「饗江芊而勿敬也。」太子聽之，江芊曰：「呼，役夫！宜君王之欲廢女而立職也。」商臣曰：「信矣。」潘崇曰：「能事之乎？」曰：「不能。」「能爲之諸侯乎？」俞曰：「爲」字衍。能之諸侯乎，言能適諸侯乎。左傳作「能行乎」，是其證。曰：「不能。」「能擧大事乎？」曰：「能。」於是乃起宿營之甲而攻成王。成王請食熊膰而死，不許，遂自殺。以上二段見左文元年傳。

韓廆相韓哀侯，嚴遂重於君，二人甚相害也。嚴遂乃令人刺韓廆於朝，韓廆走君而抱之，遂刺韓廆而兼哀侯。顧曰：說林上及韓策「廆」作「傀」，同字。「哀侯」即世家之「烈侯」，世本謂之「武侯」，戰國策及此謂之「哀侯」，各不同。事在三年，與世家之「哀侯」非一人。

田恆相齊，闞止重於簡公，二人相憎而欲相賊也。田恆因行私惠以取其國，遂殺簡公而奪之政。

戴驩爲宋太宰，皇喜重於君，二人爭事而相害也，皇喜遂殺宋君而奪其政。蒲阪圓曰：他篇及諸書稱「子罕」者，即此「皇喜」也。尹曰：殺，放也。宋君，謂昭公。

狐突曰：「國君好內則太子危，好外則相室危。」好內，指寵愛婦人；好外，指寵愛嬖臣。

鄭君問鄭昭曰：「太子亦何如？」對曰：「太子未生也。」君曰：「太子已置，而曰『未生』何也？」對曰：「太子雖置，然而君之好色不已，所愛有子，君必愛之，愛之則必欲以爲後，臣故曰『太子未生』也。」

六

「六」是「說六」，即對上文「經六、廢置」的說明。

文王資費仲而游於紂之旁，王先慎曰：喻老：「資費仲以玉版。」令之諫紂而亂其心。盧曰：凌本「諫」作「間」。

荊王使人之秦，秦王甚禮之。王曰：「敵國有賢者，國之憂也。今荊王之使者甚賢，寡人患之。」羣臣諫曰：「以王之賢聖與國之資厚，願荆王之賢人，王何不深知之而陰有之，「與」是連詞，及也。荀子榮辱注：「願猶慕也。」謂羨慕楚王的賢人。知，謂交接。墨子經上：「知，接也。」莊子庚桑楚：「知者，接也。」知之而陰有之，謂接交于楚賢臣而隱然據爲己有而用之。荆以爲外用也，則必誅之。」楚王若發覺秦王利用外臣的詭計，那末，楚王必定信以爲眞，把那個賢使者殺掉。

仲尼爲政於魯，道不拾遺，齊景公患之。黎且謂景公曰：盧曰：後漢書馮衍傳注引作「犂鉏」。顧曰：上文作「黎」，下文作「犂」，「犂」是也。史記孔子世家作「犂鉏」。「去仲尼，猶吹毛耳。君何不迎之以重祿高位，遺哀公女樂以驕榮其意。盧曰：「哀」字譌，此在定公時。王渭曰：「榮」當作「熒」，下文「以榮其意」同。哀公新樂之，必怠於政，仲尼必諫，諫必輕絕於魯。」景公曰：「善。」乃令犂且以女樂二八遺哀公，哀公樂之，果怠於政。仲尼諫不聽，去而之楚。王先愼曰：後漢注作「遂去之。」御覽引作「去而之齊」。

楚王謂干象曰：「吾欲以楚扶甘茂而相之秦，可乎？」尹曰：管子任法：「鄰國諸侯，能以其權置子立相。」衰周時習也。干象對曰：「不可也。」王曰：「何也？」曰：「甘茂少而事史舉先生，史舉，上蔡之監門也，大不事君，小不事家，以苛刻聞天下，茂事之順焉。甘茂順適着史舉「大不事君，小不事家，以苛刻聞天下」的作風來做事。惠王之明，張儀之辨也，茂事之取十官而免於罪，是茂賢也。」

王曰：「相人敵國而相賢，其不可何也？」王先愼曰：「賢」上「相」字衍。干象曰：「前時王使邵滑之越，五年而能亡越，所以然者，越亂而楚治也。日者知用之越，高曰：漢書高帝紀、卜式傳、韓延壽傳顏俱注云：「日者，猶言往日也。」今忘之秦，不亦太亟忘乎！」王曰：「然則爲之奈何？」干象對曰：「不如相共立。」「共立」，楚策作「公孫郝」，史記甘茂傳作「向壽」。王曰：「共立可相何也？」對曰：「共立少見愛幸，長爲貴卿，被王衣，含杜若，握玉環，以聽於朝，且利以亂秦矣。」楚策：「夫公孫郝之於秦王，親也。少與之同衣。」史記甘茂傳：「夫向壽之於秦王，親也，少與之同衣。」可見「被王衣」是被王的衣服，即「解衣衣我」意。

吳攻荊，子胥使人宣言於荊曰：「子期用，將擊之；子常用，將去之。」荊人聞之，因用子常而退子期也。吳人擊之，遂勝之。

晉獻公欲伐虞、虢，乃遺之屈產之乘，垂棘之璧，女樂二八，以榮其意而亂其政。王先愼曰：「榮」當作「熒」。

叔向之讒萇弘也，王渭曰：困學紀聞謂「此時叔向死已久」。爲萇弘書，爲萇弘書，即叔向僞造一封萇弘寫給叔向的信。謂叔向曰：「子爲我謂晉君，所與君期者，時可矣。何不亟以兵來？」因佯遺其書周君之庭而急去行。周以萇弘爲賣周也，乃誅萇弘而殺之。萇弘是周大夫，周語記載周殺萇弘事跟此文不同。韓書所記的歷史故事，有些跟他書所記的不一樣，大概是傳說和史文不同，而韓子喜歡舉異說。

鄭桓公將欲襲鄶，先問鄶之豪傑、良臣、辯智、果敢之士，盡與姓名，俞曰：「與」當作「舉」，周官師氏「王舉則從」，注曰「故書舉爲與」，是其例。襄廿七左傳「仲尼使舉是禮也」，釋文引沈云：「舉，謂紀錄之也。」然則盡舉姓名，爲悉記錄其姓名矣。擇鄶之良田賂之，爲官爵之名而書之，因爲設壇場郭門之外而埋之，釁之以雞豭，若盟狀。鄶君以爲內難也而盡殺其良臣。桓公襲鄶，遂取之。

秦侏儒善於荊王，而陰有善荊王左右而內重於惠文君。「有」讀爲「又」。惠文君即秦惠王。內重，指侏儒在秦國內取得秦惠王重視。荊適有謀，侏儒常先聞之以告惠文君。

鄴令襄疵陰善趙王左右，趙王謀襲鄴，襄疵常輒聞而先言之魏王，魏王備之，趙乃輒還。王曰：「輒還」當作「輟行」。言趙王知魏之有備而止其行也。……上言「趙謀襲鄴」，則兵尚未出，不得言「還」也。

衞嗣君之時，有人於縣令之左右。縣令發蓐而席弊甚，嗣公還令人遺之席，「還」借爲「趮」，說文：「趮，疾也。」還令人遺之席，謂嗣公很快地使人贈送縣令一席。曰：「吾聞汝今者發蓐而席弊甚，賜汝席。」縣令大驚，以君爲神也。

以君爲神，卽認爲君是神明或明智。

第三十二篇　外儲說左上

經一

明主之道，如有若之應密子也。顧曰：今本「密」作「宓」。案說作「宓」，「宓」「密」同字。啓雄按：此「密」當依說作「宓」。「宓」字借爲「虙」，「虙」音「伏」。宓子，即史記仲尼弟子傳的宓不齊(子賤)。明主之聽言也，美其辯；其觀行也，賢其遠。這句的「明主」當作「人主」，跟前句不同。這是說：現在的君主，在聽言上只是贊美發言者的口才好，在觀行上以迂遠不急于實用爲賢。故羣臣士民之道言者迂弘，其行身也離世。王先謙曰：「弘」與「閎」同。「迂弘」，與下「迂深閎大」同義。離世，謂遠於事情。其說在田鳩對荊王也。故墨子爲木鳶，謳癸築武宮。路史：「越王無疆之後有謳氏。」姓譜：「越大夫謳陽之後。」夫藥酒用言，明君聖主之以獨知也。王先愼曰：「用」當作「忠」。「明君聖主」當作「知者明主」。謂藥酒忠言，知者明主之所以獨知也。下說「良藥苦於口，知者勸而飲之；忠言拂於耳而明主聽之」，是其證。

經二

人主之聽言也，不以功用爲的，則說者多棘刺白馬之說；「的」，即「質的」「儀的」之「的」，本是射者的目標，在此借作所發的言合于功用的「目的」。不以儀的爲關，則射者皆如羿也。王先愼曰：儀，準也，見國語周語注。啓雄按：古書中的「儀的」「質的」「射的」都是射布上所畫的鵠的或箭靶。「闕」借爲「貫」。禮記雜記疏：「闕，穿也。」不以儀的爲闕，謂不以箭靶爲貫穿的對象。**人主於說也，皆如燕王學道也；**太田方曰：雖見欺，然猶不覺。**而長說者皆如鄭人爭年也。**物茂卿曰：長說，謂說而不已也。**是以言有纖察微難而非務也，**賈子道術：「纖微皆審謂之察。」「微」借爲「𢼸」，說文：「𢼸，妙也。」微難，謂微妙難能也。非務，謂非所趨向之急務。**故李、惠、宋、墨皆畫策也；**顧曰：李當作「季」。季良惠施宋鈃墨翟也。**論有迂深閎大，非用也，故畏震瞻車狀，皆鬼魅也；**顧曰：「畏」當作「魏」，魏牟也。「震」當作「處」，瞻何；「車」當作「陳」，陳駢也。「狀皆」當作「皆狀」。尹曰：「震」同「愼」，愼到也。「車」同「處」，即處子。史記「劇子之言」，「劇」即「處」。**言而拂難堅确，非功也，**顧曰：「言而」當作「行有」。**故務、卞、鮑、介、墨翟皆堅瓠也。**顧曰：務光、卞隨、鮑焦、介之推也。「墨翟」二字有誤，或當作「申徒狄」。王先愼曰：「墨翟」即「田仲」之譌，下說「屈穀獻堅瓠於田仲」，即此。**且虞慶詘匠也而屋壞，范且窮工而弓折。**物茂卿曰：虞慶，虞卿也。范且，范睢也。**是故求其誠者，非歸餉也不可。**太田方曰：要實實之治者，非行實實之事則不可得也。此章言虛辭浮辯無益於國也。

經三

挾夫相爲則責望，自爲則事行。爾雅釋言：「挾，藏也。」釋詞：「夫猶彼也。」風俗通：「相，助也。」史記盧綰傳集解：「望，怨也。」這是說：老抱着靠他人幫助我的心理，那末就會對他人怪責和怨望。如果自己靠自己來幹活，那末事情都能進行。故父子或怨譟，取庸作者進美羹。「怨譟」，說作「或譙或怨」，都是指父子間吵鬧和責罵。取傭作者，指爭取勞動力的地主。進美羹，指地主拿出美好的食品給傭工吃。說在文公之先宣言，與句踐之稱如皇也。趙曰：如皇，臺名。太田方曰：二君名爲民而實自爲。故桓公藏蔡怒而攻楚，吳起懷瘳實而吮傷。王先愼曰：「實」疑「士」之誤。懷瘳士，謂欲士之病愈也。且先王之賦頌，鍾鼎之銘，皆播吾之迹，王先謙曰：「播吾」即「番吾」，見史記趙世家，六國表又作「鄱吾」。漢常山郡有蒲吾縣，「蒲」「番」雙聲字變，在今正定府平山縣東南。華山之博也。然先王所期者利也，所用者力也。築社之諺，目辭說也。王先謙曰：「目」乃「自」之誤。言晉文自辭說。請許學者而行宛曼於先王，或者不宜今乎。太田方曰：孟子梁惠王注：「許，信也。」「宛」「汙」通，「曼」「漫」通，皆渺茫廣遠也。言請許學者於先王道行，是渺茫廣遠不可知之說，意者不宜適當今之世乎。蒲阪圓曰：學者所行，徒誦上世之頌語，不識救時之實務，所以失事宜也。如是，不能更也。太田方曰：先王之法，或不適時，亦當更之耳；然不能更之。鄭縣人得車厄也，「厄」「軛」通用。衞，人佐弋也卜子妻象弊袴也，盧曰：象，謂仿象也。而其少者也。王先謙曰：語意不完，依說，「者」下奪「待長者飲」四字。蒲阪圓曰：已上四事，皆喻學者之愚戇誤事也。先王之言，有其所爲小而世意之大者，有其所爲大而世意之小者，未可必知也。說在宋人之解書，與梁人之讀記也。蒲阪圓曰：二事以喻記誦之學，謬解惑說，失先王本意。故先王有郢書，而後世多燕說。蒲阪圓曰：世儒見古人過譽失實之事，強爲之說，而欲施用以致治也，猶郢人誤書「舉燭」，而燕人臆說以爲「尚明」也。**夫不適國事而謀先王，皆歸取度者也。**蒲阪圓曰：不通治國之事宜，必則古昔，稱先王，不能因世變施治術者，猶愚者不知以足試履也。

經四

利之所在民歸之，名之所彰士死之。是以功外於法而賞加焉，則上不信得所利於下；「不信」，趙本、纂聞、翼毳都作「不能」。**名外於法而譽加焉，則士勸名而下畜之於君。**迂評、纂聞、翼毳等本「下畜」都作「不畜」，是。物茂卿曰：士雖勸名而君不能蓄其利于己也。**故中章、胥己仕，而中牟之民棄田圃而隨文學者邑之半；平公腓痛足痺而不敢壞坐，**物茂卿曰：謂倦坐而起也。**晉國之辭仕託者國之錘。**俞曰：仕，謂仕者；託，謂託者。襄廿七左傳：「衞子鮮出奔晉，託於木門，終身不仕。」然則古人自有「仕」與「託」之兩途，凡託於諸侯者君必有以養之，觀孟子可見，故曰「辭仕託」。蓋仕可辭，託亦可辭也。又：「錘」字無義，疑古本止作「垂」。莊子逍遙遊「其翼若垂天之雲」，崔譔曰：「垂猶邊也，其大如天一面雲也。」然則「國之垂」，猶云「國之一面」，與上文「中牟之民棄田圃而隨文學者邑之半」文義一律。「國之垂」，猶「邑之半」，「垂」亦「半」也。**此三士者，**王先慎曰：三士：中章、胥己、叔向。**言襲法則官府之籍也，行中事則如令之民也，**小爾雅廣詁：「襲，因也。」「籍」是難三「法者，著之圖籍，設之於官府」的「籍」。淮南原道：「中，適也。」漢書刑法志注：「中，當也。」如令，指遵守法令。**二君之禮太甚。**蒲阪圓曰：言行不拂法令，臣之道耳，何特尊禮之乎。**若言離法而行遠功，則繩外民也，**物茂卿曰：謂不奉法也。二君又何禮之，禮之當亡。且居學之士，國無事不用力，有難不被甲，禮之則惰修耕戰之功，不禮則周主上之法。蒲阪圓曰：「周」上疑脫「不」字。禮賢下士，主上之法也。國安則尊顯，危則爲屈公之威，說文：「威，畏也。」釋名釋言語：「威，畏也，可畏懼也。」人主奚得於居學之士哉！故明王論李疵視中山也。

經五

詩曰：「不躬不親，庶民不信。」小雅節南山文。傅說之以「無衣紫」，據「說五」管仲對齊桓公說「君何不試勿衣紫也」句，可知這個「傅」是指管仲。餘詳下文「說五」。緩之以鄭簡、宋襄，責之以尊厚耕戰。高曰：「緩」當爲「援」。鄭簡任臣而國治安，宋襄自戰而兵敗傷股，當援引之以爲得失之鑑。又呂氏春秋振亂「黔首利莫厚焉」，注：「厚，重也。」則「尊厚」猶「尊重」矣。以「尊厚耕戰」責其民，正富強之道也。夫不明分，蒲阪圓曰：君親細事，失其職也。不責誠，蒲阪圓曰：不能督下以務實用。而以躬親涖下，集解「涖」作「位」，據迂評、翼毳等本改。說文：「𨽻，臨也。」「𨽻」同「涖」。且爲下走睡臥，與去揜弊微服。物茂卿曰：揜弊微服，無傳，缺文也。孔丘不知，故稱猶盂；鄒君不知，故先自僇。明主之道，如叔向賦獵，與昭侯之奚聽也。蒲阪圓引山曰：「賦」，如「賦兵」之「賦」，謂分配也。「獵」宜作「祿」，音之誤也。八姦：「賦祿者稱其功。」

經六

小信成則大信立，故明主積於信。賞罰不信，則禁令不行。說在文公之攻原，與箕鄭救餓也。是以吳起須故人而食，「須」借爲「䇓」，說文：「䇓，待也。」文侯會虞人而獵。故明主表信，如曾子殺彘也。集解「信」上無「表」字，據迂評、翼毳等本補。太田方曰：表，標也，立信爲望。患在尊厲王擊警鼓，「尊」字纂聞作「楚」。與李悝謾兩和也。太田方曰：李悝，魏文侯臣。兩和，周禮大司馬「以旌爲左右和之門」，注：「軍門曰和，今謂之壘門，立兩旌以爲之。」

「一」是「說一」，即對上文「經一」的說明。

宓子賤治單父，有若見之曰：「子何臞也？」宓子曰：「君不知不齊不肖，使治單父，官事急，心憂之，故臞也。」有若曰：「昔者舜鼓五絃歌南風之詩而天下治。「五絃」，御覽引作「五絃之琴」。古書多曰「舜彈五絃之琴」，可見「五絃」即指五絃之琴。今以單父之細也，治之而憂，治天下將奈何乎？蒲阪圓曰：檢家語、呂春秋、外傳、說苑等，宓子彈鳴琴，身不下堂而單父治，與此不同。故有術而御之，身坐於廟堂之上，有處女子之色，無害於治；無術而御之，身雖瘁臞，猶未有益。」楚王謂田鳩曰：田鳩是墨家後學，考詳本書問田篇首。「墨子者，顯學也，其身體則可，其言多不辯，何也？」「體」字是動詞，讀爲「履」。詩氓「體無咎言」，禮記坊記「體」作「履」。又淮南氾論「聖人以身體之」，注：

「體，行也。」身體則可，謂墨子在實行上是很好的。曰：「昔秦伯嫁其女於晉公子，令晉爲之飾裝，王先愼曰：御覽引無「令晉」二字。從文衣之媵七十人，穿着文采的衣服做陪嫁的妾有七十人。至晉，晉人愛其妾而賤公女。此可謂善嫁妾而未可謂善嫁女也。楚人有賣其珠於鄭者，爲木蘭之櫃，薰以桂椒，綴以珠玉，飾以玫瑰，輯以羽翠，鄭人買其櫝而還其珠。此可謂善賣櫝矣，未可謂善鬻珠也。鬻珠，卽賣珠。今世之談也，皆道辯說文辭之言，人主覽其文而忘有用。鹽田屯曰：「覽」當作「濫」，亡徵：「濫於文麗而不顧其功。」墨子之說，傳先王之道，論聖人之言以宣告人。若辯其辭，則恐人懷其文，忘其直，以文害用也。廣雅：「直，義也。」似指率直的義理。這是說：如果墨子在辭令上說得天花亂墜，就怕人們惦着那些文辭字句而忘掉那義理。這樣，就是爲文辭而害了實用。此與楚人鬻珠，秦伯嫁女同類，故其言多不辯。」

墨子爲木鳶，三年而成，蜚一日而敗。「蜚」同「飛」。敗，指木鳶敗壞了。弟子曰：「先生之巧，至能使木鳶飛。」墨子曰：「不如爲車輗者巧也，用咫尺之木，不費一朝之事，而引三十石之任，致遠力多，久於歲數。今我爲鳶，三年成，蜚一日而敗。」惠子聞之曰：「墨子大巧，巧爲輗，拙爲鳶。」墨子魯問：「公輸子削竹木以爲鵲，成而飛之，三日不下。公輸子自以爲至巧。子墨子謂公輸子曰：『子之爲鵲也，不如翟之爲車轄，須臾劉三寸之木而任五十石之重。故所爲功利於人謂之巧，不利於人謂之拙。』」

一

宋王與齊仇也，築武宮，謳癸倡，物茂卿曰：癸，人名，善謳，故曰：「謳癸」。啓雄按：古有謳氏，謳癸似氏謳名癸，餘見前。行者止觀，築者不倦。王聞，召而賜之，對曰：「臣師射稽之謳又賢於癸。」王召射稽使之謳，行者不止，築者知倦。王曰：「行者不止，築者知倦，其謳不勝如癸美，何也？」劉曰：「勝如」二字當衍其一。對曰：「王試度其功。」癸四板，射稽八板；擿其堅，癸五寸，射稽二寸。宋王試驗癸和射稽二人的功。試驗的成績是：癸築累四板（一丈爲板）高的牆，而射稽築累八板高牆；又用手挑發而試牆的堅實，癸所築的牆能挑入五寸深，而射稽所築的牆只能挑入二寸深。這譬喻高調唱得好未必行得好。

夫良藥苦於口，而智者勸而飲之，知其入而已己疾也。呂覽至忠「疾乃遂已」，注：「已，除愈也。」忠言拂於耳，而明主聽之，知其可以致功也。家語：「孔子曰：『良藥苦於口而利於病，忠言逆於耳而利於行。』」

二

「二」是「說二」，即對上文「經二」的說明。

宋人有請爲燕王以棘刺之端爲母猴者，必三月齋，說文：「齋，戒絜也。」古人於祭祀之前，必先齋，即先變食遷坐以自齋潔，故亦曰「齋戒」。然後能觀之。燕王因以三乘養之。王先愼曰：「『乘』下當有『之奉』二字。」蒲阪圓曰：周禮：「四丘爲乘。」管子：「方六里爲一乘之地。」此云「三乘」「五乘」，蓋以乘地計俸祿也。右御治工言王曰：「臣聞人主無十日不燕之齋。「燕」借爲「宴」，易需鄭注：「宴，享宴也。」字亦作「醼」，或作「讌」。今知王不能久齋以觀無用之器也，故以三月爲期。凡刻削者，以其所以削必小。說文：「以，用也。」「以其所以削，指用來刻削棘刺的小刀。今臣治人也，無以爲之削，此不然物也。周禮巾車注：「然，果然也。」謂沒有細刻荊棘尖端的工具，因此知道不是果眞的事。王必察之。」王因囚而問之，果妄，乃殺之。治人又謂王曰：「計無度量，言談之士多棘刺之說也。」集解據御覽改「人」字爲「又」字。「人」字不必改，今仍從各本。增「人」字，原文或「人」「又」二字均有，各本存「人」脫「又」，御覽存「又」脫「人」，今並存之。

一曰：燕王徵巧術人，衞人請以棘刺之端爲母猴。燕王說之，養之以五乘之奉。王曰：「吾試觀客爲棘刺之母猴。」客曰：「人主欲觀之，必半歲不入宮，不飲酒食肉，雨霽日出，視之晏陰之間，而棘刺之母猴乃可見也。」燕王因養衞人，不能觀其母猴。鄭有臺下之冶者謂燕王曰：「臣爲削者也，諸微物必以削削之，而所削必大於削。今棘刺之端不容削鋒，難以治棘刺之端。王試觀客之削，能與不能可知也。」王曰：「善。」謂衞人曰：「客爲棘削之？」曰：「以削。」王曰：「吾欲觀見之。」客曰：「臣請之舍取之。」因逃。此文必多譌脫。文選魏都賦注引韓子曰：「王曰：『客爲棘刺之母猴，何以理之？』曰：『以削。』王曰：『吾欲觀客之削也。』客曰：『臣請取之。』因逃。」文選注比韓子原文好些。

兒說，宋人，兒說即齊策之「貌辯」，也是漢書古今人表之「昆辯」。「兒」是「郳」之省字，「貌」「昆」都是訛字，「說」似是他的字，「辯」似是他的名，齊威、宣間人。「白馬非馬」之辯始于兒說，不始于公孫龍。考詳十批判書頁二五五。善辯者也，持「白馬非馬也」服齊稷下之辯者。乘白馬而過關，則顧白馬之賦。王先愼曰：顧，視也。古人馬稅當別毛色，故過關視馬而賦，不能辯也。故籍之虛辭則能勝一國，考實按形不能謾於一人。「籍」借爲「藉」，小爾雅廣言：「藉，借也。」「之」猶「於」也。說文：「謾，欺也。」這是說：倪說是個長于辯論的人，他拿「白馬不是馬」的說法來說服齊國稷下的辯者們。有一天，他騎着白馬過關，就看馬的顏色，按照白馬納稅。韓子批評他說：「如果憑借虛浮言辭來辯論，口才好的人能辯勝全國的口；如果按照形象考核實際，就不能欺詐一個人。」

夫新砥礪殺矢，彀弩而射，雖冥而妄發，其端未嘗不中秋毫也，太田方曰：「新」，莊子養生主「若新發於硎」是也。砥礪，謂磨而利之也。殺矢，矢名。考工記「冶氏爲殺矢」注：「殺矢，用諸田獵之矢也。」蓋殺言尖也。言新磨此田獵之尖矢。彀，引也。「冥」「瞑」通。然而莫能復其處，不可謂善射，無常儀的也；設五寸之的，引十步之遠，非羿、逢蒙不能必全者，王先愼曰：問辯篇「全」作「中」。有常儀的也；有度難而無度易也。有常儀的，則羿、逢蒙以五寸爲巧；無常儀的，則以妄發而中秋毫爲拙。故無度而應之，則辯士繁說；設度而持之，雖知者猶畏失也，不敢妄言。今人主聽說不應之以度，而說其辯，二「說」字都讀爲「悅」。不度以功，譽其行而不入關，入關，是用射矢貫入儀的來比喻人們行動合法度。此人主所以長欺，而說者所以長養也。

客有教燕王爲不死之道者，王使人學之，所使學者未及學而客死。王大怒，誅之。王不知客之欺己，而誅學者之晚也。夫信不然之物而誅無罪之臣，不察之患也。且人所急無如其身，不能自使其無死，安能使王長生哉！列子說符：「幸臣諫（燕王）曰：『人所憂者莫急乎死，己所重者莫過乎生，彼自喪其生，安能令君不死。』」可以補充本文。

鄭人有相與爭年者，一人曰：「吾與堯同年。」其一人曰：「我與黃帝之兄同年。」訟此而不決，以後息者爲勝耳。凡是沒有客觀實際作辯論的根據的爭論都是無根之談。當甲的無根之談毆乙的無根之談時（都是唯心論），先收口者就算失敗，後收口者就算辯勝了。

客有爲周君畫莢者，廣雅釋草：「豆角謂之莢。」經文作「筴」，應改從此。三年而成。君觀之，與髹莢者同狀，王先愼曰：「『髹』本作『髤』」，漢書皇后傳「殿上髤漆」，師古云：「以漆漆物謂之髤。」此謂所畫不辨黑白與漆莢同也。周君大怒。畫莢者曰：「築十版之牆，鑿八尺之牖，而以日始出時加之其上而觀。」周君爲之，望見其狀，盡成龍蛇禽獸車馬，萬物之狀備具，周君大悅。此莢之功，非不微難也，然其用與素髹筴同。廣雅釋詁：「素，空也。」

客有爲齊王畫者，齊王問曰：「畫孰最難者？」曰：「犬馬最難。」「孰易者？」曰：「鬼魅最易。」夫犬馬，人所知也，旦暮罄於前，盧曰：詩大明「俔天之妹」，韓詩作「磬」，是「磬」「俔」同義。說文「俔」一訓「聞見」，蓋「俔」從「見」，是有「見」義。「罄」「磬」本同，以「俔」爲義，當爲朝夕見於前也。不可類之，故難。不可類之，似謂不可能絕對類似它。或「類」上脫一「不」字。鬼魅無形者，不罄於前，故易之也。

齊有居士田仲者，宋人屈穀見之，曰：「穀聞先生之義，不恃人而食，今穀有樹瓠之道，王先愼曰：選注引作「穀有巨瓠」，案「樹」「巨」聲近而誤，當作「巨」。「之道」二字衍。堅如石，厚而無竅，獻之。」仲曰：「夫瓠所貴者，謂其可以盛也。釋詞：「謂猶爲也，讀去聲。」周禮甸師注：「在器曰盛。」今厚而無竅，則不可剖以盛物；而任重如堅石，顧曰：「任重」二字涉下節而衍。「如堅」當作「堅如」。則不可以剖而以斟，顧曰：下「以」字當衍。吾無以瓠爲也。」曰：「然，穀將弃之。」今田仲不恃人而食，亦無益人之國，亦堅瓠之類也。

虞慶爲屋，謂匠人曰：「屋太尊。」顧曰：虞卿也。「慶」「卿」同字。盧曰：嫌其太崇也。匠人對曰：「此新屋也，塗濡而椽生。夫濡塗重而生椽橈，以橈椽任重塗，此宜卑。」據下文「此益尊」，「此宜卑」似本作「此益卑」。益，是逐漸之意。益卑，卽逐漸地下降。益尊，卽逐漸地高起來。虞慶曰：「不然。更日久，則塗乾而椽燥。塗乾則輕，椽燥則直，以直椽任輕塗，此益尊。」匠人詘，爲之而屋壞。

一曰：虞慶將爲屋，匠人曰：「材生而塗濡。夫材生則橈，塗濡則重，以橈任重，今雖成，久必壞。」虞慶曰：「材乾則直，塗乾則輕。今誠得乾，日以輕直，雖久必不壞。」匠人詘，作之成，有間，屋果壞。

范且曰：「弓之折，必於其盡也，不於其始也。夫工人張弓也，伏檠三旬而蹈弦，一日犯機，蒲阪圓曰：詩角弓疏：「檠者，藏弓定體之器。」謂未成弓時，內於檠中也。物茂卿曰：蹈弦，謂蹈弓而弦之也。尹曰：犯，觸也。機，弩牙也，所以主弩之放發。是節之其始而暴之其盡也，焉得無折！且張弓不然：伏檠一日而蹈弦，三旬而犯機，是暴之其始而節之其盡也。」工人窮也，爲之，弓折。魯語注：「節，制也。」在此指製造弓時所用三旬緩慢動作的節制。廣雅釋詁：「暴，猝也。」在此指製造弓時所用一日施弦的急促動作。

范且、虞慶之言，皆文辯辭勝而反事之情，人主說而不禁，此所以敗也。夫不謀治強之功，而豔乎辯說文麗之聲，是卻有術之士而任壞屋折弓也。故人主之於國事也，皆不達乎工匠之搆屋張弓也，然而士窮乎范且、虞慶者，爲虛辭，其無用而勝，實事，其無易而窮也。釋詞：「其猶乃也。」這是說：作爲空虛的浮辭，乃是無用的廢話，反而勝了；實事求是，乃是無可變易的老實行動，反而窮窘困難了。人主多無用之辯，而少無易之言，此所以亂也。說文：「多，重也。」多無用之辯，謂重視無用的口辯。少無易之言，謂輕視無可變易的老實話。今世之爲范且、虞慶者不輟，而人主說之不止，是貴敗折之類，而以知術之人爲工匠也。不得施其技巧，顧曰：「不」上當有「工匠」二字。故屋壞弓折；知治之人不得行其方術，故國亂而主危。

夫嬰兒相與戲也，以塵爲飯，以塗爲羹，以木爲胾，廣雅釋詁：「塗，泥也。」禮記曲禮注：「胾，切肉也。」然至日晚必歸饟者，「饟」同「餉」，廣雅釋詁：「餉，食也。」塵飯塗羹可以戲而不可食也。夫稱上古之傳頌，辯而不慤，傳頌，指相傳所頌揚的事。禮記檀弓注：「慤，誠也。」道先王仁義而不能正國者，此亦可以戲而不可以爲治也。夫慕仁義而弱亂者，三晉也；不慕而治強者，秦也，然而未帝者，治未畢也。

三

「三」是「說三」，卽對上文「經三」的說明。

人爲嬰兒也，父母養之簡，子長而怨。子盛壯成人，其供養薄，父母怒而誚之。子父至親也，而或譙或怨者，皆挾相爲而不周於爲己也。「譙」是說文的正體，「誚」是「譙」字的重文，「譙」「誚」同字。史記樊噲傳索隱：「誚，責也。」廣雅釋言：「譙，呵也。」挾相爲而不周於爲己，謂老抱着別人幫助自己的希望，而不在自助上周密地考慮。夫賣庸而播耕者，太田方曰：「賣」當作「買」。「庸」「傭」通。播，播種也。主人費家而美食，調布而求易錢者，高亨曰：「調布而求易錢者」，當作「調錢布而求易者」，「錢」字誤竄入下耳。漢書宣帝紀「調關東輕車銳卒」，注：「調，選也。」易繫辭「險易」，釋文引京注：「易，善也。」調錢布而求易，謂主人選擇錢布而求其良者以與庸也。非愛庸客也，曰：如是，耕者且深，耨者熟耘也。庸客致力而疾耘耕者，顧曰：「者」字衍。盡巧而正畦陌畦時者，孫曰：「時」當作「埒」，一切經音義引倉頡篇云「畦，埒也」，是其證。此「畦」「埒」二字蓋注文，傳寫誤混入正文，遂複舛不可通耳。非愛主人也，曰：如是，羹且美，錢布且易云也。「云」字似衍。此其養功力，有父子之澤矣，而心調於用者，王先愼曰：「調」即「周」之誤，上文「不周於爲己」即其證。皆挾自爲心也。故人行事施予，以利之爲心，則越人易和；以害之爲心，則父子離且怨。

文公伐宋，顧曰：「公」當作「王」。「宋」當作「崇」。見說苑指武篇。王先愼曰：經亦作「文公」，疑非文王伐崇事。乃先宣言曰：「吾聞宋君無道，蔑侮長老，分財不中，淮南原道注：「中，適也。」漢書刑法志注：「中，當也。」教令不信，余來爲民誅之。」

越伐吳，乃先宣言曰：「我聞吳王築如皇之臺，掘淵泉之池，罷苦百姓，煎靡財貨，遺二句解見亡徵篇首。以盡民力，余來爲民誅之。」

蔡女爲桓公妻，桓公與之乘舟，夫人蕩舟，桓公大懼，禁之不止，怒而出之。乃且復召之，因復更嫁之。王先愼曰：左傳作「蔡人嫁之」。太田方曰：桓公出之，未之絕也，故欲復召之，既已嫁之矣。桓公大怒，將伐蔡，仲父諫曰：「夫以寢席之戲，不足以伐人之國，功業不可冀也，請無以此爲稽也。」王先愼曰：史記樗里子甘茂傳正義云：「稽，計也。」桓公之計在伐蔡，故管仲請無以此爲計也。桓公不聽。

仲父曰：「必不得已，楚之菁茅不貢於天子三年矣，君不如舉兵爲天子伐楚。楚服，因還襲蔡，曰『余爲天子伐楚，而蔡不以兵聽從』，因遂滅之。此義於名而利於實，故必有爲天子誅之名，而有報讎之實。」

吳起爲魏將而攻中山，軍人有病疽者，吳起跪而自吮其膿。傷者母立而泣，人問曰：「將軍於若子如是，尚何爲而泣？」將軍對于你的兒子這樣好，還有什麼可哭的呢？對曰：「吳起吮其父之創而父死，今是子又將死也，今吾是以泣。」王先愼曰：下「今」字當衍。

趙主父令工施鉤梯而緣播吾，蒲阪圓曰：播吾，指常山也。刻疏人迹其上，據經三「先王之賦頌，鍾鼎之銘，皆播吾之迹」，可見「疏人迹」是比喩古人殘存稀疏的事迹。韓子最愛用雙關語，這句的「疏人迹」，暗指過時的殘缺的先王之道。廣三尺，長五尺，而勒之曰：「主父常游於此。」

秦昭王令工施鉤梯而上華山，以松柏之心爲博，箭長八尺，棊長八寸，而勒之曰：「昭王嘗與天神博於此矣。」

文公反國至河，晉文公重耳，出亡二十年，返國至黃河。令籩豆捐之，席蓐捐之，手足胼胝，面目黧黑者後之。咎犯聞之而夜哭。咎犯，狐偃，字子犯。咎犯卽舅犯，文公之舅，「咎」同「舅」。公曰：「寡人出亡二十年，乃今得反國，咎犯聞之，不喜而哭，意不欲寡人反國邪？」犯對曰：「籩豆所以食也，而君捐之；席蓐所以臥也，而君棄之。手足胼胝，面目黧黑，勞有功者也，而君後之。今臣與在後，中不勝其哀，故哭。與在後，謂參預在功少落後的隊伍中。中，指內心。且臣爲君行詐僞以反國者衆矣。臣尙自惡也，而況於君。」再拜而辭。文公止之曰：「諺曰：『築社者攙撅而置之，端冕而祀之。』「攙」當作「攓」，說文：「攓，摳衣也。」禮記注：「撅，揭衣也。」「端冕」上似脫「祀社者」三字。這是說：築社的人脫下衣服作工，來設置社壇，祭社的人端正冠冕來祭祀社神。今子與我取之，而不與我治之；與我置之，而不與我祀之焉。」乃解左驂而盟于河。

鄭縣人卜子使其妻爲袴，其妻問曰：「今袴何如？」夫曰：「象吾故袴。」妻因毀新令如故袴。

鄭縣人有得車軛者，而不知其名，問人曰：「此何種也？」對曰：「此車軛也。」俄又復得一，問人曰：「此是何種也？」對曰：「此車軛也。」問者大怒曰：「曩者曰車軛，今又曰車軛，是何衆也？此女欺我也！」遂與之鬭。蒲阪圓曰：愚者聽賓，反以爲妄。

衞人有佐弋者，鳥至，因先以其裷麾之，鳥驚而不射也。蒲阪圓曰：百官表：「秦時，少府有佐弋，掌弋射者。」太田方曰：裷者，弓繳轉卷之繩索也。

鄭縣人卜子妻之市，買鼈以歸，過潁水，以爲渴也，因縱而飲之，遂亡其鼈。經三未提這件事。

夫少者侍長者飲，長者飲，亦自飲也。一曰：魯人有自喜者，見長年飲酒不能釂則唾之，亦效唾之。一曰：宋人有少者欲效善，見長者飲無餘，非斟酒飲也，而欲盡之。此段似有脫誤。

書曰：「紳之束之。」宋人有治者，因重帶自紳束也。人曰：「是何也？」對曰：「書言之，固然。」「紳」字是名詞作動詞用，廣雅釋詁：「紳，束也。」治者，指研究這書句者。「重」借爲「緟」，說文：「緟，增益也。」重帶自紳束，謂宋人望文生義，誤解書意，就用重複的腰帶來細束自己的腰。

書曰：「既雕既琢，還歸其樸。」梁人有治者，動作言學，舉事於文，曰「難之」，顧失其實。物茂卿曰：動作輒說所學，舉事必文之也。自言「故難之者，是學也」。人曰：「是何也？」對曰：「書言之，固然。」這段說：「斷章取義」者擇采書本上的字句作爲教條，就固執文義而不問客觀實際。

郢人有遺燕相國書者，夜書，火不明，因謂持燭者曰「舉燭」，而誤書「舉燭」。舉燭，非書意也，燕相國受書而說之，曰：「舉燭者，尚明也；尚明也者，舉賢而任之。」燕相白王，王大悅，國以治。太田方曰：王大悅，聽是言，舉賢而任之，故國治。治則治矣，非書意也。今世學者，多似此類。這段譬喻先王之言，有其所爲小而世意之大者。

鄭人有欲買履者，先自度其足而置之其坐，至之市而忘操之。已得履，乃曰：「吾忘持度，反歸取之。」及反，市罷，遂不得履。人曰：「何不試之以足？」曰：「寧信度，無自信也。」

這段譬喩不適國事而謀先王。

四

「四」是「說四」，卽對上文「經四」的說明。

王登爲中牟令，顧曰：「王」當作「壬」，呂氏春秋知度篇作「任」，「壬」「任」同字。上言於襄主曰：「中牟有士曰中章、胥已者，其身甚修，其學甚博，君何不擧之？」主曰：「子見之，我將爲中大夫。」王先謙曰：「爲」上疑奪「以」字。物茂卿曰：子見之，謂汝須偕來謁見我。相室諫曰：「中大夫，晉重列也。左昭十三傳注：「列，位也。」周語注：「列，位次也。」今無功而受，非晉臣之意。盧曰：呂作「非晉國之故」。君其耳而未之目邪？」蒲阪圓曰：徒聞其名，未察其實。襄主曰：「我取登，旣耳而目之矣，登之所取又耳而目之，是耳目人絕無已也。」王登一日而見二中大夫，予之田宅。中牟之人弃其田耘，賣宅圃而隨文學者邑之半。

叔向御坐平公請事，公腓痛足痺，太田方曰：腓，脛後肉，脚肚也。蒼頡篇：「痿痺不能行也。」轉筋而不敢壞坐。晉國聞之，皆曰：「叔向賢者，平公禮之，轉筋而不敢壞坐。」晉國之辭仕託，慕叔向者國之錘矣。「辭仕託」和「國之錘」解見前「經四」文。

鄭縣人有屈公者，聞敵，恐，因死；恐已，因生。「已」字各舊本及日本各本均作「巳」，獨集解誤作

「已」，今據各本改。恐已，謂恐懼已止了。

趙主父使李疵視中山可攻不也，還報曰：「中山可伐也。君不亟伐，將後齊燕。」主父曰：「何故可攻？」李疵對曰：「其君見好巖穴之士，顧曰：「見好」當依下文作「好顯」。所傾蓋與車以見窮閭隘巷之士以十數，伉禮下布衣之士以百數矣。」君曰：「以子言論，是賢君也，安可攻？」疵曰：「不然。夫好顯巖穴之士而朝之，則戰士怠於行陳；上尊學者，下士居朝，則農夫惰於田。戰士怠於行陳者，則兵弱也；農夫惰於田者，則國貧也。兵弱於敵，國貧於內，而不亡者，未之有也，伐之不亦可乎！」主父曰：「善。」舉兵而伐中山，遂滅也。

五

「五」是「說五」，即對上文「經五」的說明。

齊桓公好服紫，一國盡服紫。當是時也，五素不得一紫。桓公患之，謂管仲曰：「寡人好服紫，紫貴甚，一國百姓好服紫不已，寡人奈何？」管仲曰：「君欲止之，何不試勿衣紫也，謂左右曰：『吾甚惡紫之臭。』」太田方曰：下文「公曰諾」三字當在此。於是左右適有衣紫而進者，公必曰：「少卻，吾惡紫臭。」公曰：「諾。」於是日，郎中莫衣紫；其明日，國中莫衣紫；三日，境內莫衣紫也。

一曰：齊王好衣紫，齊人皆好也。齊國五素不得一紫。齊王患紫貴，傅說王曰：「詩云：『不躬不親，庶民不信。』今王欲民無衣紫者，王請自解紫衣而朝，羣臣有紫衣進者，曰：『益遠！寡人惡臭。』」是日也，郎中莫衣紫；是月也，國中莫衣紫；是歲也，境內莫衣紫。

鄭簡公謂子產曰：「國小，迫於荆晉之間。今城郭不完，兵甲不備，不可以待不虞。」「虞」借爲「慮」。不虞，指意想不到的事情。子產曰：「臣閉其外也已遠矣，而守其內也已固矣，雖國小，猶不危之也。君其勿憂。」是以沒簡公身無患。王先愼曰：「患」下當有「一曰」二字。子產相鄭，簡公謂子產曰：「飲酒不樂也，王先愼曰：「也」字衍文。俎豆不大，鍾鼓竽瑟不鳴，寡人之事不一；王先愼曰：治要引尸子治天下篇作「寡人之任也」，下「子之罪」亦作「子之任」。物茂卿曰：此謂其職繁多也。國家不定，百姓不治，耕戰不輯睦，亦子之罪。子有職，寡人亦有職，各守其職。」子產退而爲政五年，國無盜賊，道不拾遺，桃棗之蔭於街者莫援也，錐刀遺道三日可反，三年不變，民無飢也。

宋襄公與楚人戰於涿谷上，穀梁傳作「戰于泓水之上」，左僖廿二傳作「泓」。宋人既成列矣，楚人未及濟，右司馬購強趨而諫曰：購強，似是人名，左傳注作「子魚」。「楚人衆而宋人寡，請使楚人半涉，未成列而擊之，必敗。」襄公曰：「寡人聞君子曰：『不重傷，不擒二毛，左僖廿二傳注：二毛，頭白有二色。』不推人於險，不迫人於阨，不鼓不成列。』今楚未濟而擊之，害義；請使楚人畢涉成陳而後鼓士進之。」右司馬曰：「君不愛宋民，腹心不完，特爲義耳。」公曰：「不反列，且行法。」太田方曰：公怒其固諫，因曰：「不速反列，將行軍法。」右司馬反列，楚人已成列撰陳矣，公乃鼓之。宋人大敗，公傷股，三日而死。盧曰:春秋襄公之卒,在次年五月。此乃慕自親仁義之禍。王先愼曰：「自親」二字涉下文而衍。夫必恃人主之自躬親而後民聽從，是則將令人主耕以爲上，王先愼曰：「上」當作「食」。服戰鴈行也民乃肯耕戰，則人主不泰危乎，而人臣不泰安乎！

齊景公游少海，王先愼曰：少海即勃海。傳騎從中來謁曰：物茂卿曰：傳，驛也。謁，告也。嬰，晏子名。太田方曰：中，城中也。「嬰疾甚，且死，恐公後之。」景公遽起，傳騎又至。景公曰：「趨駕煩且之乘，使騶子韓樞御之。」太田方曰：「煩且」，晏子春秋作「繁駔」。騶，掌馬官名。韓樞，善御者。蒲阪圓曰：「趨」「趣」通，疾也。煩且，蓋良馬名。行數百步，以騶爲不疾，奪轡代之御；可數百步，以馬爲不進，盡兪曰：當作「以馬爲不盡」。「不盡」，卽「不進」也。釋車而走。以煩且之良而騶子韓樞之巧，而以爲不如下走也。

魏昭王欲與官事，謂孟嘗君曰：「寡人欲與官事。」周禮太卜注：「與，謂所與共事也。」與官事，謂參預官事。君曰：「王欲與官事，則何不試習讀法？」昭王讀法十餘簡而睡臥矣。王曰：「寡人不能讀此法。」夫不躬親其勢柄，而欲爲人臣所宜爲者也，睡不亦宜乎。

孔子曰：「爲人君者猶盂也，民猶水也，盂方水方，盂圜水圜。」

鄒君好服長纓，左右皆服長纓，纓甚貴。鄒君患之，問左右，左右曰：「君好服，百姓亦多服，是以貴。」君因先自斷其纓而出，國中皆不服長纓。君不能下令爲百姓服度以禁之，乃斷纓出以示民，是先戮以莅民也。

叔向賦獵，功多者受多，功少者受少。賦，謂分配。「獵」當作「祿」，解見經五。

韓昭侯謂申子曰：「法度甚不易行也。」申子曰：「法者，見功而與賞，因能而受官。定法篇作「因任而授官」，此「受」字或本作「授」。今君設法度而聽左右之請，此所以難行也。」昭侯曰：「吾自今以來，知行法矣，寡人奚聽矣。」一日，申子請仕其從兄官，昭侯曰：「非所學於子也。聽子之謁，敗子之道乎？亡其用子之謁。」申子辟舍請罪。

六

「六」是「說六」，即對上文「經六」的說明。

晉文公攻原，裹十日糧，王先慎曰：僖廿五左傳：「晉侯圍原，命三日之糧。」國語亦作「三日」。遂與大夫期十日。至原十日，而原不下，擊金而退，罷兵而去。士有從原中出者，曰：「原三日即下矣。」羣臣左右諫曰：「夫原之食竭力盡矣，君姑待之。」公曰：「吾與士期十日，不去，是亡吾信也。得原失信，吾不爲也。」遂罷兵而去。原人聞曰：「有君如彼其信也，可無歸乎！」乃降公。衞人聞曰：「有君如彼其信也，可無從乎！」乃降公。孔子聞而記之曰：「攻原得衞者，信也。」

文公問箕鄭曰：「救餓奈何？」對曰：「信。」公曰：「安信？」曰：「信名。」俞曰：「信名」之下當有「信義」「信事」四字。蒲阪圓曰：晉語注：「名，百官尊卑之號。」信名則羣臣守職，善惡不踰，百事不怠；信事則不失天時，百姓不踰；信義則近親勸勉，而遠者歸之矣。

吳起出遇故人而止之食，吳起遇見故人，吳起留故人食。故人曰：「諾。」期返而食。故人和吳起期約定返回時來食。吳子曰：「待公而食。」故人至暮不來，吳起至暮不食而待之。明日，早令人求故人，故人來，方與之食。

魏文侯與虞人期獵，虞人，是管山澤的官。期獵，是約定時間打獵。明日，會天疾風，左右止文侯，蒲阪圓曰：諫止勿往。不聽，曰：「不可以風疾之故而失信，吾不爲也。」遂自驅車往，犯風而罷虞人。

曾子之妻之市，其子隨之而泣，其母曰：「女還，顧反爲女殺彘。」「女」與「汝」「爾」同。還，是還家。穆天子傳注：「顧，還也。」秦策注：「顧，反也。」顧返，即回頭返家之時。妻適市來，曾子妻往菜市回來了。曾子欲捕彘殺之，妻止之曰：「特與嬰兒戲耳。」曾子曰：「嬰兒非與戲也。嬰兒非有知也，待父母而學者也，聽父母之教。今子欺之，是教子欺也。母欺子，子而不信其母，非以成教也。」遂烹彘也。

楚厲王有警鼓與百姓爲戒，飲酒醉，過而擊之也。各本及日本本「擊」下有「之也」二字，集解據御覺刪，非。今仍從各本。民大驚。使人止之曰：「吾醉而與左右戲而擊之也。」民皆罷。居數月，有警，擊鼓而民不赴，乃更令明號而民信之。以上「飲酒醉」，「使人止之曰」，「擊鼓而民不赴」，「乃更令明號」四句的主語都是楚厲王。

李悝警其兩和，曰：「謹警敵人，旦暮且至擊汝。」如是者再三而敵不至，兩和懈怠，不信李悝。兩和，指軍門中左右兩邊的守衛隊，餘詳經六。居數月，秦人來襲之，至幾奪其軍。此不信患也。

一曰：李悝與秦人戰，謂左和曰：「速上！右和已上矣。」又馳而至右和曰：「左和已上矣。」左右和曰：「上矣。」於是皆爭上。其明年，與秦人戰，秦人襲之，至幾奪其軍。此不信之患。以下二段，在文字上百分之九十和內儲說上——七術最後的二段相同，也許是內儲說上的重出文字，現在也把它們附錄在下面。

有相與訟者。子產離之，而毋使通辭，到至其言以告而知也。王先愼曰：「至」字衍文，「到」即「倒」字。

惠嗣公使人僞關市，王先愼曰：「惠」當作「衞」，「僞」當作「過」。關市呵難之，因事關市以金，關市乃舍之。嗣公謂關市曰：「某時有客過而予汝金，因譴之。」關市大恐，以嗣公爲明察。譴字當作「遣」內儲說上作「因遣之」。

第三十三篇　外儲說左下

經一

以罪受誅，人不怨上，由于自己犯罪所以受罰，被罰的人不怨君上。**跀危坐子皋。**舊注：皋雖刑之，有不忍之心；跀者懷恩報德。顧曰：今本「坐」作「生」，按：依說當作「逃」。王先謙曰：作「生」是。俞曰：「危」乃「跪」之省文，古謂跀足者爲「跀跪」，內儲說下「門者跀跪」，是其證。晏子春秋雜上「刖跪擊其馬」，孫星衍曰：「跪，足也。」此說得之。**以功受賞，臣不德君，**由于自己立功所以受賞，受賞的人不感君之德。**翟璜操右契而乘軒。**舊注：功當受寵，故乘軒而無慚。蒲阪圓曰：韓策「操右契而爲公責德於秦魏之王」，注：「左契待合而已，右契可以責取。」物茂卿曰：謂其心不以乘軒爲君恩，如預與約契然也。**襄王不知，**魏襄王不知昭卯罷退秦、韓、齊、楚四國的兵是功大。**故昭卯五乘而履屩。**舊注：卯西却秦，東止齊，(功)大矣，而王唯養之五乘。功大賞薄，猶富人而履屩也。俞曰：「昭」當作「明」，明卯，卽「孟卯」，又作「芒卯」。「明」「孟」「芒」古音俱同。**上不過任，臣不誣能，卽臣將爲夫少室周。**集解「夫」作「失」，據翼毳校改。釋詞：「夫猶彼也。」少室是姓，見國語；周是名。彼少室周，卽那位少室周。這是說：如果君上任用人沒有錯誤，人臣也不寃枉有才能的人，那末，臣們都將要做那位少室周(卽介紹比自己好的人來替代自己)。

經二

恃勢而不恃信，君主自恃己之權勢，而不恃臣們之對我誠信。故東郭牙議管仲。齊桓公要專任管仲爲政，東郭牙評議說：「如果專任管仲一個人，齊國就危險。」恃術而不恃信，故渾軒非文公。舊注：晉文公以箕鄭信誠，以爲原令，曰「必不叛我」。軒曰：「人主不以術御臣，而恃其不叛，其若之何也！」故有術之主，信賞以盡能，必罰以禁邪，雖有駁行，必得所利，太田方曰：馬色不純曰駁，謂若陽虎、后夔行雖有不善，而亦有一長可用也。簡主之相陽虎，陽虎雖曾被魯國逐，被齊國疑，但趙簡主歡迎他，又用他做相。陽虎在趙國幹得好，趙國幾乎做了諸侯的霸長。哀公問「一足」。魯哀公問於孔子曰：「夔一足，信乎？」餘詳下文說二末。

經三

下文說三所載凡六事，而本段經三僅存二事，據說可知本段缺佚「孔子御坐於魯哀公」，「簡主謂左右」，「費仲說紂」，「齊宣王問匡倩」四事。此外，本段「失臣主之理，則文王自履而矜」句與說「文王伐崇」段所載不甚合，疑經文有譌脫。

失臣主之理，則文王自履而矜。不易朝燕之處，則季孫終身莊而遇賊。舊注：朝當莊，燕當舒，今季孫一之，故終身莊而遇害也。

經四

下文說四末有「桓公問置吏」一事，而經無之，可見本段末似有缺句。

利所禁，禁所利，雖神不行。太田方曰：私姦君上所禁，而爲之則反得利；公忠君上所利，而爲之反爲禁：雖神禹不行。譽所罪，毀所賞，雖堯不治。虛名衆人所譽，而聖王所罪也；實利衆人所忽，而聖王所賞也。若反是，雖帝堯不治。夫爲門而不使入，委利而不使進，亂之所以產也。蒲阪圓曰：上懸慶賞，以示民利，是門也。名實相悖，刑賞惑貳，則孰敢勸進而效公忠乎，是委棄而不使入也。詭使篇所說「時弊」，即是也。齊侯不聽左右，魏主不聽譽者，而明察照羣臣，則鉅不費金錢，孱不用璧。蒲阪圓曰：鉅者孱者，猶言大者小者，假設以爲人名。太田方曰：齊魏之王若不聽左右之請，而羣下知用金璧之無益，二子亦不費金璧。西門豹請復治鄴，足以知之。舊注：初治鄴不事左右，故君奪之；後治事之，君乃迎而拜。據此，知左右能爲國之害。猶盜嬰兒之矜裘，與跀危子榮衣。物茂卿曰：盜人之子，以其裘矜而示人；刖者之子，以其衣爲榮而不愧。太田方曰：左右之毀譽，如狗盜刖跪兒之譽其父也。此言毀譽之不可用也。子綽左右畫，舊注：左畫圓，右畫方，必不得俱成。喻用左右言，亦不能得賢也。去蟻驅蠅，太田方曰：公私之不相容，猶左右之不能俱畫也。今聽近習之私言而欲治國，是猶以肉去蟻，以魚驅蠅也。安得無桓公之憂索官，與宣王之患臞馬也。太田方曰：聽左右之言而不察其實，安得無二君之患哉。此章言左右毀譽，當明察覈實也。

經五

經五有「孔子議晏嬰」句，而下文說五無此事。又說五末有「鄭縣人賣豚」事，而經五無此事。彼此對證，可見經和說都有缺佚。

臣以卑儉爲行，則爵不足以勸賞；寵光無節，則臣下侵偪。說在苗賁皇非獻伯，孔子議晏嬰。舊注：獻伯爲相，妻不衣帛，晏嬰亦然，故非其太偪下。故仲尼論管仲與叔孫敖。舊注：仲有三歸，以其太奢；敖有糲餅，以其太儉。啓雄按：叔孫敖是孫叔敖之誤，即楚相孫叔敖。下文說五作「孫叔敖」是其證，日本翼毳纂聞也作「孫叔敖」。而出入之容變，陽虎之言見其臣也；蒲阪圓曰：見，謂薦達。王先愼曰：陽虎入齊，其臣因之見於君；及其出也，皆不爲虎。是入則因之見，出則背之，一出一入之閒，其容遂變。「陽虎之言見其臣也」，此倒句而成文，順之爲「陽虎之言見其臣，而出入之容變也」。而簡主之應人臣也失主術。王先愼曰：此謂簡子應虎「樹枳棘則刺，樹柤梨橘柚則甘」之言爲「失術」也。下云「非所以敎國也」，即承此「失術」言。朋黨相和，臣下得欲，則人主孤；羣臣公舉，下不相和，則人主明。陽虎將爲趙武之賢、解狐之公，舊注：此二人皆以公舉人，內不避親，外不避讎。虎言已舉，亦同之也。而簡主以爲枳棘，非所以敎國也。

經六

公室卑則忌直言，私行勝則少公功。說在文子之直言，武子之用杖；文子是晉大夫范燮，武子是文子之父。武子認爲直言不爲人所容，這樣，將危身和危父。「擊之以杖」一見于下文說六，又見于晉語，但其說不同。子產忠諫，子國譙怒；子國是子產之父。「譙」同「誚」，謂誚讓怒責子產，餘詳說六。梁車用法，而成侯收璽；舊注：車爲鄴令，其姊犯法，刖之，趙侯以爲不慈，免其官。管仲以公，而國人謗怨。舊注：仲不報封人之恩，唯賢是用，人怨謗也。

一

「一」是「說一」，即對上文「經一」的說明。

孔子相衞，弟子子皐爲獄吏，刖人足，所刖者守門。蒲阪圓曰：據論語及左傳，無孔子相衞事，蓋當是時孔悝作亂，逐出公輒，偶因同姓謬傳耳。家語「季羔爲衞之士師，刖人之足，俄而衞有蒯聵之亂，季羔逃之，走郭門」是也。人有惡孔子於衞君者，曰：「尼欲作亂。」衞君欲執孔子，孔子走，弟子皆逃。子皐從出門，刖危引之而逃之門下室中，吏追不得。夜半，子皐問刖危曰：「吾不能虧主之法令而親刖子之足，是子報仇之時也，而子何故乃肯逃我？我何以得此於子？」刖危曰：「吾斷足也，固吾罪當之，不可奈何。然方公之欲治臣也，公傾側法令，先後臣以言，欲臣之免也甚，而臣知之。太田方曰：先後，謂左右教訓而導助也。周禮「士師以五戒先後刑罰毋使罪麗于民」，注：「先後猶左右也，助也。」書梓材「先後迷民」，傳：「先後，謂教訓。」後漢書伏湛傳「先後王室」，注：「先後，相導也。」及獄決罪定，公憱然不悅，形於顏色，臣見又知之。非私臣而然也，夫天性仁心固然也。此臣之所以悅而德公也。」

田子方從齊之魏，望翟黃乘軒騎駕出，舊注：旣乘軒車，又有輕騎。方以爲文侯也，移車異路而避之，則徒翟黃也。方問曰：「子奚乘是車也？」曰：「君謀欲伐中山，臣薦翟角而謀得；果且伐之，臣薦樂羊而中山拔；得中山，憂欲治之，臣薦李克而中山治：是以君賜此車。」方曰：「寵之稱功尙薄。」太田方曰：魏君寵異之，與其功伐相稱衡，則所賜尙薄矣。

秦韓攻魏，昭卯西說而秦韓罷；齊荆攻魏，卯東說而齊荆罷。魏襄王養之以五乘將軍。王先愼曰：「將軍」疑爲「之奉」二字之譌，外儲說左上「燕王悅之，養之以五乘之奉」，文法正同，是其證。卯曰：「伯夷以將軍葬於首陽山之下，而天下曰：『夫以伯夷之賢與其稱仁，而以將軍葬，是手足不掩也。』蒲阪圓曰：此假託之說，非實有此事也。謂己功大而賞祿薄，譬之伯夷節高而葬之以卑官。讓天下而不受，況將軍之贈，反足爲汙耳。今臣罷四國之兵，而王乃與臣五乘，此其稱功猶贏勝而履蹻。」舊注：贏，利也。謂賈者贏利倍勝，今以薄賞報大功，猶贏勝之人履草屩也。王先愼曰：御覽「羸」作「贏」，「蹻」作「屩」。

孔子曰：「善爲吏者樹德，不能爲吏者樹怨。」「樹」借爲「尌」，說文：「尌，立也。」槩者平量者也，吏者平法者也，說文：「槩，杚斗斛者也。」「槩」同「概」，卽括平斗斛中糧食的木器。這是說：概是括平容量的器，吏是持平法紀的人。治國者不可失平也。」說苑至公篇「孔子曰」云云與「子羔爲衞政刖人足」章相連，孔子家語致思篇

「孔子曰」云云與「季羔爲衞士師刖人足」相連，據彼例此，此語應與上文「孔子相衞」章相連。

少室周者，古之貞廉潔慤者也，爲趙襄主力士，與中牟徐子角力，不若也，入言之襄主以自代也。少室周跟徐子比賽勇力，少室周比不上徐子，他就介紹徐子給襄主來代替自己。襄主曰：「子之處，人之所欲也，何爲言徐子以自代？」曰：「臣以力事君者也，今徐子力多臣，臣不以自代，恐他人言之而爲罪也。」

一曰：少室周爲襄主驂乘，至晉陽，有力士牛子耕與角力而不勝，周言於主曰：「主之所以使臣騎乘者，以臣多力也，今有多力於臣者，願進之。」

二

「二」是「說二」，即對上文「經二」的說明。

齊桓公將立管仲，太田方曰：此下脫「爲仲父」三字。令羣臣曰：「寡人將立管仲爲仲父，善者入門而左，不善者入門而右。」呂覽長攻注：「善，好也。」荀子非相注：「所善，謂己所好尚也。」此文「善者」指喜好而同意者。東郭牙中門而立。公曰：「寡人立管仲爲仲父，令曰：『善者左，不善者右。』今子何爲中門而立？」牙曰：「以管仲之智，爲能謀天下乎？」公曰：「能。」「以斷，爲敢行大事乎？」公曰：「敢。」牙曰：「君知能謀天下，斷敢行大事，君因專屬之國柄焉，「君知」當作「君以管仲之智」。這是說：你以爲管仲的智慧能够謀畫天下的政治，又以爲管仲的果斷敢行重大的事，于是你把國家的權柄完全交給他一個人。以管仲之能，乘公之勢以治齊國，得無危乎？」公曰：「善。」乃令隰朋治內，管仲治外以相參。「參」是「參伍錯綜」之「參」。方言：「參，分也。」相參，指分權並立意。

晉文公出亡，箕鄭挈壺餐而從，迷而失道，與公相失，飢而道泣，寢餓而不敢食。及文公反國，舉兵攻原，克而拔之。文公曰：「夫輕忍飢餒之患而必全壺餐，是將不以原叛。」乃舉以爲原令。大夫渾軒聞而非之，曰：「以不動壺餐之故，怙其不以原叛也，不亦無術乎！」說文：「怙，恃也。」依靠也。故明主者，不恃其不我叛也，恃吾不可叛也；不恃其不我欺也，恃吾不可欺也。有術的明主，不靠別人不背叛我，就靠自己的力量可以制止別人的叛亂；不靠別人不欺騙我，就靠自己的力量可以制止別人的欺騙。

陽虎議曰：「主賢明則悉心以事之，不肖則飾姦而試之。」逐於魯，疑於齊，走而之趙。趙簡主迎而相之，左右曰：「虎善竊人國政，何故相也？」簡主曰：「陽虎務取之，我務守之。」遂執術而御之。執術，即掌握着「吾不可叛」「不可欺」的術。陽虎不敢爲非，以善事簡主，興主之強，幾至於霸也。

魯哀公問於孔子曰：「吾聞古者有夔一足，其果信有一足乎？」這兩「足」字是「手足」之「足」。

一足，謂獨脚。孔子對曰：「不也，夔非一足也。夔者忿戾惡心，人多不說喜也。雖然，其所以得免於人害者，以其信也。人皆曰：『獨此一，足矣。』獨此一，指「信」這一種優點。這「足」字是「足够」的「足」。夔非一足也，一而足也。」哀公曰：「審而是，固足矣。」呂覽注：「審，實也。」「而」讀作「如」。這是說：確實像這樣（指夔誠信），本來就够了。

一曰：哀公問於孔子曰：「吾聞夔一足，信乎？」曰：「夔，人也，何故一足？彼其無他異，而獨通於聲。堯曰：『夔一而足矣，使爲樂正。』故君子曰『夔有一足』，非一足也。」

三

「三」是「說三」，即對上文「經三」的說明。

文王伐崇，至鳳黃虛，韈繫解，因自結。太公望曰：「何爲也？」王曰：「君與處皆其師，顧曰：「君」上當有「上」字。中皆其友，下盡其使也。今皆先王之臣，故無可使也。」

一曰：晉文公與楚人戰，至黃鳳之陵，履繫解，因自結之。左右曰：「不可以使人乎？」公曰：「吾聞：上，君所與居，皆其所畏也；中，君之所與居，皆其所愛也；下，君之所與居，皆其所侮也。我聽說：跟君主在一起的人有三種人：上流的人，都是君主所敬畏的人；中流的人，是君主所寵愛的人；下流的人，是君主所輕侮的人。寡人雖不肖，先君之人皆在，是以難之也。」「難」字跟「上，君所與居，皆其所畏也」的「畏」字相應，那末，「難」字借爲「憚」。釋名：「難，憚也」。難之，是說對先君的老臣有所敬畏戒懼。

季孫好士，終身莊，居處衣服常如朝廷。而季孫適懈，有過失， 適懈，指在行動上偶然有懈怠的行爲，卽有了不莊嚴的過失。而不能長爲也。故客以爲厭易己， 後漢書劉盆子傳注：「厭，倦也。」「易」借爲「敡」，說文：「敡，侮也。」相與怨之，遂殺季孫。故君子去泰去甚。 老子廿九章及揚權篇都有此語。在這裏說：端莊是好的，但也不要太過死板了。

南宮敬子問顏涿聚曰： 王先愼曰：此條上當有「一曰」二字。「季孫養孔子之徒，所朝服與坐者以十數，而遇賊，何也？」曰：「昔周成王近優侏儒以逞其意，而與君子斷事，是能成其欲於天下。今季孫養孔子之徒，所朝服而與坐者以十數，而與優侏儒斷事，是以遇賊。故曰：不在所與居，在所與謀也。」

孔子侍坐於魯哀公，哀公賜之桃與黍。哀公曰：「請用。」仲尼先飯黍而後啗桃，左右皆揜口而笑。哀公曰：「黍者，非飯之也，以雪桃也。」 揜，是遮蔽或掩蓋。廣雅釋詁：「雪，除也。」雪桃，謂刷除桃的毛。仲尼對曰：「丘知之矣。夫黍者，五穀之長也，祭先王爲上盛。果蓏有六，而桃爲下，祭先王不得入廟。丘之聞也，君子以賤雪貴，不聞以貴雪賤。今以五穀之長雪果蓏之下，是從上雪下也。丘以爲妨義，故不敢以先於宗廟之盛也。」

趙簡子謂左右曰：「車席泰美。夫冠雖賤，頭必戴之；屨雖貴，足必履之。今車席如此，太美，吾將何屬以履之？」「將」字在這裏是動詞。這是說：試問我拿什麼鞋來踐履這美席呢。夫美下而耗上，舊注：言席美則履又當美，履美，衣又當美，求美不已，則居上彌有所費也。妨義之本也。」

費仲說紂曰：「西伯昌賢，百姓悅之，諸侯附焉，不可不誅；不誅，必爲殷禍。」紂曰：「子言，義主，何可誅？」費仲曰：「冠雖穿弊，必戴於頭；履雖五采，必踐之於地。今西伯昌，人臣也，修義而人向之，卒爲天下患，其必昌乎！人人不以其賢爲其主，非可不誅也。「不以其賢」當作「以其賢」。謂人人因西伯昌之賢，就公認昌爲天下之主，因此不可不趁早誅除掉他。且主而誅臣，焉有過！」紂曰：「夫仁義者，上所以勸下也。今昌好仁義，誅之不可。」三說不用，故亡。

齊宣王問匡倩曰：「儒者博乎？」曰：「不也。」王曰：「何也？」匡倩對曰：「博者貴梟，勝者必殺梟，殺梟者，是殺所貴也；史記魏世家：「博之所以貴梟者，便則食，不便則止。」歸納史記和韓書：博弈中有刻梟形的棋子，博者甲乙雙方都要殺食對方的梟形棋子，能把敵方的梟棋殺了就算贏。儒者以爲害義，故不博也。」又問曰：「儒者弋乎？」曰：「不也。弋者，從下害於上者也，是從下傷君也，儒者以爲害義，故不弋。」又問：「儒者鼓瑟乎？」曰：「不也。夫瑟以小絃爲大聲，以大弦爲小聲，是大小易序，貴賤易位，儒者以爲害義，故不鼓也。」宣王曰：「善。」仲尼曰：「與其使民諂下也，寧使民諂上。」舊注：諂下則朋黨，諂上則尊敬。

四

「四」是「說四」，即對上文「經四」的說明。

鉅者，齊之居士；孱者，魏之居士。齊魏之君不明，不能親照境內，而聽左右之言，故二子費金璧而求入仕也。鉅者、孱者，都是寓言故事中所假設的人名，未必眞有此人。

西門豹爲鄴令，清剋潔慤，秋毫之端無私利也，而甚簡左右，慤，誠實也。簡，傲慢也。簡左右，即不巴結王左右的近臣。左右因相與比周而惡之。左右近臣結黨，聯合在一起來說他壞話。居期年，上計，君收其璽。蒲阪圓曰：周禮少宰「歲終令羣吏致事」，注「若今上計」，疏：「漢之朝集使，謂之上計吏，謂上一年計會文書及功狀也。」豹自請曰：「臣昔者不知所以治鄴，今臣得矣，願請璽復以治鄴，不當，不當，是說如果再不合文侯的心意。請伏斧鑕之罪。」文侯不忍而復與之。豹因重斂百姓，急事左右。期年，上計，文侯迎而拜之。豹對曰：「往年臣爲君治鄴，而君奪臣璽；今臣爲左右治鄴，而君拜臣。臣不能治矣。」遂納璽而去。文侯不受，曰：「寡人曩不知子，今知矣。願子勉爲寡人治之。」遂不受。文侯到底不接受西門豹所退回的印璽。

齊有狗盜之子，與刖危子戲而相誇。刖危，即刖足，是刑名；解詳本篇篇首及內儲說下篇中。盜子曰：「吾父之裘獨有尾。」狗盜學狗鑽牆洞以入人家，所以後身有一條尾巴。危子曰：「吾父獨冬不失袴。」危子，即刖危之子。獨冬不失袴，似是說：惟有冬天才穿褲（可見春 夏秋三季都不穿褲子）。

子綽曰：「人莫能左畫方而右畫圓也。太田方曰：左右各有所黨，故無明斷而從左右之言，則不能規畫一事矣。以肉去蟻蟻愈多，以魚驅蠅蠅愈至。」太田方曰：聽左右之私言，是掩蔽之道也。以此治國，猶以肉去蟻，以魚驅蠅也，姦臣愈至矣。肉魚，喻左右之私言；蟻蠅，喻姦臣。

桓公謂管仲曰：「官少而索者衆，寡人憂之。」管仲曰：「君無聽左右之請，因能而受祿，「受」借爲「授」。錄功而與官，則莫敢索官，君何患焉！」

韓宣子曰：「吾馬菽粟多矣，甚臞，何也？寡人患之。」周市對曰：「使騶盡粟以食，雖無肥，不可得也。騶，飼養馬的人。食，飼養馬。這是說：假使飼養員完全拿粟來飼養馬的話，那末，雖然要馬不長胖也不行。名爲多與之，其實少；雖無臞，亦不可得也。「無肥」「無臞」，猶「勿肥」「勿臞」。主不審其情實，坐而患之，馬猶不肥也。」

桓公問置吏於管仲，管仲曰：「辯察於辭，清潔於貨，習人情，夷吾不如絃商，請立以爲大理。大理是官名，掌管刑法的事。登降肅讓，以明禮待賓，臣不如隰朋，請立以爲大行。大行是官名，管禮儀和招待賓客的事。墾草仞邑，舊注：仞，入也。所食之邑能入其租稅也。王先愼曰：管子小匡篇「仞」作

「入」，廣雅釋詁：「入，得也。」辟地生粟，臣不如寧武，盧曰：「武」，「戚」字之譌，新序作「戚」。請以爲大田大田，官名，田官之長；也叫大農。三軍旣成陳，使士視死如歸，臣不如公子成父，顧曰：呂氏春秋作「王子城父。」啓雄按：「陳」借爲「敶」，說文：「敶，列也。」今字作「陣」。請以爲大司馬。大司馬，官名，掌管軍旅的事。犯顏極諫，臣不如東郭牙，請立以爲諫臣。治齊，此五子足矣；將欲霸王，夷吾在此。」太田方曰：此章不關于經文，當在下文「管仲相齊」章首。

五

「五」是「說五」，即對上文「經五」的說明。

孟獻伯相魯，顧曰：「孟」當作「盂」，「盂」者晉邑。獻伯，晉卿，盂其食邑，以配謚而稱之。「魯」當作「晉」。堂下生藿藜，門外長荆棘，食不二味，坐不重席，無衣帛之妾，居不粟馬，出不從車。叔向聞之，以告苗賁皇，賁皇非之曰：「是出主之爵祿以附下也。」呂覽上農注：「出，捐也。」出主之爵祿，謂捐棄爵祿而不用也。

一曰：晉孟獻伯拜上卿，叔向往賀，門有御馬不食禾。向曰：「子無二馬二輿，何也？」獻伯曰：「吾觀國人尚有飢色，是以不秣馬；班白者多徒行，故不二輿。」向曰：「吾始賀子之拜卿，今賀子之儉也。」向出，語苗賁皇曰：「助吾賀獻伯之儉也。」苗子曰：「何賀焉！夫爵祿旂章，所以異功伐，別賢不肖也。故晉國之法，上大夫二輿二乘，中大夫二輿一乘，下大夫專乘，此明等級也。且夫卿必有軍事，是故循車馬，比卒乘，以備戎事，有難則以備不虞，平夷則以給朝事。「循」當作「修」。這是說：上卿必有軍事行動，因此要修備車馬，親近士卒來準備戰事。國家如果有難，就戒備考慮不到的意外事情；平居無事時，就用它來供應朝請的事。今亂晉國之政，乏不虞之備，以成節，以絜私名，獻伯之儉也可與？又何賀！」

管仲相齊，曰：「臣貴矣，然而臣貧。」桓公曰：「使子有三歸之家。」說苑尊賢：「齊桓公使管仲治國，管仲對曰：『賤不能臨貴。』桓公以爲上卿，而國不治。桓公曰：『何故？』管仲曰：『貧不能使富。』桓公賜之齊國市租。」可見說苑之「市租」即此文之「三歸」。郭嵩燾說：「三歸」是「稅法」。他據管子山至數篇「則民之三有歸于上矣」句，指出：「三歸之名，實本于此」。他又據管子國準、輕重乙、地員、度地等篇考證，他的結論說：「三歸者，市租之常例歸之公者。」曰：「臣富矣，然而臣卑。」桓公使立於高、國之上。曰：「臣尊矣，然而臣疏。」乃立爲仲父。孔子聞而非之曰：「泰侈偪上。」

一曰：管仲父出，朱蓋青衣，置鼓而歸，管仲出門，所坐的車車蓋是朱色，車衣是青色，回家時又設置鼓樂。庭有陳鼎，家有三歸。三歸是租稅，考見前。說苑善說篇：「仲築三歸之臺。」似是管仲家有個貯租稅的臺，因爲臺是貯租稅的，所以叫它做「三歸」。孔子曰：「良大夫也，其侈偪上。」

孫叔敖相楚，棧車牝馬，舊注：棧車，柴車也。糲飯菜羹，枯魚之膳，冬羔裘，夏葛衣，面有飢色，則良大夫也。其儉偪下。

陽虎去齊走趙，簡主問曰：「吾聞子善樹人。」虎曰：「臣居魯，樹三人，皆爲令尹；物茂卿曰：令尹，縣令也。及虎抵罪於魯，皆搜索於虎也。臣居齊，薦三人，一人得近王，一人爲縣令，一人爲候吏；及臣得罪，近王者不見臣，縣令者迎臣執縛，候吏者追臣至境上，不及而止。虎不善樹人。」主俛而笑曰：「夫樹柤梨橘柚者，食之則甘，嗅之則香；集解脫「嗅之則香」四字，今據各本及日本本校補。樹枳棘者，成而刺人。故君子愼所樹。」

中牟無令，晉平公問趙武曰：「晉」字集解譌作「魯」，據各本及日本本校改。「中牟，三國之股肱，邯鄲之肩髀，寡人欲得其良令也，誰使而可？」武曰：「邢伯子可。」公曰：「非子之讎也？」曰：「私讎不入公門。」公又問曰：「中府之令，誰使而可？」曰：「臣子可。」故曰：「外舉不避讎，內舉不避子。」趙武所薦四十六人於其君，及武死，各就賓位，其無私德若此也。

平公問叔向曰：「羣臣孰賢？」曰：「趙武。」公曰：「子黨於師人。」舊注：向武之屬大夫。向曰：「武立如不勝衣，言如不出口，然其所舉士也數十人，皆令得其意，而公家甚賴之。況武子之生也不利於家，死不託於孤，臣敢以爲賢也。」

解狐薦其讎於簡主以爲相，其讎以爲且幸釋己也，乃因往拜謝。解狐的讎敵以爲解狐將消除對自己私怨，就去解狐家拜謝解狐。狐乃引弓迎而射之，曰：「夫薦汝，公也，以汝能當之也；夫讎汝，吾私怨也，不以私怨汝之故擁汝於吾君。」故私怨不入公門。

一曰：解狐舉邢伯柳爲上黨守，柳往謝之，曰：「子釋罪，敢不再拜。」曰：「舉子，公也；怨子，私也。子往矣，怨子如初也。」

鄭縣人賣豚，人問其價，曰：「道遠日暮，安暇語汝。」王先愼曰：此條不見上經，疑南面篇文錯簡在此。

六

「六」是「說六」，卽對上文「經六」的說明。

范文子喜直言，武子擊之以杖：「夫直議者不爲人所容，王先愼曰：「夫」當作「曰」。啓雄按：「夫」猶「彼」也。「夫」字上似脫一「曰」字。無所容則危身，非徒危身，又將危父。」

子產者，子國之子也。子產忠於鄭君，子國譙怒之曰：「夫介異於人臣，趙曰：介異，言介然異於人臣也。啓雄按：廣雅釋詁：「介，獨也。」介異於人臣，謂特立獨異於羣臣之間。而獨忠於主，主賢明，能聽汝；不明，將不汝聽。聽與不聽，未可必知，而汝已離於羣臣；離於羣臣，則必危汝身矣。

非徒危己也，又且危父矣。」

梁車爲鄴令，其姊往看之，暮而後，門閉，集解據六帖改「暮而後，門閉」爲「暮而後至，閉門」，誤。今仍改從各本。後，謂後於閉門的時間。門閉，謂城門已閉。因踰郭而入。車遂刖其足。趙成侯以爲不慈，奪之璽而免之令。

管仲束縛，自魯之齊，道而飢渴，過綺烏封人而乞食，烏封人跪而食之，甚敬。類函引韓子作「管仲……過綺邑乞食封人，跪餐之」。此文二「烏」字，似均本作「邑」。封人因竊謂仲曰：「適幸，及齊不死鬼谷子「事有適然」，注：「適然，有時而然也。」本書顯學「有術之君不隨適然之善」，注：「適然，偶然也。」此文「適幸，及齊不死」，謂偶然僥倖，到齊國而免於死罪也。而用齊，將何報我？」曰：「如子之言，我且賢之用，能之使，勞之論，我何以報子？」封人怨之。荀子富國「仁人之用國」，注：「用，爲也。」用齊，謂爲政於齊國。如子之言，即指「用齊」。呂覽音律注：「且，將也。」這是說：齊如用我爲政，那末，是我的賢才將被任用，我的能力得以被使用，我的功勞被人承認罷了，我根據什麼來報你呢？

第三十四篇　外儲說右上

君所以治臣者有三：君主所用來治羣臣的「主術」有三種。

經一

勢不足以化則除之。勢，指用賞和譽來作勸勉的力量，用罰和毀來作禁止的力量。化，指變化羣臣。除，指革除或除後患。師曠之對，晏子之說，皆合勢之易也，而道行之難，顧曰：「合」當作「舍」。蒲阪圓曰：執賞罰以制下則易，行慈惠以懷民則難，二子皆道行惠之事，是舍易御之道也。難一「釋庸主之所易，道堯舜之所難」，句法同。是與獸逐走也，未知除患。蒲阪圓曰：舍賞罰之權而行惠以爭民，猶釋車輿之利而逐獸也，謂其難及也。患之可除，在子夏之說春秋也：「善持勢者，蚤絕其姦萌。」故季孫讓仲尼以遇勢，而況錯之於君乎。蒲阪圓曰：讓，責也。「遇」「耦」通，敵也。錯，置也。子路行私惠，季孫人臣也，猶恐其勢對耦于己，故讓責之。人主能行斯術，則孰敢行私惠乎。是以太公望殺狂矞，而臧獲不乘驥。狂矞、華士兄弟，不被太公望賞罰的勢所化，故殺而除之。驥如不前不卻，不左不右，雖臧獲亦不乘。嗣公知之，故不駕鹿。衞嗣公嘆如耳不爲己用，有如鹿不爲人駕用一樣。薛公知之，故與二欒博。蒲阪圓曰：畏之以殺客之威，誘之以賂客之厚，遂令二欒改意爲己，是亦知持勢之術者也。「欒」一作「孿」。王先愼曰：本書艮「欒」爲「孿」。蒼頡篇：「孿，一生兩子也。」說文：

「孿，一乳兩子也。」其言二欒者，謂昆弟皆來博也。此皆知同異之反也。太田方曰：謂知臣主之利相反也。故明主之牧臣也，說在畜烏。太田方曰：使不得不馴也。此章言勢之可任，而行之不可任也。

經二

人主者，利害之軺轂也，蒲阪圓引山曰：「軺轂宜作招轂。」按：「轂」「鵠」音訛，魏策：「兵爲招質。」招鵠，質的也。射者衆，故人主共矣。物茂卿曰：射者，謂射利者。共，謂主與臣共之。太田方曰：射，謂徼射君意而中之也。是以好惡見則下有因，而人主惑矣。辭言通則臣難言，而主不神矣。揚權注：「神者，隱而莫測其所由也。」說在申子之言「六愼」，太田方曰：六愼：上明見則下備之，一也。不明見則下惑之，二也。知見則下飾之，三也。不知見則下匿之，四也。無欲見則下伺之，五也。有欲見則下餌之，六也。與唐易之言弋也。太田方曰：六愼與弋，欲周密不見於外也。患在國羊之請變，與宣王之太息也。太田方曰：鄭君不謹言，宣王不愼行，故致此患。明之以靖郭氏之獻十珥也，與犀首、甘茂之道穴聞也。蒲阪圓曰：二事姦臣窺伺之術。「犀首」二字衍。劉文典曰：道者由也。道穴聞，即由穴聞。堂谿公知術，故問玉卮；昭侯能術，故以聽獨寢。堂谿公知主術，故以漏玉卮爲喩問昭侯，昭侯能行不漏之主術，故由于聽堂谿言而獨寢。明主之道，在申子之勸獨斷也。下文：「申子曰：『能獨斷者可爲天下主。』」

經三

術之不行，有故。不殺其狗則酒酸。夫國亦有狗，且左右皆社鼠也。猛狗迎而咬人，使酤酒者的酒壞到變酸了也賣不出去。奸臣蔽主，使君主不能任用有道之士，這樣，奸臣就是國的「猛狗」了。此外，君的左右又像「社鼠」似的來託賴在君主身邊。人主無堯之再誅，堯一誅鯀，再誅共工，卒傳天下于舜。與莊王之應太子，楚莊子以斬太子車的廷理爲「眞吾守法之臣也」應太子。而皆有薄媼之決蔡嫗也。薄母與其子薄疑商量家事，計已決；但最後仍由卜者蔡嫗作復決，才算決定。知貴不能以教歌之法先揆之。蒲阪圓曰：山曰『知貴』依傳宜作『如是』。謂人主無一聽之術，則不能使其臣陳言而先度之以法，察其功用也。吳起之出愛妻，文公之斬顚頡，皆違其情者也。太田方曰：違，依之反也。言拂於情而依於法也。故能使人彈疽者，必其忍痛者也。

一

「一」是「說一」，即對上文「經一」的說明。

賞之譽之不勸，罰之毀之不畏，四者加焉不變，則除之。

齊景公之晉，從平公飲，師曠侍坐。始坐，景公問政於師曠曰：「太師將奚以教寡人？」師曠曰：「君必惠民而已。」中坐，酒酣，將出，又復問政於師曠曰：「太師奚以教寡人？」曰：「君必惠民而已矣。」景公出之舍，師曠送之，又問政於師曠。師曠曰：「君必惠民而已矣。」

景公歸思，未醒，而得師曠之所謂：王先愼曰：歸，謂歸其舍。未醒，承上酒酣言。寤寐思之，恍然有得，不待酒醒也。公子尾、公子夏者，景公之二弟也，甚得齊民，家富貴而民說之，擬於公室，此危吾位者也，今謂我惠民者，使我與二弟爭民邪？於是反國，發廩粟以賦衆貧，散府餘財以賜孤寡，倉無陳粟，府無餘財，宮婦不御者出嫁之，獨斷：「天子所進曰御，凡衣服加于身，飲食入于口，妃妾接于寢，皆曰御。」七十受祿米，鬻德惠施於民也，王先愼曰：「惠」「施」當作「施惠」。已與二弟爭民。居二年，二弟出走：公子夏逃楚，公子尾走晉。王先愼曰：左傳「子夏」作「子雅」，「雅」「夏」通用。

景公與晏子游於少海，登柏寢之臺而還望其國曰：「美哉！泱泱乎，堂堂乎！後世將孰有此？」晏子對曰：「其田成氏乎！」景公曰：「寡人有此國也，而曰田成氏有之，何也？」晏子對曰：「夫田成氏甚得齊民，其於民也，上之請爵祿行諸大臣，下之私大斗斛區釜以出貸，小斗斛區釜以收之。斗、斛、區、釜，是四種量名。斗，是十升。斛，是十斗。區，是四豆。釜，是四區。殺一牛，取一豆肉，餘以食士。終歲，布帛取二制焉，餘以衣士。故市木之價不加貴於山，澤之魚鹽龜鼈蠃蚌不加貴於海。君重斂，而田成氏厚施。齊嘗大飢，道旁餓死者不可勝數也，父子相牽而趨田成氏者，不聞不生。故周秦之民相與歌之曰：顧曰：「秦」當作「齊」，周，遍也。謂遍齊國之人。『謳乎，其已乎！苞乎，其往歸田成子乎！』詩曰『雖無德與女，式歌且舞』。小雅車舝文。左昭廿六傳：「齊侯歎曰：『美哉室，其誰有此乎！』晏子曰：『敢問何謂也？』公曰：『吾以爲在德。』對曰：『如君之言，其陳氏乎！陳氏雖無大德，而有施於民，豆區釜鍾之數，其取之公也薄，其施之民也厚。公厚斂焉，陳氏厚施焉，民歸之矣。詩曰：「雖無德與女，式歌且舞。」陳氏之施，民歌舞之矣。』」注：「義取雖無德，要有喜說之心，欲歌舞之。式，用也。」今田成氏之德而民之歌舞，王先愼曰：「之歌舞」當作「歌舞之」。民德歸之矣，故曰『其田成氏乎』。」公泫然出涕曰：「不亦悲乎！寡人有國，而田成氏有之，今爲之奈何？」晏子對曰：「君何患焉！若君欲奪之，則近賢而遠不肖，治其煩亂，緩其刑罰，振貧窮而恤孤寡，行恩惠而給不足，民將歸君，則雖有十田成氏，其如君何？」

或曰：景公不知用勢，而師曠、晏子不知除患。夫獵者託車輿之安，用六馬之足，使王良佐轡，則身不勞而易及輕獸矣。今釋車輿之利，捐六馬之足與王良之御，而下走逐獸，則雖樓季之足無時及獸矣。託良馬固車，則臧獲有餘。國者，君之車也，勢者，君之馬也。夫不處勢以禁誅擅愛之臣，而必德厚以與天下齊行以爭民，是皆不乘君之車，不因馬之利，釋車而下走者也。故曰：「景公不知用勢之主也，而師曠晏子不知除患之臣也。」「故」，集解誤作「或」，據各本改。

子夏曰：「春秋之記臣殺君，子殺父者，以十數矣，皆非一日之積也，有漸而以至矣。凡姦者，行久而成積，積成而力多，力多而能殺，故明主蚤絕之。」今田常之爲亂，有漸見矣，而君不誅。晏子不使其君禁侵陵之臣，而使其主行惠，故簡公受其禍。故子夏曰：「善持勢者，蚤絕姦之萌。」

季孫相魯，子路爲郈令。郈，是魯國季孫氏的邑名。郈令，是郈邑的長官。魯以五月起衆爲長溝，當此之時，子路以其私秩粟爲漿飯，要作溝者於五父之衢而飡之。荀子儒效注：「要，邀也。」「飡」同「餐」。即在五父道上邀留作溝的羣衆，拿稀飯給他們吃。孔子聞之，使子貢往覆其飯，擊毀其器，曰：「魯君有民，子奚爲乃飡之？」子路怫然怒，攘肱而入，請曰：「夫子疾由之爲仁義乎？所學於夫子者，仁義也；仁義者，與天下共其所有而同其利者也。今以由之秩粟而飡民，其不可何也？」孔子曰：「由之野也！吾以汝知之，女徒未及也，女故如是之不知禮也？「徒」猶「乃」也。「故」是本然之詞。這是說：我（孔子）以爲你懂得這個道理，可是，你居然還未懂得。是不是你本來就象這樣不懂禮呢？女之飡之，爲愛之也。夫禮，天子愛天下，諸侯愛境內，大夫愛官職，士愛其家，過其所愛曰侵。今魯君有民，而子擅愛之，是子侵也，不亦誣乎！」言未卒，而季孫使者至，讓曰：「肥也起民而使之，先生使弟子止徒役而飡之，「飡」，集解譌作「滄」，據各本改。讓，是今語「怪責」之意。將奪肥之民耶？」孔子駕而去魯。以孔子之賢，「賢」下似有脫文。而季孫非魯君也，以人臣之資，假人主之術，蚤禁於未形，而子路不得行其私惠，而害不得生，況人主乎！以景公之勢而禁田常之侵也，則必無劫弒之患矣。

太公望東封於齊，齊東海上有居士曰狂矞、華士昆弟二人者立議曰：「吾不臣天子，不友諸侯，耕作而食之，掘井而飲之，吾無求於人也，無上之名，無君之祿，不事仕而事力。」太公望至於營丘，使吏執而殺之，以爲首誅。集解無「吏」字，據乾道本補。周公旦從魯聞之，發急傳而問之曰：「夫二子，賢者也，今日饗國而殺賢者，何也？」發急傳，即打發出一輛快車。饗國，即享國，謂受封享有國土。太公望曰：「是昆弟二人立議曰：『吾不臣天子、不友諸侯，耕作而食之，掘井而飲之，吾無求於人也，無上之名，無君之祿，不事仕而事力。』彼不臣天子者，是望不得而臣也；不友諸侯者，是望不得而使也；耕作而食之，掘井而飲之，無求於人者，是望不得以賞罰勸禁也。且無上名，雖知不爲望用；不仰君祿，雖賢不爲望功。不仕則不治，不任則不忠。且先王之所以使其臣民者，非爵祿則刑罰也。今四者不足以使之，則望當誰爲君乎？不服兵革而顯，不親耕耨而名，又非所以敎於國也。集解無「非」字，據迂評、翼毳等本校補。今有馬於此，如驥之狀者，天下之至良也，然而驅之不前，卻之不止，左之不左，右之不右，則臧獲雖賤，不託其足。臧獲之所願託其足於驥者，以驥之可以追利辟害也。今不爲人用，臧獲雖賤，不託其足焉。已自謂以爲世之賢士，而不爲主用，行極賢而不用於君，此非明主之所臣也，亦驥之不可左右矣，是以誅之。」

一曰：太公望東封於齊，海上有賢者狂矞，太公望聞之，往請焉，三卻馬於門而狂矞不報見也，呂覽召類注：「却，猶止也。」太公望誅之。當是時也，周公旦在魯，馳往止之，比至，已誅之矣。周公旦曰：「狂矞，天下賢者也，夫子何爲誅之？」太公望曰：「狂矞也議不臣天子，不友諸侯，吾恐其亂法易教也，故以爲首誅。今有馬於此，形容似驥也，然驅之不往，引之不前，雖臧獲不託足以旋其軫也。」

如耳說衞嗣公，衞嗣公說而太息。左右曰：「公何爲不相也？」公曰：「夫馬似鹿者，而題之千金。小爾雅廣服：「題，定也。」然而有百金之馬而無千金之鹿者，何也？馬爲人用而鹿不爲人用也。今如耳萬乘之相也，外有大國之意，其心不在衞，雖辯智，亦不爲寡人用，吾是以不相也。」

薛公之相魏昭侯也，薛公，卽齊孟嘗君田文。左右有欒子者曰陽胡、潘，其於王甚重，而不爲薛公。薛公患之，於是乃召與之博，予之人百金，令之昆弟博；俄又益之人二百金。方博有閒，謁者言客張季之子在門，公怫然怒，撫兵而授謁者曰：「殺之！吾聞季之不爲文也。」

立有閒，時季羽在側，曰：「不然。竊聞季爲公甚，顧其人陰未聞耳。」乃輟不殺客而大禮之曰：「曩者聞季之不爲文也，故欲殺之；今誠爲文也，豈忘季哉！」告廩獻千石之粟，告府獻五百金，告騶私廄獻良馬固車二乘，因令奄將宮人之美妾二十人并遺季也。奄，是古代的宦官。將，送也。欒子因相謂曰：「爲公者必利，不爲公者必害，吾曹何愛不爲公？」因私競勸而遂爲之。薛公以人臣之勢，假人主之術也，而害不得生，況錯之人主乎！夫馴烏者斷其下翎，則必恃人而食，焉得不馴乎？夫明主畜臣亦然，令臣不得不利君之祿，不得無服上之名。夫利君之祿，服上之名，焉得不服？利君之祿，是說臣們貪求君主的俸祿來生活。服上之名，是說臣們借用君上的榮名來行動。焉得不服，是說臣們那能不服從君主的命令。

二

「二」是「說二」，卽對上文「經二」的說明。

申子曰：「上明見，人備之；其不明見，人惑之。其知見，人飾之；「飾」字集解作「惑」，據迂評、翼毳等本改。不知見，人匿之。其無欲見，人司之；其有欲見，人餌之。廣雅釋詁：「見，示也。」俗字作「現」。「司」同「伺」。字林：「伺，候也，察也。」故曰：吾無從知之，惟無爲可以規之。」太田方曰：「規」「闚」「窺」通。管子君臣：「大臣假於女之能以規主情。」尹文子：「術者，人君之所密用，羣下不可妄規。」

一曰：申子曰：「愼而言也，人且知女；俞曰：「知」當作「和」，與下「隨」字爲韻。愼而行也，人且隨女。而有知見也，人且匿女；而無知見也，人且意女。女有知也，人且臧女；女無知也，人且行女。以上四個「而」字和八個「女」字都是「汝」意。有知見，無知見，即有智慧表現出來，無智慧表現出來。意同憶；憶，度也。臧同藏；藏，匿也。故曰：惟無爲可以規之。」

田子方問唐易鞠曰：「弋者何愼？」對曰：「鳥以數百目視子，子以二目御之，子謹周子廩。」說文：「周，密也。」這是說：勸你謹愼地密封你的穀倉以防鳥吃，這比喻君主用「術」來謹防臣們知道君主心情。田子方曰：「善。子加之弋，我加之國。」鄭長者聞之曰：漢書藝文志有鄭長者一篇，注：「六國時(人)，先韓子，韓子稱之。」鄭長者是鄭國的老人，不知他的姓名，所以稱他做鄭長者。「田子方知欲爲廩，而未得所以爲廩。夫虛無無見者，廩也。」韓子在主道篇論主道說：「虛靜無事，君無見其所欲。」又在揚權篇論主道說：「權不欲見，素無爲也。虛靜無爲，道之情也。」都是這句「虛無無見」的解釋。

一曰：齊宣王問弋於唐易子曰：「弋者奚貴？」唐易子曰：「在於謹廩。」王曰：「何謂謹廩？」對曰：「鳥以數十目視人，人以二目視鳥，奈何其不謹廩也？故曰『在於謹廩』也。」王曰：「然則爲天下何以異此廩。今人主以二目視一國，一國以萬目視人主，將何以自爲廩乎？」對曰：「鄭長者有言曰：『夫虛靜無爲而無見也』其可以爲此廩乎！」

國羊重於鄭君，聞君之惡己也，國羊重于鄭君，是說國羊被鄭君重用，而且有權有勢。聞君憎惡己，是說他聽見「君主憎恨自己」的消息。侍飲，因先謂君曰：「臣適不幸而有過，願君幸而告之。臣請變更，則臣免死罪矣。」適不幸，謂偶然不幸。鬼谷子「事有適然」，注：「有時而然也。」

客有說韓宣王，宣王說而太息，左右引王之說之，曰先告客以爲德。太田方曰：「曰」一作「以」，或曰當作「因」。引，告也。史記始皇紀：「諸生轉相告引。」

靖郭君之相齊也，王后死，未知所置，乃獻玉珥以知之。靖郭君，即下段之「薛公」，孟嘗君父。獻玉珥事見下段。

一曰：薛公相齊，齊威王夫人死，有十孺子，皆貴於王，薛公欲知王所欲立，而請置一人以爲夫人。漢書藝文志注：「孺子，王妾之有名號者。」置，卽置立孺子爲夫人。王聽之，則是說行於王而重於置夫人也；王不聽，是說不行而輕於置夫人也。欲先知王之所欲置以勸王置之，於是爲十玉珥而美其一而獻之。王以賦十孺子，明日坐，視美珥之所在而勸王以爲夫人。晉語注：「賦，授也。」以賦十孺子，謂王以珥給予十孺子也。

甘茂相秦惠王，惠王愛公孫衍，與之間有所言，間有所言，謂惠王祕密地跟公孫衍說保密話。曰：「寡人將相子。」甘茂之吏道穴聞之，甘茂的吏，通過一個洞穴把惠王的密語聽到了。以告甘茂。甘茂入見王曰：「王得賢相，臣敢再拜賀。」王曰：「寡人託國於子，安更得賢相？」對曰：「將相犀首。」王曰：「子安聞之？」對曰：「犀首告臣。」王怒犀首之泄，乃逐之。犀首，即公孫衍。

一曰：犀首，天下之善將也，梁王之臣也。秦王欲得之與治天下，犀首曰：「衍人臣也，不敢離主之國。」居期年，犀首抵罪於梁王，逃而入秦，秦王甚善之。樗里疾，秦之將也，恐犀首之代之將也，鑿穴於王之所常隱語者。俄而王果與犀首計曰：「吾欲攻韓奚如？」犀首曰：「秋可矣。」王曰：「吾欲以國累子，子必勿泄也。」犀首反走再拜曰：「受命。」於是樗里疾已道穴聽之矣。郎皆曰：集解據一本在「郎」上增一「見」字，似非，茲據宋乾道本及日本各本刪。「兵秋起攻韓，犀首爲將。」於是日也，郎中盡知之；於是月也，境內盡知之。王召樗里疾曰：「是何匈匈也，何道出？」王先愼曰：道，由也。言人匈匈謂「兵秋起攻韓」，何由出此言也。樗里疾曰：「似犀首也。」王曰：「吾無與犀首言也，其犀首何哉？」樗里疾曰：「犀首也羈旅新抵罪，其心孤，是言自嫁於衆。」西周策注：「嫁，賣也。」這是說：犀首這句話，自然會在羣衆中起着賣弄作用，借此來招攬權勢。王曰：「然。」使人召犀首，已逃諸侯矣。

堂谿公謂昭侯曰：「今有千金之玉卮而無當，可以盛水乎？」昭侯曰：「不可。」「有瓦器而不漏，可以盛酒乎？」昭侯曰：「可。」對曰：「夫瓦器，至賤也，不漏可以盛酒。雖有千金之玉卮，至貴而無當，漏不可盛水，則人孰注漿哉！淮南說林「三寸之管而無當」，注：「當猶底也。」這是說：雖然是貴重的玉酒器，可是沒有底，漏到連水也不裝，那末，有誰把漿往那裏灌注呢？今爲人主而漏其羣臣之語，「之」和「以」古通用，史記淮陰侯傳「懷諸侯之德」，漢書「之」作「以」。是猶無當之玉卮也，雖有聖智，莫盡其術，爲其漏也。」昭侯曰：「然。」昭侯聞堂谿公之言，自此之後，欲發天下之大事，未嘗不獨寢，恐夢言而使人知其謀也。

一曰：堂谿公見昭侯曰：「今有白玉之卮而無當，有瓦卮而有當，君渴將何以飲？」君曰：「以瓦卮。」堂谿公曰：「白玉之卮美，而君不以飲者，以其無當耶？」君曰：「然。」堂谿公曰：「爲人主而漏泄其羣臣之語，譬猶玉卮之無當也。」堂谿公每見而出，昭侯必獨臥，惟恐夢言泄於妻妾。

申子曰：「獨視者謂明，獨聽者謂聰。能獨斷者，故可以爲天下主。」顧曰：「主」當作「王」，與上文「明」「聰」韻。

三

「三」是「說三」，即對上文「經三」的說明。

宋人有酤酒者，升概甚平，遇客甚謹，爲酒甚美，縣幟甚高，禮記曲禮注：「槩，量也。」「縣」「懸」

古今字。廣雅釋器：「幟，幡也。」懸幡，即懸酒旗。然而不售，酒酸。怪其故，問其所知閭長者楊倩，倩曰：「汝狗猛耶？」曰：「狗猛則酒何故而不售？」曰：「人畏焉。或令孺子懷錢挈壺甕而往酤，而狗迓而齕之，此酒所以酸而不售也。」夫國亦有狗：有道之士懷其術而欲以明萬乘之主，大臣爲猛狗迎而齕之，此人主之所以蔽脅，而有道之士所以不用也。故桓公問管仲曰：「治國最奚患？」「最奚」二字象顛倒了。對曰：「最患社鼠矣。」公曰：「何患社鼠哉？」對曰：「君亦見夫爲社者乎？樹木而塗之，鼠穿其間，掘穴託其中，燻之則恐焚木，灌之則恐塗阤，此社鼠之所以不得也。社壇的建築，是豎立着板木，而且塗上一層泥。如果用煙火來燻鼠洞，恐怕燒板；如果用水來灌鼠洞，恐怕塗泥崩壞。方言：「阤，壞也。」「阤」同「陀」。今人君之左右，出則爲勢重而收利於民，入則比周而蔽惡於君，內間主之情以告外，「間」字是動詞，即今語「間牒」的「間」，指左右偵伺君主的動作，刺探君主的心情來報告權臣。廣雅：「閒，覗也。」「覗」同「伺」。外內爲重，諸臣百吏以爲富，吏不誅則亂法，誅之則君不安。據而有之，此亦國之社鼠也。」故人臣執柄而擅禁，明爲己者必利，而不爲己者必害，此亦猛狗也。夫大臣爲猛狗而齕有道之士矣，左右又爲社鼠而間主之情，人主不覺，如此，主焉得無壅，國焉得無亡乎！

一曰：宋之酤酒者有莊氏者，其酒常美。或使僕往酤莊氏之酒，其狗齕人，使者不敢往，乃酤他家之酒。問曰：「何爲不酤莊氏之酒？」對曰：「今日莊氏之酒酸。」故曰：「不殺其狗則酒酸。」一曰：桓公問管仲曰：「治國何患？」對曰：「最苦社鼠。夫社，木而塗之，鼠因自託也。燻之則木焚，灌之則塗阤，此所以苦於社鼠也。今人君左右，出則爲勢重以收利於民，入則比周謾侮蔽惡以欺於君，不誅則亂法，誅之則人主危。據而有之，此亦社鼠也。」故人臣執柄擅禁，明爲己者必利，不爲己者必害，亦猛狗也。故左右爲社鼠，用事者爲猛狗，則術不行矣。

堯欲傳天下於舜，鯀諫曰：「不祥哉！孰以天下而傳之於匹夫乎？」堯不聽，舉兵而誅殺鯀於羽山之郊。共工又諫曰：「孰以天下而傳之於匹夫乎？」堯不聽，又舉兵而流共工於幽州之都。於是天下莫敢言無傳天下於舜。仲尼聞之曰：「堯之知舜之賢，非其難者也，夫至乎誅諫者，必傳之舜，乃其難也。」一曰：「不以其所疑敗其所察則難也。」

荊莊王有茅門之法，孫曰：「茅門」，下作「茆門」。說苑至公與此略同，亦作「茅」。案：「茅門」，即「雉門」。說文「雉」古文作「𨾊」，或省爲「弟」，與「茅」形近而誤。史記魯世家「築茅闕門」，卽春秋定二經之「雉門兩觀」也。諸侯三門：庫、雉、路。外朝在雉門外。茅門之法，廷理掌之，卽周禮秋官朝士掌建邦，外朝之法也。天子諸侯三朝皆有廷。「士」「理」字通。曰：「羣臣大夫諸公子入朝，馬蹏踐霤者，廷理斬其輈，戮其御。」「蹏」同「蹄」。霤，是屋霤下水流之處。廷理，執法之官。輈，車轅也。於是太子入朝，馬蹏踐霤，廷理斬其輈，戮其御。太子怒，入爲王泣曰：「爲我誅戮廷理。」王曰：「法者所以敬宗廟，尊社稷。故能立法從令，尊敬社稷者，社稷之臣也，焉可誅也？夫犯法廢令，不尊敬社稷者，是臣乘君而下尙校也。臣乘君則主失威，下尙校則上位危。王先愼曰：此當作「下校尙」。下校尙，謂下亢上也。秦策「足以校於秦矣」，注：「校猶亢也。」「校」「尙」誤倒。說苑「乘」作「棄」，「校」作「陵」，皆劉向所易，未可據。威失位危，社稷不守，吾將何以遺子孫。」於是太子乃還走，避舍露宿三日，北面再拜請死罪。

一曰：楚王急召太子。楚國之法，車不得至於茆門。天雨，廷中有潦，太子遂驅車至於茆門。廷理曰：「車不得至茆門，王先愼曰：「至茆門」三字當重。非法也。」太子曰：「王召急，不得須無潦。」「須」借爲「頦」，頦，等待也。潦，指簷流水。遂驅之。廷理舉殳而擊其馬，敗其駕。太子入爲王泣曰：「廷中多潦，驅車至茆門，廷理曰：『非法也。』舉殳擊臣馬，敗臣駕。王必誅之。」王曰：「前有老主而不踰，後有儲主而不屬，矜矣。王先愼曰：書鈔引韓子有「矜矣」二字，「矜」與「賢」古通假，「矜矣」猶「賢矣」。是眞吾守法之臣也。」乃益爵二級，而開後門出太子，勿復過。

衞嗣君謂薄疑曰：「子小寡人之國以爲不足仕，則寡人力能仕子，請進爵以子爲上卿。」「則」「卽」二字同聲通用。乃進田萬頃。薄子曰：「疑之母親疑，以疑爲能相萬乘所不窕也。蒲阪圓曰：「所」，下文作「而」。氾論訓「舒之天下而不窕」，注：「窕，緩也。」然疑家巫有蔡嫗者，疑母甚愛信之，屬之家事焉。疑智足以信言家事，顧曰：「信」字當衍。疑母盡以聽疑也。然已與疑言者，亦必復決之於蔡嫗也。故論疑之智能，以疑爲能相萬乘而不窕也；論其親，則子母之間也；然猶不免議之於蔡嫗也。今疑之於人主也，非子母之親也，而人主皆有蔡嫗。人主之蔡嫗，必其重人也。重人者，能行私者也。夫行私者，繩之外也；而疑之所言，法之內也。禮樂記注：「繩猶度也。」指法度。繩之外與法之內，讎也，不相受也。」

一曰：衞君之晉，謂薄疑曰：「吾欲與子皆行。」薄疑曰：「媼也在中，請歸與媼計之。」衞君自請薄媼。顧曰：藏本重「薄媼」二字。曰：「疑，君之臣也，君有意從之，甚善。」衞君曰：「吾以請之媼，此「以」字同「已」。媼許我矣。」薄疑歸言之媼也，曰：「衞君之愛疑奚與媼？」「奚與」即「何如」，是兩相比較語。媼曰：「不如吾愛子也。」「衞君之賢疑奚與媼也？」曰：「不如吾賢子也。」「媼與疑計家事已決矣，乃更請決之於卜者蔡嫗。今衞君從疑而行，雖與疑決計，必與他蔡嫗敗之，如是則疑不得長爲臣矣。」

夫教歌者，使先呼而詘之，其聲反清徵者，乃教之。太田方曰：詘，謂屈曲轉音聲也。顧曰：「反」當作「及」。啓雄按：清徵，是好音樂，見十過篇。這是說：教人唱歌者，首先使學唱者放聲直呼，而後屈曲旋轉音聲以成旋律。直到他的聲調達到「清徵」，才教他。

一曰：教歌者先揆以法，疾呼中宮，徐呼中徵。疾不中宮，徐不中徵，不可謂教。蒲阪圓曰：以喻其臣陳言之不中功用也。啓雄按：說文：「揆，度也。」淮南原道注：「中，適也。」這是說：教歌者首先用初步方法來衡量學歌者，那就是要求學歌者急歌時合于宮聲，慢歌時合于徵聲。

吳起，衞左氏中人也，使其妻織組，而幅狹於度。組，是絲織的帶。幅狹於度，組的寬度比要求的尺度窄。吳子使更之，其妻曰：「諾。」及成，復度之，果不中度，吳子大怒。其妻對曰：「吾始經之而不可更也。」說文：「經，織縱絲也。」這是說：我早已整理好直綫了，因此不能更改了。吳子出之，其妻請其兄而索入，其兄曰：「吳子，爲法者也。其爲法也，且欲以與萬乘致功，必先踐之妻妾，然後行之，子毋幾索入矣。」王先愼曰：毋幾索入，謂毋望索入也。史記晉世家索隱：「幾猶望也。」其妻之弟又重於衞君，乃因以衞君之重請吳子，吳子不聽，遂去衞而入荆也。

一曰：吳起示其妻以組，曰：「子爲我織組，令之如是。」組已就而效之，效之，謂把織成的組獻給吳起。其組異善。起曰：「使子爲組，令之如是，而今也異善，何也？」其妻曰：「用財若一也，加務善之。」異善，謂異于吳起所定的標準，却是「善」。「財」借爲「材」，指材料。加務善之，謂加工使它更好一些。吳起曰：「非語也。」太田方曰：「語」當爲「吾言」二字。謂非吾所命也。使之衣而歸。其父往請之，吳起曰：「起家無虛言。」

晉文公問於狐偃曰：「寡人甘肥周於堂，巵酒豆肉集於宮，甘肥的美味周徧於堂，巵酒豆肉聚集於宮。好像都是宴饗將士的舉動。壺酒不清，生肉不布，王先愼曰：「壺」當作「壼」。太田方曰：「布」當作「希」，希，睎也，乾也。殺一牛徧於國中，一歲之功盡以衣士卒，用牛肉徧給國民，又用一年的織功（布）來衣士卒。其足以戰民乎？」狐子曰：「不足。」文公曰：「吾弛關市之征而緩刑罰，其足以戰民乎？」狐子曰：「不足。」文公曰：「吾民之有喪資者，寡人親使郎中視事，有罪者赦之，貧窮不足者與之，其足以戰民乎？」狐子對曰：「不足。此皆所以愼產也；而戰之者，殺之也。民之從公也，爲愼產也，公因而迎殺之，失所以爲從公矣。」孫曰：「愼」讀爲「順」。「產」與「生」義同，字通。「迎」當爲「逆」。愼產者，言文公所言皆是順其生之事；逆殺者，言戰爲逆而殺之之事。順逆生殺，文正相對也。曰：「然則何如足以戰民乎？」狐子對曰：「令無得不戰。」公曰：「無得不戰奈何？」狐子對曰：「信賞必罰，其足以戰。」公曰：「刑罰之極安至？」對曰：「不辟親貴，法行所愛。」文公曰：「善。」明日，令田於圃陸，期以日中爲期，後期者行軍法焉。於是公有所愛者曰顛頡，後期，吏請其罪，文公隕涕而憂。王先愼曰：不行法則失信，行法則失貴重之臣，故憂而不決。吏曰：「請用事焉。」遂斬顛頡之脊以徇百姓，以明法之信也。而後百姓皆懼曰：「君於顛頡之貴重如彼甚也，而君猶行法焉，況於我則何有矣。」文公見民之可戰也，於是遂興兵伐原，克之；伐衞，東其畝，太田方曰：使壟畝東西行。取五鹿；攻陽勝虢；左僖二傳晉獻公滅虢下陽，僖五傳又滅虢上陽。此文「攻陽勝虢」，是在虢滅後廿三年左右，似誤。伐曹；南圍鄭，反之陴；王先愼曰：晉語「伐鄭，反其陴」，注：「反，撥也。陴，城上女垣。」罷宋圍；還與荆人戰城濮，大敗荆人；返爲踐土之盟，遂成衡雍之義：一舉而八有功。所以然者，無他故異物，從狐偃之謀，假顚頡之脊也。

夫痤疽之痛也，非刺骨髓，則煩心不可支也；非如是，不能使人以半寸砥石彈之。人們生癰疽瘡，除非是用石針來刺骨髓，就會心煩而不能支持。病人除非認識到挨針砭痛苦的後果，他就不肯讓醫者用砭石來扎癰疽。今人主之於治亦然：非不知有苦則安；這句似有誤，「不」字似衍，或當在「安」字上。欲治其國，非如是不能聽聖知而誅亂臣。亂臣者必重人，重人者，必人主所甚親愛也。人主所甚親愛也者，是同堅白也。夫以布衣之資，欲以離人主之堅白所愛，高曰：墨子經上：「堅白不相外也。」此言人主與其所甚親愛者，若堅白之不可離耳。是猶以解左髀說右髀者，集解「以」上無「猶」字，據迂評、翼毳補。蒲阪圓曰：「解」，如「支解」之「解」。舊說：人主之於重人，猶左右髀也，今說右髀曰「必解左髀去患」，右髀必不聽也。是身必死而說不行者也。

第三十五篇　外儲說右下

經一

賞罰共則禁令不行。賞罰的權柄，如果君和臣共同來掌握，那末禁令就行不通。何以明之？以造父、於期。「於期」，說一作「王子於期」，喻老篇作「王子期」，跟王良是同一個人。迂評本作「明之以造父、於期」。是說：拿造父、於期的失敗事情來證明它。子罕爲出彘，舊注：罕行罰，一國畏之，因篡君，亦威分出彘之類也。田恆爲圃池，舊注：恆擅行賞，人歸之，因弒簡公，亦（德）分圃池之比也。故宋君、簡公弒。太田方曰：宋君借威，簡公借德，故見弒。患在王良、造父之共車，田連、成竅之共琴也。太田方曰：宋君、簡公之弒，其患本在與臣共權也。此章言國柄不可以借人也。

經二

治強生於法，弱亂生於阿，廣雅釋詁：「阿，邪也。」楚詞逢紛注：「阿，曲也。」離騷注：「所私爲阿。」此句「阿」字與下句「仁下」及說二中「愛道」前後相應，可見「阿」是以私愛而枉法。君明於此，則正賞罰而非仁下也。爵祿生於功，誅罰生於罪，臣明於此，則盡死力而非忠君也。爵祿既然是信賞必罰，對臣民不敢心賜。因立功而取得的，誅罰是因犯罪而招致的，臣們明白這客觀原因，就盡力守法順勢，以立功避罪，可是，守法順勢和忠君不同。**君通於不仁，臣通於不忠，則可以王矣。**不仁，指「不溫情」「不心軟」，不忠，指「盡職而非忠君」。謂君知「不溫情」，臣知「盡職而非忠君」，就可以王天下。**昭襄知主情，而不發五苑；**秦昭襄王知正法不阿的主情，故不發五苑的菜果以救饑。**田鮪知臣情，故教田章；**田鮪教子章說：「如要利身，先從利君入手；如要富家，先從富國入手。」**而公儀辭魚。**公儀以為受魚將枉法，故辭魚。這二句都是說明恃人不如自恃的道理。

經三

明主者，鑒於外也，而外事不得不成，明主要借鑑于外國的政事，然而對于外事借得不適當，還是不會成功。**故蘇代非齊王。**蘇代批評齊王不信大臣，燕王被欺而益信子之。**人主鑒於上也，而居者不適不顯，**王先愼曰：上，謂上古。啓雄按：據說三「潘壽隱者」，可知「居者」是指「居士」。不適，謂居士所言不適當。不顯，指人主不顯。**故潘壽言禹情。**太田方曰：潘壽言上古禹情，以欺燕王而媚子之。**人主無所覺悟，**此句上或下似有挩文。**方吾知之，故恐同衣於族，**據下文說三「同服」「同族」，知此句「同衣」即下文「同服」，此句「於族」當作「同族」。**而況借於權乎。**方吾子謂：君主恐與同服者同車，與同族者共家，何況假借權勢給人呢。**吳章知之，故說以佯，而況借於誠乎。**吳章謂韓宣子曰：「佯憎佯愛之徵現，諛者因資而毀譽之，雖明主不能復收。」**趙王惡虎目而壅。**趙王惡虎目，左右曰：「平陽君之目可惡過此。」平陽君殺言者，而趙不誅平陽君。這是權臣擅殺直言者，而趙王反被壅蔽的明證。**明主之道，如周行人之卻衞侯也。**衞侯朝周，周行人問其號，對曰「辟疆」，行人卻之，衞侯改名「燬」，才接納他。

經四

人主者，守法責成以立功者也。聞有吏雖亂而有獨善之民，這句說：有了執法之吏，他們雖然有時也亂法，然而法治國的民總是好的。不聞有亂民而有獨治之吏，故明主治吏不治民。說在搖木之本與引網之綱。舊注：搖木本則萬木動，引網綱則萬目張，吏正則國治也。故失火之嗇夫，不可不論也。「也」字下各本有「救火者吏操壺走火，則一人之用也；操鞭使人，則役萬夫」廿二字，疑是舊注誤入正文，據顧及蒲阪圓說刪。故所遇術者如造父之遇驚馬，牽馬推車則不能進，代御執轡持筴則馬咸騖矣。是以說在椎鍛平夷，榜檠矯直。太田方曰：椎鍛喻刑罰，榜檠喻法。不然，敗在淖齒用齊戮閔王，李兌用趙餓主父也。

經五

因事之理，則不勞而成。故茲鄭之踞轅而歌以上高梁也。其患在趙簡主稅，吏請輕重；薄疑之言「國中飽」，簡主喜而府庫虛，百姓餓而姦吏富也。故桓公巡民，而管仲省腐財怨女。太田方曰：因事之理，故內無怨女，外無曠夫。不然，則在延陵乘馬不得進，造父過之而為之泣也。舊注：前礙飾，後礙錯，既不得前卻，遂旁而逸，造父見之泣，猶賞罰失必致敗也。

「一」是「說一」，即對上文「經一」的說明。

造父御四馬，馳驟周旋而恣欲於馬。舊注：意所欲，馬必隨之也。恣欲於馬者，擅轡筴之制也。舊注：以轡策專制之，故馬不違也。然馬驚於出彘，而造父不能禁制者，非轡筴之嚴不足也，威分於出彘也。轡策的威力，被突然奔出的野彘分散了。王子於期爲駙駕，轡筴不用而擇欲於馬，王先慎曰：此下當更有「擇欲於馬者」五字。擅芻水之利也。然馬過於圃池而駙馬敗者，顧曰：「馬」當作「駕」。非芻水之利不足也，德分於圃池也。故王良、造父，天下之善御者也，然而使王良操左革而叱咤之，使造父操右革而鞭笞之，馬不能行十里，共故也。孫曰：「革」「勒」古字通，說文：「勒，馬頭絡銜也」。田連、成竅，天下善鼓琴者也，然而田連鼓上，成竅擫下，王先慎曰：說文：「擫，一指按也。」而不能成曲，亦共故也。夫以王良、造父之巧，共轡而御，不能使馬，人主安能與其臣共權以爲治？以田連、成竅之巧，共琴而不能成曲，人主又安能與其臣共勢以成功乎？

一曰：造父爲齊王駙駕，渴馬服成，舊注：令馬忍渴，百日服習之，故成。太田方曰：渴者，謂少飲之也。莊子馬蹄：「伯樂曰：『我善治馬……飢之渴之。』」可見古有是術矣。服成者，詩六月：「比物四驪，閑之維則，維此六月，既成我服。」言教閑既慣習也。效駕圃中，禮曲禮「僕展輪效駕」，疏：「僕先試車。」此文效駕圃中，是說造父在圃中試車。

渴馬見圃池，去車走池，駕敗。王子於期爲趙簡主取道爭千里之表，「表」借爲「幖」，即競賽爭奪的錦標。其始發也，彘伏溝中，王子於期齊轡筴而進之，彘突出於溝中，馬驚駕敗。

司城子罕謂宋君曰：「慶賞賜與，民之所喜也，君自行之；孟子告子注：「慶，賞也。」此文「賜與」，下文「賜予」，都是「賜与」的借字。說文：「与，賜予也。」「施與」，今作「賜予」。殺戮誅罰，民之所惡也，臣請當之。」宋君曰：「諾。」於是出威令，誅大臣，君曰：「問子罕也。」於是大臣畏之，細民歸之。處期年，子罕殺宋君而奪政。故子罕爲出彘以奪其君國。舊注：罕用刑服國，是猶出彘用威懼馬。

簡公在上位，罰重而誅嚴，厚賦斂而殺戮民；田成恆設慈愛，明寬厚。簡公以齊民爲渴馬，不以恩加民；而田成恆以仁厚爲圃池也。舊注：以仁濟物，猶圃池也。王先愼曰：經無「成」字，「成」乃其謚，此作「成恆」，複。

一曰：造父爲齊王駙駕，以渴服馬，百日而服成。服成，請效駕齊王，這句似本作「服成，請齊王效駕」，即造父請齊王讓他試車。王曰：「效駕於圃中。」造父驅車入圃，馬見圃池而走，造父不能禁。造父以渴服馬久矣，今馬見池，駻而走，王先愼曰：說文：「馯，馬突也。」字亦作「駻」。雖造父不能治。今簡公之法禁其衆久矣，而田成恆利之，是田成恆傾圃池而示渴民也。一曰：王子於期爲宋君爲千里之遂。已駕，察手吻文，察手吻文，未詳，似是駕車者舉手以口吻手紋的動作。且發矣，驅而前之，輪中繩引而卻之，馬掩迹。拊而發之，彘逸出於竇中，（王先愼曰：「逸」當作「突」。竇，瀆竇也。）馬退而卻，筴不能進前也；馬駻而走，轡不能止也。一曰：司城子罕謂宋君曰：「慶賞賜予者，民之所好也，君自行之；誅罰殺戮者，民之所惡也，臣請當之。」於是戮細民而誅大臣，君曰：「與子罕議之。」居期年，民知殺生之命制於子罕也，故一國歸焉。故子罕劫宋君而奪其政，法不能禁也。故曰：「子罕爲出彘，而田成常爲圃池也。」（漢文帝名「恆」，漢人避諱，改「恆」字爲「常」，從此「恆」「常」混亂。）令王良、造父共車，人操一邊轡而入門閭，（王先愼曰：「入」當作「出」。）駕必敗而道不至也。令田連、成竅共琴，人撫一絃而揮，則音必敗，曲不遂矣。（以上三個「一曰」以下的故事，都是分別附錄和以前不同的或略異的舊聞。）

二

「二」是「說二」，是對上文「經二」的說明。

秦昭王有病，百姓里買牛而家爲王禱。公孫述出見之，入賀王曰：「百姓乃皆里買牛爲王禱。」王使人問之，果有之。王曰：「訾之人二甲。」（高曰：「訾」借爲「貲」，說文：「貲，小罰，以財自贖。」漢律：民不繇，貲錢二十二。」是「貲」之本誼爲「罰」。貲之人二甲，謂罰之人出二甲。下文「不如人罰二甲」，是其義。）夫非令而擅禱者，是愛寡人也。夫愛寡人，寡人亦且改法而心與之相循者，是法不立；（蒲阪圓曰：

「著」宜作「則」。謂吾將舍法而以慈愛之心與民相從親，則是法廢也。法不立，亂亡之道也。不如人罰二甲，而復與爲治。」

一曰：秦襄王病，百姓爲之禱；病愈，殺牛塞禱。「塞」借爲「𡨄」，「𡨄」亦變作「賽」。史記封禪書「冬賽禱祠」，索隱：「賽，謂報神福也。」急就篇：「賽，禱鬼神寵。」郎中閻遏、公孫衍出見之，曰：「非社臘之時也，奚自殺牛而祠社？」怪而問之。百姓曰：「人主病，爲之禱；今病愈，殺牛塞禱。」閻遏、公孫衍說，見王拜賀曰：「過堯舜矣。」王驚曰：「何謂也？」對曰：「堯舜，其民未至爲之禱也。今王病而民以牛禱，病愈殺牛塞禱，故臣竊以王爲過堯舜也。」王因使人問之，何里爲之，訾其里正與伍老屯二甲。高曰：「屯」當爲「出」，形近而譌，言罰其里正伍老，使出二甲也。閻遏、公孫衍媿不敢言。居數月，王飲酒酣樂，閻遏、公孫衍謂王曰：「前時臣竊以王爲過堯舜，非直敢諛也。堯舜病，且其民未至爲之禱也。今王病而民以牛禱，病愈殺牛塞禱，今乃訾其里正與伍老屯二甲，臣竊怪之。」王曰：「子何故不知於此？彼民之所以爲我用者，非以吾愛之爲我用者也，以吾勢之爲我用者也。吾釋勢與民相收，若是，吾適不愛而民因不爲我用也。故遂絕愛道也。」物茂卿曰：謂斷絕吾與民以愛相收之路也。

秦大饑，應侯請曰：「五苑之草著蔬菜橡果棗栗，足以活民，請發之。」草著跟蔬菜、橡果、棗栗平列，似是能吃的植物，「草著」二字必是訛字。昭襄王曰：「吾秦法使民有功而受賞，有罪而受誅。今發五苑之蔬果者，使民有功與無功俱賞也。夫使民有功與無功俱賞者，此亂之道也。夫發五苑而亂，不如棄棗蔬而治。」

一曰：「令發五苑之蓏蔬棗栗足以活民，是使民有功與無功互爭取也。夫生而亂，不如死而治，大夫其釋之。」

田鮪教其子田章曰：「欲利而身，先利而君；欲富而家，先富而國。」「而」猶「爾」也，「若」也，「女」也。小爾雅廣詁：「而，汝也。」

一曰：田鮪教其子田章曰：「主賣官爵，臣賣智力。故曰：自恃無恃人。」

公儀休相魯而嗜魚，一國盡爭買魚而獻之，公儀子不受。其弟諫曰：「夫子嗜魚而不受者何也？」對曰：「夫唯嗜魚，故不受也。夫卽受魚，必有下人之色；有下人之色，將枉於法；正因爲我愛吃魚，所以不接受別人的魚；須知既已接受別人的魚，就必定有對別人讓步的神色。對人讓步，就要歪曲法律，枉於法則免於相，雖嗜魚，此不必能自給致我魚，王先愼曰：外傳淮南子無「致我」二字，蓋本書一本作「自給」，一本作「致我」，校者記於其下，刊時失删，遂致兩有。啓雄按：迂評、纂聞均重「免於相」三字。我又不能自給魚。卽無受魚而不免於相，雖嗜魚，我能長自給魚。」此明夫恃人不如自恃也，明於人之爲己者不如己之自爲也。

三

「三」是「說三」，卽對上文「經三」的說明。

子之相燕，貴而主斷。蘇代爲齊使燕，王問之曰：「齊王亦何如主也？」對曰：「必不霸矣。」燕王曰：「何也？」對曰：「昔桓公之霸也，內事屬鮑叔，外事屬管仲，桓公被髮而御婦人，日遊於市。今齊王不信其大臣。」於是燕王因益大信子之。子之聞之，使人遺蘇代金百鎰，而聽其所使之。王渭曰：「之」字衍，戰國策無。

一曰：蘇代爲秦使燕，見無益子之，則必不得事而還，貢賜又不出，淮南脩務注：「見猶知也。」爾雅釋詁：「貢，賜也。」這是說：蘇代根據觀察而知道，如果增加子之個人利益，就不能獲得成果而還，子之的賞賜又不拿出。於是見燕王，乃譽齊王。據下文「救亡不暇」，「任所愛不均」，則此「譽」字非美譽之詞。「譽」疑是「舉」字之譌。燕王曰：「齊王何若是之賢也？則將必王乎？」蘇代曰：「救亡不暇，安得王哉？」燕王曰：「何也？」曰：「其任所愛不均。」「均」借爲「純」，純，專也，全也。燕王曰：「其亡何也？」曰：「昔者齊桓公愛管仲，置以爲仲父，內事理焉，外事斷焉，舉國而歸之，故一匡天下，九合諸侯。今齊任所愛不均，是以知其亡也。」燕王曰：「今吾任子之，天下未之聞也。」於是明日張朝而聽子之。

潘壽謂燕王曰：「王不如以國讓子之。人所以謂堯賢者，以其讓天下於許由，許由必不受也，則是堯有讓許由之名，而實不失天下也。今王以國讓子之，子之必不受也，則是王有讓子之之名，而與堯同行也。」於是燕王因舉國而屬之，子之大重。

一曰：潘壽，闞者。顧曰：今本「闞」作「隱」。啓雄按：「闞」是「望視」也。「望視者」無意義；此文應作「隱者」，拾補亦作「隱」。燕使人聘之。潘壽見燕王曰：「臣恐子之之如益也。」王曰：「何益哉？」對曰：「古者禹死，將傳天下於益，啓之人因相與攻益而立啓。今王信愛子之，將傳國子之，太子之人盡懷印，爲子之之人無一人在朝廷者。王不幸棄羣臣，則子之亦益也。」王因收吏璽，自三百石以上皆效之子之，子之大重。燕王收官吏的印璽，把領三百石穀祿以上的官璽全獻給子之，這樣一來，子之的權柄就大起來了。夫人主之所以鏡照者，諸侯之士徒也，今諸侯之士徒，皆私門之黨也。人主之所以自羽翼者，巖穴之士徒也，今巖穴之士徒皆私門之舍人也，是何也？奪褫之資在子之也。故吳章曰：「人主不佯憎愛人，佯愛人不得復憎也，佯憎人不得復愛也」。此語爾雅釋言：「復，返也。」小爾雅廣言：「復，還也。」不得復憎或復愛，謂事後不能復原爲憎或愛，指過後不能補救也。此語節采下文吳章謂韓宣子語，餘詳下段。一曰：燕王欲傳國於子之也，問之潘壽，對曰：「禹愛益而任天下於益，已而以啓人爲吏，及老，而以啓爲不足任天下，故傳天下於益；而勢重盡在啓也勢重，指權勢，解詳說難篇中及喩老篇中。已而啓與友黨攻益而奪之天下，是禹名傳天下於益，而實令啓自取之也。此禹之不及堯舜明矣。今王欲傳之子之，而吏無非太子之人者也，是名傳之而實令太子自取之也。」燕王乃收璽，自三百石以上皆效之子之，子之遂重。

方吾子曰：「吾聞之，古禮行不與同服者同車，不與同族者共家，顧曰：「不」上當有「居」字。太田方曰：君不與衣服之美與己齊等者同車，示人不擬于君也。而況君人者乃借其權而外其勢乎！」

吳章謂韓宣王曰：「人主不可佯愛人，一日不可復憎；不可以佯憎人，一日不可復愛也。王先愼曰：「佯愛人」「佯憎人」皆當重。蒲阪圓曰：一日，異日也。故佯憎佯愛之徵見，則諛者因資而毀譽之，雖有明主不能復收，而況於以誠借人也！」

趙王遊於圃中，左右以菟與虎而輟之，舊注：輟而觀之。啓雄按：「菟」是「兔」的俗字。虎盼然環其眼。王渭曰：「盼」當作「盻」。王先愼曰：說文：「盻，恨視也。」王曰：「可惡哉，虎目也！」左右曰：「平陽君之目可惡過此。見此未有害也，見平陽君之目如此者，則必死矣。」其明日，平陽君聞之，使人殺言者，而王不誅也。

衛君入朝於周，周行人問其號，對曰：「諸侯辟疆。」周行人卻之曰：「諸侯不得與天子同號。」舊注：開辟疆土者，天子之號。衞君乃自更曰：「諸侯燬。」王先愼曰：「諸侯辟疆」「諸侯燬」兩「諸」字皆涉「諸侯不得與天子同號」句而誤。「諸」當作「衞」。而後內之。仲尼聞之曰：「遠哉禁偪，虛名不以借人，況實事乎！」「偪」同「逼」，爾雅：「逼，迫也。」小爾雅：「逼，近也。」這是說：諸侯的號應該跟天子的號遠一些，不許太接近了。尊號雖然是虛名，也不用來借給人用，何況實事，更不能隨便借給旁人了。

四

「四」是「說四」，即對上文「經四」的說明。

搖木者一一攝其葉則勞而不徧，左右拊其本而葉徧搖矣。書傳：「拊，擊也。」廣雅：「本，幹也。」這是說：搖樹的人，如果一片一片地去拿樹葉，那就要勞累而不能全搖；如果打擊樹幹，所有的葉都搖動了。臨淵而搖木，鳥驚而高，魚恐而下。善張網者引其綱，不一一攝萬目而後得，一一攝萬目而後得，則是勞而難，引其綱而魚已囊矣。故吏者，民之本綱者也，故聖人治吏不治民。舊注：治吏從引綱，理人猶張目。

救火者令吏挈壺甕而走火，則一人之用也；操鞭箠指麾而趣使人，趣，指督趣或督促。則制萬夫。是以聖人不親細民，明主不躬小事。

造父方耨，得有子父乘車過者，俞曰：「得」當作「見」，因古「得」字作「㝵」，故「得」與「見」二字往往相混。

史記趙世家「踰年歷歲未得一城」，趙策「得」作「見」；留侯世家「果見穀城山下黃石」，漢書「見」作「得」。並其證也。馬驚而不行，其子下車牽馬，父子推車，太田方曰：「父子」之「子」當作「下」。請造父助我推車。顧曰：「推車」二字當衍。造父因收器，輟而寄載之，禮記曲禮注：「輟猶止也。」此文「輟」字似謂收起耒耨等農具，而載在車上。援其子之乘，乃始檢轡持筴，未之用也，而馬轡驚矣。「轡」字似是衍文，或是「咸」字之譌。使造父而不能御，雖盡力勞身助之推車，馬猶不肯行也。今使身佚，且寄載有德於人者，有術而御之也。集解「今」作「令」，據各本及日本本校改。故國者，君之車也；勢者，君之馬也。無術以御之，身雖勞猶不免亂；有術以御之，身處佚樂之地，又致帝王之功也。

椎鍛者，所以平不夷也；三倉：「椎，打也。」說文：「鍛，小冶也。」「夷」借爲「𢓊」，說文：「夷，平也。」這是說：鐵工所以鎚打鎔鑄金屬，爲的是要打平那些凹凸。榜檠者，所以矯不直也。聖人之爲法也，所以平不夷，矯不直也。

淖齒之用齊也，擢閔王之筋；李兌之用趙也，餓殺主父。此二君者，皆不能用其椎鍛榜檠，故身死爲僇，而爲天下笑。

一曰：入齊則獨聞淖齒而不聞齊王，入趙則獨聞李兌而不聞趙王。故曰：人主者不操術，則威勢輕而臣擅名。一曰：田嬰相齊，人有說王者曰：「終歲之計，王不一以數日之間自聽之，則無以知吏之姦邪得失也。」王曰：「善。」田嬰聞之，卽遽請於王而聽其計。王將聽之矣，田嬰令官具押券斗石參升之計。王自聽計，計不勝聽，罷食，後復坐，不復暮食矣。田嬰復謂曰：「羣臣所終歲日夜不敢偷怠之事也，王以一夕聽之，則羣臣有爲勸勉矣。」王曰：「諾。」俄而王已睡矣，吏盡揄刀削其押券升石之計。王自聽之，亂乃始生。太田方曰：此「田嬰相齊」章不與經文相關，疑當在外儲說左上傳五「魏昭王欲與官事」章前，乃與經中「下走睡臥」之文相應。蓋魏王章「不躬親其勢柄」之文，與此文「不以身躬親殺生之柄」之句似，故相涉而錯簡。一曰：武靈王使惠文王莅政，李兌爲相，武靈王不以身躬親殺生之柄，故劫於李兌。

五

「五」是「說五」，卽對上文「經五」的說明。

茲鄭子引輦上高梁而不能支；茲鄭拖拉着一輛車上高隄，可是他力少不能支持。茲鄭踞轅而歌，前者止，後者趨，輦乃上。在車前的行路人止步回來幫助引車，在車後的人快跑幾步來幫助推車。使茲鄭無術以致人，則身雖絕力至死，輦猶不上也。今身不至勞苦而輦以上者，有術以致人之故也。

趙簡主出稅者，▲乾道本「稅」下有「者」字，集解據御覽把乾道本的「者」删，誤。出稅者，卽派出收稅的小吏。吏請輕重，簡主曰：「勿輕勿重。重則利入於上，若輕則利歸於民，吏無私利而正矣。」輕重，指抽稅的稅率宜輕或宜重。吏無私利而正，謂稅率不輕也不重，官吏無私利可營，因而也端正了。

薄疑謂趙簡主曰：「君之國中飽。」簡主欣然而喜曰：「何如焉？」對曰：「府庫空虛於上，百姓貧餓於下，然而姦吏富矣。」太田方曰：姦吏富於中。薄疑所謂「國中」者，非國內也。「中」者，「上中下」之「中」也。薄疑欲發簡子之問，故爲是言也。簡子以爲「中外」之「中」，故喜。

齊桓公微服以巡民家，微服，是君主穿上平民的衣服，從裝束上隱瞞了貴人的身份。人有年老而自養者，桓公問其故，對曰：「臣有子三人，家貧無以妻之，傭未及反。」桓公歸，以告管仲，管仲曰：「畜積有腐棄之財，則人飢餓；宮中有怨女，則民無妻。」桓公曰：「善。」乃諭宮中有婦人而嫁之，下令於民曰：「丈夫二十而室，婦人十五而嫁。」

一曰：桓公微服而行於民間，有鹿門稷者，行年七十而無妻。桓公問管仲曰：「有民老而無妻者乎？」管仲曰：「有鹿門稷者，行年七十矣而無妻。」桓公曰：「何以令之有妻？」管仲曰：「臣聞之：上有積財，則民臣必匱乏於下；宮中有怨女，則有老而無妻者。」桓公曰：「善。」令於宮中「女子未嘗御出嫁之」。這個「御」字指妃妾跟君主性交。乃令男子年二十而室，女年十五而嫁。則內無怨女，外無曠夫。

延陵卓子乘蒼龍挑文之乘，俞曰：「挑」當讀爲「翟」，下文「一曰延陵卓子乘蒼龍與翟文之乘」，注云「馬青翟之文」是也。「挑」從「兆」聲，與「翟」聲相近，故「翟」通作「挑」。鉤飾在前，高曰：「飾」當借爲「勒」。說文：「勒，馬頭絡銜也。」莊子馬蹄「前有橛飾」，釋文引司馬注：「飾，排銜也。」司馬注正讀「飾」爲「勒」，是其證。下文「錯飾」，誼同。錯錣在後，蒲阪圓曰：列子釋文引許愼云：「錣，馬策，端有利鋒，所以刺不進也。」「錯」讀爲「策」。馬欲進則鉤飾禁之，欲退則錯錣貫之，馬因旁出。造父過而爲之泣涕，曰：「古之治人亦然矣。夫賞所以勸之，而毀存焉；罰所以禁之，而譽加焉。民中立而不知所由，此亦聖人之所爲泣也。」

一曰：延陵卓子乘蒼龍與翟文之乘，舊注：馬有翟之文。前則有錯飾，「錯飾」，似本作「鉤飾」，即「鉤勒」。後則有利錣，進則引之，退則筴之，馬前不得進，後不得退，遂避而逸，因下抽刀而刎其腳。造父見之而泣，終日不食，因仰天而歎曰：「筴所以進之也，錯飾在前；引所以退之也，利錣在後。今人主以其清潔也進之，以其不適左右也退之，以其公正也譽之，以其不聽從也廢之，民懼，中立而不知所由，此聖人之所爲泣也。」

第三十六篇　難一

舊注：古人行事，或有不合理，韓子立議以難之。啓雄按：這四篇是「立義設詞，往來詰難」及「二難推理」的文章，漢司馬相如難蜀父老、東方朔答客難都模倣這樣的標題；後漢王充論衡多模倣這樣的文體。

一

晉文公將與楚人戰，召舅犯問之，晉楚城濮之戰，見左僖廿八傳。舅犯，是晉文公的舅子犯，名狐偃，見左傳及國語。子史亦作「咎犯」，或作「臼犯」。曰：「吾將與楚人戰，彼衆我寡，爲之奈何？」舅犯曰：「臣聞之：繁禮君子不厭忠信，戰陣之間不厭詐僞。厭，是飽足之意。不厭忠信，對忠信的言行無厭足之日。不厭詐僞，謂用詐僞的戰術變化無窮。君其詐之而已矣。」文公辭舅犯，因召雍季而問之曰：「我將與楚人戰，彼衆我寡，爲之奈何？」雍季對曰：「焚林而田，偷取多獸，後必無獸；「田」借爲「畋」。呂覽直諫注：「畋，獵也。」舊注：「偷，苟且也。」偷取，即取巧地獵取。以詐遇民，偷取一時，後必無復。」呂覽、淮南在此句下並有「君其正之而已矣」句。廣雅釋詁：「復，重也。」這是說：詐術只能取得一時的成功，日後必不能再用。文公曰：「善。」辭雍季，以舅犯之謀與楚人戰以敗之。歸而行爵，先雍季而後舅犯。禮記月令

注：「行猶賜也。」禮記王制注：「爵，秩次也。」行爵，謂賜賞爵號和俸祿。羣臣曰：「城濮之事，舅犯謀也。」夫用其言而後其身，可乎？」文公曰：「此非君所知也。顧曰：「君」當作「若」。夫舅犯言，一時之權也；雍季言，萬世之利也。荀子臣道注：「權，權變也。」一時之權，謂不是經常的正道，而是一時機變的詭詐。仲尼聞之曰：「文公之霸也宜哉！既知一時之權，又知萬世之利。」

或曰：雍季之對，不當文公之問。凡對問者有因，因小大緩急而對也。呂覽無義注：「當，應也。」當問，謂恰當地應對文公的問。呂覽盡數注：「因，依也。」因小大緩急而對，謂依客觀的小大緩急情況，作出相應的答覆。所問高大而對以卑狹，則明主弗受也。今文公問以少遇衆，而對曰「後必無復」，此非所以應也。且文公不知一時之權，又不知萬世之利。戰而勝，則國安而身定，兵強而威立；雖有後復，莫大於此，萬世之利，奚患不至？戰而不勝，則國亡兵弱，身死名息，拔拂今日之死不及，顧曰：「拔」「拂」同字，或當衍其一。王先愼曰：「拔今日之死不及」，與孟子「救死猶恐不暇」語意正同，「拂」即「拔」之複字。安暇待萬世之利？待萬世之利，在今日之勝，今日之勝在詐於敵，王先愼曰：「詐於」當作「於詐」。詐敵，萬世之利也。故曰：「雍季之對不當文公之問。」且文公又不知舅犯之言，舅犯所謂「不厭詐僞」者，不謂詐其民，謂詐其敵也。敵者，所伐之國也，後雖無復，何傷哉！文公之所以先雍季者，以其功耶？則所以勝楚破軍者，舅犯之謀也；以其善言耶？則雍季乃道其後之無復也，此未有善言也。舅犯則以兼之矣。「以」同「已」，下句同。舅犯曰「繁禮君子不厭忠信」者，忠所以愛其下也，信所以不欺其民也。夫既以愛而不欺矣，言孰善於此！然必曰出於詐僞者，軍旅之計也。舅犯前有善言，後有戰勝，故舅犯有二功而後論，雍季無一焉而先賞。據上文「行爵先雍季而後舅犯」及「先賞」，知此「後論」是論賞舅犯而居後。「文公之霸也，不亦宜乎」，盧曰：此二句乃述仲尼之語。仲尼不知善賞也。舊注：仲尼不知善賞，妄歎宜哉乎。

二

歷山之農者侵畔，舜往耕焉，朞年甽畝正。說文：「畔，田界也。」書堯典：「朞三百有六旬有大日。」朞年，即滿一周年。「甽」同「畎」，即田間的水溝。河濱之漁者爭坻，舊注：坻，水中高地，釣者依之。舜往漁焉，朞年而讓長。東夷之陶者器苦窳，舊注：苦窳，惡也。舜往陶焉，朞年而器牢。仲尼歎曰：「耕漁與陶，非舜官也，禮記樂記注：「官猶事也。」而舜往爲之者，所以救敗也。舜其信仁乎！乃躬藉處苦而民從之，荀子注：「藉，踐也。」躬藉，謂舜身踐（親幹）耕、漁、陶事。故曰：『聖人之德化乎。』」

或問儒者曰：「方此時也，堯安在？」其人曰：「堯爲天子。」「然則仲尼之聖堯奈何？其人，指儒者。「堯爲天子」四字是韓子設爲儒者之答語。然則以下又是或人詰語。「聖」字是動詞。聖人明察在上位，將使天下無姦也。今耕漁不爭，陶器不窳，王渭曰：「今」當作「令」。舜又何德而化？舜之救敗也，則是堯有失也。賢舜則去堯之明察，聖堯則去舜之德化，不可兩得也。楚人有鬻楯與矛者，譽之曰：『吾楯之堅，物莫能陷也。』又譽其矛曰：『吾矛之利，於物無不陷也。』這幾句跟難勢篇的引述語略同，解詳難勢篇中。或曰：『以子之矛，陷子之楯，何如？』其人弗能應也。這個「其人」指賣矛和盾的楚人。夫不可陷之楯，與無不陷之矛，不可同世而立。今堯舜之不可兩譽，矛楯之說也。韓子用矛盾律的邏輯原理說明「賢舜」和「聖堯」是矛盾的說法。且舜救敗，朞年已一過，三年已三過，舜有盡，壽有盡，舜有盡，謂在歷史上只有一個舜，舜死，舜就完絕了。壽有盡，謂舜的壽命有完盡。天下過無已者，說文：「過，度也。」此文「一過」「三過」，指舜一年度過，三年度過。天下過，指歷史往前發展的過程。以有盡逐無已，所止者寡矣。賞罰使天下必行之，令曰：『中程者賞，弗中程者誅。』淮南原道注：「中，適也。」漢書高帝紀「張蒼定章程」，注：「程，法式。」中程，謂合于法程。令朝至暮變，暮至朝變，十日而海內畢矣，奚待朞年？朝至，指堯的命令；暮變，指舜的德化。如果舜的德一再改變了堯的令，那末不到一周年，海內都完殫了。舜猶不以此說『堯令從』，己乃躬親，此，指「中程者賞，弗中程者誅」。說堯令從，謂舜說明惟堯的命令是從」。不亦無術乎！且夫以身爲苦而後化民者，堯舜之所難也；處勢而驕下者，庸主之所易也。顧曰：今本「驕」作「令」，按此當作「矯」。將治天下，釋庸主之所易，道堯舜之所難，未可與爲政也。「道」字是動詞，禮記射義注：「道猶行也。」

三

管仲有病，桓公往問之，曰：「仲父病，不幸卒於大命，大命，似指天命。揚權：「天有大命。」將奚以告寡人？」管仲曰：「微君言，臣故將謁之。小爾雅廣詁：「微，無也。」「故」，是本然之詞，或作「固」。願君去豎刁，除易牙，遠衞公子開方。易牙爲君主味，君惟人肉未嘗，易牙烝其子首而進之。夫人情莫不愛其子，今弗愛其子，安能愛君？君妒而好內，豎刁自宮以治內。禮記昏義注：「內治，婦學之法。」則此文「好內」，謂好婦色。「治內」，謂治宮中婦人之事。「宮」是宮刑，在此作動詞用。周禮司刑注：「宮者，丈夫割其勢也。」此「勢」字指男人的生殖器。人情莫不愛其身，身且不愛，安能愛君？開方事君十五年，齊衞之間不容數日行，齊衞之間的距離不遠，若用每日的行程來計算，全程不包容幾日的行程，即不用幾天的路程。棄其母，久宦不歸。其母不愛，安能愛君？臣聞之：矜僞不長，蓋虛不久。舊注：言蓋藏詐事不可久也。俞曰：「矜」字無義，乃「務」字之誤。言務爲詐僞，不可以長也。管子小稱作「務僞不久，蓋虛不長」，是其證。願君去此三子者也。」管仲卒死，王先愼曰：「卒」字衍。而桓公弗行。及桓公死，蟲出尸不葬。顧曰：「尸」當作「戶」，下同。啓雄按：顧說是，十過「蟲出于戶」是一證；但解作「尸已出蟲，而尸仍不得葬」亦可。

或曰：管仲所以見告桓公者，非有度者之言也。度，指法度。所以去豎刁、易牙者，以不愛其身，適君之欲也。曰：「不愛其身，安能愛君？」然則臣有盡死力以爲其主者，舊注：盡死力亦不愛身也。管仲將弗用也？曰：「不愛其死力，安能愛君？」是欲君去忠臣也。且以不愛其身度其不愛其君，是將以管仲之不能死公子糾度其不死桓公也，是管仲亦在所去之域矣。「度」，是名詞作動詞用，即「測度」或「衡量」之意。漢書賈誼傳注：「域，界局也。」即範圍之意。明主之道不然：設民所欲以求其功，故爲爵祿以勸之；設民所惡以禁其姦，故爲刑罰以威之。慶賞信而刑罰必，詩甫田箋：「慶，賜也。」故君舉功於臣而姦不用於上，舊注：臣有功者舉用之，自然姦不見用。雖有豎刁，其奈君何？且臣盡死力以與君市，君垂爵祿以與臣市，君臣之際，非父子之親也，計數之所出也。舊注：君計臣力，臣計君祿。啓雄按：「計數之所出也」，即申釋前句「臣盡力與君市，君垂爵祿與臣市」。市，即做買賣。君有道，則臣盡力而姦不生；無道，則臣上塞主明而下成私。管仲非明此度數於桓公也，劉文典曰：「度數」猶「法術」也。淮南原道注：「數，術也。」本書問田「今先立法術，設度數」，亦以「度數」二字連文。啓雄按：度指法度，數指術數，餘詳姦劫弒臣篇首。使去豎刁，一豎刁又至，非絕姦之道也。且桓公所以身死蟲流出戶不葬者，是臣重也。臣重之實，擅主也。有擅主之臣，則君令不下究，臣情不上通，一人之力能隔君臣之間，使善敗不聞，禍福不通，故有不葬之患也。明主之道：一人不兼官，一官不兼事；卑賤不待尊貴而進論，顧曰：藏本同，今本無「論」字。啓雄按：「進」「論」二字，必衍其一，迂評本、趙本、凌本都沒有「論」字，可見「論」字似衍。大臣不因左右而見；百官修通，羣臣輻湊；有賞者君見其功，有罰者君知其罪。見知不悖於前，賞罰不弊於後，前，指在見功和知罪事前的「眞知灼見。」後，指對執行賞有功和罰有罪事後的「信賞必罰。」「悖」同「誖」，說文：「誖，亂也。」晉語注：「弊，敗也。」秦策注：「弊，壞也。」安有不葬之患？管仲非明此言於桓公也，使去三子，此句文字似有訛脫。故曰：管仲無度矣。

四

襄子圍於晉陽中，襄子，是晉卿趙襄子。晉陽，是晉地（今山西太原縣）趙氏所都邑。圍，是被智伯圍。出圍，賞有功者五人，高赫爲賞首。張孟談曰：「晉陽之事，赫無大功，今爲賞首何也？」襄子曰：「晉陽之事，寡人國家危，社稷殆矣。吾羣臣無有不驕侮之意者，惟赫不失君臣之禮，是以先之。」仲尼聞之曰：「善賞哉！襄子賞一人而天下爲人臣者莫敢失禮矣。」王渭曰：此困學紀聞所謂事在孔子後，孔鮒已辨其妄者也。蒲阪圓曰：晉陽之圍在周定王十六年，距孔子卒二十七年，而云「仲尼聞之」，謬妄亦甚。

或曰：仲尼不知善賞矣。夫善賞罰者，百官不敢侵職，羣臣不敢失禮；上設其法，而下無姦詐之心。如此，則可謂善賞罰矣。使襄子於晉陽也，令不行，禁不止，是襄子無國，晉陽無君也，尙誰與守哉？今襄子於晉陽也，知氏灌之，臼竈生鼃，而民無反心，是君臣親也。

襄子有君臣親之澤，操令行禁止之法，而猶有驕侮之臣，是襄子失罰也。爲人臣者，乘事而有功則賞。周禮宰夫司農注：「乘，計也。」今赫僅不驕侮，而襄子賞之，是失賞也。舊注：臣不驕，僅合臣禮，非有善可賞也。明主賞不加於無功，罰不加於無罪，今襄子不誅驕侮之臣而賞無功之赫，安在襄子之善賞也！故曰：「仲尼不知善賞。」

五

晉平公與羣臣飲，飲酣，乃喟然歎曰：「莫樂爲人君，惟其言而莫之違。」師曠侍坐於前，援琴撞之，公披衽而避，琴壞於壁。公曰：「太師誰撞？」師曠曰：「今者有小人言於側者，故撞之。」公曰：「寡人也。」師曠曰：「啞！釋詞：「啞與惡同，不然之詞。」是非君人者之言也。」左右請除之，盧曰：「除」當作「涂」，淮南齊俗作「欲塗」。啓雄按：淮南齊俗作「師曠舉琴而撞之，跌衽中壁，左右欲塗之」。但此句上文作「琴壞於壁」，下文曰「非其行而誅其身」，則所「壞」者是琴壞，非壁壞，「請除」者是「誅除」之「除」，非「塗」之叚字。公曰：「釋之！以爲寡人戒。」

或曰：平公失君道，師曠失臣禮。夫非其行而誅其身，據下文「遠其身者」句例，此句身下似脫一「者」字。君之於臣也；非其行則陳其言，「則」字集解譌作「而」，據乾道、翼毳、纂聞等本改。善諫不聽則遠其身者，臣之於君也。今師曠非平公之行，不陳人臣之諫而行人主之誅，舉琴而親其體，是逆上下之位而失人臣之禮也。夫爲人臣者，君有過則諫，諫不聽則輕爵祿以待之，此人臣之禮義也。王先愼曰：「待」當作「去」，「義」字衍。今師曠非平公之過，擧琴而親其體，雖嚴父不加於子，而師曠行之於君，此大逆之術也。臣行大逆，平公喜而聽之，是失君道也。故平公之迹，不可明也，使人主過於聽而不悟其失；師曠之行亦不可明也，使姦臣襲極諫而飾弑君之道；姦臣並非極力諫爭君主的過失，但他襲取（指冒充或竊取）竭忠諫爭的美名，借此掩飾他「弑君」的方法。不可謂兩明，此爲兩過。顧曰：今本「爲」作「謂」。故曰：「平公失君道，師曠亦失臣禮矣。」

六

齊桓公時，有處士曰小臣稷，桓公三往而弗得見。桓公曰：「吾聞布衣之士不輕爵祿，無以易萬乘之主；萬乘之主不好仁義，亦無以下布衣之士。」「易」借爲「䞪」，說文：「䞪，侮也。」左襄四傳：「易猶輕也。」荀子堯問注：「下，謙下也。」這是說：平民們如果不輕視爵祿，那末他們就沒有東西拿來作輕易萬乘之主的依據；萬乘之主們如果不好仁義，他們也沒有東西拿來作謙下平民的依據。於是五往乃得見之。外傳新序也記這件事，文字大同小異。

或曰：桓公不知仁義。夫仁義者，憂天下之害，趨一國之患，莊子徐无鬼釋文：「趨，急也。」不避卑辱，謂之仁義。故伊尹以中國爲亂，道爲宰于湯；百里奚以秦爲亂，道爲虜于穆公：

顧曰：兩「于」字當作「干」。王先愼曰：道，由也。道爲虞干穆公，由爲虜干穆公。難二「伊尹自爲宰干湯，百里奚自爲虜干穆公」，是其證。皆憂天下之害，趨一國之患，不辭卑辱，故謂之仁義。今桓公以萬乘之勢，下匹夫之士，將欲憂齊國，而小臣不行見，王先愼曰：「行」當作「得」。小臣之忘民也，王先愼曰：「小臣」上當脫「是」字。忘民不可謂仁義。仁義者，不失人臣之禮，不敗君臣之位者也。是故四封之內，執會而朝，名曰臣。高曰：「會」當作「禽」，形近而譌。臣吏分職受事，名曰萌。「萌」借爲「氓」，「氓」即「民」也。今小臣在民萌之衆，而逆君上之欲，故不可謂仁義。仁義不在焉，桓公又從而禮之。使小臣有智能而遁桓公，是隱也，宜刑；若無智能而虛驕矜桓公，是誣也，宜戮。小臣之行，非刑則戮。桓公不能領臣主之理而禮刑戮之人，禮樂記注：「領，猶治理也。」是桓公以輕上侮君之俗教於齊國也，非所以爲治也。故曰：「桓公不知仁義。」

七

靡笄之役，太田方曰：靡笄，晉語注：「齊山名。」靡笄之役，晉伐齊也，見左成二年。韓獻子將斬人，郤獻子聞之，駕往救之。太田方曰：非其罪故往救之。比至，則已斬之矣。郤子因曰：「胡不以徇？」說文：「徇，行示也。」謂殺罪人以其頭行示羣衆。其僕曰：「曩不將救之乎？」郤子曰：「吾敢不分謗乎？」左成二傳注：「不欲使韓氏獨受謗。」

或曰：郤子言，不可不察也。非分謗也。太田方曰：「此下一有『益謗也』三字。」韓子之所斬也，若罪人，則不可救，救罪人，法之所以敗也，法敗則國亂。若非罪人，則勸之以徇，王先愼曰：「則」下脫「不可」二字。勸之以徇，是重不辜也，舊注：斬既不辜，徇又不辜，是重不辜也。重不辜，民所以起怨者也，民怨則國危。郤子之言，非危則亂，不可不察也。且韓子之所斬，若罪人，郤子奚分焉？斬若非罪人，則已斬之矣，而郤子乃至，是韓子之謗已成而郤子且後至也。夫郤子曰「以徇」，不足以分斬人之謗，而又生徇之謗，舊注：徇既不辜，益得一謗。是何言分謗也？集解「何」作「子」，據迂評本及翼毳本改。釋詞：「也猶邪。歟，乎也。」俞樾曰：「此當作『是郤子之言非分謗也，益謗也』。今脫六字。」俞說增改太多，似未可從。昔者紂爲炮烙，炮烙解詳喻老篇中。崇侯、惡來又曰「斬涉者之脛」也，奚分於紂之謗？崇侯虎、惡來都是紂臣。且民之望於上也甚矣，韓子弗得，舊注：不得，謂斬不辜也。且望郤子之得之也；舊注：望郤子正韓子之過。今郤子俱弗得，則民絕望於上矣。故曰：「郤子之言，非分謗也，益謗也。」且郤子之往救罪也，以韓子爲非也，不道其所以爲非而勸之以徇，郤子救罪人，本來認韓獻子是錯，但郤子不從韓子怎樣的錯來說，反而勸韓子拿誤殺的人頭來示衆。是使韓子不知其過也。夫下使民望絕於上，又使韓子不知其失，吾未得郤子之所以分謗者也。

八

桓公解管仲之束縛而相之。管仲曰：「臣有寵矣，然而臣卑。」公曰：「使子立高、國之上。」高氏、國氏，都是齊守臣，世爲齊上卿。管仲曰：「臣貴矣，然而臣貧。」公曰：「使子有三歸之家。」三歸，是稅名，或貯藏租稅的臺名。考詳外儲說左下篇末。管仲曰：「臣富矣，然而臣疏。」於是立以爲仲父。霄略曰：「管仲以賤爲不可以治國，王渭曰：「國」當作「貴」。故請高、國之上；以貧爲不可以治富，故請三歸；以疏爲不可以治親，故處仲父。管仲非貪，以便治也。」

或曰：今使臧獲奉君令，詔卿相，莫敢不聽，非卿相卑而臧獲尊也，主令所加，莫敢不從也。今使管仲之治不緣桓公，是無君也，舊注：謂擅出其令，故曰「不緣」也。國無君不可以爲治。若負桓公之威，下桓公之令，是臧獲之所以信也，奚待高、國、仲父之尊而後行哉！說文：「負，恃也。」「信」借爲「伸」，下同。當世之行事、都丞之下徵令者，不辟尊貴，不就卑賤。舊注：都丞，官宦之卑者也。二官雖卑，奉命徵令，亦不以尊卽避，卑卽就也。啓雄按：說林：「秦武王令甘茂擇所欲爲於僕與行事。」彼文以「行事」與「僕」對舉，此文與「都丞」對舉，則「行事」似是卑官。「辟」借爲「避」。「就」當爲「蹴」。不蹴卑賤，謂不踐蹋卑賤。故行之而法者，雖巷伯信乎卿相；行之而非法者，雖大吏詘乎民萌。「詘」借爲「屈」。「萌」借爲「氓」。今管仲不務尊主明法，而事增寵益爵，是非管仲貪欲富貴，必闇而不知術也。故曰：「管仲有失行，霄略有過譽。」

九

韓宣王問於樛留：說林上作「韓宣王謂樛留曰」。「吾欲兩用公仲、公叔，其可乎？」樛留對曰：「昔魏兩用樓、翟而亡西河，顧曰：樓、翟，樓鼻、翟強也。事見魏策。楚兩用昭、景而亡鄢、郢。舊注：昭、景，楚之三姓。今君兩用公仲、公叔，此必將爭事而外市，則國必憂矣。」舊注：與鄰國交私以示(市)己利，故曰「外市」。

或曰：昔者齊桓公兩用管仲、鮑叔，成湯兩用伊尹、仲虺。夫兩用臣者國之憂；則是桓公不霸，成湯不王也。湣王一用淖齒而身死乎東廟，主父一用李兌，減食而死。主有術，兩用不爲患；無術，兩用則爭事而外市，一則專制而劫弒。顧曰：「一」下當有「用」字。今留無術以規上，使其主去兩用一，是不有西河、鄢郢之憂，則必有身死減食之患，是樛留未有善以知言也。王先愼曰：「有」當作「爲」。

第三十七篇　難二

一

景公過晏子曰：「子宮小近市，請徙子家豫章之圃。」晏子再拜而辭曰：「且嬰家貧，釋詞：「且猶夫也。」提示之詞。待市食而朝暮趨之，不可以遠。」景公笑曰：「子家習市，呂覽任數注：「習，近習也。」識貴賤乎？」據下句「踴貴屨賤」，知此「貴賤」是指物價貴賤。是時景公繁於刑，晏子對曰：「踴貴而屨賤。」「踴」正字作「踊」。左昭三傳「屨賤踊貴」，注：「踴，刖足者屨也。」景公曰：「何故？」對曰：「刑多也。」景公造然變色，大戴記保傅「靈公造然失容」，注：「造然，驚慘貌。」曰：「寡人其暴乎！」於是損刑五。

或曰：晏子之貴踴，非其誠也，欲便辭以止多刑也。晏子所以提到「踴貴」這件事，並不是眞要談論這件事，只不過要借方便的言辭來諫止景公的多刑罷了。此不察治之患也。夫刑當無多，不當無少，舊注：苟不當，雖少猶以爲多也。無以不當聞，而以太多說，無術之患也。敗軍之誅以千百數，猶北且不止；集解「且」上無「北」字，據翼毳增。劉曰：「北」「背」「敗」三字同屬邦母，爲同聲通用字。即治亂之刑如恐不勝，而姦尚不盡。今晏子不察其當否，而以太多爲說，不亦妄乎！夫惜草茅者耗禾穗，惠盜賊者傷良民。今緩刑罰行寬惠，是利姦邪而害善人也，此非所以爲治也。

二

齊桓公飲酒醉，遺其冠，恥之，三日不朝。管仲曰：「此非有國之恥也，公胡不雪之以政？」廣雅釋詁：「雪，除也。」公曰：「善。」因發倉囷賜貧窮，論囹圄出薄罪。處三日而民歌之曰：「公乎，公乎，胡不復遺其冠乎！」

或曰：管仲雪桓公之恥於小人，而生桓公之恥於君子矣。王先愼曰：小人以遺冠爲恥，君子以遺義爲恥。使桓公發倉囷而賜貧窮，論囹圄而出薄罪，非義也，不可以雪恥使之而義也。二「使」字都是指管仲使桓公。「使之而義」，當作「而使之義」。桓公宿義，須遺冠而後行之，則是桓公行義，非爲遺冠也。張榜本無「非」字，是。孟子公孫丑注：「宿，素也。」這是說：假使桓公平素就有道義了，却等遺冠的機會才把正義行起來，那桓公爲遺冠的緣故才行義了。是雖雪遺冠之恥於小人，而亦遺義之恥於君子矣。顧曰：「『亦』下當有『生』字。」且夫發囷倉而賜貧窮者，是賞無功也；論囹圄而出薄罪者，是不誅過也。夫賞無功則民偷幸而望於上，不誅過則民不懲而易爲非，此亂之本也，安可以雪恥哉！

三

昔者文王侵盂克莒舉豐，王引之曰：竹書紀年：「帝辛三十四年，周師取耆及邗。」書大傳：「文王受命二年，伐邗。」史記周本紀：「文王敗耆國，明年伐邗。」作「盂」者借字。三舉事而紂惡之。文王乃懼，請入洛西之地，赤壤之國，方千里，以解炮烙之刑，天下皆說。仲尼聞之曰：「仁哉文王！輕千里之國而請解炮烙之刑。智哉文王！出千里之地而得天下之心。」

或曰：仲尼以文王為智也，不亦過乎！夫智者知禍難之地而辟之者也，「辟」讀為「避」。是以身不及於患也。使文王所以見惡於紂者以其不得人心耶？則雖索人心以解惡可也。紂以其大得人心而惡之已，釋詞：「已，語終辭也，與矣同義。」又輕地以收人心，是重見疑也，固其所以桎梏囚於羑里也。鄭長者有言：「體道無為無見也。」鄭長者是鄭國的年長老人，考見外儲說右上。體道，卽履道。這是說：為踐履道而行道。除此以外，既無其他意圖，也看不見別的目的。此最宜於文王矣，不使人疑之也。仲尼以文王為智，未及此論也。

四

晉平公問叔向曰：「昔者齊桓公九合諸侯，一匡天下，不識臣之力也，君之力也？」爾雅釋言：「匡，正也。」詩瞻卬箋：「識，知也。」「也」猶「耶」也。叔向對曰：「管仲善制割，賓胥無善削縫，「制」讀為「製裁衣服」之「製」。廣雅釋詁：「割，裁也。」說文一曰：「削，析也。」都是用剪裁彌縫喻為政。隰朋善純緣，秦策注：

「純，束也。」禮記玉藻注：「緣，飾邊也。」衣成，君舉而服之，亦臣之力也，君何力之有？」」師曠伏琴而笑之。公曰：「太師奚笑也？」師曠對曰：「臣笑叔向之對君也。凡爲人臣者，猶炮宰和五味而進之君，「炮」讀爲「庖」，說文：「庖，廚也。」「和」借爲「盉」，說文：「盉，調味也。」君弗食，孰敢強之也。臣請譬之：君者壤地也，臣者草木也，必壤地美然後草木碩大，亦君之力也，臣何力之有？」

或曰：叔向、師曠之對，皆偏辭也。夫一匡天下，九合諸侯，美之大者也，非專君之力也，又非專臣之力也。昔者宮之奇在虞，僖負羈在曹，二臣之智，言中事，發中功，虞、曹俱亡者，何也？淮南原道：「中，適也。」漢書刑法志注：「中，當也。」詩東方之日傳：「發，行也。」宮之奇諫虞公見左僖二年及五年傳，僖負羈諫曹共公見左僖廿三傳。此有其臣而無其君者也。且蹇叔處干而干亡，俞曰：干卽虞也。啓雄按：蹇叔處干或處虞，左、公、穀僖卅二傳注均無徵。處秦而秦霸，非蹇叔愚於干而智於秦也，此有君與無臣也。盧曰：「與」或改「而」。顧曰：「臣」當作「君」。向曰「臣之力也」，不然矣。昔者桓公宮中二市，婦閭二百，東周策「齊桓公宮中七市，女閭七百」，注：「閭，里中門也，爲門市於宮中，使女子居之。」被髮而御婦人，獨斷：「天子所進曰御，凡衣服加于身，飲食入于口，妃妾接于寢，皆曰御。」得管仲，爲五伯長：「伯」，集解譌作「百」。失管仲，得豎刁，而身死，蟲流出尸不葬。以爲非臣之力也，且不以管仲爲霸；「也」猶「耶」。呂覽音律注：「且，將也。」這是說：如果說不是臣的力量嗎？那末，桓公將不用管仲之謀而自己能成霸業了。以爲君之力也，且不以豎刁爲亂。如果肯定是君的力量了，那末，桓公將不會由于豎刁的姦邪而成變亂。昔者晉文公慕於齊女而忘歸，見左僖廿三傳。咎犯極諫，故使得反晉國。故桓公以管仲合，文公以舅犯霸，而師曠曰「君之力也」，又不然矣。凡五霸所以能成功名於天下者，必君臣俱有力焉。故曰：「叔向、師曠之對，皆偏辭也。」

五

齊桓公之時，晉客至，有司請禮，桓公曰「告仲父」者三。而優笑曰：「易哉爲君，一曰『仲父』，二曰『仲父』。」桓公曰：「吾聞『君人者勞於索人，佚於使人。』吾得仲父已難矣，得仲父之後，何爲不易乎哉！」君主在求索人才上用很大的勞力，等到賢才已經找到了，又適當地任用他們了，那時君主使各官員分職而治，君主就很安佚了。

或曰：桓公之所應優，非君人者之言也。桓公以君人爲勞於索人，何索人爲勞哉！伊尹自以爲宰干湯，百里奚自以爲虜干穆公。俞曰：兩「以」字皆衍文。自，由也。言由爲宰以干湯，由爲虜以干穆公也。虜，所辱也；宰，所羞也。蒙羞辱而接君上，賢者之憂世急也。然則君人者無逆賢而已矣，齊策注：「逆，拒也。」索賢不爲人主難。且官職所以任賢也，爵祿所以賞功也，設官職，陳爵祿，而士自至，君人者奚其勞哉！使人又非所佚也，釋詞：「所猶可也。」人主雖使人，必以度量準之，以刑名參之；主道、揚權均言「刑名參同」，「刑」字當作「形」，下同。以事遇於法則行，不遇於法則止；左定十傳：「以猶爲也。」秦策注「遇，合也。」功當其言則賞，不當則誅。以刑名收臣，以度量準下，此不可釋也，君人者焉佚哉？索人不勞，使人不佚，而桓公曰「勞於索人，佚於使人」者，不然。且桓公得管仲又不難。管仲不死其君而歸桓公，鮑叔輕官讓能而任之，桓公得管仲又不難明矣。已得管仲之後，奚遽易哉！管仲非周公旦，周公旦假爲天子七年，史記項羽紀正義：「假，攝也。」成王壯，授之以政，非爲天下計也，爲其職也。夫不奪子而行天下者，荀子正論「聖不在後子」注：「後子，嗣子也。」書洛誥：「周公曰：『朕復子明辟。』」此文「子」字指後子，即成王。墨經：「行，爲也。」行天下，謂爲政於天下。必不背死君而事其讎；背死君而事其讎者，必不難奪子而行天下；不難奪子而行天下者，必不難奪其君國矣。管仲，公子糾之臣也，謀殺桓公而不能，其君死而臣桓公，管仲之取舍非周公旦，未可知也。張曰：當云：「非周公旦亦以明矣。然其賢與不賢未可知也。」若使管仲大賢也，且爲湯武。湯武，桀紂之臣也，桀紂作亂，湯武奪之。今桓公以易居其上，「易」，是「簡易」之「易」，指「佚於使人」言。是以桀紂之行居湯武之上，桓公危矣。若使管仲不肖人也，且爲田常。「人」字似衍。田常，簡公之臣也，而弒其君。今桓公以易居其上，是以簡公之易居田常之上也，桓公又危矣。管仲非周公旦以明矣，「以」猶「亦」也，字或作「已」。然爲湯武與田常未可知也。爲湯武有桀紂之危，爲田常有簡公之亂也。已得仲父之後，桓公奚遽易哉！若使桓公之任管仲，必知不欺己也，是知不欺主之臣也。然雖知不欺主之臣，今桓公以任管仲之專借豎刁、易牙，桓公雖然知道「不欺主之臣」的重要，但現在桓公却用「專任管仲」那種態度轉到豎刁、易牙二人身上，可見桓公不能分辨「欺主」和「不欺主」的臣。蟲流出戶而不葬，桓公不知臣欺主與不欺主已明矣，而任臣如彼其專也，釋詞：「而猶乃也。」故曰：桓公闇主。

六

李兌治中山，蒲阪圓曰：「克」作「兌」，誤。外儲說左下「翟璜曰：『臣薦李克而中山治』」是也。苦陘令上計而入多。津田鳳卿曰：上計，漢制郡國歲時上計，師古曰：「若今諸州計帳。……上計者，奉上戶口錢穀之數也。」李兌曰：「語言辨，聽之說，不度於義，謂之窕言。「辨」借爲「辯」，「說」借爲「悅」。左昭廿八傳：「心能制義曰度。」此文「不度」，謂心不受義約制。無山林澤谷之利而入多者，謂之窕貨。君子不聽窕言，不受窕貨，子姑免矣！」免，謂免職。爾雅釋言：「窕，肆也。」窕言，指放肆胡說。窕貨，指亂取的物資。

或曰：李子設辭曰：「夫言語辨，聽之說，不度於義者，謂之窕言。」辯，在言者；說，在聽者；言非聽者也，則辯非說者也。「則辯非說者也」六字集解無，據迂評、翼毳等本增。所謂不度於義，非謂聽者，必謂所聽也。聽者，非小人則君子也。小人無義，必不能度之義也；君子度之義，必不肯說也。夫曰「言語辨，聽之說，不度於義」者，必不誠之言也。入多之爲寇貨也，未可遠行也。李子之姦弗蚤禁，釋詞：「之猶於也。」使至於計，是遂過也。無術以知而入多，入多者穰也，雖倍入，將奈何！李子無術以知姦，而使姦人收入多，收入多的景象誠然是豐穰呵，但是，像這樣的收入，雖然加倍收入了，試問該怎麼辦？ 舉事愼陰陽之和，種樹節四時之適，「愼」借爲「順」。節四時之適，謂量度四時氣候的適宜性。 無早晚之失，寒溫之災，則入多。不以小功妨大務，不以私欲害人事，丈夫盡於耕農，婦人力於織紝，則入多。務於畜養之理，察於土地之宜，六畜遂，五穀殖，則入多。明於權計，審於地形舟車機械之利，用力少，致功大，則入多。利商市關梁之行，能以所有致所無，客商歸之，外貨留之，儉於財用，節於衣食，宮室器械周於資用，不事玩好，則入多。入多，皆人爲也。若天事，風雨時，寒溫適，土地不加大，而有豐年之功，則入多。人事天功二物者皆入多，非山林澤谷之利也。太田方曰：言此類不出於山林澤谷也。夫「無山林澤谷之利入多」，因謂之「寇貨」者，無術之言也。

七

趙簡子圍衞之郛郭，郛郭，是外城。 犀楯犀櫓，立於矢石之所不及，呂覽貴直：「趙簡子攻衞附郭，自將兵，及戰，且遠立，又居於犀蔽犀櫓之下。」 鼓之而士不起。「鼓」當作「鼔」，說文：「鼔，擊鼓也。讀若『屬』。」簡子投袍曰：「烏乎！吾之士數弊也。」「弊」字正體作「獘」，說文：「獘，頓仆也，」引申爲敗壞之意。「數」音「朔」，屢次之意。行人燭過免冑而對曰：管子修靡注：「行人，使人也。」廣雅釋詁：「免，脫也。」冑，是革盔或鐵盔。「臣聞之：亦有君之不能耳，士無弊者。昔者吾先君獻公并國十七，服國三十八，戰十有二勝，是民之用也。獻公沒，惠公卽位，淫衍暴亂，身好玉女，呂覽貴直「身好玉女」注：「美女也。」秦人恣侵，去絳十七里，亦是人之用也。惠公沒，文公受之，圍衞取鄴，呂覽貴直「鄴」作「曹」。城濮之戰，五敗荊人，取尊名於天下，亦此人之用也。亦有君不能耳，士無弊也。」簡子乃去楯櫓，立矢石之所及，鼓之而士乘之，戰大勝。簡子曰：「與吾得革車千乘，釋詞：「與猶如也。」不如聞行人燭過之一言也。」

或曰：行人未有以說也，行人燭過並沒有東西(指用人的方法)拿出來跟趙簡子說。乃道惠公以此人是敗，文公以此人是霸，未見所以用人也，行人燭過只說惠公用這些人就打敗仗，文公也用這些人就霸諸侯，却未指出用人的方法。簡子未可以速去楯櫓也。嚴親在圍，輕犯矢石，孝子之所愛親也。舊注：孝子所以輕犯矢石而救者，謂親愛。孝子愛親，百數之一也。舊注：犯難救親，百人無一人，言孝稀也。今以爲身處危而人倘可戰，是以百族之子於上，皆若孝子之愛親也，是行人之誣也。舊注：能孝於親者倘百無一，況於君百族而行孝哉，是誣也。好利惡害，夫人之所有也。賞厚而信，人輕敵矣；刑重而必，人不北矣。集解「人」上有「失」字，「北」作「比」，據迂評、翼毳等本正。長行徇上，數百不一失，顧曰：今本「失」作「人」，按：此當衍。太田方曰：「長」猶「高」也，「先」也。「徇」「殉」通，殉，從也。言孝者百善之長也，以是高行殉死君上者，數百人中無一人焉。喜利畏罪，人莫不然。將衆者不出乎莫不然之數，而道乎百無一人之行，太田方曰：「出」猶「由」也。莫不然之數，謂勢也。行人未知用衆之道也。

第三十八篇　難三

一

魯穆公問於子思曰：「吾聞龐橺氏之子不孝，其行奚如？」顧曰：「橺氏」，論衡非韓作「撊是」。按「氏」「是」同字，「橺」當依論衡作「撊」，字書無「橺」字。太田方曰：孔叢子作「龍欄氏」。子思對曰：「君子尊賢以崇德，舉善以觀民。迂評、翼毳等本「觀」均作「勸」，說文：「勸，勉也。」作「勸」意較長。若夫過行，是細人之所識也，臣不知也。」太田方曰：孔叢子、論衡並云：「對曰：『臣聞明君之爲政，尊賢以崇德，舉善以勸民，則四方之內孰敢不化！若夫過行，是細人所識，不治其本而問其過，臣不知所以也。』」子思出，子服厲伯入見，問龐橺氏子，子服厲伯對曰：「其過三，皆君之所未嘗聞。」自是之後，君貴子思而賤子服厲伯也。

或曰：魯之公室，三世劫於季氏，魯昭公、定公、哀公前後均爲季氏所迫脅。不亦宜乎！明君求善而賞之，求姦而誅之，其得之一也。明君求善而得善，求姦而得姦，就求則得之上看是相同的。故以善聞之者，以說善同於上者也；淮南主術「臣情得上聞」，注：「聞猶達也。」「說」借爲「悅」。以悅善同於上，謂拿悅善的心理迎合君上。以姦聞之者，以惡姦同於上者也：惡，音務，憎恨也。這是說：以姦邪上達者，是拿憎恨姦邪的心理迎合君上。此宜賞譽之所及也。不以姦聞，是異於上而下比周於姦者也，此宜毀罰之所及也。左文十八傳注：「比，近也。周，密也。」這是說：不檢舉姦邪，是違反君主「求姦」的心意，而是跟壞人祕密串通；這就應毀罰。今子思不以過聞，而穆公貴之；厲伯以姦聞，而穆公賤之。人情皆喜貴而惡賤，故季氏之亂成而不上聞，此魯君之所以劫也。且此亡王之俗，顧曰：「王」當作「主」。取魯之民所以自美，而穆公獨貴之，不亦倒乎！「取」當作「郰」，說文：「郰，魯下邑，孔子之鄉，從『邑』『取』聲。」郰、魯之民所以自美的，是尊賢，舉善，不識過行。穆公獨貴「不識過行」而賤「以姦聞」，故評之曰「倒」。

二

文公出亡，獻公使寺人披攻之蒲城，披斬其袪，文公奔翟。惠公卽位，又使攻之惠竇，不得也。左僖廿四傳及晉語都載寺人披為惠公求殺文公于渭濱事，「渭濱」此文作「惠竇」，惠竇或是渭水之濱的地名。「不得也」句似有譌挩。及文公反國，披求見，公曰：「蒲城之役，君令一宿，而汝卽至；惠竇之難，君令三宿，而汝一宿：何其速也？」披對曰：「君令不二。除君之惡，惟恐不堪。對于君的命令，不敢懷二心。除去二君的憎惡，惟恐自己力薄不堪。左僖廿四傳作「君命無二，古之制也，除君之惡，唯力是視」，語較詳明。蒲人翟人，余何有焉！在獻公之世，重耳封于蒲城，故曰「蒲人」。在惠公之世，重耳出亡在狄，故曰「狄人」。「余何有」，謂「我心目中那裏有你！」今公卽位，其無蒲、翟乎！這是句警告語。因為惠公舊臣呂甥、郤芮要焚燒文公的宮，想燒死文公。「其無蒲、狄乎」句的言外之意是：以為沒有蒲城和惠竇那樣的迫害嗎？且桓公置射鈎而相管仲。」太田方曰：漢書郅都傳注：「置，釋也，解也。」管仲嘗射桓公，中帶鈎。君乃見之。

或曰：齊晉絕祀，不亦宜乎！桓公能用管仲之功，而忘射鈎之怨；文公能聽寺人之言，而棄斬袪之罪：桓公、文公能容二子者也。後世之君，明不及二公；後世之臣，賢不如二子。以不忠之臣，事不明之君，君不知則有燕操、子罕、田常之賊，「燕操」，舊注認爲是「子之」，不知所據。史記趙世家云：「燕將公孫操弒其王。」燕操或即是公孫操。子罕、田常考見五蠹篇中。知之則以管仲、寺人自解。君必不誅而自以爲有桓、文之德，是臣讐而明不能燭，顧曰：今本「讐」下有「君」字。多假之資，自以爲賢而不戒，則雖無後嗣，不亦可乎！且寺人之言也，直飾君令而不貳者，寺人的話，簡直是粉飾「對于君令不能三心二意」的花言巧語。則是貞於君也。死君後生，臣不愧，「後生」當作「復生」。史記趙世家「諺曰『死者復生，生者不愧』」，可見是古諺語。而後爲貞。今惠公朝卒而暮事文公，寺人之「不貳」何如？

三

人有設桓公隱者，曰：「一難，二難，三難，何也？」隱，即隱語或謎語（古又稱「廋辭」），是一種隱藏起謎底，用隱語說出謎面，使人猜測的謎語。桓公不能射，以告管仲。「射」，是「射覆」之「射」，即猜測忖度也。管仲對曰：「一難也，近優而遠士。二難也，去其國而數之海。爾雅釋地：「九夷、八狄、七戎、六蠻，謂之四海。」數音朔，屢也。數之海，似指北征山戎，南伐楚而言。三難也，君老而晚置太子。」桓公曰：「善。」不擇日而廟禮太子。

或曰：管仲之射隱，不得也。士之用不在近遠，而俳優侏儒固人主之所與燕也。漢書霍光傳注：「俳優，諧戲也。」又刑法志注：「侏儒，短人不能走者。」「燕」借爲「晏」，說文：「晏，安也。」則近優而遠士而以爲治，非其難者也。夫處勢而不能用其有而徒不去國，集解「徒」作「悖」，據翼毳及今本改。徒不去國，謂徒然不離去國境而之海。是以一人之力禁一國。以一人之力禁一國者，少能勝之。明能照遠姦而見隱微，必行之令，雖遠於海內必無變。然則去國之海而不劫殺，非其難者也。楚成王置商臣以爲太子，又欲置公子職，商臣作難，遂弒成王。公子宰，周太子也，公子根有寵，遂以東州反，分而爲兩國。內儲說下六微「公子宰」作「公子朝」，「東州」作「東周」。此皆非晚置太子之患也。夫分勢不二，庶孽卑，寵無藉，雖處耄老，晚置太子可也。這句和下句的「二」字，和荀子解蔽「兩疑則惑」的「兩」字同義，謂勢均力敵也。這是說：君主分權勢給公子，只限于專分給那個意中的儲嫡，絕不采取平均主義，又分權給另一個公子。這樣，庶孽子們勢位就卑下，雖然是寵愛，卻無權勢作凭藉。那末君雖耄老，晚置太子也無問題。然則晚置太子，庶孽不亂，又非其難也。物之所謂難者，必借人成勢，而勿使侵害己，可謂一難也。貴妾不使二后，二難也。愛孽不使危正適，專聽一臣而不敢隅君，顧曰：今本

「隅」作「偶」。啓雄按：翼毳亦作「偶」，作「偶」是。「適」借爲「敵」，廣雅釋詁：「敵，正也，主也。」今字多以「嫡」字代之。正嫡，指太子。偶君，謂信臣和君主成了匹對。此則可謂三難也。

四

葉公子高問政於仲尼，荀子非相注：「葉公，楚大夫沈尹戌之子，食邑於葉，名諸梁，字子高。」仲尼曰：「政在悅近而來遠。」論語子路：「葉公問政，子曰：『近者說，遠者來。』」墨子耕柱：「葉公子高問政于仲尼曰：『善爲政者若之何？』仲尼對曰：『善爲政者，遠者近之，舊者新之。』」哀公問政於仲尼，仲尼曰：「政在選賢。」齊景公問政於仲尼，仲尼曰：「政在節財。」三公出，子貢問曰：「三公問夫子政一也，夫子對之不同，何也？」仲尼曰：「葉都大而國小，民有背心，故曰『政在悅近而來遠』。魯哀公有大臣三人，大臣三人，指季孫、孟孫、叔孫。外障距諸侯四鄰之士，內比周而以愚其君，對外：對諸侯障蔽，對四鄰之士拒而不納；對內：三人彼此串通結成私黨，言語行動祕密，用這種手段來愚弄君主。使宗廟不掃除，社稷不血食者，掃除，指祭祀宗廟之掃除。血食，指享祭社稷之牲牢。必是三臣也。故曰『政在選賢』。齊景公築雍門，爲路寢，左襄十八傳注：「雍門，齊城門。」晏子春秋：「景公爲路寢之臺。」一朝而以三百乘之家賜者三，故曰『政在節財』。」

或曰：仲尼之對，亡國之言也。葉民有倍心，而說之「悅近而來遠」，則是教民懷惠。惠之爲政，無功者受賞，則有罪者免，此法之所以敗也。法敗而政亂，以亂政治敗民，未見其可也。且民有倍心者，君上之明有所不及也。不紹葉公之明，蒲阪圓曰：紹，繼也，繼而明之。孫曰：「紹」當作「詔」，謂詔告之以尙明之義。「紹」「詔」形聲並相近。而使之悅近而來遠，是舍吾勢之所能禁而使與不行惠以爭民，顧曰：「不」字當作「下」，形近誤。非能持勢者也。夫堯之賢，六王之冠也，蒲阪圓曰：堯、舜、禹、湯、文、武六王，堯居其首。舜一從而咸包，此語未詳。蒲阪圓引管子：「舜一徙成邑，二徙成都，三徙成國。」又引史記：「舜德若此而行惠以爭民，雖堯不勝，況中君乎！」果如此，那末要改「從」爲「徙」，改「咸包」爲「成邑」了。其實「咸包」似謂完全包舉天下，但「一從」作何解，仍未詳。而堯無天下矣。有人無術以禁下，恃爲舜而不失其民，不亦無術乎！明君見小姦於微，故民無大謀；行小誅於細，故民無大亂。「大謀」與「大亂」對舉，可見「大謀」是指大陰謀。此謂「圖難於其所易」也，「爲大者於其所細」也。老子六十三章作「圖難於其易，爲大於其細」。今有功者必賞，賞者不得君，顧曰：「得」當作「德」。力之所致也；有罪者必誅，誅者不怨上，罪之所生也。民知誅罰之皆起於身也，顧曰：「罰」當作「賞」。故疾功利於業，而不受賜於君。「太上，下智有之。」老子十七章文。老子原文「智」作「知」，韓子用「智」本字，是動詞。高亨正詁：「太上者，最高之君也。下知有之者，民知有君而無愛惡恩怨於其間也。」此言太上之下民無說也，安取懷惠之民？最高之君主的人民，是用自己的勞動力取得功動的，因此對于君主沒有愛悅可言。民對君旣無愛悅，那末從那裏找「懷君惠」的民呢？上君之民無利害，說以「悅近來遠」，亦可舍已！哀公有臣外障距內比周以愚其君，而說之以「選賢」，此非功伐之論也，選其心之所謂賢者也。使哀公知三子外障距，內比周也，則三子不一日立矣。哀公不知選賢，選其心之所謂賢，故三子得任事。「三子」，卽上文「大臣三人」——孟孫、叔孫、季孫。燕子噲賢子之而非孫卿，故身死爲僇；夫差智太宰嚭而愚子胥，故滅於越。吳王夫差認太宰嚭是智者，認伍員是愚者，所以吳國被越國滅掉。魯君不必知賢，而說以「選賢」，是使哀公有夫差、燕噲之患也。明君不自舉臣，臣相進也；顧曰：「臣」當作「功」。不自賢，功自徇也。迂評本、翼毳本作「不自賢功，功相徇也」。論之於任，試之於事，課之於功，故羣臣公正而無私，不隱賢，不進不肖。然則人主奚勞於選賢？景公以百乘之家賜，據上文「景公……一朝而以三百乘之家賜者三」句，此句似有挩字。而說以「節財」，是使景公無術以享厚樂，而獨儉於上，未免於貧也。有君以千里養其口腹，則雖桀紂不侈焉。太田方曰：雖桀紂之侈不甚於此。啓雄按：果如此，則「侈」字上似挩一「爲」字。齊國方三千里，而桓公以其半自養，是侈於桀紂也，然而能爲五霸冠者，知侈儉之地也。鶡冠子夜行：「地，理也。」又天權：「理之所居謂之地。」爲君不能禁下而自禁者謂之劫；不能飾下而自飾者謂之亂；劉文典曰：「飾」爲「飭」假，禮月令疏：「飭，謂正也。」不節下而自節者謂之貧。王先愼曰：依上文，「不」下當有「能」字。明君使人無私，以詐而食者禁；力盡於事、歸利於上者必聞，聞者必賞；汙穢爲私者必知，知者必誅。然故忠臣盡忠於公，釋詞：「故猶則也。」民士竭力於家，百官精剋於上，舊注：精廉剋己。侈倍景公，非國之患也。舊注：但如上，雖侈，非國之患也。然則說之以「節財」，非其急者也。夫對三公一言而三公可以無患，知下之謂也。蒲阪圓曰：此無葉公事，似爲闕文，而其實攝在「禁於」以下文中，上引老子語照之也。知下明則禁於微，禁於微則姦無積，姦無積則無比周，無比周則公私分，公私分則朋黨散，朋黨散則無外障距內比周之患。知下明則見精沐，孫曰：「精沐」疑當爲「精悉」，說文：「悉，詳盡也。」「悉」或變作「悇」，又譌作「怵」，與「沐」形近，因而致誤。見精沐則誅賞明，誅賞明則國不貧。故曰：「一對而三公無患，知下之謂也。」

五

鄭子產晨出，過東匠之閭，聞婦人之哭，撫其御之手而聽之。有間，遣吏執而問之，則手絞其夫者也。異日，其御問曰：「夫子何以知之？」子產曰：「其聲懼。凡人於其親愛也，始病而憂，臨死而懼，已死而哀。今哭已死，不哀而懼，是以知其有姦也。」

或曰：子產之治，不亦多事乎！舊注：不以法度而用智，故曰「多事」。姦必待耳目之所及而後知之，則鄭國之得姦者寡矣。不任典成之吏，禮記王制：「刑者，侀也。侀者，成也。」文學記注：「刑猶成也。」

此文「典成」似即「典型」。不察參伍之政，易繫辭「參伍以變，錯綜其數」，注：「參，三也；伍，五也。略舉三五，諸數皆然。」不明度量，恃盡聰明勞智慮而以知姦，不亦無術乎！且夫物衆而智寡，寡不勝衆，智不足以徧知物，故因物以治物。下衆而上寡，寡不勝衆者，言君不足以徧知臣也，故因人以知人。是以形體不勞而事治，智慮不用而姦得。故宋人語曰：「一雀過羿，羿必得之，則羿誣矣。舊注：羿雖善射，見雀未必一一得之，故曰「誣」也。啓雄按：左昭廿六傳注：「誣，欺也。」謂羿誇張自己的技能來欺騙別人。以天下爲之羅，則雀不失矣。」夫知姦亦有大羅，不失其一而已矣。不修其理，而以己之胷察爲之弓矢，則子產誣矣。「理」，是「大理」之「理」。禮記月令注：「理，治獄官也。」這是說：如果子產不修備法網，却拿自己胸臆的推測做「弓矢」來射測事情，那是子產欺騙人了。老子曰：「以智治國，國之賊也。」老子六十五章文。其子產之謂矣。

六

秦昭王問於左右曰：「今時韓魏孰與始強？」廣雅釋言：「與，如也。」孰與，即何如。左右對曰：「弱於始也。」「今之如耳、魏齊孰與曩之孟常、芒卯？」如耳，戰國時魏大夫。魏齊，戰國時魏相。孟常即孟嘗。孟嘗君怨秦，嘗以齊、韓、魏師擊秦軍於函谷。芒卯，戰國魏將。對曰：「不及也。」王曰：「孟常、芒卯率強韓魏，猶無奈寡人何也。」左右對曰：「甚然。」中期伏瑟而對曰：「王之料天下過矣。夫六晉之時，知氏最強，滅范、中行，又率韓魏之兵以伐趙，灌以晉水，城之未沈者三板。「沈」，俗字作「沉」。板，是板築的牆板，高二尺。知伯出，魏宣子御，韓康子爲驂乘，知伯曰：『始吾不知水可以滅人之國，吾乃今知之：汾水可以灌安邑，絳水可以灌平陽。』竹書紀年：「周安王二十六年，魏城洛陽及安邑。」又：「威烈王七年，韓武子都平陽。」魏宣子肘韓康子，康子踐宣子之足，肘足接乎車上而知氏分於晉陽之下。今足下雖強，未若知氏；「足下」的稱呼，在戰國末漢初之際，人臣對國君也用，例如張丐稱魯君，樂毅稱燕王，張良稱項王，蒯通稱齊王韓信。韓魏雖弱，未至如其晉陽之下也。王先愼曰：「其」字疑衍。此天下方用肘足之時，願王勿易之也。」

或曰：昭王之問也有失，左右、中期之對也有過。凡明主之治國也任其勢。任其勢，即因依其勢。姦劫弒臣：「善任勢者國安，不知因其勢者國危。」可見「任」猶「因」也。勢不可害，則雖強天下無奈何也，這是說：如果「勢」是不能用人力來破壞得了的，那末雖然是天下之強者也無可奈何了。而況孟常、芒卯、韓、魏能奈我何？其勢可害也，則不肖如如耳、魏齊及韓、魏猶能害之。然則害與不侵，在自恃而已矣，奚問乎？自恃其不可侵，則強與弱奚其擇焉？呂覽簡選注：「擇，別也。」強與弱奚其擇，謂對客觀事物何必分別出它的強或弱呢。夫不能自恃而問其奈何也，其不侵也幸矣！申子曰：「失之數而求之信，則疑矣。」這個「數」字是「計數」的「數」，即對于客觀現實的估計，因此「數」字也有「理」字的意思。說文：

「信，誠也，從『言』從『人』。」「信」字指誠實不欺的人言。這是說：對于客觀形勢認識不足，而希望別人提供誠信不欺的話，那就疑惑了。其昭王之謂也。知伯無度，從韓康、魏宣而圖以水灌滅其國，「從」字是承上文「率韓魏之兵」及「魏宣子御，韓康子爲驂乘」說的。「其」字是承上文「汾水可以灌安邑，絳水可以灌平陽」說的。「其」字指韓康、魏宣二人。此知伯之所以國亡而身死，頭爲飲杯之故也。今昭王乃問孰與始強，其未有水人之患也；雖有左右，非韓魏之二子也，安有肘足之事。昭王乃是問現在的韓魏比當年的韓魏強弱何如，他並未有用水灌人的隱患。雖然有左右近人，但不是韓康和魏宣，這樣，那裏有肘足謀反的事變呢？而中期曰「勿易」，此虛言也。且中期之所官，琴瑟也。絃不調，弄不明，中期之任也，此中期所以事昭王者也。中期善承其任，未慊昭王也，而爲所不知，豈不妄哉！左右對之曰「弱於始」與「不及」，則可矣，其曰「甚然」，則諛也。申子曰：「治不踰官，雖知不言。」治理政事不應踰越出本官職權之外，在本職範圍之外的政事雖然是有所知，也不應該越職代謀。這和論語「不在其位，不謀其政」，「君子思不出其位」略同。今中期不知而尙言之，故曰：「昭王之問有失，左右、中期之對皆有過也。」上文「中期」，迂評本作「鍾期」，史記魏世家作「中旗」。集解多作「中期」，兩處作「中旗」，現在一律改成「中期」。

七

管子曰：「見其可，說之有證；管子權修「見其可也，喜之有徵」，注：「徵，驗也。必有恩錫，以驗見喜無空然。」此文「說」借爲「悅」，「證」借爲「徵」。見其不可，惡之有形。「有形」，權修篇作「有刑」，「形」、「刑」通用。有刑，指有所刑罰也，卽對惡人必懲罰也。賞罰信於所見，雖所不見，其敢爲之乎？老子注：「信，信驗也。」「爲」借爲「僞」。這是說：賞和罰旣然依據着君主所見而誠信地實行了，那末，雖然君主所看不到的地方，臣下們敢飾姦作僞嗎？見其可，說之無證；見其不可，惡之無形。賞罰不信於所見，而求所不見之外，不可得也。」管子權修作「而求其所不見之爲之化，不可得也」。此文「外」字雖可通，但權修作「化」義較長。化，謂感化或變化「其不可」的行爲。

或曰：廣廷嚴居，衆人之所肅也；晏室獨處，曾、史之所僈也。說文：「肅，持事振敬也。」卽執事警惕戒備也。「晏」借爲「宴」，說文：「宴，安也。」曾，曾參；史，史鰌。「僈」同「慢」，說文：「慢，侮傷也。」卽舉動隨便輕易也。觀人之所肅，非行情也。這是說：觀察人們嚴肅性一方面，那並非人們行動的眞實情形。且君上者，臣下之所爲飾也。好惡在所見，臣下之飾姦物以愚其君必也。明不能燭遠姦，見隱微，上文「明能照遠姦而見隱微」，是「燭」猶「照」也。而待之以觀飾行，定賞罰，不亦弊乎！「待之以觀飾行」，猶「以觀飾行待之」。這是說：君主不能看透臣下的遠姦和隱微，而以觀看表面現象（指粉飾姦行）的方法來對待他們，又根據這種觀察來定賞罰，這樣，豈不失敗呢！

八

管子曰：「言於室，滿於室；言於堂，滿於堂，是謂天下王。」管子牧民：「君好之則臣服之，君惡之則臣匿之。毋蔽汝（君）惡，毋異汝度，賢者將不汝助。言室滿室，言堂滿堂，是謂聖王。」注：「汝，君也。言堂室事而令滿，取其露見不隱也。」

或曰：管仲之所謂「言室滿室，言堂滿堂」者，非特謂遊戲飲食之言也，必謂大物也。人主之大物，非法則術也。法者，編著之圖籍，設之於官府，而布之於百姓者也。定法：「法者，憲令著於官府，刑罰必於民心，賞存乎慎法，而罰加乎姦令者也。」術者，藏之於胸中以偶衆端，而潛御羣臣者也。偶借爲「遇」，指應事接物。廣雅：「端，業也。」謂君主藏術於胸中來對付各種事物，又用術來暗中管御羣臣。定法：「術者，因任而授官，循名而責實，操殺生之柄，課羣臣之能者也。」故法莫如顯，而術不欲見。是以明主言法，則境內卑賤莫不聞知也，不獨「滿於堂」；用術，則親愛近習莫之得聞也，不得滿室。而管子猶曰：「言於室滿室，言於堂滿堂。」非法術之言也。

第三十九篇　難四

王先愼曰：前三篇皆一難，此篇先立一義以難古人，又立一義以自難前說，其文皆出於韓子。

一

衞孫文子聘於魯，春秋七年經：「衞侯使孫林父來聘。」傳：「衞孫文子來聘。」可見孫文子卽孫林父。禮記曲禮：「諸侯使大夫問於諸侯曰聘。」公登亦登，魯襄公登階，衞卿孫林父亦登階。依禮，臣應該後君一等，卽君升了二等，臣才升一等。叔孫穆子趨進曰：「諸侯之會，寡君未嘗後衞君也。今子不後寡君一等，寡君未知所過也，子其少安。」在諸侯相會之時，我魯君在登階時未嘗落後於衞君，這是因爲地位同，禮亦平等。可是，現在你不退後于我君一等，就使我君不知在什麽地方失禮了，請你稍安分而慢一點好嗎？孫子無辭，亦無悛容。孫文子無辯說的言辭，但也無改過的容色。穆子退而告人曰：「孫子必亡。亡臣而不後君，王先愼曰：「亡臣」之「亡」讀若「忘」。孫子自忘己尙爲臣，故與魯君並行而不違。下文「孫子君於衞，而後不臣於魯」，正申「亡臣而不後君」之說。過而不悛，亡之本也。」

或曰：天子失道，諸侯伐之，故有湯武。顧曰：「伐」當作「代」。代之，代爲君也。下文盡同。諸侯失道，大夫伐之，故有齊晉。臣而伐君者必亡，則是湯武不王，晉齊不立也。這個「晉」指韓趙魏三晉。這個「齊」指田齊。孫子君於衞，而後不臣於魯。臣之君也，王先謙曰：臣之君，謂臣變而爲君也。君有失也，故臣有得也。不命亡於有失之君，而命亡於有得之臣，王先愼曰：「命」與「言」通。書大禹謨「咸聽朕命」，墨子兼愛下作「咸聽朕言」，僞謨即本墨子改「言」爲「命」，可見「命」「言」相通。不察。魯不得誅衞大夫，而衞君之明不知不悛之臣，孫子雖有是二也，臣以亡？顧曰：「臣」當爲「巨」，「詎」「巨」同字。其所以亡其失所以得君也。

或曰：臣主之施，分也。太田方曰：外傳：「君人者以禮分施，均徧而不偏。」漢書蒯通傳注：「施，設也，立也。」君臣之立各有分也。臣能奪君者，以得相踦也。物茂卿曰：得，得勢也。踦不兩立也。啓雄按：相踦，解見本書亡徵篇末。故非其分而取者，衆之所奪也；辭其分而取者，民之所予也。太田方曰：雖其本分，猶且辭而後取，則爲人所許也。是以桀索嶓山之女，紂求比干之心，而天下離；太田方曰：上林賦注：「汲冢紀年：『桀伐嶓山，得女二人，曰琬曰琰。桀愛二女。比干諫，紂怒曰：「吾聞聖人之心有七竅。」剖而觀其心。』」湯身易名，此事未詳。武身受詈，高曰：受詈，指武王受罵於玉門。呂覽、趙策、尸子、竹書紀年皆作「罵」，而本書獨作「詈」者，疑「詈」亦有「罵」誼也。而海內服；趙咺走山，太田方曰：趙咺事未詳。「咺」疑「宣」之誤。詩「赫兮咺兮」，韓詩作「宣兮」。晉靈公將殺趙宣子，宣子出奔，趙穿弒靈公，(宣子)未出山而復。田外僕，顧曰：今本「田」下有「氏」字，誤，此當有「成」字，即田成子去齊走而之燕，負傳隨鴟夷子皮事也。見說林上篇。而齊晉從。則湯武之所以王，齊晉之所以立，非必以其君也，彼得之而後以君處之也。太田方曰：湯武與齊晉之君臣，非必奪其君位也，以分所當得，而後乃爲君而處之也。今未有其所以得，而行其所以處，是倒義而逆德也。物茂卿曰：得，勢也。處，位也。倒義，則事之所以敗也；逆德，則怨之所以聚也。敗亡之不察，何也？

二

魯陽虎欲攻三桓，不尅而奔齊，景公禮之。陽虎即陽貨，春秋時魯大夫季氏家臣。三桓，指魯三家，即孟孫、叔孫、季孫。三家都出于桓公，所以稱「三桓」。陽虎攻三桓事見左定八及九年傳。鮑文子諫曰：「不可。陽虎有寵於季氏而欲伐於季孫，王先愼曰：「伐」下衍「於」字。貪其富也。今君富於季孫，而齊大於魯，陽虎所以盡詐也。」景公乃囚陽虎。

或曰：千金之家，其子不仁；人之急利甚也。桓公，五伯之上也，爭國而殺其兄，其利大也。臣主之間，非兄弟之親也，劫殺之功，制萬乘而享大利，則羣臣孰非陽虎也。事以微巧成，以疏拙敗。羣臣之未起難也，其備未具也。羣臣皆有陽虎之心，而君上不知，是微而巧也。陽虎貪於天下以欲攻上，是疏而拙也。不使景公加誅於拙虎，顧曰：「誅」下當有脫文，本云「不使景公加誅於齊之巧臣，而使加誅於拙虎」。下文云「不知齊之巧臣」，其證也。是鮑文子之說反也。臣之

忠詐，在君所行也。君明而嚴則羣臣忠，君懦而闇則羣臣詐。知微之謂明，無赦之謂嚴

不知齊之巧臣而誅魯之成亂，不亦妄乎！

或曰：仁貪不同心，故公子目夷辭宋，而楚商臣弒父；鄭去疾予弟，而魯桓弒兄。太田方曰：此言一貪一仁。左傳：「宋公疾，太子固謂曰：『目夷長且仁，君其立之。』公命目夷，目夷辭曰：『能以國讓，仁孰大焉，臣不及也，且又不順。』遂走而退。」商臣事見內儲說。又左傳：「鄭公子歸生弒其君，鄭人欲立去疾，去疾辭曰：『以賢則去疾不肖，以順則公子堅長。』乃立襄公。」又云：「羽公勸桓公弒隱公。」五伯兼幷，而以桓律人，則是皆無貞廉也。高曰：桓，謂齊桓公。五伯行兼幷之術，原尙功利。桓公雖爲五伯之上，亦非純德，若以桓公殺兄之事律天下之人，則天下無貞廉之士矣。且君明而嚴，則羣臣忠。陽虎爲亂於魯，不成而走，入齊而不誅，是承爲亂也。說文：「承，奉也，受也。」承爲亂，指齊承受了這種作亂犯上的罪行和罪犯。明君則知誅陽虎之可以濟亂也，集解「知誅」作「誅知」，據迂評、翼毳校乙。此見微之情也。語曰：「諸侯以國爲親。」這句是上文的結語。謂諸侯與諸侯之間，應注重相親。就是說：不應該接受外國的罪犯，致傷鄰國的邦交。君嚴則陽虎之罪不可失，此無赦之實也，則誅陽虎，所以使羣臣忠也。未知齊之巧臣而廢明亂之罰，責於未然而不誅昭昭之罪，此則妄矣。今誅魯之罪亂，以威羣臣之有姦心者，而可以得季、孟、叔孫之親，鮑文之說，何以爲反？現在齊景公誅罰魯國的罪犯，借此來畏嚇羣臣中那些有姦邪之心的分子，而

又可以借此獲得季孫、孟孫、叔孫的親信。這樣說來，鮑文子的言說，怎能說是「反」呢？

三

鄭伯將以高渠彌爲卿，昭公惡之，固諫不聽。太田方曰：鄭伯，莊公也。昭公，太子忽也，時猶爲太子。及昭公卽位，懼其殺己也，辛卯弒昭公而立子亶也。盧曰：「亶」左傳桓十七年傳作「亹」。下文「公子圉」，傳作「達」。君子曰：「昭公知所惡矣。」公子圉曰：「高伯其爲戮乎，報惡已甚矣！」惡，音烏，憎惡也。

或曰：公子圉之言也，不亦反乎！昭公之及於難者，報惡晚也。然則高伯之晚於死者，報惡甚也。前段公子圉曰：「高伯也許該刑戮吧，因爲他報復怨惡也够過分了！」或人駁之曰：「高伯之所以得晚死者，正因爲他報復怨惡的人過分。」明君不懸怒，舊注：有怒不行，且舉之，故曰「懸怒」。懸怒則臣懼罪，集解無「懼」字，據迂評、翼毳補。輕舉以行計，則人主危。謂臣下輕舉行計，就使人主危。故靈臺之飲，衞侯怒而不誅，故褚師作難。見左哀二十五傳。食黿之羹，鄭君怒而不誅，故子公殺君。見左宣四傳。君子之舉「知所惡」，非甚之也，這句承前段「君子曰：『昭公知所惡矣』」句說的。大意是：君子所稱舉「知道所憎惡了」，却並非評之爲已甚；曰：知之若是其明也，而不行誅焉，以及於死，故曰「知所惡」，以見其無權也。無權，謂沒有對事得失的權衡或衡量，指知所惡而不行誅。人君非獨不足於見難而已，或不足於斷制。今昭公見惡，稽罪而不誅，使渠彌含憎懼死以徼幸，故不免於殺，是昭公之報惡不甚也。

或曰：報惡甚者，大誅報小罪。大誅報小罪也者，獄之至也。獄之至，謂獄訟達到極點。獄之患，故非在所以誅也，「故」字疑在「獄」字上。「以」同「已」。以讎之衆也。怒不當罪，誅逆人心，故讎之者衆。是以晉厲公滅三郤而欒、中行作難，見左成十七傳。鄭子都殺伯咺而食鼎起禍，吳王誅子胥而越句踐成霸。則衞侯之逐，鄭靈之弒，不以褚師之不死而子公之不誅也，以未可以怒而有怒之色，未可誅而有誅之心。怒之當罪，而誅不逆人心，雖懸奚害？夫未立有罪，太田方曰：未有罪狀。卽位之後，宿罪而誅，太田方曰：以宿昔之罪而誅。齊胡之所以滅也。楚語「昔者齊騶馬繻以胡公入於貝水」，注：「騶馬繻，齊大夫。胡公，太公玄孫之子胡公靖也。胡公虐馬繻，馬繻殺胡公。」君行之臣，猶有後患，況爲臣而行之君乎？二「行之」猶「行於」。釋詞：「之猶於也。」誅既不當，而以盡爲心，是與天下爲讎也，據「與天下爲讎」句，「盡」是指多殺，如晉厲公滅三郤之類。則雖爲戮，不亦可乎！

四

衞靈公之時，彌子瑕有寵於衞國，侏儒有見公者曰：「臣之夢踐矣。」公曰：「奚夢？」「夢見竈者，爲見公也。」據下文「夫竈，一人煬焉」及「或者一人煬君耶」，此句「竈者」是指炊竈的燒火者，比喻炊者舉煙火以蔽君。公怒曰：「吾聞見人主者夢見日，奚爲見寡人而夢見竈乎？」侏儒曰：「夫日兼照天下，一物不能當也；戰國策「當」作「蔽」，可見此「當」字有「抵當而障蔽」意。人君兼照一國，一人不能壅也。故將見人主而夢日也。夫竈，一人煬焉，則後人無從見矣。或者一人煬君邪？說文：「煬，炙燥也。」莊子寓言釋文：「煬，炊也。」則臣雖夢竈，不亦可乎！」此文已見內儲說上。公曰：「善。」遂去雍鉏，退彌子瑕，而用司空狗。太田方曰：司空狗，史狗也，史朝之子，見左傳二十九年。

或曰：侏儒善假於夢以見主道矣，然靈公不知侏儒之言也。去雍鉏，退彌子瑕，而用司空狗者，是去所愛而用所賢也。蒲阪圓曰：不以功伐課試，而徒用其心所謂賢者。鄭子都賢慶建而壅焉，燕子噲賢子之而壅焉。夫去所愛而用所賢，未免使一人煬己也。不肖者煬主，不足以害明；今不加知而使賢者煬己，則必危矣。集解「知」字譌作「誅」。物茂卿曰：謂己之智不倍明於昔，而以賢者煬己，己既不及賢者，故必危也。

或曰：屈到嗜芰，太田方曰：屈到，楚卿屈蕩子，子夕也。芰，菱也。嗜芰事見國語。文王嗜菖蒲葅，太田方曰：周禮醢人注：「昌本昌蒲根，切之四寸，爲葅。」葅，酢菜也。文王嗜菖蒲葅事見呂氏春秋遇合篇。非正味也，而二賢尚之，所味不必美。晉靈侯說參無恤，蒲阪圓曰：史記：「晉靈公六年，禦秦師，范無恤御戎。」豈此人耶？燕噲賢子之，非正士也，而二君尊之，所賢不必賢也。非賢而賢用之，與愛而用之同賢；太田方引或曰：「同賢之賢當作實」。誠賢而舉之，與用所愛異狀。故楚莊舉叔孫而霸，王渭曰：「叔孫」當作「孫叔」。商辛用費仲而滅，此皆用所賢而事相反也。燕噲雖舉所賢，而同於用所愛，衛奚距然哉！顧曰：「距」讀爲「遽」。太田方曰：言司空狗誠賢也，豈與子之同也哉。則侏儒之未見也，君壅而不知其壅也。已見之後而知其壅也，故退壅臣，是加知之也。曰集解「曰」作「日」，據迂評、翼毳改。「不加知而使賢者煬己則必危」，太田方曰：「曰」以下，前「或」之辭也。此舉其辭而下文爲斷也。而今以加知矣，「以」同「已」。則雖煬己，必不危矣。蒲阪圓曰：謂去壅蔽之臣而用賢者，賢者尊主盡忠，則雖用事煬主，亦無害已。

第四十篇　難勢

秦策注：「難猶敵也。」在這裏指敵對性的反駁。韓子書中「權勢」「勢重」「威勢」均見，歸納起來，「勢」字有「權威」意。此外，八經說：「凡治天下，必因人情，人情有好惡，故賞罰可用，賞罰可用，……治道具矣。君執柄以處勢，故令行禁止。柄者，殺生之制也，勢者，勝衆之資也。」據此，可見這「權威」是因依着人情好惡的心理或人心向背的形勢而造成的，君主就利用這「心理」和「形勢」來處理政治，就成爲勢治政權。本篇標題「難勢」，是韓子假設客人詰難愼到的勢治學說，而韓子對客人的「詰難」加以反駁的題目，不是韓子駁難愼到勢治學說的文題。

愼子曰：愼子名到。史記孟荀傳：「愼到，趙人，著十二論。」據荀子評愼到「蔽於法而不知賢」句，和韓子此文所述的愼到的政治思想，可見他反對賢治，提倡法治，而主張勢治。漢書藝文志：「愼子四十二篇。」今殘存威德、因循、民雜、德立、君人五篇，餘多已散佚。明子彙本、淸守山閣本比較可靠，明愼懋賞足本愼子（商務印書館和中國學會有景印本）多不可靠。**「飛龍乘雲，騰蛇遊霧，雲罷霧霽，而龍蛇與螾螘同矣，則失其所乘也。**後漢書隗囂傳引愼子「騰」作「螣」。爾雅釋魚注：「螣蛇，龍類。」荀子勸學「螣蛇無足而飛」，與此文意合。「螣」「騰」古通用。「螾」同

「蚓」。蟺與蟻略同。賢人而詘於不肖者，則權輕位卑也；廣雅釋詁：「詘，屈也，折也。」即「屈曲」或「屈服」意。不肖而能服於賢者，則權重位尊也。以上三句中三「則」字都有「乃是」意。歸納韓書的文句，「則」字多含「乃是」「那是」意思，本篇例證最多，下文「以威勢之利濟亂世之不肖人，則是以勢亂天下者多矣」，更爲明顯。據下文「服衆」，則此句當是「服賢者」，「於」字衍。堯爲匹夫，不能治三人；而桀爲天子，能亂天下：吾以此知勢位之足恃，而賢智之不足慕也。夫弩弱而矢高者，激於風也；身不肖而令行者，得助於衆也。堯教於隸屬而民不聽；至於南面而王天下，令則行，禁則止。隸屬，似指奴隸徒屬，即奴隸羣輩。南面，謂天子、諸侯和卿大夫的南向，在這裏專指天子南向。易說卦：「聖人南面而聽天下，嚮明而治。」二「則」字同「即」。由此觀之，賢智未足以服衆，而勢位足以缶賢者也。俞曰：「「缶」乃「詘」字之誤，「詘」闕壞而爲「出」字，又因誤爲「缶」。」上文「賢人詘於不肖者」，即「勢位足以詘賢者」之說。啓雄按：治要作「勢位足以屈賢矣」。

應愼子曰：此句主語是客人。韓子假設客人拿賢治學說來應（反駁）愼到的勢治學說。這個客人暗指儒或墨。「飛龍乘雲，騰蛇遊霧，吾不以龍蛇爲不託於雲霧之勢也。雖然，夫釋賢而專任勢，足以爲治乎？漢書東方朔傳注：「釋，廢置也。」則吾未得見也。夫有雲霧之勢而能乘遊之者，龍蛇之材美之也。凌本、迂評本都無「美之」的「之」字，據下句「材薄也」，此「之」字似衍。今雲盛而螾弗能乘也，霧醲而蟺不能遊也，夫有盛雲醲霧之勢而不能乘遊者，螾蟺之材薄也。廣雅釋詁：「醲，厚也。」說文解字注箋：「農本訓爲厚，故從『農』聲之字如醲濃皆有厚意。」此「醲」字略含「濃」意。今桀紂南面而王天下，以天子之威爲之雲霧，而天下不免乎大亂者，桀紂之材薄也。且其人以堯之勢以治天下也，其勢何以異桀之勢也，亂天下者也。據下文「其人以勢爲足恃以治官」，知此「其人」是指主張勢治的人，卽愼到。此句廿六字似有脫有錯有衍（見集解校注）。原文似是這樣：「且其人以爲以堯之勢以治天下，其勢何異以桀之勢以亂天下也。」此句又有言外之意，文意似是這樣：而且那個人（指愼到）的主觀想法，以爲用堯那種「勢」就可以治天下。但是，那個客觀的「勢」是能治天下也能亂天下的。因此，如果不任用賢人而片面地強調單用「勢」，那末，怎能保證那個能好也能壞的「勢」不會由「治天下的堯之勢」變爲「亂天下的桀之勢」呢？由此可見，「勢」本身是客觀性的東西，是能好也能壞的東西。它的作用是「治」或是「亂」，要由人來決定，所以不能片面地強調它能治的作用。夫勢者，非能必使賢者用己，而不肖者不用己也。兪曰：兩「己」字當作「人己」之「己」，卽以勢而言勢者，人人得而用之，不能使賢者用我而不肖者不用我也。啓雄按：「勢」是客觀性的東西，它不能使賢者利用自己來做好事，也不能使不賢者利用自己來做壞事。賢者用之則天下治，不肖者用之則天下亂。人之情性，賢者寡而不肖者衆，而以威勢之利濟亂世之不肖人，則是以勢亂天下者多矣，下「而」字猶「如」；釋詞：「而猶如也。」爾雅釋言：「濟，成也。」謂成全了壞人。以勢治天下者寡矣。夫勢者，便治而利亂者也。故周書曰：『毋爲虎傅翼，將飛入邑，擇人而食之。』逸周書寤儆篇文。「傅」借爲「附」。廣雅釋詁：「附，益也。」夫乘不肖人於勢，是爲虎傳翼也。周書說：「可不要給老虎加上翅膀，它將要飛入城裏，選擇人來吃。」如果讓不賢的人乘機利用形勢的便利來做壞事，那就是(等于)給老虎加上翅膀。桀紂爲高臺深池以盡民力，爲炮烙以傷民性，炮烙解詳喩老篇中。左昭八傳注：「性，命也。」桀紂得乘四行者，南面之威爲之翼也。顧曰：藏本「乘」作「成」，今本「四」作「肆」。王先愼曰：「乘」下脫「勢」字，「四」當作「肆」。肆行，卽指「盡民力」「傷民性」言。使桀紂爲匹夫，未始行一而身在刑戮矣。勢者，養虎狼之心而成暴亂之事者也，此天下之大患也。勢之於治亂，本末有位也，顧曰：「末」當作「未」。啓雄按：管子心術：「位者，謂其所立也。」而語專言勢之足以治天下者，則其智之所至者淺矣。「則」猶「那是」也。這是說：假使桀紂只是兩個平民，他們未曾實行一件壞事，他們本人就要受刑戮了。勢是能養成虎狼之心，而且能成就暴亂之事的工具，這是天下的大問題。因爲「勢」在治道和亂道兩條道路上本來就沒有固定的立場(卽它不站在治道上幫助賢人治天下，也不站在亂道上幫助壞人亂天下，它是超然的東西)。然而有一種言論只是說「勢」可以用來治天下，那末，那些人的智識所能達得到的深度也太淺薄了。夫良馬固車，使臧獲御之則爲人笑，王良御之而日取千里，漢書王吉傳注：「取，進趣也。」古字「取」「趣」「趨」通用。車馬非異也，或至乎千里，或爲人笑，則巧拙相去遠矣。「則」猶「乃是」也。今以國位爲車，以勢爲馬，以號令爲轡，以刑罰爲鞭筴，治要無「位」字，是。「筴」借爲「策」，指馬鞭。使堯舜御之則天下治，桀紂御之則天下亂，則賢不肖相去遠矣。第三個「則」字猶「乃是」也。夫欲追速致遠，不知任王良；欲進利除害，不知任賢能：此則不知類之患也。類，指事類彼此聯系的關係。禮記學記「知類通達」注：「知事義之比也。」「則」猶「乃是」也。夫堯舜亦治民之王良也。」

復應之曰：其人以勢爲足恃以治官。此句是韓子向駁難愼到的客人代愼子解釋的話，主語是韓子。「之」字指應愼子的客。其人，指愼到。治，指治事。官，指用人。「治」「官」都是動名詞。客曰「必待賢乃治」，客即是前段「應愼子」的客人，是儒家或墨者。這句是韓子重述客語。則不然矣。自「復應之曰」句直到篇末全是韓子站在愼到一邊對「應愼子」的客作反駁，從這個「反駁」中，一面表達出他怎樣替愼子辯護，一面表達出他自己的見解。「則」猶「那是」也。夫勢者，名一而變無數者也。王先愼曰：有自然之勢，有人設之勢。啓雄按：名，是言語所表達的東西，它的內容有時指名稱，有時指道理。這是說：「勢」的名稱是一個，但是它的道理是變化無數的。勢必於自然，則無爲言於勢矣；吾所爲言勢者，言人之所設也。今曰「堯舜得勢而治，桀紂得勢而亂」，吾非以堯舜爲不然也。禮記大傳注：「然，如是也。」指「堯舜得勢而治」的說法。又按：據上下文，「不然」當作「不賢」。雖然，非一人之所得設也。這是說：這是自然之勢，靠生而在上位所獲得的，絕非堯或舜一人之力所能設置的。夫堯舜生而在上位，雖有十桀紂不能亂者，則勢治也；桀紂亦生而在上位，雖有十堯舜而亦不能治者，則勢亂也。二「則」字猶「乃是」也。故曰：「勢治者則不可亂，而勢亂者則不可治也。」此自然之勢也，非人之所得設也。若吾所言，謂人之所得設也；若吾所言，謂人之所得勢也而已矣，賢何事焉！下句「若吾」當作「若客」，這個「客」，即是駁難愼到的客人。自然之勢，指賢人得勢，壞人不能搗亂；或壞人得勢，賢人無機會治國。人設之勢，指用賞善罰惡的方法來抱法處勢。這幾句說：如果「勢」必定只限于「自然之勢」的一種，那我就沒有必要來談「勢」。但我所要談的「勢」，是人們所施設的「勢」。現在你說「堯舜得勢就治安，桀紂得勢就擾亂」，我不是以爲堯舜不是這樣。可是，他們的「勢」不是一個人所能得以施設的。如果堯舜一生下來就居于上位，那末，雖然有十個桀紂也不能搗亂，這就是「勢治」。如果桀紂一生下來就居上位，那末，雖然有十個堯舜也不能治國，這就是「勢亂」。所以說：「勢治，就不能來亂它，勢亂，就不能來治它。」這就是「自然之勢」，不是人力所能施設的。如果像我所談的，是指人們所能施設的（勢）；如果象客所談的，是指個人取得「勢」罷了，這樣，賢才還有什麼作用呢！何以明其然也？釋詞四：「也猶耶也，歟也。」客曰：陶曰：「客曰」二字不當有。啓雄按：「難一無「客曰」二字。「人有鬻矛與楯者，譽其楯之堅：『物莫能陷也。』俄而又譽其矛曰：『吾矛之利，物無不陷也。』」「鬻」借爲「賣」。「楯」借爲「盾」，盾是戰鬥時用來護身的皮牌或木牌。周禮雍氏注：「穿地爲塹……謂之陷阱。」此文「能陷」，謂能穿入。公羊桓二傳：「俄，謂須臾之間。」人應之曰：『以子之矛，陷子之楯，何如？』其人弗能應也。」以爲不可陷之楯與無不陷之矛，爲名不可兩立也。名，指事物之理，解詳揚權篇首。夫賢之爲勢不可禁，陶曰：「勢」字當作「道」。而勢之爲道也無不禁，以不可禁之勢與無不禁之道，「與無不禁之道」六字集解無，今據日本纂聞、評釋等本補；但此文仍多譌錯。顧曰：當云「以不可禁之賢與無不禁之勢」。現在綜其說，暫修訂之如下：「夫賢之爲道不可禁，而勢之爲道也無不禁，以不可禁之賢與無不禁之勢。」陶顧二說都好，可惜都無物證。此矛楯之說也。夫賢勢之不相容亦明矣。韓子用矛盾律的邏輯原理，來說明賢治和勢治不相容之理。且夫堯、舜、桀、紂千世而一出，是比肩隨踵而生也；比肩，是肩膀挨肩膀；隨踵，是脚跟連脚跟。這是說：堯、舜、桀、紂千世才一出現，這就算是「比肩隨踵而生」了。極言別人以少爲多。齊策：「宣王曰：『寡人聞之：「千里而一士，是比肩而立；百世而一聖，若隨踵而至也。」』」這就是從空間上看和從時間上看以少爲多的說法。世之治者不絕於中，吾所以爲言勢者，中也。中者，上不及堯舜，而下亦不爲桀紂，抱法處勢則治，背法去勢則亂。今廢勢背法而待堯舜，堯舜至乃治，是千世亂而一治也；抱法處勢而待桀紂，桀紂至乃亂，是千世治而一亂也。且夫治千而亂一，與治一而亂千也，是猶乘驥駬而分馳也，相去亦遠矣。堯舜和桀紂兩類人物，千世才一出現，象這樣偶然的出現，別人就看成肩挨肩脚接脚地發生了（比喻以少爲多）。然而世間的治國者不斷地以「中才」出現，我所拿來談論勢治的人才是指中才。所謂中才，向上比，趕不上堯舜，向下比，又不肯做桀紂。他們如果掌握着法度，佔有着權勢，那就平治；如果違背了法度，離開了權勢，那就擾亂。現在廢棄了權勢，違背了法度，來等待堯舜的出現（儒家的主張），堯舜來到了才治，這就是千世亂才有一世治。如果掌握着法度，佔有着權勢，來等待桀紂的出現（法家的主張），桀紂來到了才亂，這就是千世治才有一世亂。試想：「千世的治而一世的亂，跟一世的治而千世的亂」的差異，就象彼此駕着好馬背道而馳，相去的距離也夠遠了。夫棄隱栝之法，「隱」借爲「檃」，說文：「檃，栝也。」說文：「栝，檃也，所以矯制邪曲之器。」去度量之數，廣雅釋言：「數，術也。」使奚仲爲車不能成一輪；奚仲，任姓，爲夏車正，見左傳和呂覽。荀子解蔽：「奚仲作車。」無慶賞之勸，刑罰之威，釋勢委法，堯舜戶說而人辯之，不能治三家。詩楚茨箋：「慶，賜也。」管子：「聖人之治於世，不人告也，不戶說也。」戶說，謂挨家挨戶地去對人告說。夫勢之足用亦明矣，而曰「必待賢」，則亦不然矣。且夫百日不食以待粱肉，餓者不活；今待堯舜之賢乃治當世之民，是猶待粱肉而救餓之說也。說文：「粱，米名。」三蒼：「粱，好粟也。」跟高粱不同。夫曰「良馬固車，臧獲御之則爲人笑，王良御之則日取乎千里」，吾不以爲然。夫待越人之善海游者以救中國之溺人，越人善游矣，而溺者不濟矣。夫待古之王良以馭今之馬，亦猶越人救溺之說也，爾雅釋言：「濟，渡也。」「馭」是「御」字的古文。不可亦明矣。夫良馬固車，五十里而一置，漢書劉屈氂傳「乘疾置以聞」，注：「置，謂所置驛也。」廣雅釋詁：「置，驛也。」使中手御之，追速致遠，可以及也，而千里可日致也，何必待古之王良乎？且御非使王良也，則必使臧獲敗之；治非使堯舜也，則必使桀紂亂之。此味非飴蜜也，必苦菜亭歷也。韓子用味來比喻客人所提出的兩極端之說。據前二句例，「必」字上當有「則」字。飴蜜味甜，苦菜亭歷味苦，也是兩極端。此則積辯累辭，離理失術，兩末之議也，盧曰：「未」，張、淩本作「末」。太田方曰：「未」一作「末」，是。兩末，至聖與至暴，太甘與太苦也。上文先舉客意，次喻客意，下結論之也。「則」猶「乃是」也。奚可以難夫道理之言乎哉！客議未及此論也。

第四十一篇　問辯

韓子認定「法令」是臣民言行的準則，因此，守法奉令的言行是好的；反之，就是壞的。明主就應該拿這個準則來衡量臣民們言行的好壞，同時也拿這個準則來判斷言行的是非。這樣，辯爭就不發生；反之，如果君上只是「悅辯察之言，尊賢抗之行」，辯論就發生了。

或問曰：「辯安生乎？」韓子最反對不以「功用」或「法令」為準則的詭辯，他除在本篇指出辯論所以發生的原因外，在別的篇還主張「審合形名」以求言論跟事實符合。他在外儲說左上篇把「虛辭詭辯」跟「考實按形」的老實話作一番對比，說：「籍之虛辭，則能勝一國；考實按形，不能謾於一人。」

對曰：「生於上之不明也。」

問者曰：「上之不明，因生辯也，何哉？」

對曰：「明主之國，令者，言最貴者也；法者，事最適者也。賈子等齊：「天子之言曰令。」管子明法解：「法者，萬事之儀表也。」管、賈之言與韓子此言略近。韓子謂：「令」是言中之最貴重的東西，「法」是事中之最適當的東西。言無二貴，法不兩適，故言行而不軌於法令者必禁。行，指行事。賈子道術：「緣法循理謂之軌。」軌於法令，謂依於法令而言行。若其無法令而可以接詐應變，生利揣事者，上必采其言而責其實，說文：「責，求也。」這是說：臣民們說出無法令根據的言，却眞可以應接壞人的詐僞和機變，又能產生利益和測度未來的事，這樣，君上必採用他們的話而要求他們拿出實效來。言當則有大利，不當則有重罪，呂覽大樂注：「當，合也。」晉語注：「利，爵賞也。」謂言與實符合就有大爵賞，不符合就犯重罪。是以愚者畏罪而不敢言，智者無以訟。高曰：說文：「訟，爭也。」法令章，處辯息，則智者無以相誹相詬矣。此所以無辯之故也。亂世則不然：主上有令，而民以文學非之，官府有法，民以私行矯之，王先愼曰：依上文，「民」上當有「而」字。人主顧漸其法令而尊學者之智行，秦策注：「顧，反也。」「漸」字借爲「潛」，潛指隱藏或收斂。這是說：人主對于人民的文學和私行不但不禁止，反而潛藏起法令的威力，好來尊學者們的智行。此世之所以多文學也。夫言行者，以功用爲之的彀者也。夫砥礪殺矢而以妄發，其端未嘗不中秋毫也；王先愼曰：殺矢，用諸田獵之矢，見考工記冶氏注。啓雄按：淮南兵略注：「的，射準也。」說文「彀，張弓弩也。」「砥」「礪」二字都是名詞作動詞用。廣雅釋詁：「砥，磨也。」又：「礪，磨也。」這是說：賢治是偶然性的治道，不是必然性的治道。然而不可謂善射者，無常儀的也。儀的，卽的彀或質的，今語叫做「鵠的」或「箭靶」。設五寸之的，引十步之遠，非羿、逢蒙不能必中者，有常也。外儲說左上：「夫新砥礪殺矢，彀弩而射，雖冥而妄發，其端未嘗不中秋毫也，然而莫能復其處，不可謂善射，無常儀的也。設五寸之的，引十步之遠，非羿、逢蒙不能必全者，有常儀的也。」據外儲說和上文，「有常」下似脫「儀的」二字。故有常則羿、逢蒙以五寸的爲巧，據上下文，當作「中五寸的」。無常則以妄發之中秋毫爲拙。今聽言觀行，不以功用爲之的彀，言雖至察，行雖至堅，則妄發之說也。是以亂世之聽言也，以難知爲察，以博文爲辯；其觀行也，以離羣爲賢，以犯上爲抗。淮南說山注：「抗，高也。」亂世，指亂世人的心理，「其」字承此心理而言。人主者說辯察之言，尊賢抗之行，故夫作法術之人立取舍之行，別辭爭之論，而莫爲之正。「說」借爲「悅」。釋詞十：「夫猶彼也。」大戴記注：「別猶辨也。」是以儒服帶劍者衆而耕戰之士寡，『堅白』『無厚』之詞章而憲令之法息。堅白，是公孫龍學說，詳見堅白論篇。無厚，是鄧析學說，今本鄧析子有無厚篇，篇名似眞，篇文似僞。易豐虞注：「章，顯也。」故曰：上不明則辯生焉。」

第四十二篇　問田

本篇前段是徐渠和田鳩的對話，後段是堂谿公和韓非的對話，前後二段的內容全不同。標題曰「問田」，只適用于前段，與後段無關。這種標題和論語、孟子節取篇首字以名篇的標題略同。又按：堂谿公是韓非的老前輩，韓非是否及見他，本來是一問題，何況文中又用「子」字尊稱韓非，用「臣」字謙稱堂谿公；那末，這段對話到底是「眞」是「假」，頗成問題；就算是眞，記錄者是否是韓非也成問題。

一

徐渠問田鳩曰：田鳩是墨家後學，齊人，與秦惠王同時。見本書外儲說左上及呂覽首時。漢書藝文志墨家有田俅子。田俅卽田鳩。徐渠，未詳。「臣聞智士不襲下而遇君，聖人不見功而接上。漢書外戚傳注：「襲，重累也。」襲下遇君，謂由下級卑官重疊地積累資格才遇到君。見功接上，謂表現了功勞才接近到君上。今陽成義渠，明將也，蒲阪圓曰：燕地有陽成，燕將有將渠，或此人歟？而措於毛伯；顧曰：「毛」當作「屯」。王先愼曰：屯伯卽屯長，見商君書境內篇。「措」當依下文作「試」。蒲阪圓曰：「措」「藉」通，因也。謂自兵士積功而進爲將也。顯學：「明主之吏，宰相必起於州部，猛將必發於卒伍。」公孫亶回，聖相也，而關於州部，何哉？」蒲阪圓曰：關，由也。謂由州縣之吏，歷級至相也。啓雄按：州部，似指州官的衙署；五蠹、顯學都見。田鳩曰：「此無他故異物，主有度，上有術之故也。主有度，謂君主有法度，用來治理國政，本書有有度篇。上有術，謂君主有主術，用來御羣臣，是申不害學說，詳難三定法二篇。田鳩所謂「度」「術」，或與申韓略近。且足下獨不聞楚將宋觚而失其政，魏相馮離而亡其國？「將」「相」二字都是動詞，謂楚以宋爲將，魏以馮爲相。二君者驅於聲詞，眩乎辯說，倉頡篇：「隨後曰驅。」這是說：二君被宋、馮的聲音言詞所誘惑而隨從之，被宋、馮的口辯言說所眩惑而用之。不試於毛伯，不關乎州部，故有失政亡國之患。由是觀之，夫無毛伯之試，州部之關，豈明主之備哉！」說文：「葡，具也。」商君書更法：「兵甲器備各便其用。」此「備」字指器備，今語「工具」之意。

二

堂谿公謂韓子曰：蒲阪圓曰：堂谿公，韓昭侯時人，在韓子前較遠，且味其辭氣，不似戰國人。「臣聞服禮辭讓，全之術也；修行退智，遂之道也。禮記孔子閒居注：「服猶習也。」全之術，據下文「危於身，殆於軀」，知此「全」字是指「全身」。「智」是「智故」的「智」，淮南原道注：「智故，巧飾也。」淮南精神「何往而不遂」，注：「遂，通也。」遂之道，謂通達的道路。今先生立法術，設度數，此「度數」似指法度和術數，餘詳姦劫弑臣篇首。臣竊以爲危於身而殆於軀。外儲說右上：「堂谿公謂昭侯曰：『……人主而漏其羣臣之語，……雖有聖智莫盡其術。』」這明明是教韓昭侯用術，可是在這裏又反對韓子「立法術」了，從思想體系上看，顯然矛盾。何以効之？所聞先生術曰：廣雅釋言：「効，驗也。」謂拿什麼事實來徵驗「危身殆軀」的說法呢？「術」借爲「述」，是動詞。〔二〕楚不用吳起而削亂，秦行商君而富彊。二子之言已當矣，然而吳起支解而商君車裂者，不逢世遇主之患也。〔三〕支解，詳和氏篇末。車裂，詳姦劫弒臣篇中。逢遇不可必也，患禍不可斥也。夫舍乎全遂之道而肆乎危殆之行，竊爲先生無取焉。」韓子曰：「臣明先生之言矣。夫治天下之柄，齊民萌之度，柄，即權柄，指政權。「民萌」，同「民氓」。甚未易處也。然所以廢先王之教，而行賤臣之所取者，竊以爲立法術，設度數，所以利民萌，便衆庶之道也。故不憚亂主闇上之患禍，而必思以齊民萌之資利者，仁智之行也。憚亂主闇上之患禍，而避乎死亡之害，知明夫身而不見民萌之資利者，貪鄙之爲也。爾雅釋詁：「明，成也。」「夫身」，猶「此身」。韓非自道：「只知成全這個人身（自身），而不見民氓的資利，是貪鄙的行爲。」臣不忍嚮貪鄙之爲，不敢傷仁智之行，先王有幸臣之意，然有大傷臣之實。」俞曰：「「先王」當作「先生」，即謂堂谿公也。堂谿公諷韓子舍全遂之道而肆危殆之行，故曰：「先生有幸臣之意。」「幸臣」猶「愛臣」也，呂氏春秋至忠「王必幸臣與臣之母」是也。韓子自謂：「不忍嚮貪鄙之爲，不敢傷仁智之行。」若從堂谿公言，則仁智之行傷矣，故曰「然有大傷臣之實」。此「有」字當讀爲「又」。

第四十三篇　定法

書序「定禮樂」，疏：「修而不改曰定。」申不害所言的術，公孫鞅所爲的法，都是構成韓非法術學說的要素。韓子綜合二子學說而修正之，以成新法治學說。所謂「定法」者，就是兼采術治和法治而修正之和確定之。

問者曰：「申不害、公孫鞅，此二家之言孰急於國？」　韓子設爲或人提出一個比較「法」「術」，看那一種比較急需的問題來討論。史記申不害傳：「申不害……學術以干韓昭侯，昭侯用爲相，內修政敎，外應諸侯。……申子之學本於黃、老而主刑名，著書二篇，號曰申子。」漢志著錄申子六篇，隋志：「申子亡。」清馬國翰有輯本。史記商君傳：「商君，……名鞅，姓公孫氏，……鞅少好刑名之學。」相秦孝公變法。漢志著錄商君二十九篇，今存。原書非公孫鞅撰，似是後人拾取鞅言論以成書。

應之曰：「是不可程也。　禮記注：「程猶量也。」這是說：不容易估量二家之言那一家對于國家比較急需一些。人不食十日則死，大寒之隆，不衣亦死。　隆，盛也，高也。今語：「最高峯，」或「頂點」意。謂之『衣食孰急於人』，　謂，是評論之辭。謂之，指評論衣和食的問題。則是不可一無也，皆養生之具也。　這幾句說：這是難以較量的事情，比方說：人們十天不吃飯就會死，當寒冷到高度時，人不穿衣服也會死。如果要評論衣和食那一樣對于人比較急需，那是二者不能缺一的東西，因爲它們都是人們的生活資料。**今申不害言術，而公孫鞅爲法。術者，因任而授官，循名而責實，操殺生之柄，課羣臣之能者也，此人主之所執也。**術，是依照着人們的才能來給予他們合適的官職，遵循着他們的名義來要求他們的實功，掌握着生殺的權柄，考察羣臣的才能。這是君主所掌握的東西。呂覽注：「因，依也。」魏策注：「任，能也。」說文：「責，求也。」又：「課，試也。」**法者，憲令著於官府，刑罰必於民心，**「刑罰」當作「賞罰」。**賞存乎愼法，而罰加乎姦令者也，此臣之所師也。**法（指成文法），是在官府中明顯地寫着的法律，使賞和罰在人民心中都有準確的認識。所以受賞，其原因是在于（由于）能謹愼地守法，而懲罰是施加于擾亂法令者。這是羣臣所從取法的東西。漢書注：「著，謂明書之也。」淮南注：「姦，亂也。」又：「師者，所從取法則者也。」**君無術則弊於上，臣無法則亂於下，此不可一無，皆帝王之具也。」**君主如果無術，就從上級敗壞起來（「弊」或讀爲「蔽」，謂君主受蒙蔽，也行），羣臣如果無法，就從下面紊亂起來。因此，術和法是不能缺一的東西，因爲它們都是帝王治國的工具（這意味着術和法的互相結合，相互作用，就像車的二輪人的兩腿相輔而行那樣，缺一不可）。

問者曰：「徒術而無法，徒法而無術，其不可何哉？」提問者再問：只有「術」而沒有「法」，和只有「法」而沒有「術」，它們不合適的原因在那裏呢？徒，但也，獨也。

對曰：「申不害，韓昭侯之佐也。韓者，晉之別國也。晉之故法未息，而韓之新法又生；

佐，是輔助，即輔助之臣。別國，韓國是從晉國分出來的國（韓、趙、魏三家分晉），所以叫它是「晉之別國」。故法，指舊法。息，指消滅。**先君之令未收，而後君之令又下。申不害不擅其法，不一其憲令則姦多，**先君，指晉君；後君，指韓君。說文：「擅，專也。」這是說：在這個新舊交替的過渡時代，如果申不害不掌握着法，不統一法令，那末姦亂的事情就多。**故利在故法前令則道之，利在新法後令則道之。**利，指姦臣的私利。禮記注：「道猶由也，從也。」這是說：當姦臣個人的利益正在和舊法、前令符合時，他就依照舊法、前令來行事。相反地，當他的個人利益正在和新法、後令符合時，他就轉過來依照新法、後令來行事。**利在故新相反，前後相悖，**句首「利在」二字明迂評本無，似是衍文。荀子注：「悖，違也。」**則申不害雖十使昭侯用術，而姦臣猶有所譎其辭矣。**新法和舊法往往是相反的，前令和後令往往是相背的；可是，姦臣老是或利用舊法、前令，或利用新法、後令那些合于私利的條件。這樣，申不害雖然用十倍的力量來促使韓昭侯用術，姦臣仍然有詭辯的餘地。**故託萬乘之勁韓七十年而不至於霸王者，**顧曰：「七十」當作「十七」。于曰：作「十七」，是。古文「十」字作「十」，「七」字作「十」，漢代金文猶然，故易譌。啓雄按：顧說是。史記申子傳：「申不害爲相十五年。」又六國表載申子在韓昭侯八年相韓，在昭侯二十二年卒，相韓十五年，他的術治政策，在相韓前二三年或早已采用，故和「十七年」合。**雖用術於上，法不勤飾於官之患也。**淮南本經注：「飾，治也。」這是說：爲此，申不害雖然憑借着有萬輛兵車的強勁韓國，又經歷了十七年之久，可是還沒有成就霸或王的事業，這是因爲君主雖然用術于上，而在官吏方面不能勤謹地修整法律的毛病。**公孫鞅**

之治秦也：設告相坐而責其實，王先愼曰：「相」字淺人所加。啓雄按：和氏「商君教秦孝公以連什伍，設告坐之過」，義與此略同。以彼校此，「相」字似衍。蒼頡篇：「坐，辠也。」告，指告奸；坐，指連坐。商君使民五家爲伍，十家爲什，互相糾察，有奸人就告發；不告發，十家連帶受罰。**連什伍而同其罪，**盧田屯曰：「同」當作「司」，「司」「伺」通；史記：「令民爲什伍而相收司連坐。」**賞厚而信，刑重而必。是以其民用力勞而不休，逐敵危而不卻，故其國富而兵強；然而無術以知姦，則以其富強也資人臣而已矣。**公孫鞅是這樣治秦國的：設置檢舉奸人和罪犯連坐的制度而責求其實行，建立什（十家）伍（五家）的組織而彼此監視罪行，賞賜豐厚而信實，刑罰嚴重而堅定。所以秦民用力勤勞而不休止，追逐敵人時雖然危險而不退卻，因此秦國就國富兵強，然而君主沒有術去察知臣的姦情，那末只好拿它富強的成果來資助姦臣罷了（也是說：拿富強成果做姦臣的政治資本）。**及孝公、商君死，惠王卽位，秦法未敗也，而張儀以秦殉韓魏。**「殉」本作「徇」或「徇」。廣雅釋言：「徇，營也。」蒼頡篇：「徇，求也，亦營也。」以秦徇韓魏，謂張儀以秦的國力向韓魏二國營求他的私門之利。史記張儀傳：「張儀說韓王……西面而事秦。……韓王聽儀計。張儀歸報秦，惠王封儀五邑，號曰武信君。」又：「儀說魏王曰：『秦王之遇魏甚厚，魏不可以無禮。』魏因入上郡少梁謝秦惠王，惠王乃以張儀爲相。」這都是例證。**惠王死，武王卽位，甘茂以秦殉周。**史記甘茂傳：「秦武王謂甘茂曰：『寡人欲容車通三川以窺周室。』甘茂伐韓拔宜陽，武王竟至周。」**武王死，昭襄王卽位，**魏冉免相國仍在昭王時，此文「襄」字衍。**穰侯越韓魏而東攻齊，五年而秦不益一尺之地，乃成其陶邑之**

封；史記穰侯傳：「穰侯，魏冉……昭王三十六年，相國穰侯言客卿竈欲伐齊取剛、壽以廣其陶邑。」應侯攻韓八年，成其汝南之封。史記范雎傳：「秦封范雎以應，號爲應侯。……昭王四十二年，東伐韓少曲、高平拔之。……四十三年，攻韓汾陘拔之。」故應城在汝州魯山縣。自是以來，諸用秦者，皆應、穰之類也。故戰勝則大臣尊，益地則私封立，主無術以知姦也。商君雖十飾其法，人臣反用其資，故乘強秦之資數十年而不至於帝王者，史記集解引晉灼曰：「資，藉也。」「資」字指姦臣所利用或憑借的國力（指政治資本）。法不勤飾於官，盧曰：「不」或改「雖」。顧曰：「不」當作「雖」。主無術於上之患也。」

問者曰：「主用申子之術，而官行商君之法，可乎？」

對曰：「申子未盡於法也。顧曰：當云「申子未盡於術，商君未盡於法也」，脫去六字。申子言：『治不踰官，雖知弗言。』治理政事，不應踰越出本官職權之外，在本職範圍之外的政事，雖然是有所知也不說話。治不踰官，謂之守職也可；知而弗言，是謂過也。治理政事不踰越本官的職權，說這是各守專職，那是對的；至于本官職權以外的事雖然知道也不說話，那是錯誤了。人主以一國目視，故視莫明焉；以一國耳聽，故聽莫聽焉。人主用全國羣衆的目來看，故最明；用羣衆的耳來聽，故最聰。今知而弗言，則人主尚安假借矣！王先愼曰：「矣」當作「乎」。啓雄按：「安」猶「何」也。「矣」猶「乎」也。這是說：倘人人都知而不言，人主的視聽靠什麼來做憑借呢！商君之法曰：『斬一首者爵一級，欲爲官者，爲五十石之官，斬二首者爵二級，欲爲官者，爲百石之官。』太田方曰：「商子境內云：『能得甲首一者，賞爵一級，益田一頃。……』徐野民注秦本紀云：「斬戰士一首，賜爵一級，欲爲官者五十石。」官爵之遷與斬首之功相稱也。說文：「遷，登也。」今有法曰：『斬首者令爲醫匠。』「今」字是假設之詞。則屋不成而病不已。夫匠者手巧也，而醫者齊藥也，禮記少儀注：「齊，和也。」「齊藥」即「和藥」，今語「配藥」。餘詳喻老篇中。而以斬首之功爲之，則不當其能。今治官者，智能也；今斬首者，勇力之所加也。以勇力之所加而治智能之官，是以斬首之功爲醫匠也。故曰：『二子之於法術皆未盡善也。』」商君的法有這樣的條文：「斬了一個敵人頭者，賞他爵位一級，如果他要做官，可以做個領五十石米俸祿的官。……」官爵的升遷和斬敵人的功績相當。用比方來說：「斬敵人頭者令他做醫生或工匠。」這樣，房屋就建不成，而病好不了。須知工匠是靠手的技巧，醫生是靠配合藥劑，可是用斬敵人立戰功者來做，那就和他們的技能不相當。治理官事是要智慧和才能，斬敵人是要勇力的施展，如果用勇力的施展來治理那需用智慧和才能的官事，那就是用斬敵人的功來做醫生和工匠了。所以我說：「二位先生在法和術上都未達到盡善的境界。」

第四十四篇　說疑

「疑」借爲「儗」。說文：「儗，僭也。」禮記曲禮「儗人必於其倫」，注：「儗猶比也。」說儗，是論說姦臣僞裝好人來比擬賢臣的問題。篇中「言是如非，言非如是，內險以賊，其外小謹，以徵其善」，即姦臣僞裝好人來比擬賢臣的描寫。

凡治之大者，非謂其賞罰之當也。賞罰得當，只是對少數人的合理處理，是僅限于對少數人賞罰的事情罷了，並非「生功止過」的教育或政治，所以「賞罰當」仍不算「治之大者」。賞無功之人，罰不辜之民，非所謂明也。說文：「辜，辠也。」「辠」，犯法也，今用「罪」字代之。這是說：誠然，賞無功者和罰無罪者，不能叫做「明察」。但是，畢竟是小事，不算大政。賞有功，罰有罪而不失其人，方在於人者也，解老：「所謂方者，內外相應也，言行相稱也。」此文「方在於人」，謂所賞的與所罰的跟那立功者與犯法者相應相稱。非能生功止過者也。這三句是「凡治之大者，非謂其賞罰之當也」句的申釋句或重複句。是故禁姦之法：太上禁其心，其次禁其言，其次禁其事。今世皆曰「尊主安國者，必以仁義智能」，而不知卑主危國者之必以仁義智能也。故有道之主，遠仁義，去智能，服之以法。是以譽廣而名威，民治而國安，知用民之法也。凡術也者，主之所以執也；法也者，官之所以師也。然使郎中日聞道，於高曰：「於」字衍。郎中，郎門之中也。郎中日聞道，言道明於近習也。郎門之外以至於境內日見法，言法行於國境。啓雄按：「然」字下當有「則」字。郎門之外以至於境內日見法，又非其難者也。

昔者有扈氏有失度，讙兜氏有孤男，三苗有成駒，桀有侯侈，紂有崇侯虎，晉有優施，此六人者，亡國之臣也。太田方曰：路史：「戶氏……相失度。」又：「讙兜以狐攻專權亡國。」成駒未詳。路史：「以羊莘、侯哆爲相」。呂氏春秋：「紂染於崇侯、惡來。」優施事見國語。言是如非，言非如是，內險以賊，其外小謹，以徵其善，蒲阪圓曰：中心陰險殘賊，飾其外貌似小心謹愼者，以爲己善之徵兆也。稱道往古，使良事沮，詩巧言傳：「沮，止也。」又小旻傳：「沮，壞也。」這是說：稱引往古舊事來阻礙和敗壞那些好事。善禪其主，以集精微，王先愼曰：「禪」與「擅」通，莊子人間世釋文「禪本作擅」，是也。說文：「擅，專也。」「精微」猶「精細」也。言平日擅專其主，無毫髮之可間也。亂之以其所好，王先愼曰：投其所欲，引爲不善也。此夫郎中左右之類者也。往世之主，有得人而身安國存者，有得人而身危國亡者。得人之名一也，而利害相千萬也，「相」字下似脫一字，或是「去」「懸」「隔」「差」一類字。這數句是「說疑」的確解。故人主左右不可不愼也。爲人主者誠明於臣之所言，則別賢不肖如黑白矣。

若夫許由、續牙、晉伯陽、秦顚頡、衞僑如、俞曰：顚頡晉人而係之秦，僑如魯人而係之衞，不可曉。且其人亦非如下文所云「伏死窟穴」者也。狐不稽、重明、董不識、卞隨、務光、伯夷、叔齊，此十二人者，皆上見利不喜，下臨難不恐，或與之天下而不取，有萃辱之名，王先愼曰：「萃」讀爲「瘁」，「瘁」即「顇」字。顇，顦顇也。荀子富國「勞苦頓萃」，是其證。則不樂食穀之利。這個「穀」字是「穀祿」的「穀」，孟子滕文公「穀祿不平」注：「穀所以爲祿也。」古代拿穀做官員的俸祿，因此祿也稱爲「穀」。夫見利不喜，上雖厚賞無以勸之；臨難不恐，上雖嚴刑無以威之：此之謂不令之民也。不令之民，據上下文義，似謂不接受命令和不能使令之民。此十二人者，或伏死於窟穴，或槁死於草木，或飢餓於山谷，或沈溺於水泉。有民如此，先古聖王皆不能臣，當今之世，將安用之？

若夫關龍逢、王子比干、隨季梁、陳泄冶、楚申胥、吳子胥，此六人者，皆疾爭強諫以勝其君。言聽事行，則如師徒之勢；太田方曰：「勢」一作「合」。莊子「孔丘之徒」，司馬彪曰：「徒，弟子也。」此言視君如徒弟子。一言而不聽，一事而不行，則陵其主以語，從之以威，爭臣疾爭強諫君主，如果君主不聽從，不實行，那末，爭臣就用嚴厲的語言來陵犯君主，又拿威力來脅迫君主。雖身死家破，要領不屬，手足異處，不難爲也。「要」同「腰」。領，即頸項或脖子。屬，指連屬。這指橫斬的死刑，人身被橫斬，脖子和手在上身，腰和脚在下身，所以不連屬。如此臣者，先古聖王皆不能忍也，當今之時，將安用之？

若夫齊田恆、宋子罕、魯季孫意如、晉僑如、衞子南勁、鄭太宰欣、楚白公、周單荼、燕子之，此九人者之爲其臣也，皆朋黨比周以事其君，隱正道而行私曲，上逼君，下亂治，援外以撓內，親下以謀上，不難爲也。如此臣者，唯聖王智主能禁之，若夫昏亂之君，能見之乎？

蒲阪圓曰：不能燭姦情也。王先愼曰：「若夫」二字不當有。

若夫后稷、臯陶、伊尹、周公旦、太公望、管仲、隰朋、百里奚、蹇叔、舅犯、趙衰、范蠡、大夫種、逢同、華登，此十五人者爲其臣也，王先愼曰：「者」下脫「之」字，上文下文句法一律。皆夙興夜寐，卑身賤體，竦心白意，太田方曰：說文：「竦，敬也，自申束也。」白，明也。明刑辟，治官職以事其君，進善言，通道法而不敢矜其善，有成功立事而不敢伐其勞。不難破家以便國，殺身以安主，以其主爲高天泰山之尊，而以其身爲壑谷鬴洧之卑，物茂卿曰：鬴洧，水之澳洧，如鬴(釜)之大者。「洧」讀「源委」之「委」。王先謙曰：「鬴」古「釜」字，釜洧，即釜鍑也。「洧」古讀與复聲之字近。鬴洧四旁高而中央卑，與壑谷地形之卑相類，故並以爲身卑之喩。主有明名廣譽於國，而身不難受壑谷鬴洧之卑。王先愼曰：主得美名而身受卑名也。上文指位言，此指名言，文複而義不同。如此臣者，雖當昏亂之主，尚可致功，況於顯明之主乎？此謂霸王之佐也。

若夫周滑之、顧曰：今本「之」作「伯」。鄭王孫申、王先愼曰：鄭無王孫，「王」當爲「公」之誤。陳公孫寧、儀行父、荆芋尹、申亥、隨少師、越種干、吳王孫頟、顧曰：「頟」，國語作「雒」，「頟」「雒」同字。他書「頟」作「駱」。晉陽成泄、齊豎刁、易牙，此十二人者之爲其臣也，顧曰：按上文但有十一人，當有脫文。皆思小利而忘法義，進則揜蔽賢良以陰闇其主，退則撓亂百官而為禍難；皆輔其君，共其欲，苟得一說於主，「說」讀為「悅」，指君主的歡喜。雖破國殺衆不難為也。有臣如此，雖當聖王，尙恐奪之，而況昏亂之君，其能無失乎？有臣如此者，皆身死國亡，為天下笑。故周威公身殺，國分為二；王先愼曰：周威公，河南桓公揭之子，桓公自封少子班於鞏以奉王，號東周，而河南遂號西周。不詳身殺之事。鄭子陽身殺，國分為三；史記鄭世家：「鄭君殺其相子陽，子陽之黨共弒繻公駘而立乙為鄭君。」國分為三未詳。陳靈公身死於夏徵舒氏；夏徵舒射殺陳靈公事見左宣十傳。荆靈王死於乾谿之上；楚公子比等弒楚靈王事見左昭十三傳。隨亡於荆；吳幷於越；智伯滅於晉陽之下；桓公身死七日不收。故曰：「諂諛之臣，唯聖王知之；而亂主近之，故至身死國亡。」

聖王明君則不然：內舉不避親，外舉不避讎；是在焉，從而舉之，非在焉，從而罰之。是以賢良遂進而姦邪并退，故一舉而能服諸侯。其在記曰：「堯有丹朱，而舜有商均，啓有五觀，商有太甲，武王有管、蔡。」五王之所誅者，皆父兄子弟之親也，而所殺亡其身，殘破其家者，何也？王先謙曰：「而」下「所」字衍。以其害國傷民，敗法圮類也。集解無「圮」字，據迂評、翼毳補。說文：「圮，毀也。」方言：「齊謂法為類。」可見類是和法相類的律條或類例。觀其所舉，或在山林藪澤巖穴之間，或在囹圄緤紲纏索之中，盧曰：「纏」當作「纆」。顧曰：藏本、今本「緤」作「縲」。或在割烹芻牧飯牛之事。然明主不羞其卑賤也，以其能，爲可以明法，便國利民，從而舉之，身安名尊。

亂主則不然：不知其臣之意行，而任之以國。故小之名卑地削，大之國亡身死，不明於用臣也。夫無數以度其臣者，集解「無」字上無「夫」字，據迂評、翼毳增。廣雅釋言：「數，術也。」指君御臣之術。必以其衆人之口斷之：衆之所譽，從而說之；衆之所非，從而憎之。故爲人臣者，破家殘賥，「賥」疑作「睟」，「睟」即「粹」字。荀子王霸注：「粹，全也。」殘全，謂殘缺了身家的完整。內搆黨與，外接巷族以爲譽，從陰約結以相固也，虛相與爵祿以相勸也，姦臣虛假地拿爵祿來勸勉人，引誘別人跟他結私黨。曰：「與我者將利之，不與我者將害之。」說文：「與，黨與也。」與我，謂同我結黨。衆貪其利，劫其威。彼誠喜則能利己，忌怒則能害己。王先愼曰：「忌」當爲「誠」。啓雄按：彼，指結私黨之臣。己，指衆人。這二句是說衆人的認識是這樣。衆歸而民留之，物茂卿曰：謂民聚于彼也。以譽盈於國，發聞於主，主不能理其情，因以爲賢。彼又使譎詐之士，外假爲諸侯之寵使，假之以輿馬，信之以瑞節，太田方曰：瑞節所以爲信也。以玉曰瑞，以竹曰節。鎮之以辭令，資之以幣帛，使諸侯淫說其主，蒲阪圓曰：「使」當作「伎」。太田方曰：淫，過也。言惑亂之也。存韓：「淫說臏辯。」微挾私而公議。所爲使者，異國之主也；所爲談者，左右之人也。主說其言而辯其辭，以此人者天下之賢士也。內外之於左右，盧曰：「之於」二字或删去。其諷一而語同。大者不難卑身尊位以下之，小者高爵重祿以利之。夫姦人之爵祿重而黨與彌衆，又有姦邪之意，則姦臣愈反而說之，這二句說：黨與有偪上弒君之意見，然而姦臣更不合理地從而喜悅他。曰：「古之所謂聖君明王者，非長幼弱也，及以次序也；「曰」字以下至「求其利也」數句，是黨與篡弒的言論。「長」是動詞。長幼弱，謂若周公輔成王的作法。左莊卅二傳注：「兄死弟繼曰及。」及以次序，謂臣依次序承繼君位，像「兄終弟及」那樣。以其搆黨與，聚巷族，偪上弒君而求其利也。」彼曰：「何知其然也？」彼，指姦臣。姦臣反問姦黨怎樣知道古人是這樣做。因曰：「舜偪堯，禹偪舜，湯放桀，武王伐紂，此四王者，人臣弒其君者也，而天下譽之。察四王之情，貪得人之意也；顧曰：「人」字衍。度其行，暴亂之兵也。然四王自廣措也，而天下稱大焉；物茂卿曰：謂自廣大其舉措也。自顯名也，而天下稱明焉。則威足以臨天下，利足以蓋世，天下從之。」以上「因曰」是姦黨的答語，以下「又曰」是姦黨的補充語。又曰：「以今時之所聞，田成子取齊，司城子罕取宋，太宰欣取鄭，單氏取周，易牙之取衞，以上三事都不見經史。韓、魏、趙三子分晉，此六人臣之弒其君者也。」俞曰：「六」疑「亦」字之誤，承上文而言，故云「亦」也。姦臣聞此，蹷然舉耳以爲是也。物茂卿曰：謂竦提其耳以聽之。故內搆黨與，外攄巷族，王先愼曰：「攄」當依上文作「接」。觀時發事，一舉而取國家。且夫內以黨與劫弒其君，外以諸侯之權矯易其國，隱正道，持私曲，上禁君，下撓治者，不可勝數也。是何也？則不明於擇臣也。記曰：「周宣王以來，亡國數十，其臣弒君而取國者衆矣。」然則難之從內起與從外作者，相半也。能一盡其民力，破國殺身者，尙皆賢主也。難之從外作者，指強敵的侵略。難之從內起者，指本國姦臣的篡弒。「一」借爲「壹」。壹盡民力，謂專心盡民力于耕戰的事情。若夫轉身法易位，全衆傳國，俞曰：「法」字衍。「傳」當作「傅」。上所謂「破國殺身者」，以國君死社稷而言也，故曰：「尙皆賢主也。」此所謂「轉身易位，全衆傳國」者，則晉靜公、齊康公之類，是以其不能死而反見屈於臣，故曰：「最其病也。」最其病也。「最」正字作「冣」，說文：「冣，積也。」這是說：易位傳國的君，積聚而最括了「不明擇臣」的各種病。

爲人主者，集解從今本改乾道本「人主」作「人臣」，大錯。今改從乾道、迂評、翼毳等本。誠明於臣之所言，則雖罼弋馳騁，「罼」正字作「畢」，說文：「畢，田网也。」即捕雉兔的網。弋，是用矰繳射飛鳥。撞鐘舞女，國猶且存也；不明臣之所言，雖節儉勤勞，布衣惡食，國猶自亡也。趙之先君敬侯，不修德行而好縱慾，適身體之所安，耳目之所樂，冬日罼弋，夏浮淫，太田方曰：「夏」下脫「日」字。「浮淫」，猶之「泛濫取魚」也。爲長夜，「夜」字下似脫一「飲」字。數日不廢御觴，不能飲者以筩灌其口，進退不肅，應對不恭者斬於前。故居處飲食如此其不節也，制刑殺戮如此其無度也，然敬侯享國數十年，太田方曰：「故」，衍文。敬侯立十二年卒，言「數十年」，非也。兵不頓於敵國，地不虧於四鄰，內無君臣百官之亂，外無諸侯鄰國之患，明於所以任臣也。燕君子噲，邵公奭之後也，地方數千里，持戟數十萬，不安子女之樂，不聽鍾石之聲，內不湮汙池臺榭，高曰：「湮」讀爲「抑」，「湮」「抑」一聲之轉。史記河渠書「禹抑鴻水」，索隱：「漢書溝洫志『抑』作『堙』。」（「堙」「湮」通用），爾雅釋詁：「抑，治也。」孟子注：「抑，治也。」則不湮汙池臺榭，卽不治汙池臺榭矣。外不罼弋田獵，又親操耒耨以修畎畝。子噲之苦身以憂民如此其甚也，雖古之所謂聖王明君者，其勤身而憂世，不甚於此矣。然而子噲身死國亡，奪於子之，而天下笑之，此其何故也？王先愼曰：「何故」二字倒。不明乎所以任臣也。故曰：人臣有五姦而主不知也。爲人臣者，有侈用財貨賂以取譽者，有務慶賞賜予以移衆者，有務朋黨徇智尊士以擅逞者，蒼頡篇：「徇，求也。」說文：「逞，通也。」擅逞，謂求個人成功的通快。有務解免赦罪獄以事威者，管子五輔「上寬裕而有解舍」，注：「解，放也；舍，免也。」此「解免」，謂解除舍免戰鬥之勞。禮記樂記注：「事猶爲也。」有務奉下直曲、怪言、偉服、瑰稱以眩民耳目者。物茂卿曰：奉下曲直，奉行民所毀譽，以取媚於下也。秦策注：「偉，奇也。」周禮注：「傀猶怪也。」此五者，明君之所疑也，而聖主之所禁也。明君之所疑，謂明君認爲似是而非（卽似賢而非賢，似能而非能）的事情。去此五者，則譟詐之人不敢北面談立；王先謙曰：「談立」二字疑倒。文言多，實行寡而不當法者，不敢誣情以談說。禮記樂記注：「文猶美也，善也。」呂覽大樂注：「當，合也。」左昭廿六傳注：「誣，欺也。」是以羣臣居則修身，動則任力，非上之令不敢擅作疾言誣事，此聖王之所以牧臣下也。彼聖主明君不適疑物以闚其臣也，「適」，似是詩伯兮「誰適爲容」之「適」。謂以疑物爲主要對象而針對之。**見疑物而無反者，天下鮮矣。**「反」，謂「反求」。孟子離婁：「愛人不親反其仁，治人不治反其智，禮人不答反其敬，行有不得者，皆反求諸己。」孟子拿「反求」二字來申釋上文三「反」字。禮記學記「知不足，然後能自反也」，注：「自反，求諸己也。」此言聖主明君見到感性的似是之物，必在自己理性認識上求出正確的分辨。**故曰：孽有擬適之子，配有擬妻之妾，廷有擬相之臣，臣有擬主之寵，此四者，國之所危也。**說文：「孽，庶子也。」「擬」，是今語「比擬」之「擬」，原文本作「儗」。說文：「儗，僭也。」漢書杜欽傳注：「適，謂正后也。」「適」「嫡」通，嫡子，指太子。「配」借爲「妃」，古文「配」「妃」同。**故曰：內寵並后，外寵貳政，枝子配適，大臣擬主，亂之道也。**內寵的妃與正后相比並；外寵的重臣擅政權，使君權不專，成了兩屬政權；枝孽子和嫡子相匹配；大臣僭儗君主：都是亂道。**故周記曰：「無尊妾而卑妻，無孽適子而尊小枝，**王先慎曰：謂無以適子爲孽也。**無尊嬖臣而匹上卿，無尊大臣以擬其主也。」四擬者破，則上無意，**「意」同「憶」，指君主常用心思來意度臣姦。**下無怪也；**無怪，指無謑詐的疾言和欺誣的假事。**四擬不破，則隕身滅國矣。**爾雅釋詁：「隕，墜也。」此文「隕身」，謂重者身死，輕者降落身份。

第四十五篇　詭使

淮南注：「詭，違也。」大戴記注：「使，舉也。」詭使，謂思想和行動上的矛盾。篇文「夫上之所貴與其所以爲治相反也」，是本篇標題的確解。是一篇揭露社會現象和政治現象多方面矛盾的作品。

聖人之所以爲治道者三：說文：「以，用也。」一曰利，二曰威，三曰名。夫利者所以得民也，威者所以行令也，名者上下之所同道也。此「名」字是「立名號所以爲尊」的「名」，與「好名義不進仕」的「名」不同。左昭卅二傳注：「名，爵號也。」又襄卅一傳注：「道，通也。」這是說：名是上下所共同通達之名號。非此三者，雖有不急矣。今利非無有也而民不化上，管子七法：「漸也，順也，靡也，久也，服也，習也，謂之化。」這是說：民不被君上的利誘所順化，從而服習君法。威非不存也而下不聽從，官非無法也而治不當名。似謂官雖有法，但官不依法辦事，這便是「官」其名而「賊」其實，所以說「治不當名」。三者非不存也，而世一治一亂者，何也？夫上之所貴與其所以爲治相反也。

夫立名號，所以爲尊也；今有賤名輕實者，世謂之高。君主立官爵的名號，爲的是用來尊貴賢能之士，然而世上有賤視名號，輕視實職者，世人還稱譽他們是淸高。設爵位，所以爲賤貴基也，而簡上不求見者，世謂之賢。「賤」似讀為「踐」，釋名釋言語：「賤，踐也。」禮記中庸注：「踐猶升也。」呂覽驕恣「自驕則簡士」，注：「簡，傲也。」威利所以行令也，而無利輕威者，世謂之重。「無」「輕」二字都是動詞。無利，謂心目中沒有君主的利祿（即瞧不起利祿）。法令所以為治也，而不從法令為私善者，世謂之忠。官爵所以勸民也，而好名義不進仕者，世謂之烈士。刑罰所以擅威也，而輕法不避刑戮死亡之罪者，世謂之勇夫。據上下文，「烈士」是指不肯做官的好名人，「勇夫」是指不守法不怕死的人。民之急名也，甚其求利也，「其」猶「於」也。這是說：人民急于求名甚于求利。如此，則士之飢餓乏絕者，焉得無巖居苦身以爭名於天下哉！飢餓貧乏的人，有些是無能之士，但隱居巖穴不做官的人有好名譽，這樣，飢餓貧乏的人也學做隱居爭名的清高烈士了。故世之所以不治者，非下之罪，上失其道也。常貴其所以亂而賤其所以治，是故下之所欲常與上之所以為治相詭也。今下而聽其上，上之所急也。而惇愨純信，用心怯言，則謂之窶。說文：「惇，厚也。」又：「愨，謹也。」「怯」同「㹤」。說文：「㹤，多畏也。」類聚引字林：「窶，貧空也。」守法固，聽令審，則謂之愚。敬上畏罪，則謂之怯。言時節，行中適，則謂之不肖。「時」「節」「中」「適」四字是副詞，疏狀字。禮記學記：「當其可之謂時。」考工記注：「節猶適也。」淮南原道注：「中，適也。」漢書刑法志注：「中，當也。」謂言行均恰當合適。無二心私學，聽吏從教者，則謂之陋。有人專心學國家的法令，聽從官吏的教導，而不三心二意地學私學，就被人叫做「陋」。

難致謂之正。難予謂之廉。難禁謂之齊。太田方曰：難致，言人主徵不就也。難予，不受上賞獨貪名也。難禁，謂跋扈難禁制也。爾雅：「齊，壯也。」博雅：「專，齊也。」是「齊」有「專而難禁」意也。有令不聽從謂之勇。無利於上謂之愿。廣雅釋詁：「利，貪也。」說文：「愿，謹也。」這是說：臣下不利賴君上之賞賜謂之謹愿。寬惠行德謂之仁。重厚自尊謂之長者。太田方曰：持己重厚以自尊大。私學成羣謂之師徒。閒靜安居謂之有思。損仁逐利謂之疾。險躁佻反覆謂之智。王先慎曰：「佻」字衍文，「險躁反覆」四字爲句。先爲人而後自爲，類名號言，汎愛天下，謂之聖。此言墨者損己益人，比類名號，而言「汎愛天下」。言大本稱而不可用，迂評本、趙本、凌本「本」作「不」，是。宜據改。行而乖於世者，謂之大人。太田方曰：言大不稱，其言無用，不合於事理也。行而乖於世，莊周妻死，鼓盆而歌之類也。賤爵祿，不撓上者，謂之傑。「撓」是晉語「抑撓志以從君」之「撓」，注：「撓，屈也。」謂屈曲心志以順從君。下漸行如此，入則亂民，出則不便也。漢書董仲舒傳注：「漸，浸潤也。」淮南繆稱注：「漸，習也。」「不便」，迂評本作「不使」，是。這是說：臣下積習之行果然如此，那末，在國內就擾亂人民；出國就不能使於四方。上宜禁其欲，滅其迹而不止也，又從而尊之，太田方曰：不啻不禁止，又從而尊寵之。是教下亂上以爲治也。

凡上所治者刑罰也，據下文句例及本句文義，「所」字下當有「以」字。今有私行義者尊。有人不遵國法，在刑罰之外私自行恩義，反而被人尊敬。社稷之所以立者安靜也，而譟險讒諛者任。太田方曰：安靜，安定靜默之人。任，任政事。啓雄按：說文：「譟，擾也。」廣雅釋詁：「險，邪也。」四封之內所以聽從者信與德也，而陂知傾覆者使。左成二傳注：「封，境也。」方言：「陂，邪也。」「知」是荀子非十二子「知而險」的「知」。淮南覽冥注：「智故，巧詐也。」令之所以行，威之所以立者恭儉聽上，顧曰：「上」字下當有「也」字。而巖居非世者顯。倉廩之所以實者耕農之本務也，而綦組錦繡，刻畫爲末作者富。名之所以成，城池之所以廣者戰士也，今死之孤飢餓乞於道，顧曰：今本「死」下有「士」字。劉文典曰：死士之孤，謂戰死者之遺孤也。而優笑酒徒之屬乘車衣絲。太田方曰：齊語「優笑在前」注：「優笑，倡俳也。」賞祿所以盡民力，易下死也，今戰勝攻取之士勞而賞不霑，而卜筮視手理狐蟲爲順辭於前者日賜。俞曰：「蟲」乃「蠱」之誤。春秋「蟲牢」，春秋繁露作「蠱牢」，即其例矣。「狐蠱」二字連文，見僖十五年左傳。上握度量，所以擅生殺之柄也，今守度奉量之士欲以忠嬰上而不得見，巧言利辭，行姦軌以倖偷世者數御。太田方曰：左傳：「亂在外爲姦，在內爲軌。」倖偷，言冀望也。王先愼曰：廣雅釋詁：「御，進也。」數，音色角反。此言巧言利辭之人得常常進見也。啓雄按：文選注引說文：「嬰，繞也。」「軌」借爲「宄」。說文：「宄，姦也。」外爲盜，內爲宄。據法直言，名刑相當，循繩墨誅姦人，所以爲上治也而愈疏遠，諂施順意從欲以危世者近習。高曰：「施」借爲「迆」。說文：「迆，衺行也。」啓雄按：「從」借爲「縱」。漢書五行志注：「習，狎也。」謂接近親狎君主。悉租稅，專民力，所以備難，充倉府也，而士卒之逃事狀匿，附託有威之門以避傜賦，而上不得者萬數。漢書注：「悉，盡其事也」，謂儘量善用租稅的作用。「狀匿」迂評本、趙本、凌本作「伏匿」，謂伏藏隱匿。託有威之門，指逃避兵役的人寄託在權威者的私門。夫陳善田利宅，所以厲戰士也，西周策注：「利，便也。」漢書儒林傳注：「厲，勸勉之也。」而斷頭裂腹，播骨乎平原野者無宅容身，死田畝，顧曰：「平」字當衍。今本重「身」字，「畝」作「奪」。王先愼曰：「死田畝」，卽孟子「死溝壑」之意，生既無宅，故死於外也。啓雄按：廣雅釋詁：「播，布也。」「乎」借爲「于」。而女妹有色，大臣左右無功者擇宅而受，擇田而食。賞利一從上出，所以善剬下也，而戰介之士不得職，高曰：謂戰士與介士也。啓雄按：「一」當爲「壹」。說文：「壹，專壹。」史記索隱：「剬古制字。」而閒居之士尊顯。上以此爲教，名安得無卑，位安得無危！夫卑名危位者，必下之不從法令，有二心無私學，反逆世者也，盧曰：「無」字衍。顧曰：「二心私學」上下凡五見。劉曰：「逆」，衍文，「逆」卽「反」也。而不禁其行，不破其羣以散其黨，又從而尊之，用事者過矣。上之所以立廉恥者，所以屬下也，王曰：「屬」乃「厲」之誤。今士大夫不羞汙泥醜辱而宦，女妹私義之門不待次而宦。此句「私義」似與下文「私道」同，古書「義」字有時作「路」字解。荀子王制「賢能不待次而舉」，注：「不以官之次序。」這是說：靠女妹私通的門路來求上升，可以不經歷官階的次第而越級上升。賞賜所以爲重也，而戰鬬有功之士貧賤，而便辟優徒超級。論語季氏「友便佞」，鄭注：「便，辯也。」「辟」借爲「嬖」。「優徒」，卽上文「優笑酒徒」，倡俳也。名號誠信所以通威也，而主揜障。近習女謁並行，百官主爵遷人，用事者過矣。

大臣官人與下先謀，比周雖不法，行威利在下，則主卑而大臣重矣。顧曰：句有誤，未詳。

夫立法令者，以廢私也，法令行而私道廢矣。私者，所以亂法也。而士有二心私學，巖居窞路，顧曰：今本「路」作「處」。啓雄按：作「處」是，迂評本、趙本、凌本都作「處」。說文：「窞，坎中小坎也。」廣雅釋水：「窞，坑也。」巖居窞處，謂隱士伏居巖穴譏評當世之法而惑亂羣衆。託伏深慮，大者非世，細者惑下；上不禁，又從而尊之以名，化之以實，據下文「無勞而富」之「富」字，這個「化」字似是「貨」字的借字。虞書「懋遷有無、化居傳易」，是例證。這是說：在實利上君主用貨財來充實隱士的貧乏。是無功而顯，無勞而富也。如此，則士之有二心私學者，焉得無深慮，勉知詐與誹謗法令，以求索與世相反者也？莊子胠篋：「知詐漸毒。」知詐，謂知故巧詐。與世相反者，指二心私學。「也」讀爲「耶」。凡亂上反世者，常士有二心私學者也。故本言曰：「所以治者，法也；所以亂者，私也。法立，則莫得爲私矣。」太田方曰：本言，韓子所覽古書名。啓雄按：五蠹：「自環者謂之私，背私謂之公。」本篇一再言「私」，都是指違公法的私自行動。故曰：「道私者亂，道法者治。」上無其道，則智者有私詞，賢者有私意。上有私惠，下有私欲。聖智成羣，造言作辭，以非法措於上，顧曰：今本「措」作「令」。啓雄按：作「令」是，迂評本、趙本、凌本作「令」。上不禁塞，又從而尊之，是敎下不聽上，不從法也。是以賢者顯名而居，姦人賴賞而富。賢者顯名而居，姦人賴賞而富，是以上不勝下也。

第四十六篇　六反

韓子指出社會上有六種「姦僞無益」的人，可是這六種人反而被世人和世主尊重和稱譽了。同時，又有六種「耕戰有益」的人，可是這六種人反而被世人和世主輕視和詆毀了。這樣，美名和獎賞就落到壞人身上，而毀謗和禍害就落到好人身上。這就是六種顚倒的認識和行動，也是一篇揭露社會現象和政治現象在多方面矛盾的作品。

畏死遠難，王先愼曰：「難」讀爲「患難」之「難」，與下「雖犯軍旅之難」同。禮記曲禮：「臨難無苟免。」遠難，卽免難之義。畏死遠難，有倖生之心，用以當敵，必不恥降北之辱。**降北之民也，而世尊之曰「貴生之士」。**漢書高帝紀韋昭注：「北，古背字也。背，去而走也。」呂覽貴生：「道之眞，以持身，其緖餘以爲國家。……帝王之功，聖人之餘事也，非所以完身養生之道也。」這是貴生說的一斑。**學道立方，**論語先進「且知方也」，鄭注：「方，禮法也。」**離法之民也，而世尊之曰「文學之士」。遊居厚養，牟食之民也，而世尊之曰「有能之士」。**方言：「牟，愛也。」又「牟」亦作「侔」。荀子榮辱「侔侔然唯利飲食之見」，注：「侔侔，愛欲之貌。」**語曲牟知，**語曲，指辯智之士的語言邪曲，卽「詭辯」意。牟知，指辯智之士愛好知詐。「知」，是詭使篇「勉知詐」，莊子胠篋「知詐漸毒」，荀子非十二子「知而險」之「知」，都是「巧詐」之「知」。**僞詐之民也，而世尊之曰「辯智之士」。行劍攻殺，暴憿之民也，**周禮司爟

注：「行猶用也。」說文：「僥，幸也。」古書多以「徼」字代之，卽徼倖或僥倖。**而世尊之曰「磏勇之士」。**王先愼曰：說文：「磏，厲石也。」凡棱利之義，卽此字之轉注，經傳以「廉」爲之。**活賊匿姦，當死之民也，**謂救活和藏匿姦賊的民，本來是應當死罪的。**而世尊之曰「任譽之士」。**商君書說民篇有「任譽，姦之鼠也」句，可見法家都反對「任譽」。墨經：「任，士損己而益所爲也。」又：「譽，名美也。」從墨經中求「任譽」之意，似是指任勞苦之士而取得好名譽。**此六民者，世之所譽也。赴險殉誠，死節之民，**王先愼曰：依上下文，民下當有也字。**而世少之曰「失計之民」也。**太田方曰：以身赴險而不避，以身蹈仁而不辭。史記索隱：「少者，不足之詞。」當時之人云：凡物莫若身之貴。今以至貴之身輕死於名，是所得不購所失，可謂失計算之人矣。**寡聞從令，全法之民也，而世少之曰「樸陋之民」也。**莊子評愼到曰：「棄知去己，至於若無知之物而已。」這是法家「寡聞從令」的一種表徵。呂覽本生注：「全猶順也。」**力作而食，生利之民也，而世少之曰「寡能之民」也。嘉厚純粹，整穀之民也，**王先謙曰：整，正；穀，善也。劉曰：「穀」當作「愨」，「愨」卽禮記雜記「忠信誠愨」之「愨」，亦誠敬也。**而世少之曰「愚戇之民」也。**說文：「戇，愚也。」字亦作「憨」。**重命畏事，尊上之民也，而世少之曰「怯懾之民」也。**禮記祭統注：「重猶尊也。」又緇衣：「命，謂政令也。」廣雅釋詁：「畏，敬也。」禮記樂記注：「懾，猶恐懼也。」**挫賊遏姦，明上之民也，**吳語注：「挫，毀折也。」爾雅釋詁：「遏，止也。」周語注：「明，顯也。」**而世少之曰「讇讒之民」也。**太田方曰：「讇」，古「諂」字。好言人之惡謂之讒。**此六者，世之所毀也。姦僞無益之民六而世譽之**

如彼，耕戰有益之民六而世毀之如此，此之謂六反。布衣循私利而譽之，漢書杜周傳集注：「循，因也，順也。」世主聽虛聲而禮之，禮之所在，利必加焉。百姓循私害而訾之，世主壅於俗而賤之，齊策注：「壅，蔽也。」廣雅釋詁：「壅，障也，隔也。」賤之所在，害必加焉。故名賞在乎私惡當罪之民，而毀害在乎公善宜賞之士，索國之富強，不可得也。

古者有諺曰：「爲政猶沐也，雖有棄髮必爲之。」小爾雅廣詁：「爲，治也。」上「爲」字指治國政，下「爲」字指治髮。愛棄髮之費而忘長髮之利，不知權者也。廣雅釋言：「費，耗也，損也。」「長」是「增長」「滋長」的「長」，是動詞。禮記月令注：「稱錘曰權。」這是名詞。考工記注：「權，謂稱分之也。」這是作動詞用。引伸爲「權變」「權宜」之「權」。

夫彈痤者痛，飲藥者苦，爲苦憊之故不彈痤飲藥，則身不活，病不已矣。太田方曰：治要：「方言：『彈，以砭鍼彈也。』」痤，癰也。「憊」當作「痛」。國有姦邪，猶身有癰疽也，不可不忍痛疾而彈治。君有諫爭之臣，猶病有良藥也，不可不受鯁諤而納至言。今上下之接無子父之澤，而欲以行義禁下，則交必有郄矣。說文：「接，交也。」說文：「澤，光潤也。」漢書揚雄傳注：「澤，雨露也。」引伸爲人的恩澤。「郄」借爲「隙」，指上下交接中的裂痕。」且父母之於子也，產男則相賀，產女則殺之。此俱出父母之懷衽，然男子受賀，女子殺之者，慮其後便，計之長利也。故父母之於子也，猶用計算之心以相待也，而況無父子之澤乎！今學者之說人主也，皆去求利之心，出相愛之道，王先謙曰：如孟子說世主不言利而以仁爲先。是求人主之過於父母之親也，此不熟於論恩詐而誣也，故明主不受也。聖人之治也，審於法禁，法禁明著則官法；必於賞罰，賞罰不阿則民用。官官治則國富，國富則兵強，而霸王之業成矣。「官法」「民用」的「法」「用」都是動詞，謂「官守法」，「民用命」。楚辭逢紛注：「阿，曲也。」又離騷：「所私爲阿。」「官官治」，上「官」字是名詞，下「官」字是副詞，荀子解蔽注：「官，謂各當其任，無差錯也。」霸王者，人主之大利也。人主挾大利以聽治，故其任官者當能，其賞罰無私。使士民明焉，盡力致死，則功伐可立而爵祿可致，爵祿致而富貴之業成矣。富貴者，人臣之大利也。人臣挾大利以從事，故其行危至死，其力盡而不望。史記外戚世家索隱：「望猶責望，謂恨之也。」此謂君不仁，臣不忠，則不可以霸王矣。外儲說右下作：「君通於不仁，臣通於不忠，則可以王矣」，此文「不可」之「不」字衍。解詳外儲說右下篇首。

夫姦，必知則備，必誅則止；不知則肆，不誅則行。蒲阪圓曰：備，謂自戒飭。太田方曰：知者，上得知也。肆，放恣也。夫陳輕貨於幽隱，雖曾、史可疑也；「陳」借爲「敶」。說文：「敶，列也。」曾，指曾參；史，指史鰌。懸百金於市，雖大盜不取也。不知則曾、史可疑於幽隱，必知則大盜不取懸金於市。故明主之治國也，衆其守而重其罪，王先愼曰：守者衆以防於未發，罪者重以杜其效尤。使民以法禁而不以廉止。母之愛子也倍父，父令之行於子者十母；吏之於民無愛，令之行於民也萬父母。父母積愛而令窮，吏用威嚴而民聽從，嚴愛之筴亦可決矣。史記張耳陳餘傳索隱：「筴，謀也。」這是說：嚴與愛兩種不同的計謀，由對比中可以決定其優劣了。　且父母之所以求於子也，動作則欲其安利也，行身則欲其遠罪也；君上之於民也，有難則用其死，安平則盡其力。親以厚愛關子於安利而不聽，書大傳注：「關猶入也。」入子於安利，即納子於安利之中。君以無愛利求民之死力而令行。明主知之，故不養恩愛之心，而增威嚴之勢。故母厚愛處□，顧曰：句有誤，當脫一字。子多敗，推愛也。父薄愛教笞，子多善，用嚴也。

今家人之治產也，相忍以飢寒，相強以勞苦，雖犯軍旅之難，饑饉之患，溫衣美食者必是家也。淮南主術注：「犯猶遭也。」相憐以衣食，相惠以佚樂，天饑歲荒，嫁妻賣子者必是家也。爾雅釋詁：「憐，愛也。」廣雅釋詁：「佚，樂也。」周禮司服注：「荒，饑饉也。」故法之爲道，前苦而長利；仁之爲道，偷樂而後窮。聖人權其輕重，出其大利，故用法之相忍，而棄仁人之相憐也。顧曰：「人字當衍，此『仁』與『法』相對。」學者之言，皆曰「輕刑」，此亂亡之術也。凡賞罰之必者，勸禁也。用準賞善，勸勉人去幹好事；用準罰惡，禁止人去幹壞事。賞厚則所欲之得也疾，罰重則所惡之禁也急。夫欲利者必惡害，害者，利之反也，反於所欲，焉得無惡。欲治者必惡亂，亂者，治之反也。是故欲治甚者其賞必厚矣，其惡亂甚者其罰必重矣。今取於輕刑者，其惡亂不甚也，其欲治又不甚也。此非特無術也，又乃無行。廣雅釋詁：「特，獨也。」大戴記盛德：「能行德法者爲有行。」是故決賢不肖愚知之美，顧曰：今本「知」作「智」，「美」作「分」。俞曰：「美」乃「筴」字之誤，上文「嚴愛之筴亦可決矣」，此云「決賢不肖愚知之筴」，其文義正相似，作「美」者形近而誤。今本改「美」爲「分」，未得其字。在賞罰之輕重。且夫重刑者，非爲罪人也，明主之法揆也。「重」「罪」「揆」三字都是動詞。說文、爾雅並曰：「揆，度也。」「之」與「以」古通用，古書例證很多。這是說：明主之所以加重刑罰的緣故，其目的並非要罪罰某一個人或某些人，主要的是明主要用法來維持社會紀律。治賊非治所揆也，治所揆也者，是治死人也。集解下「所」字上脫「治」字，據藏本、日本、解詁、評釋本校增。此二「揆」字似都是「治」字的錯字。「治所治」，指「治賊」。這是說：治賊非爲治賊而治賊，若爲治賊而治賊，只是治一個犯死罪的人罷了。主要的是借治賊來維持法治。刑盜非治所刑也，治所刑也者，是治胥靡也。莊子庚桑楚注：「胥靡，刑徒人也。」「治所刑」，指「刑盜」。這是說：刑盜非爲刑盜而刑盜，若爲刑盜而刑盜，只是治刑徒(刑胥靡)罷了。主要的是借刑盜來厲行法治。故曰：重一姦之罪而止境內之邪，此所以爲治也。重罰者盜賊也，而悼懼者良民也，太田方曰：所受重罰者盜賊也，悼痛恐懼者從化之良民也。欲治者奚疑於重刑！若夫厚賞者，非獨賞功也，又勸一國。太田方曰：非獨愛一人而賞其功也，將勸一國之人。受賞者甘利，未賞者慕業，是報一人之功而勸境內之衆也，欲治者何疑於厚賞！今不知治者皆曰：「重刑傷民，輕刑可以止姦，何必於重哉！」此不察於治者也。夫以重止者未必以輕止也，以輕止者必以重止矣。是以上設重刑者而姦盡止，王先愼曰：「者」字涉上下文而衍。姦盡止則此奚傷於民也！所謂重刑者，姦之所利者細，而上之所加焉者大也。所謂重刑的解釋是：君上對于姦人的加重刑罰，比起姦人盜竊所獲的利還多。民不以小利蒙大罪，故姦必止者也。「蒙」「冒」雙聲，「蒙」借爲「冒」。漢書鼂錯傳注：「蒙，冒犯也。」據下文「故姦不止」，此句「者」字似衍。所謂輕刑者，姦之所利者大，上之所加焉者小也。王先愼曰：依上文「上」上當有「而」字。民慕其利而傲其罪，故姦不止也。王先愼曰：傲其罪，謂輕易其刑。啓雄按：爾雅注：「傲，慢也。」故先聖有諺曰：「不躓於山，而躓於垤。」長笛賦注：「躓，顚仆也。」說文：「垤，螘封也。」淮南人間引堯戒曰：「戰戰慄慄，日愼一日，人莫躓於山，而躓於垤。」山者大，故人順之；顧曰：「順」讀爲「愼」。垤微小，故人易之也。今輕刑罰，民必易之。犯而不誅，是驅國而棄之也；「易」借爲「敡」，說文：「敡，侮也。」卽輕視之意。驅國而棄之，謂驅策國人犯法而棄絕之。犯而誅之，是爲民設陷也。太田方曰：陷，坑也，所以墜入取獸者。是故輕罪者，民之垤也。是以輕罪之爲民道也，王先愼曰：「民」字不當有，此言輕罪之道，非欲亂國，卽爲民設陷也。「民」字涉上下文而衍。非亂國也，則設民陷也，此則可謂傷民矣。

今學者皆道書筴之頌語，「筴」借爲「册」。「頌」借爲「誦」，「誦語」猶言「背誦教條」。不察當世之實事，曰：「上不愛民，賦斂常重，則用不足而下恐上，盧曰：「恐」疑是「怨」。王先愼曰：盧說是，下不足於用則怨上，故下云「此以爲足其財用以加愛」，「愛」與「怨」文正相對。啓雄按：用不足，謂民用不足。故天下大亂。」此以爲足其財用以加愛焉，雖輕刑罰可以治也。韓非先引述學者們所搬弄的教條，次依照他們的心理加以申釋，下文才提出反駁。此言不然矣。凡人之取重賞罰，固已足之之後也。王渭曰：「賞」當作「刑」。雖財用足而厚愛之，然而輕刑猶之亂也。王先愼曰：言上雖足民於財用而厚愛之，若不重罰，民猶趨亂，下云「則雖足民，何可以爲治」是也。夫富家之愛子，財貨足用，財貨足用則輕用，輕用則侈泰；親愛之則不忍，不忍則驕恣。廣雅釋言：「忍，耐也。」荀子儒效「志忍私然後能公，行忍性情然後能修」，注：「忍，謂矯其性也。」在此謂矯其驕恣的根性。侈泰則家貧，驕恣則行暴，此雖財用足而愛厚，輕利之患也。陶曰：「利」乃「刑」字之誤，上文云：「雖財用足而復厚愛之，然而輕刑，猶是亂也。」凡人之生也，財用足則隳於用力，上治懦則肆於爲非。「隳」正字作「隓」作「墮」。方言：「隓，壞也。」左定十二傳注：「墮，毁也。」毁壞於力，即怠惰於用力。說文：「懦，駑弱者也。」「肆」借爲「恣」。財用足而力作者神農也，上治懦而行修者曾、史也，夫民之不及神農、曾、史亦已明矣。考工記注：「已，大也，甚也。」

老聃有言曰：「知足不辱，知止不殆。」老子四十四章文。說文：「殆，危也。」夫以殆辱之故而不求於足之外者，老聃也，今以爲足民而可以治，是以民爲皆如老聃也。故桀貴在天子而不足於尊，王先愼曰：此與下相對，「子」下疑脫「之位」二字。富有四海之內而不足於寶。君人者雖足民不能足使爲天子，而桀未必以天子爲足也，則雖足民，何可以爲治也！故明主之治國也，適其時事以致財物，論其稅賦以均貧富，厚其爵祿以盡賢能，重其刑罰以禁姦邪，使民以力得富，以事致貴，以過受罪，此功致賞而不念慈惠之賜，此帝王之政也。

人皆寐則盲者不知，皆嘿則暗者不知；王先愼曰：盲暗混於寐嘿之中，人莫能辨。啓雄按：「嘿」正字作「默」，「暗」本字作「瘖」。不知，謂不被人知。覺而使之視，問而使之對，則暗盲者窮矣。不聽其言也則無術者不知，不任其身也則不肖者不知；聽其言而求其當，任其身而責其功，則無術不肖者窮矣。夫欲得力士而聽其自言，雖庸人與烏獲不可別也；授之以鼎俎，則罷健效矣。烏獲，古之力士，見孟子、荀子、戰國策。荀子非相「君子賢而能容罷」，注：「罷弱不任事者。」方言：「效，明也。」故官職者，能士之鼎俎也，任之以事而愚智分矣，故無術者得於不用，不肖者得於不任。太田方曰：得，謂上得知其實也。啓雄按：兩「於」字均猶「則」也。乾道本韓子八說：「法明則內無變亂之患，計得於外無死虜之禍。」可見本書「於」「則」是互文。言不用而自文以爲辯，身不任而自飾以爲高，世主眩其辯，濫其高而尊貴之，是不須視而定明也，不待對而定辯也，暗盲者不得矣。廣雅釋言：「眩，惑也。」呂覽權勳注：「濫，貪也。」「須」借爲「頦」，說文：「頦，待也。」明主聽其言必責其用，觀其行必求其功，然則虛舊之學不談，矜誣之行不飾矣。太田方曰：舊，仍舊復古之學。鹽鐵論：「文學桎梏於舊術。」啓雄按：禮記表記注：「矜，自尊大也。」又曾子問：「誣，妄也。」

第四十七篇　八說

為故人行私謂之不棄，王先愼曰：謂不遺故舊。啓雄按：五蠹「自環者謂之私」，說文引作「自營為厶」。這是說：為老朋友做自營的私事，謂之不遺棄老朋友。以公財分施謂之仁人，輕祿重身謂之君子，枉法曲親謂之有行，說文：「枉，邪曲也。」荀子一再以「曲私」與「公」對舉，韓子此「曲」字似即「曲私」之「曲」。曲親，謂局限于營求或曲全私親的福利。大戴記盛德：「能行德法者為有行。」大戴是從正面解釋，韓非是從反面說。棄官寵交謂之有俠，太田方曰：虞卿不重萬戶侯卿相印，與魏齊閒行去趙之類。啓雄按：楚語注：「寵，尊也。」「有」「游」古今音均近，「有」或本作「游」。離世遁上謂之高傲，左僖二十四傳：「晉侯賞從亡者，介之推不言祿，……遂隱而死。」晉侯求之不獲。」是其一例。交爭逆令謂之剛材，王先愼曰：剛材者在下而與上爭，故不行其令。行惠取衆謂之得民。若齊孟嘗、趙平原、楚春申、魏信陵養食客之類。不棄者，吏有姦也；仁人者，公財損也；兩「仁人」之「仁」字都是動詞。春秋繁露仁義法「愛在人謂之仁」，孟子「仁民而愛物」，文法與此「仁人」同。君子者，民難使也；有行者，法制毀也；有俠者，官職曠也；書皋謨「無曠庶官」，傳：「曠，空也。」高傲者，民不事也；說文：「事，職也。」荀子性惡注：「事，任也。」即「無所事事」的「事」字。剛材者，令不行也；得民者，君上孤也。此八者，匹夫之私譽，人主之大敗也。反此八者，匹夫之私毀，人主之公利也。人主不察社稷之利害，而用匹夫之私譽，索國之無危亂，不可得矣。

任人以事，存亡治亂之機也，機，指樞機，即門樞，引伸爲機弩、機關。周語注：「樞機，發動也。」是名詞作動名詞用。無術以任人，無所任而不敗。人君之所任，非辯智則修潔也。謂非辯智之士即修潔之士。孤憤：「其修士且以精絜固身，其智士且以治辯進業。」任人者，使有勢也。王先愼曰：任人則必使其人有勢可憑藉。智士者未必信也，爲多其智，因惑其信也，以智士之計，處乘勢之資而爲其私急，則君必欺焉。太田方曰：爲多其智計，故使人以誕爲信也。啓雄按：賈子道術：「期果言當謂之信。」史記留侯世家集解：「資，藉也。」呂覽首時注：「急，謂成功也。」君必欺，謂君必被智士欺。爲智者之不可信也，上文「爲多」，此文「爲智」，下文「爲潔」，三「爲」字都讀去聲。「爲」猶「因」也。故任修士者，使斷事也。修士者未必智，爲潔其身，因惑其智，以愚人之所惽，王先謙曰：「所」字當衍。處治事之官而爲其所然，則事必亂矣。故無術以用人，任智則君欺，任修則君事亂，王先謙曰：此「君」字緣上下文而誤衍。此無術之患也。明君之道，賤德義貴，下必坐上，決誠以參，聽無門戶，顧曰：「德義」當作「得議」，形近之誤。七術云「夫不使賤議貴，下必坐上」，又云「觀聽不參則誠不聞，聽有門戶則主壅塞」，即此文之證。「下必坐上」者，商君之告坐也。故智者不得詐欺。計功而行賞，程能而授事，察端而觀失，廣雅釋詁：「程，量也。」說文：「端，直也。」廣雅釋詁：「端，正也。」末句謂察其人之正直，而又觀其人之過失。有過者罪，有能者得，故愚者不任事。王先愼曰：「不」下當有「得」字，與上「故智者不得詐欺」文一律。啓雄按：說文：「得，行有所得也。」智者不敢欺，愚者不得斷，則事無失矣。

察士然後能知之，不可以爲令，夫民不盡察。王先愼曰：令卽法也。啓雄按：察士，指明察之士。知之，謂知事理。夫民，謂彼民。這是說：必待明察之士才能知道的事理，不可據之以立法令，因爲民衆不是每個人都明察。賢者然後能行之，不可以爲法，夫民不盡賢。楊朱、墨翟，天下之所察也，千世亂而卒不決，雖察而不可以爲官職之令。爾雅釋詁：「卒，終也。」周禮典同注：「爲，作也。」這是說：楊、墨是天下明察之士，却對于千世亂的問題到底不能解決，可見雖明察而不可以製作官職的法令。鮑焦、華角，天下之所賢也，鮑焦木枯，華角赴河，莊子盜跖：「鮑焦飾行非世，抱木而死。」華角赴河，未詳。荀子不苟：「負石而赴河，是行之難爲者也，而申徒狄能之。」蓋申徒狄、屈平、華角都是赴河自沈者。雖賢不可以爲耕戰之士。故人主之所察，智士盡其辯焉；人主之所尊，能士盡其行焉。禮記禮器注：「察猶分辨也。」賈子道術：「論物明辯謂之辯。」此二句謂人主如要分辨某種事物，智士們就迎合人主的意指而極盡其辯察；人主如要尊崇某種行爲，智士們就迎合人主的喜好而極盡其行動。今世主察無用之辯，尊遠功之行，索國之富強，不可得也。博習辯智如孔、墨，孔、墨不耕耨，則國何得焉？修孝寡欲如曾、史，曾、史不戰攻，則國何利焉？匹夫有私便，人主有公利：私便，謂私利。秦策注：「便，利也。」此變文儷句之例。不作而養足，不仕而名顯，此私便也；息文學而明法度，塞私便而一功勞，此公利也。「一」借爲「壹」。說文：「壹，專壹也。」錯法以道民也，王先愼曰：錯，施行也。啓雄按：禮記仲尼燕居注：「錯，施行也。」而又貴文學，則民之所師法也疑；王先謙曰：「所」字衍。啓雄按：「師」字是動詞。太玄窮注：「師，循也。」莊子秋水釋文：「師，順也。」言循順國法之導引。賞功以勸民也，而又尊行修，則民之產利也惰。夫貴文學以疑法，「疑」借爲「擬」。重視文學，拿它比擬法律。尊行修以貳功，索國之富強，不可得也。貳功，謂把「修德」和「立功」對舉而並重。

搢笏干戚，不適有方鐵銛，顧曰：「適」讀爲「敵」。孫曰：「有方」當爲「酋矛」，「酋」「有」音近，「矛」「方」形近，因而致誤。啓雄按：廣雅釋詁：「搢，插也。」「搢」字在這裏借作「鐏」，指尖銳可插地的銅鐏。小爾雅廣器：「干，盾也。」說文：「戚，戉也。」「戚」今字作「鏚」。戉，是大斧。登降周旋，不逮日中奏百；太田方曰：登降周旋，指古禮也。禮記樂記：「升降上下，周還裼襲，禮之文也。」「奏」「走」通，詩大雅：「予曰有奔奏。」日中走百者，試選武士之科目也。荀子議兵：「日中而趨百里，中試則復其戶，利其田宅。」史記蒙恬傳「北走琅邪」，索隱：「走音奏。」言古昔登降周旋，以禮取士之法，不及乎當今日中走百里以選試武夫之時。狸首射侯，不當強弩趨發；太田方曰：狸首、射侯，古之射禮也。啓雄按：狸首即貍首，禮射義：「諸侯以貍首爲節。」可見是諸侯的射禮。射侯，是射布上所畫的「鵠的」，今語叫作「箭靶」。強弩趨發，指戰陣上勁強的弓弩急速地射發。公羊莊十三傳注：「當猶敵也。」干城距衝，不若堙穴伏橐。爾雅釋言：「干，扞也。」干城，謂捍衞之城。「距」借爲「拒」。詩皇矣傳：「衝，衝車。」距衝，即拒敵的衝車。公羊宣十五傳注：「堙，距堙。」左襄六傳注：「堙，土山也。」堙穴，蓋在土山上鑿穴防守。墨子備城門：「令突人伏附突一旁以二橐守之。」據此，「鼜」當作「橐」。古人亟於德，中世逐於智，當今爭於力。五蠹：「上古競于道德，中世逐于智謀，當今爭于氣力。」古者寡事而備簡，樸陋而不盡，太田方曰：荀子榮辱「百工以巧盡械器」，注：「盡，謂精於事。」故有珧銚而推車者。秦策注：「銚，芸苗器也。」「珧」字未詳，似是動詞。推車，謂未用牛馬引車而用人力推車而進。古者人寡而相親，物多而輕利易讓，故有揖讓而傳天下者。然則行揖讓，高慈惠而道仁厚，皆推政也。「道」字是動詞。禮記射義注：「道猶行也。」「推」，似是六反「毋厚愛處子多敗，推愛也」，及孟子梁惠王「推恩足以保四海」之「推」。此文「推政」，或是「推恩愛之政」的省文。這是用「備簡」「不盡」的「推車」來比喻「慈惠」「仁厚」的「推政」。處多事之時，用寡事之器，非智者之備也；當大爭之世，而循揖讓之軌，非聖人之治也。「寡事之器」，「揖讓之軌」，都是暗指上下文的「推政」。故智者不乘推車，聖人不行推政也。法所以制事，事所以名功也。法立而有難，權其難而事成則立之；事成而有害，權其害而功多則爲之。「名」字是動詞。釋名釋言語：「名，明也。」謂政事是用來表明事功的。四「而」字都讀爲「如」，釋詞：「而猶如也。」二「難」字都是「艱難」之「難」。二「權」字都是「權衡」之「權」。這是從全面着眼的權衡法。無難之法，無害之功，天下無有也。王先愼曰：天下無不難之法，無不害之功，但權事之成否，功之多寡耳。是以拔千丈之都，敗十萬之衆，死傷者軍之乘，王先愼曰：「乘」當作「垂」，形近之誤。高曰：王說是也。古者謂三分之一爲垂，淮南原道「文王砥德脩政，三年而天下二垂歸之」，注：「文王三分天下有其二。」是其證。**甲兵折挫，士卒死傷，而賀戰勝得地者，出其小害，計其大利也。夫沐者有棄髮，除者傷血肉。**王先愼曰：見六反篇。廣雅釋詁：「除，瘉也。」欲病瘉者攻以藥石，藥石所達，血肉必傷。**爲人見其難，因釋其業，是無術之事也。**蒲阪圓曰：「爲」猶「若」也。于曰：「事」「士」古字通，金文「卿事」即「卿士」。**先聖有言曰：「規有摩而水有波，我欲更之，無奈之何。」此通權之言也。**詩沔水序箋：「規者，正圓之器也。」方言：「摩，滅也。」文子：「水雖平，必有波。」通權，謂通達權衡的理。這說明世事總是美中不足的，老是有缺點或有內在矛盾的，然而智者「權其難而事成則立之，權其害而功多則爲之。」這是樸素的辯證法觀。能明此理，不使「小害」破壞「大利」，便是「通權」。**是以說有必立而曠於實者，言有辭拙而急於用者，**廣雅：「曠，久也，遠也。」這是說：理論有必定能成立的，然而實際功效遙遙無期。也有難以說理論的，然而能立刻實用。**故聖人不求無害之言，而務無易之事。**無害之言，許釋本作「無實之言」，「實」字比「害」字好講一些。無實之言，似指「道仁厚」之言。無易之事，謂無可變易的事實，指衡石般的法律。**人之不事衡石者，非貞廉而遠利也，石不能爲人多少，衡不能爲人輕重，求索不能得，故人不事也。**詩卷耳疏引鄭志：「事，謂事事，一一用意之事。」「石」借爲「䄷」，說文：「䄷，百二十斤也。」這是說：人們之所以不加意于衡石的原因，並非人們都貞廉，從而遠拒利益，因爲衡石都是客觀的物準，對人們不能作不公平的偏私，不能隨意作多少重輕的增減。人們明知對衡石求索無所獲，自然不在這裏用工夫。管子：「權衡者，所以起輕重之數也，然而人不事者，其心非惡利也；權不能爲之多少其數，而衡不能爲之輕重其量也，人知事權衡之無益，故不事也。」可與此文互發。

明主之國，官不敢枉法，吏不敢爲私，貨賂不行，是境內之事盡如衡石也。此其臣有姦者必知，知者必誅。是以有道之主，不求淸潔之吏，而務必知之術也。

慈母之於弱子也，愛不可爲前，儀禮特牲禮注：「前猶導也。」禮記中庸注：「前亦先也。」「前」字是動詞。謂母的慈愛不能導引子女的身心發展。然而弱子有僻行使之隨師，有惡病使之事醫。不隨師則陷於刑，不事醫則疑於死。「然而」二字承「慈愛」而轉之詞，卽「如是而」。詩板釋文：「僻，邪也。」老子注：「事，用也。」「疑」借爲「擬」，漢書揚雄傳注：「擬，比象也。」慈母雖愛，無益於振刑救死，則存子者非愛也。說文：「振，舉救也。」易繫辭疏：「存，謂保其終也。」子母之性，愛也；臣主之權，筴也。子母，指兒子的母親；臣主，指羣臣的君主。權，指權衡事情的是非得失，卽考慮之意。筴，計謀或計策也，卽計畫國家大事，如富強法禁之類。母不能以愛存家，君安能以愛持國？明主者通於富強，則可以得欲矣。故謹於聽治，富強之法也。明其法禁，察其謀計；法明則內無變亂之患，計得則外無死虜之禍。故存國者，非仁義也。仁者，慈惠而輕財者也；暴者，心毅而易誅者也。王先愼曰：心毅則憎心見於下，易誅則妄殺加於人，卽暴之實迹。此意謂仁人之亡人國，無異於暴者之亡人國也。啓雄按：說文：「毅，妄怒也。」慈惠則不忍，輕財則好與；心毅則憎心見於下，易誅則妄殺加於人。不忍則罰多宥赦，好與則賞多無功；

憎心見則下怨其上。妄誅則民將背叛。故仁人在位，下肆而輕犯禁法，偷幸而望於上；禮記表記注：「肆，放恣也。」說文：「媮，巧黠也。」東京賦注：「媮，猶僥倖也。」「幸」同「倖」。史記外戚世家索隱：「望猶責望，謂恨之也。」暴人在位，則法令妄而臣主乖，民怨而亂心生。說文：「妄，亂也。」廣雅釋詁：「乖，背也。」臣主乖，謂臣與主彼此乖背不和。故曰：仁暴者，皆亡國者也。不能具美食而勸餓人飯，不爲能活餓者也；不能辟草生粟而勸貸施賞賜，不爲能富民者也。說文：「勸，勉也。」「飯」「貸」「施」「賞」「賜」都是動名詞。今學者之言也，不務本作而好末事，「本作」在這裏指謹聽治，明法禁，察謀計，辟草生粟。「末事」指仁愛，慈惠，貸施，賞賜。知道虛聖以說民，顧曰：今本無「知」字，「聖」作「惠」。劉曰：「道虛惠以說民」，即上文「不能具美食而勸餓人飯」也，故謂之「勸飯之說」。「道」上有「知」字，「惠」作「聖」，文義既不可通，又與上下文不合矣。啓雄按：劉說是。廣雅釋詁：「道，說也。」「虛惠」，即禮記表記「口惠而實不至」的「口惠」。「說」借爲「悅」。此勸飯之說。勸飯之說，明主不受也。

書約而弟子辯，法省而民訟簡，(?)釋詞七：「而猶則也。」「簡」字未詳。訟簡，似謂由于法簡省而民爭訟。是以聖人之書必著論，明主之法必詳事。小爾雅廣詁：「著，明也。」這是說：聖人的書如果太隱約，那末，弟子就揣測他的意思，彼此辯爭。明主之法如果太簡省，那末，人民在法外就爭訟起來。所以聖人的書必定要著明其論指，明主的法必定要詳明其事物。盡思慮，揣得失，智者之所難也；無思無慮，挈前言而責後功，愚者之所易也。說文：「挈，縣持也。」說文：「責，求也。」前言，指智者「盡思慮，揣得失」以後之言。新序節士：「不知而出之，愚也。」愚者，非愚蠢的人，指依照着智者的理論而求後功的民衆。明主慮愚者之所易，以責智者之所難，故智慮不用而國治也。「智慮」下乾道本有「力勞」二字，是，當據補。「以」字是連接詞，釋詞一：「以猶及也，猶而也。」這是說：明主能兼采愚者的「挈前言而責後功」，和智者的「盡思慮，揣得失」，所以明主的智慮和勞力都用不着，國也可以太平。

酸甘鹹淡，不以口斷而決於宰尹，則廚人輕君而重於宰尹矣。大戴記保傅注：「宰，膳夫。」廣雅釋詁：「尹，官也。」上下清濁，不以耳斷而決於樂正，則瞽工輕君而重於樂正矣。太田方曰：上下，聲之浮沈。禮玉藻：「御瞽幾聲之上下。」樂正，瞽工長。治國是非，不以術斷而決於寵人，則臣下輕君而重於寵人矣。三句「重於」的「於」字，張本下兩句無，此三「於」字似衍。寵人，指君的左右重人或邪臣等。人主不親觀聽，而制斷在下，託食於國者也。禮記祭義注：「親謂身親。」又文王世子：「親猶自也。」親觀聽，謂親自來觀臣民之行，聽臣民之言。制斷在下，謂制御裁斷之權旁落於臣下。託食於國，謂君寄食於國。說文：「託，寄也。」使人不衣不食而不飢不寒又不惡死，則無事上之意。假使人不用衣食而不致飢寒而又不怕死的話，那末人就無意事上了。也就是說：人所以事上，爲的是需要衣食。意欲不宰於君，則不可使也。周禮注：「宰，主也。」這是說：君之意欲若不由君自己作主，這樣，就使得君不可能使令臣下了。今生殺之柄在大臣而主令得行者，未嘗有也。虎豹必不用其爪牙而與鼷鼠同威；萬金之家必不用其富厚而與監門同資。有土之君，說人不能利，惡人不能害，索人欲畏重己，不可得也。釋詞七：「而猶則也。」「說」借爲「悅」。「利」「害」都是動詞，謂利人罰人。

人臣肆意陳欲曰俠，人主肆意陳欲曰亂；人臣輕上曰驕，人主輕下曰暴。孫曰：「驕」當作「撟」，謂撟君也。荀子臣道：「有能比知同力，率羣臣百吏而相與彊君撟君，君雖不安，不能不聽，遂以解國之大患，除國之大害，成於尊君安國，謂之輔。」即此所謂「人臣輕上曰撟」。此「俠」與「撟」皆美名，「亂」與「暴」皆惡名，故云：「下以受譽，上以得非。」若作「驕」，則不得爲譽矣。「撟」字又作「矯」，忠孝「烈士……矯於君」，義亦同。啓雄按：這是韓子站在君主一邊所發出的憤激之詞。行理同實，下以受譽，上以得非。說文：「同，合會也。」「非」借爲「誹」，說文：「誹，謗也。」這是說：君上和臣下同樣地依理行動，又同樣符合於客觀實際，可是臣下就受人稱譽，而君上就得了誹謗。人臣大得，人主大亡。明主之國，有貴臣，無重臣。貴臣者，爵尊而官大也；太田方曰：「大」下當有「者」字。重臣者，言聽而力多者也。明主之國，遷官襲級，官爵受功，太田方曰：「受」一作「授」，是。王先愼曰：此言凡遷官襲級，必因其功而官爵之。官爵受功，與八經「爵祿循功」語意正同。故有貴臣；言不度行而有僞必誅，度，指量度，即考慮。這是說：貴臣很容易成爲重臣，君主防止的方法是：凡是有發言而不考慮到怎樣去實行（使言行一致），而且還有點詐僞的貴臣，君主必誅罰。這樣，貴臣就不會變重臣了。故無重臣也。重臣，即重人。

孤憤：「重人也者，無令而擅爲，虧法以利私，耗國以便家，力能得其君，此所爲（謂）重人也。」這是「重人」的定義。

第四十八篇　八經

左宣十二傳注：「經，法也。」八經，指君主治理國政之八法：（一）因情，（二）主道，（三）起亂，（四）立道，（五）周密，（六）參言，（七）任法，（八）類柄。

因情

凡治天下，必因人情。人情者有好惡，故賞罰可用，賞罰可用則禁令可立，而治道具矣。禁令可立，是說：依照人們好惡的心理，君主就用罰的方法來建立所禁止的國法，又用賞的方法來建立所勉勵的君令。君執柄以處勢，故令行禁止。柄者，殺生之制也；勢者，勝衆之資也。「制」字指主權。「勢」字解詳難勢篇首。史記集解：「資，藉也。」指政權的憑借，即今語「政治資本」的意思。廢置無度則權瀆，「瀆」借爲「殰」，說文：「殰，胎敗也。」禮記樂記注：「內敗曰殰。」今語「瀆職」似本此。這是說：君主如果無原則地亂廢除和設置法令，那末，權柄就將敗壞了。賞罰下共則威分。賞罰的權應該由君主一人掌握；如果君主跟羣臣共同掌握，君主的威勢就分散了。是以明主不懷愛而聽，不留說而計。「說」借爲「悅」。人主所以賞罰與下共者，是由于對臣下有所懷愛和有所留說。故聽言不參則權分乎姦，智力不用則君窮乎臣。聽言不參，謂聽人言而不濊多方面的徵驗。餘詳下文。二「乎」字均借爲「于」。秦策注：「窮，困也。」楚詞天問注：「窮，窘也。」故明主之行制也

天，其用人也鬼。行制，指行使主權。天，指君主行制以多方面的事物爲治理對象，所以象天對萬事萬物那樣。用人，指君主用術來馭羣臣。鬼，即揚權「主上不神，下將有因」的「神」字，指神祕難測的君術。**天則不非，**舊注：天，不可測也。既高不測，誰能非之。**鬼則不困。**舊注：鬼，如鬼之陰密。既陰密，誰能困之。**勢行教嚴，逆而不違，**君主的權勢既行使，守法奉令的教育又嚴厲，雖然有些逆人情之處，但不違反道理。**毀譽一行而不議。**完全依據羣衆的譽來賞賢人，和據羣衆的毀來罰暴人，而不私議。**故賞賢罰暴，舉善之至者也；賞暴罰賢，舉惡之至者也：是謂賞同罰異。**賞同，賞同于道者，即賢者。罰異，罰異于道者，即暴者。**賞莫如厚，使民利之；譽莫如美，使民榮之；誅莫如重，使民畏之；毀莫如惡，使民恥之。然後一行其法，禁誅於私家，不害。**顧曰：「禁誅」連文，姦劫弒臣「以禁誅於己也」可證。王先愼曰：不害即無害。啓雄按：利之，謂利賴之，即貪求之。**功罪賞罰必知之，知之，道盡矣。**王先愼曰：知功罪賞罰則治天下之道得矣。

主道

力不敵衆，智不盡物，太田方曰：一人之力不能勝衆，一人之智不能盡知萬物。**與其用一人，不如用一國。**太田方曰：人君用一人之智力，不如用一國之智力也。**故智力敵而羣物勝，**如果拿君主一個人的智和力跟衆人和羣物作敵對，那末，君主一人的智力比不上羣衆羣物的智力，所以羣物勝。**揣中則私勞，不中則有過**集解「有」作「在」，今據日本、纂聞、解詁等本改。這句指出：君主不依據羣衆的意見和事物的道理來辦事，卻專憑主觀的揣測來行政的弊病。淮南原道注：「中，適也。」漢書刑法志注：「中，當也。」孟子盡心注：「私，獨也。」**下君盡己之能，中君盡人之力，上君盡人之智。**蒲阪圓曰：下君矜而自用；中君賞罰立，羣臣不怠；上君任賢責成，人各自勵。**是以事至而結智，一聽而公會。**據「事至而結智」句，結智，是指事來時要結集多數人的智慧。又據下文「結智者事發而驗」句，結智又指總結「事發而驗」的經驗。「一」借爲「壹」。左昭十傳注：「壹，同也。」禮記玉藻注：「壹猶聚也。」一聽，謂同聽衆議而聚集之。**聽不一則後悖於前，後悖於前則愚智不分；**說文：「誖，亂也。」漢書律曆志注：「誖，乖也。」這是說：若不結集衆智而定計，就會後計乖亂前計，而計之智或愚亦不能分辨。**不公會則猶豫而不斷，不斷則事留。自取一聽，則毋墮壑之累，**王先愼曰：此言君能自取一聽，卽不爲臣下所動，自毋墮入臣下谿壑之憂。啓雄按：「自取」二字當在「則毋」二字之下。**故使之諷，諷定而怒。**日本、纂聞、解詁等本作「而不怒」，是。廣雅釋詁：「諷，諫也。」此借爲「風」，卽「下以風刺上，主文而譎諫」之「風」。「定」借爲「正」。風正而不怒，謂臣民風諫的話若正確，明主就接受而不怒責。**是以言陳之日必有筴籍，結智者事發而驗，結能者功見而謀，**古詩「歡樂難具陳」，注：「陳猶說也。」「筴」同「莢」，借爲「册」。册籍，指記錄陳述諫言的文件。「謀」「侔」雙聲，此「謀」字借爲「侔」。說文：「侔，齊等也。」謂能與功齊等契合。**成敗有徵，賞罰隨之。事成則君收其功，規敗則臣任其罪。君人者合符猶不親，而況於力乎。**符有銅鑄的虎符、魚符等，也有剖竹爲二片的符。合符是把銅製或竹製符的兩部分合起來，借此證實事情或舉動的眞實。**事智猶不親，而況於懸乎**「事」字是動詞。老子

注：「事，用也。」「懸」字未詳。說文「縣，繫也。」或謂心有所懸念。故非用人也不取同，同則君怒；太田方曰，「非」當作「其」。同，比周也。不取比周相譽者，有比周相譽者，作色而斥之。使人相用則君神。君神則下盡，太田方曰：神，言不測也。使人人各相用其智而君制於後，則不測如神。下盡，臣下盡智力。下盡下則臣上不因君而主道畢矣。王先愼曰：「則」上衍「下」字。太田方曰：君神明不測，則羣臣之言上通，故姦臣上不能因君之情而爲私邪，而主道畢矣。「因」者，下文所謂「臣有二因」。揚權云：「主上不神，下將有因。」

起亂

知臣主之異利者王，蒲阪圓曰：主利在公，臣利在私。以爲同者刼，與共事者殺。蒲阪圓曰：賞罰下共則威分，故招簒弒之禍。故明主審公私之分，審利害之地，姦乃無所乘。釋名釋地：「地，底也。」鶡冠子天權：「理之所居謂之地。」文選典引注：「乘，因也。」亂之所生六也：主母，后姬，子姓，弟兄，大臣，顯賢。主母，如戰國之趙威后，後世如漢呂后、唐武后、淸西太后。子姓，據下文「庶適不爭」，是指庶孼之子。任吏責臣，主母不放。王先愼曰：此謂以法任吏，以勢責臣，則主母有所畏憚不敢放肆。禮施異等，后姬不疑。「疑」借爲「儗」，說文：「儗，僭也。」這是說：正后與后姬所施用的禮不同等，后姬就不能越等來上僭（或比儗）正后。史記袁盎傳：「上幸上林，皇后、愼夫人從，……同席坐，……袁盎引卻愼夫人坐，……曰：『臣聞尊卑有序則上下和。今陛下旣已立后，愼夫人乃妾，妾主豈可與同坐哉。』」是后姬不疑之例。分勢不貳，庶適不爭。楚語注：「分，位也。」禮記禮運

注：「勢，勢位也。」左昭十三傳注：「貳，不壹也。」文隱元注：「貳，兩屬也。」「適」借爲「嫡」。這是說：世子的地位確定了，就沒有嫡子和庶子爭王位的危險。權籍不失，兄弟不侵。淮南氾論「武王崩，成王幼，周公繼文王業，履天子之籍」，注：「籍或作阼。」外傳作「履天子之位」。「籍」借爲「阼」，與「位」同義。權籍，謂君權位。下不一門，大臣不擁。「一」當爲「壹」。左昭十傳注：「壹，同也。」禮記玉藻注：「壹猶聚也。」一門，謂會聚而苟同私門。禁賞必行，顯賢不亂。太田方曰：禁嚴賞重以督其實，則虛名不能亂眞。臣有二因，謂外內也。據下文「外國……則外不藉矣」句，可知「外」是指外國。又據「請者……則內不因矣」句，可知「內」是指近習請者。外曰畏，內曰愛。所畏之求得，所愛之言聽，此亂臣之所因也。外國之置諸吏者，結誅親暱重帑，則外不籍矣；王先愼曰：「籍」讀爲「藉」，下同。啓雄按：釋名釋喪制：「罪及餘人曰誅，誅，株也，如株木根枝葉盡落也。」這是說：明主對付外國佈置在朝的內宄的方法是：罰左右親暱的人們株連及用貨幣行賄的，這樣，外國不能憑藉或利用內宄了。爵祿循功，請者俱罪，則內不因矣。廣雅釋詁：「請，求也，乞也。」請者，指干求利祿的請託者。外不籍，內不因，則姦宄塞矣。王先愼曰：淮南、晉語注並云：「塞，閉也。」外不藉，內不因，則姦宄之途閉。官襲節而進，以至大任，智也。說文：「節，竹約也。」離騷注：「節，度也。」漢書外戚傳注：「襲，重累也。」此言官員憑功績，重疊累級，加官進爵，以至於大任用，這都是用智使然。其位至而任大者，以三節持之：王先謙曰：「襲節」，猶上言「襲級」，「節」「級」義同。以節持之，亦謂以上下之等治之。曰質，曰鎭，曰固。親戚妻子，質也；爵祿厚而必，鎭也；參

伍貴帑，固也。王先愼曰：「貴帑」當作「責怒」。下立道云「行參以謀多，揆伍以責失；行參必折，揆伍必怒」，卽其義。賢者止於質，貪饕化於鎭，姦邪窮於固。忍不制則下上，顧曰：今本「下上」作「下失」。啓雄按：日本，纂聞、解詁等本亦作「下失」，作「下失」是。太田方曰：「失」「佚」通。可制而不制，羣臣橫佚。小不除則大誅，王先謙曰：卽「毫末不拔，將尋斧柯」意。而名實當則徑之。纂聞、解詁等本無「而」字，是。以下二句言除陰姦，是承前句「小除」「大誅」而言。荀子修身注：「徑，捷速也。」生害事，死傷名，則行飲食；物茂卿曰：姦人有不殺則妨事，殺之則妨名者，則行酖毒而竊殺之，諱而云「飲食」也。周禮疏：「行，用也。」不然，而與其讎。三蒼：「讎，對也。」楚詞惜誦注：「大怨曰讎。」不然，指不徑誅之和行飲食酖毒之。這是說：君主若不小除大誅，那就要和陰姦們仇敵相對了。此謂除陰姦也。翳曰詭，詭曰易。方言：「翳，掩也。」廣雅釋詁：「翳，障也。」卽「蒙蔽」意。論語八佾皇疏：「曰，謂也。」荀子正論注：「詭，詐也。」晉語注：「易，變也。」這是說：所謂蒙蔽，說的是詭詐呵。而所謂詭詐，說的是變易無常呵。見功而賞，見罪而罰，而詭乃止；廣雅釋詁：「見，示也。」漢書韓信傳注：「見，顯露也。」釋詞：「而猶則也。」這是說：臣如果表現功，君主就賞他，如果表現罪就罰他，這樣，詭詐才止息。是非不泄，說諫不通，而易乃不用。漢書夏侯勝傳注：「通，謂陳道之也。」這是說：主之所謂「是非」不外泄，羣臣的「說諫」不通告臣民，這樣，權變的奸臣才不能用「逢迎」來變易無常。父兄賢良播出曰遊禍，其患鄰敵多資。太田方曰：「播」，「播越」之「播」，苗賁皇、伍子胥、申公巫臣去楚，卒禍於國之類。僇辱之人近習曰狎賊，其患發忿疑辱之心生。

太田方曰：「齊懿公刖邴歜之父而使歜僕，納閻職之妻而使職驂乘，後二人謀弒懿公，即是類。」**藏怒持罪而不發曰增亂，其患儌幸妄舉之人起。**太田方曰：「持」，「持滿」之「持」。**大臣兩重提衡而不跨曰卷禍，其患家隆劫殺之難作。**淮南兵略注：「卷，屈取也。」**脫易不自神曰彈威，其患賊夫酖毒之亂起。**王先謙曰：「彈」疑「殫」誤。脫易不自神，則威竭盡於外。**此五患者，人主之不知，則有劫殺之事。**釋詞：「之猶若也。」「人主之不知」，猶言「人主若不知此五患」。**廢置之事生於內則治，生於外則亂。**蒲阪圓曰：此至章末覆說上文外因之義也。臣之用舍一出於我，則臣盡公忠而國治；聽大國之請求而用舍，則臣務外交而國亂。**是以明主以功論之內，而以利資之外，故其國治而敵亂。**王先謙曰：論功於朝廷，取利於敵國。**卽亂之道：臣憎則起外若眩，臣愛則起內若藥。**王先謙曰：卽，就也。不當憎而憎則亂臣起外，若楚伍員之類；不當愛而愛則亂臣起內，若吳宰嚭之類。眩不自持，形骸之疾；飲藥致斃，心腹之疾。

立道

參伍之道：行參以謀多，揆伍以責失；王先謙曰：「多」猶「勝」也，「賢」也，故行參以謀之。啓雄按：「多」字有「重」「厚」「勝」「賢」各意，此文「多」與「失」對舉，那末，「多」字有「對的」或「正確的」之意。責，求也。責失，即找出錯誤。**行參必折，**王先謙曰：三人從二，不用者必折抑之。**揆伍必怒。不折則瀆上，不怒則相和；**王先謙曰：羣下和同，非上之利，故必責以怒之。**折之微足以知多寡，**「微」借爲「散」，說文：「散，眇也。」謂折抑羣於散渺之極，足可以知得失的多寡。**怒之前不及其衆。**高曰：「前」「剪」正俗字。此謂怒而剪裁之，刑罰僅及其人，不及其衆也。說文：「歬，不行而進謂之歬。」即「前後」本字。又：「𠝣，齊斷也。」隸變作「前」，即「剪裁」本字。古書通以「前」爲「歬」，以「𠝣」爲「前」，俗又造「剪」以當「前」，於是「歬」字廢而「前」之本義亦廢，獨此猶用「前」之本義，甚可貴也。啓雄按：謂怒責的決斷裁度不是一般性的。**觀聽之勢，其徵在比周而賞異也，誅毋謁而罪同。**高曰：此當作「其徵在罰比周而賞異，誅女謁而罪同」。「罰」字轉寫脫去；「女」「毋」篆形近而譌。知脫「罰」字者，「罰」與「賞」對。「誅毋謁而罪同」句，今本「毋」作「罰」，即上句「罰」字竄入下句，而下句又脫「女」字也。知「毋」當作「女」者，詭使篇「女謁並行」是其例證。**言會衆端，必揆之以地，謀之以天，驗之以物，參之以人。四徵者符，乃可以觀矣。**蒲阪圓曰：四徵：地利、天時、物理、人情。用此四者，計度比例以取考證，然後是非善惡可斷也。啓雄按：禮記中庸疏：「端，頭緒也。」言會衆端，謂發言而能總會各方面事理的頭緒。說文：「揆，度也。」「參」字解詳孤憤篇中。**參言以知其誠，易視以改其澤，**王先愼曰：「改」當作「攷」，形近而誤。「澤」讀爲「擇」，謂擇守也。參聽人言以審察其誠否，易地而觀以攷驗其擇守。禮記射義：「擇者所以擇士也。」「澤」有「擇」義。其字又相通，曲禮注「澤或作擇」，是其證。**執見以得非常，**太田方曰：執見在之物以察陰情。非常，謂難察之事也。**一用以務近習，**君主分別專用近習之臣，就用這種方法來勉勵各人的志趣。「一」借爲「壹」，專也。**重言以懼遠使，**王先謙曰：重其禁令則遠使知懼。**舉往以悉其前，即邇以知其內，疏置以知其外。**君主歷舉臣的往事，借此以知臣從前的經歷。君主接近臣，從就近的觀察中知道臣的內心；君主疏遠地安置臣，從外官的政事上來知道臣的表現。**握明以問所闇，**君主掌握着已知的事來問臣祕密的事。**詭使以絕黷泄，倒言以嘗所疑，**內儲說上：「詭使數見，久待而不任，姦則鹿散；使人問他則不鬻私。倒言反事以嘗所疑，則姦情得。」說文：「黷，握持垢也。」漢書谷永傳注：「黷，汙也。」孟子離婁注：「泄，狎也。」小爾雅廣言：「嘗，試也。」**論反以得陰姦，**俞曰：「論反」當作「反論」。**設諫以綱獨爲，**王渭曰：「諫」讀爲「間」。太田方曰：獨爲，言專任也。揚權「上不與義之，使獨爲之」是也。啓雄按：諫指「間諜」般的偵察官。「綱」借爲「抗」。謂設伺察之官來對抗專擅獨爲的人們。**舉錯以觀姦動，**這個「錯」是「差錯」的「錯」。這是說：舉出錯誤的事來觀測臣的姦邪動作。**明說以誘避過，**明白地說出國家的政策，爲的是要誘導避匿罪過的人們來坦白。**卑適以觀直諂，宣聞以通未見，**宣布不坦白的人們的祕密，爲的是要揭發出他們未肯暴露的陰情。**作鬬以散朋黨，**王先謙曰：即上文「不怒則相和」意。啓雄按：這是說：作一些鬬爭，爲的是要消散朋黨的小集團。**深一以警衆心，**太田方曰：深知一物，衆姦皆懼，周主令索曲杖之類。**泄異以易其慮。**泄露出不同的意見來變易臣的思慮。**似類則合其參，**對于臣的言行，不論是好的或壞的，從表面看，只是類似，未能證實，那末，君主就要拿證驗來結合着考驗一下。**陳過則明其固，**指陳臣的過失，就應該闡明臣的錮蔽在那裏。論語學而孔注：「固，蔽也。」**知辟罪以止威，**這句是就君主方面說的。小爾雅廣言：「辟，除也。」「止」，是禮記大學「在止於至善」的「止」，注：「止猶自處也。」這是說：君主知闢除罪過的方法，藉此來自處於威信的境地。**陰使時循以省衷，**「衷」字集解作「衰」，據明迂評、日本、纂閘等本改。「循」借爲「巡」。陰使時循，謂祕密地隨時巡查，是在客觀事物方面作調查工作。省衷，是據客觀事實來省察自己的內心。**漸更以離通比，**太田方曰：漸更，言改革如自然也。通比，謂朋黨比周也。**下約以侵其上，**說文：「侵，漸進也。」這是說：君上用約束下屬的行動作爲君上求漸進的手段。下文「此之謂條達之道」，是從正面申釋這句；「通事泄則術不行」，是從反面申釋這句。「相室……宮媛」七句是這句的舉例。**相室約其廷臣，廷臣約其官屬，兵士約其軍吏，**太田方曰：兵士，卽甲士。車一乘甲士三人。步卒中有軍吏。**遣使約其行介，縣令約其辟吏，郎中約其左右，后姬約其宮媛。此之謂條達之道，言通事泄則術不行。**通事是廷臣、官屬、軍吏、行介、辟吏、左右、宮媛的總稱。「泄」字是上文「黷泄」的「泄」，狎也。通事泄，謂輕狎下屬而不約束。

參言（類柄）

本節的內容和「參言」無關聯，疑是下節的節目錯亂到這裏。第七節前有「聽法」二字，節後有「類柄」二字。七節的內容和「聽法」合，和「類柄」似不合。「類」，是禮記學記「知類通達」的「類」，注：「知事義之比也。」「柄」，是禮記禮運「禮者，君之大柄也」的「柄」，注：「柄所操以治事。」本節言「以一得十者下道也，以十得一者上道也，明主兼行上下，故姦無所失」，是拿法作爲治事的把柄，「以類度類」地周知國內的姦情。因此，「類柄」二字疑是本節的節目，錯亂到第七節的末尾。

明主其務在周密，是以喜見則德償，「見」即「現」字，漢書韓信傳注：「見，顯露也。」廣雅釋言：「償，復也。」德，指恩德。法家不注重恩德，惟「喜現」時才恢復恩德的心情。怒見則威分。故明主之言隔塞而不通，周密而不見。故以一得十者下道也，以十得一者上道也。高曰：以一得十者，論理學所謂演繹推理也。以十得一者，論理學所謂歸納推理也。人君論事觀人用演繹法，或得一而失九，故曰「下道」；用歸納法則衆情畢見，故曰「上道」。或曰：以一得十者，恃一人之智察，欲得十人之姦也。以十得一者，用十人之相窺以得一人之姦也。明主兼行上下，故姦無所失。伍官連縣而鄰，謁過賞，失過誅。高曰：此言伍官之相糾司也。謁過賞者，伍官有過而謁告之則賞也。失過誅者，伍官有過而失察焉則誅也。制分：「告過者免罪受賞，失姦者必誅連刑。」「告過」與「謁過」同意。「失姦」與「失過」同意。上之於下，下之於上亦然。是故上下貴賤相畏以法，相誨以和。「和」，似是「和諧」之「和」，謂在嚴密法紀中以和諧相安，互相教誨。民之性有生之實，有生之名；論衡初稟：「性，生而然者也。」爲君者有賢知之名，有賞罰之實。名實俱至，故福善必聞矣。

參言

依照韓子書例，各節的節目都放在節文的後面，惟有本節和第六節「聽法」，由于錯亂的緣故，誤放在二節的前面。

聽不參則無以責下，史記禮書索隱：「參，驗也。」說文：「責，求也。」這是說：君聽言若不憑多方面的徵驗以爲信據，這樣，當實求他的臣下時就無所依據了。**言不督乎用則邪說當上。**說文：「督，察也。」晉語注：「當，值也。」呂覽大樂注：「當，合也。」此言君對于臣下的言說若不督察其實用與否，這樣，邪說就來迎合君心。**言之爲物也以多信：**王先謙曰：言以多而易信，即「三人成市虎」義。**不然之物，十人云疑，百人然乎，千人不可解也。**如果根據人多說的話就認爲是眞實的話，那末，對于一件不眞實的事物，本來有十個人認爲可疑，但有一百個人認爲也許是眞實，這樣，就使得千人迷惑不了解。**吶者言之疑，辯者言之信。**「吶」同「㕯」，今字作「訥」。說文：「㕯，言之訥也。」此言：言難者口才不好，他說理被人懷疑；巧辯者說事分明，他說理招人信任。**姦之食上也，**「食」借爲「蝕」，說文：「蝕，敗創也。」今字作「蝕」，史記天官書集解：「虧毀爲蝕。」**取資乎衆，籍信乎辯，而以類飾其私。**王先愼曰：「籍」讀爲「藉」，藉，助也。啓雄按：此文「衆」「信」二字是承上「以多信」而說的。這是說：姦臣敗壞君上的手段，取資助于衆多之言，憑藉巧辯以爲證信，而以類似的事物來粉飾他的營私詭計。**人主不饜忿而待合參，其勢資下也。**「饜」，正字作「猒」，說文：「猒，飽也。」周語注：「猒，足也。」廣雅釋詁：「忿，怒也。」足怒，是說君主看穿了姦臣的詭計而盛怒。待合參，謂君主對姦臣所藉助的衆言和巧辯，必等待跟事實符合，而且有了徵驗，才能信以爲眞；要不然，君主的權勢就成了資助臣下的工具了。**有道之主，聽言督其用，課其功，功課而賞罰生焉。**說文：「課，試也。」**故無用之辯不留朝，任事者知不足以治職則放官收。**「朝」，是「朝廷」之「朝」，因明主「聽言督其用」，所以無用之辯不能留於朝廷。「知」，是「才智」之「知」，是名詞。廣雅釋詁：「放，去也。」「收」當爲「守」，音近而諯。謂任事的官員，如果他的才智不足以治理本職的事務，就要放棄他的官職。說大而誇則窮端，字林：「誇，大言也。」史記太史公自序：「實中其聲者謂之端。」這是說：君主對姦臣之巧辯誇大者，就窮究其言之實，卽上文「聽參」「合參」。故姦得而怒。廣雅釋詁：「怒，責也。」這是說：誇大的巧辯和事實不符合，故姦言被君主發現，從而怒責之。無故而不當爲誣，誣而罪臣。王先愼曰：「誣而罪臣」之「而」猶「則」也。謂非爲他事所阻而功不當其言、爲誣，誣則罪其臣。言必有報，廣雅釋言：「報，復也。」「復」是論語學而「信近於義，言可復也」之「復」，皇疏：「復猶驗也。」又禮記喪服小記注：「報猶合也。」這是說：言必有徵驗，要與事實符合。說必責用也，故朋黨之言不上聞。責用，責求實用。因此，姦臣的朋黨的巧言不敢上達於君上。凡聽之道，人臣忠論以聞姦，博論以內一；荀子王制「聽之繩也」，注：「聽，聽政。」淮南主術「臣情得上聞」，注：「聞猶達也。」「內」是「納」的本字。博論以納一，謂博論種種事理，而歸結爲一要旨以獻納於君上。人主不智，則姦得資。禮記禮運疏：「智謂謀計曉達前事。」此句謂人主聽政的正當方法要如前句所述，但如果人主不知道這道理，這樣，姦臣就得憑借所謂「忠論」「博論」來讒害賢良而營私利。明主之道，己喜則求其所納，己怒則察其所搆，論於已變之後以得毀譽公私之徵。王先謙曰：聞辯言而喜，必求其所納之虛實；聞訐言而怒，必察其所搆之是非。又於已變之後考論之，則毀譽公私皆得其徵驗矣。衆諫以效智，使君自取一以避罪。荀子臣道：「大臣進言于君謂之諫。」上文「博論以納一」是眞的進諫，此文「衆諫」和下文「兩諫」是持兩端之議以逢迎君心而求避罪，與「博論」在表面上似同而實大異。例如：韓安國對漢武帝問曰：

「魏其言……魏其言是也。丞相亦言……丞相言亦是。唯明主裁之。」是首鼠兩端的衆諫效智。故衆之諫也，敗君之取也。「衆」「敗」二字都是動詞，「取」字是動名詞。這是說：把諫說衆多化了，就是敗壞了君主取納的便利了。無副言於上以設將然，今符言於後以知謾誠語。盧曰：「今」疑作「令」。啓雄按：「無」借爲「毋」。「副言於上」與「符言於後」相對。漢書禮樂志注：「副，稱也。」副稱之言與符合之言在表面上相似而實大異。「上」，是荀子非相「千世之上」的「上」，指在時間之前。這是說：不要假設將然之事來預先說，卻令事後的事實與所說的符合，這樣，就可以知欺謾語和誠實語的區別。明主之道，臣不得兩諫，必任其一，語不得擅行，必合其參，故姦無道進矣。兩諫、指模棱兩可的滑頭話。擅行即擅言，爾雅：「行、言也」。合參、指驗實。

聽法

官之重也，毋法也；漢書汲黯傳注：「重，威重。」在此指權力威勢之重。「毋」借爲「無」，說文：「無，亡也。」這是說：官之所以重大其權威的原因，是由于目中無作爲行動準則的法紀。法之息也，上闇也。上闇無度則官擅爲，官擅爲故奉重無前，廣雅：「奉，祿也。」今字作「俸」。奉重無前，是說：官員擅徵斂人民財物，所以他們的俸祿空前厚重。奉重無前則徵多，徵多故富。史記貨殖傳索隱：「徵，求也。」指徵稅和徵調人力物力等等。官之富重也，亂功之所生也。小爾雅廣詁：「功，事也。」此言官之所以富厚威重，就是一切亂事所由生之原因。明主之道，取於任，賢於官，賞於功。明主取某人，是由于他能勝任某事；賢善某人，是由于他能專司某官，賞某人，是由于他能勞動立功。 言程，主喜，俱必利；不當，主怒，俱必害： 詩小旻傳：「程，法也。」這是說：羣臣所言合於法度，明主便喜悅，羣臣必俱獲利。 所言若不合法度，明主便忿怒，羣臣必均受害。 則人不私父兄而進其仇讎。 勢足以行法，奉足以給事，而私無所生，故民勞苦而輕官。〔一〕 王先謙曰：民皆力耕，故勞苦；不爲官擾，故輕官。 啓雄按：末句未詳，王說也不妥，姑存以備參考。 任事者毋重，此言任事的官勿擅作威重。 使其寵必在爵；處官者毋私，使其利必在祿；故民尊爵而重祿。 爵祿所以賞也，民重所以賞也則國治。 「爵」和「祿」是明主所用來賞臣民的，若民重視「所以賞」這件事物，那末，國就太平。 刑之煩也，名之繆也。 考工記注：「煩，亂也。」下文「罰者有譽焉」，即申言「刑之亂」。 周書謚法：「名與實爽曰繆。」此「繆」字借爲「謬」。 下文「賞者有誹焉」，即申言「名之謬」。 賞譽不當則民疑， 民之重名與其重賞也均。 禮記中庸注：「名，令聞也。」重名即重譽。 史記酷吏傳索隱：「均，等也。」晉語注：「均，同也。」 賞者有誹焉不足以勸，罰者有譽焉不足以禁。 明主之道，賞必出乎公利，名必在乎爲上。 出乎公利，謂表現于公利方面。 在乎爲上，在于爲君上。 名，謂稱譽。 賞譽同軌，非誅俱行。 王先愼曰：「非」「誹」字同。 然則民無榮於賞之內。 王渭曰：句有誤脫。 有重罰者必有惡名，故民畏。 罰所以禁也，民畏所以禁則國治矣。

主威

行義示則主威分，慈仁聽則法制毀。 「行」「義」和「慈」「仁」對，都是名詞，是就君主方面說的。 謂主的

「行」「義」若不幽隱，反而明顯地表示出來，那末，主的威勢就分散了，即「主道利周」之意。民以制畏上，而上以勢卑下，說文：「畏，惡也。」謂民以君上行法制，不聽慈仁，所以憎惡君上。同時君主又過分謙遜地卑下了自己的威勢來遷就臣下。故下肆很觸而榮於輕君之俗，則主威分。左昭卅二傳注：「肆，展放。」說文：「俗，習也。」謂臣下放肆地違犯和牴觸法制，而以輕視君上之習俗為榮。民以法難犯上，而上以法撓慈仁，說文：「撓，擾也。」這是說：在民方面，以畏法苦難，故違犯上；在君方面，又以法煩擾，故聽慈仁。故下明愛施而務賕紋之政，孫曰：「紋」當作「納」，篆文「納」作「納」，「紋」作「紋」，二形相近而誤。納謂納貨財子女也。啓雄按：說文：「賕，以財物枉法相謝也。」這是說：臣下明顯地愛施（指枉法施慈仁）而務趨賕謝納賄的腐敗政治。是以法令隳。尊私行以貳主威，「隳」是俗字，正字作「隓」。方言：「隓，壞也。」左哀十二傳注：「墮，毀也。」「私行」，即前句「愛施」，下文「行義」。左昭十三傳注：「貳，不壹也。」謂使君主的威力分散不專壹。行賕紋以疑法。「疑」借為「㲹」，說文：「㲹，未定也。」秦策注：「疑猶惑也。」聽之則亂治，不聽則謗主，謂君主若聽任臣下「私行」「行賕」而不禁，就搞亂法治；若不聽任而加以干涉，臣下們就毀謗君主。故君輕乎位而法亂乎官，此之謂無常之國。明主之道，臣不得以行義成榮，不得以家利為功，功名所生，必出於官法，這個「行」字是動詞。家，是指卿大夫的采地。家利，謂利於家未必利於國。末句謂「功」「名」是由官法中生出來的，不是從「家利」「行義」中生出的。法之所外，雖有難行，不以顯焉，荀子不苟：「君子行不貴苟難，……君子不貴者，非禮義之中也。」這是儒家的說法，韓非此文，是法家說法。

難行，指「禮」、「法」之外難能的行爲。故民無以私名。設法度以齊民，信賞罰以盡能，明誹譽以勸沮；名號、賞罰、法令三隅，這「隅」字是詩抑「維德之隅」的「隅」，傳：「隅，廉也。」箋以「嚴正」申釋「廉」字。韓子此文謂名號、賞罰、法令三方面都嚴正不苟。故大臣有行則尊君，百姓有功則利上，此之謂有道之國也。

第四十九篇　五蠹

說文：「蠹，木中蟲也，」即蛀蟲。五蠹：(一)學者(指戰國末的儒家)，(二)帶劍者(指帶劍的俠客)，(三)言談者(指從衡家)，(四)患御者(似指姦臣私門內的黨人)，(五)商和工。本篇前半，用社會的起源和社會組織古今變遷實際情況來論證法治是合于新時代要求的；也就是拿歷史發展的觀點來論證他的政論是正確的。後半，批評儒家、俠士、縱橫家、患御者和工商五種人無益于耕戰，斥他們是蛀蟲。　篇中揭露君主在措施上和認識上的矛盾。

上古之世，人民少而禽獸衆，人民不勝禽獸蟲蛇；有聖人作，搆木爲巢以避羣害，而民悅之，使王天下，號之曰有巢氏。　「搆」同「構」，說文：「構，蓋也。」玉篇：「構，架也。」「說」借爲「悅」　悅之，指歡迎那個敎人構木爲巢的聖人。　民食果蓏蜯蛤，腥臊惡臭而傷害腹胃，民多疾病；　蓏，音裸，瓜屬。說文：「在木曰果，在地曰蓏。」「蜯」同「蚌」。　蛤，即蛤蜊。淮南道應注：「蛤梨，海蚌也。」「腥」借爲「胜」，說文：「胜，犬膏臭。」說文：「臊，豕膏臭。」　有聖人作，鑽燧取火　燧是鑽木取火的木。鑽燧取火，是原始時代取火的辦法。　以化腥臊，　這是致民熟食，熟食，腥臊的味自然消失。　而民說之，使王天下，號之曰燧人氏。　中古之世，天下大水，而鯀、禹決瀆。　說文：「瀆，溝也。」爾雅：「江、淮、河、濟爲四瀆。」決瀆，似謂疏導四瀆，　近古之世，桀紂暴亂，而湯武征伐。今有搆木鑽燧於夏后氏之世者，必爲鯀禹笑矣；有決瀆於殷周之世者，必爲湯武笑矣。然則今有美堯、舜、湯、武、禹之道於當今之世者，必爲新聖笑矣。韓非認爲社會的發展，因時代的變革，是有不同的階段的。新聖，指新興時代的新聖人。是以聖人不期脩古，「聖人」和「新聖」都是指有王位的聖人。禮記注：「期，要也。」不期修古，謂不要求修行先王的古道。不法常可，荀子注：「法，效也。」後漢書注：「可猶宜也。」常可，指常人認爲永久適宜的東西（古道）。日本版「可」作「行」。「常可」或「常行」都是指舊制度。史記商君傳：「聖人苟可以強國，不法其故；苟可以利民，不循其禮。」與此略同。論世之事，因爲之備。心度：「治民無常，唯法爲治，法與時轉則治，治與世宜則有功。……時移而治不易者亂。」這是說：聖人能用歷史發展觀點，按照歷史上的客觀情況，在每一個發展階段中因時制宜地變革政治的制度來適應新時代的要求。宋人有耕者，田中有株，兔走觸株，折頸而死，因釋其耒而守株，冀復得兔，兔不可復得，而身爲宋國笑。說文：「株，木根也。」即鋸斷樹木所餘留的樹頭。「釋」借爲「捨」。這比喻反進化的歷史觀者，或經驗主義者，固執歷史進程中某一階段的（或偶然的）優良政象，就主觀地肯定它是永恆不變的、絕對的好政治，從而希望它重演。今欲以先王之政治當世之民，皆守株之類也。現在如果有人想拿先王的政治來治理當世的人民，這樣的想法，都是和「看守樹樁」同類的愚蠢思想。

古者丈夫不耕，草木之實足食也；婦人不織，禽獸之皮足衣也。不事力而養足，爾雅釋詁：「事，勤也。」老子注：「事，用也。」人民少而財有餘，故民不爭。是以厚賞不行，禮記月令注：「行猶賜也。」重罰不用，而民自治。在生活不成問題的原始社會裏，根本用不着厚賞和重罰，人民就自然安定無事。今人有五子不爲多，子又有五子，大父未死而有二十五孫。是以人民衆而貨財寡，事力勞而供養薄，故民爭；雖倍賞累罰而不免於亂。這「丈夫」是指一般男人，廣雅釋器：「男子謂之丈夫。」大父，指祖父。韓子以爲人口的增加很快，而生活所需用的貨財少（即生活資料少），因此，用力勞而供養薄，故人民爭奪起來，可見人多物少是「亂」的根源。清儒洪亮吉在意言治平篇持論多與韓子同。英人馬爾薩斯的人口論竟說：「物資是按算術級數增加，人口是按幾何級數增加，人口和物資脫節是自然的規律。」

堯之王天下也，茅茨不翦，采椽不斲；茅茨，是用茅草蓋覆成的房頂。不翦，指並未把不齊的茅尾剪齊。采，是木名，卽櫟木。椽，是簷上承屋瓦的木。斲，指彫飾。這二句寫堯住宅的質樸。糲粢之食，藜藿之羹；「糲」同「糲」，是粗米。粢，是稷。藜，是像蓬的草，葉嫩可吃。藿，是豆角，豆葉也能吃。羹，是菜湯。這二句寫堯飲食的簡單。冬日麑裘，夏日葛衣；麑，是小鹿。葛，是麻布。這二句寫堯衣服的簡陋。雖監門之服養，不虧於此矣。監門，是看守里門的人（見國策注）。服，指衣服；養，指食物。「虧」，卽虧損，今語「減少」。這是說：堯的生活極簡單，即使監門的人的生活水平，也不會比堯更低了。禹之王天下也，身執耒臿以爲民先，身，指禹本人。耒，是農具。臿，音插，即是鍬。先，指領導。這是說：禹親身拿着耒臿率領人民幹活。股無胈，脛不生毛，雖臣虜之勞，不苦於此矣。胈，是腿上的小毛。禮少儀：「臣，謂囚俘。」虜，指俘虜。古代用俘虜充當奴隸，所以「臣虜」就是指一般奴隸。這是說：禹是很勞苦的，雖然是奴隸，其勞動強度也不會超過他或苦過他。以是言之，夫古之讓天子者，是去監門之養而離臣虜之勞也，故傳天下而不足多也。「故」字集解作「古」，今從張榜本、趙本。說文：「多，重也。」今之縣令，一日身死，子孫累世絜駕，故人重之。「絜」字亦作「挈」，廣雅釋詁：「挈，束也。」「挈駕」，猶言「約車」、「繫馬」。這是說：縣令死後，他的子孫世世代代都有馬車坐。是以人之於讓也，輕辭古之天子，難去今之縣令者，薄厚之實異也。古人對于天子王位能够輕易地辭去，今人對于縣令官位難捨棄，這是由于實際利益有厚薄不同的緣故。夫山居而谷汲者，膢臘而相遺以水，膢，是楚國人在二月祭飲食神的節日；臘，是冬十月（周朝十月，即夏曆十二月）祭百神的節日。遺，是贈送。澤居苦水者，買庸而決竇。澤，是低窪地。「庸」同「傭」。買傭，即僱傭工。「竇」借爲「瀆」，即水道。這是說：住低窪地的人苦惱水多，就僱傭工去挖溝排水。故饑歲之春，幼弟不饟；「饟」同「餉」，廣雅：「餉，食也。」這是說：在荒年的春天，雖然自己的小弟弟也不讓食物給他吃。穰歲之秋，疏客必食：史記天官書正義：「穰，豐熟也。」非疏骨肉，愛過客也，多少之實異也。集解「實」作「心」，今從乾道本作「實」。因爲「社會存在決定人們的意識」，實是客觀實際，是第一性，心是人的心理，是第二性。作「實」是。這是說：並非對自己的骨肉疏遠，而對過客有所偏愛，乃是由于物資或多或少的實際情況不同，所以在行動上也不同。是以古之易財，非仁也，財多也；此「易」字是「輕易」之「易」，借爲「敡」。左襄四傳注：「易猶輕也。」今之爭奪，非鄙也，財寡也。今人對財物爭奪，並非由于今人的人品卑鄙，而是由于財物缺乏。輕辭天子，非高也，勢薄也；古人很輕易地辭去天子之位，並非由于古人的人品高尚，而是由于天子的權勢薄弱。重爭士橐，非下也，權重也。王先愼曰：「土」當作「士」，「士」與「仕」同。「橐」與「託」通，淮南脩務說林「項託」，漢書董仲舒傳孟康注作「項橐」。「士橐」，即「仕託」。外儲說左上「晉國之辭仕託者國之錘」，彼云「辭仕託」，此云「爭仕託」。俞曰：仕，謂仕者；託，謂託者。左襄廿七傳「衞子鮮出奔晉，託於木門，終身不仕。」然則古人自有「仕」與「託」之兩途，凡託於諸侯者，君必有以養之，觀孟子（萬章）可見。啓雄按：謂今人重視或競爭仕進之路，又託身于諸侯，並非由于今人的人品卑下，而是由于統治者的權勢太重。故聖人議多少，論薄厚爲之政。故罰薄不爲慈，誅嚴不爲戾，稱俗而行也。故事因於世，而備適於事。多少，指物之多少。薄厚，指勢之薄厚。這是說：新聖行政，首先研究和商議社會上財物之多少，考慮和談論權勢之輕重，然後根據具體的客觀情況制定政令。所以，在古代刑輕罰薄，是由于財多，無人爭奪；不是統治者仁慈；今世刑重罰嚴，是由于財少，爭奪人多，不是統治者暴戾。這完全是適應社會上的習俗而行的。所以事情的發生是依照着時代的情形而發生的，而統治的設備（即政治）是適合于當時所發生的事情而設備的。（或說：事，是動名詞；指「從事」，即行政。事因于世，謂行政措施依照社會情況而措施。）

古者文王處豐、鎬之間，豐，邑名，在陝西鄠縣東五里。「鎬」亦作「鄗」，音「號」，地名，在陝西長安縣西南。古公亶父避戎狄侵略，遷都岐山下周原，後文王又徙都豐邑。地方百里，行仁義而懷西戎，遂王天下。地方百里，謂國境面積縱橫共百里平方里。周禮小宰注：「懷，亦安也。」懷西戎，即安撫西戎，從而感化之，使之歸附。徐偃王處漢東，地方五百里，行仁義，割地而朝者三十有六國，荆文王恐其害己也，舉兵伐徐，遂滅之。徐偃王的時代待考，一說是周穆王時人。但楚文王是周莊王時人，與魯莊公齊桓公同時。一說如近眞，則二人的生存年代前後遠隔三百多年。故楚文的「文」字疑是衍文。這段歷史是這樣：徐偃王聯合九夷伐周，打到黃河邊，周穆王率楚師伐徐。竹書紀年：「穆王十四年，王帥楚子伐徐戎，克之。」跟韓子此文有點關聯。故文王行仁義而王天下，偃王行仁義而喪其國，是仁義用於古而不用於今也。故曰：世異則事異。時代不同，客觀的情況也跟着不同。也是說：在古代行仁義就王天下，在近代行仁義就亡國。當舜之時，有苗不服，「有」字是語助詞。尙書中的「有夏」「有殷」「有周」「有王」與此語法同。禹將伐之，舜曰：「不可，上德不厚而行武，非道也。」方言：「上，重也。」後世多叚借「尙」字以代之。帝舜反對禹伐苗的建議，說：「不要伐，由于我崇尙德化不够好才施行武力，這不是正當的辦法。」乃修教三年，執干戚舞，有苗乃服。「干」借爲「戰」，說文：「戰，盾也。」說文：「戚，戉也。」「戉，大斧也。」淮南氾論「舜執干戚而服有苗」，注：「舜之時，有苗叛，舜執干戚而舞于兩階之間，有苗服從之，以德化懷來也。」共工之戰，鐵銛短者及乎敵，共工，相傳是堯時的水官；據尙書則共工是四凶之一。此處疑泛指古帝王與共工交戰事。說文：「銛，鍤屬。」鐵銛，疑即今鏢槍類似東西。**鎧甲不堅者傷乎體，是干戚用於古不用於今也。故曰：事異則備變。**客觀情況不同，所設施的治道也跟着轉變。也是說：古代用干戚武舞，感化人，近代用鐵銛殺傷人。**上古競於道德，中世逐於智謀，當今爭於氣力。**在上古以道德之高下作修德的競賽，在中古以智謀之多寡來較量勝負，在今世以氣力之強弱來較量勝負。**齊將攻魯，魯使子貢說之，齊人曰：「子言非不辯也，吾所欲者土地也，非斯言所謂也。」**辯，指說理分明，說事信實。非斯言所謂，即不是你所說的那一套。也是說：我的目的跟你不同。**遂舉兵伐魯，去門十里以為界。故偃王仁義而徐亡，子貢辯智而魯削。以是言之，夫仁義辯智，非所以持國也。去偃王之仁，息子貢之智，循徐魯之力，使敵萬乘，則齊荊之欲不得行於二國矣。**由此說來，仁義辯智並不是保衛國土的東西。假使去掉偃王的仁，熄滅了子貢的智，依照着徐魯現有的國力，使用它來抵抗萬乘的敵軍，那末齊楚的貪欲都不能橫行于徐魯二國了。

夫古今異俗，新故異備，如欲以寬緩之政治急世之民，猶無轡策而御駻馬，此不知之患也。古今的社會習俗是兩樣的，新舊的政治措施也是兩樣的，如果想用寬大緩和的政策來統治那些困難時世的人民，這就等于沒有馬韁和馬鞭而駕馭烈性的馬一樣，這是不明智的毛病。**今儒、墨皆稱「先王兼愛天下」，則視民如父母。**今世的儒家和墨者都稱道：「先王普徧地愛天下的人民。」果然這樣，那末先王看待人民就象父母看待兒女那樣了。何以明其然也？曰：「司寇行刑，君爲之不舉樂；聞死刑之報，君爲流涕。」此所舉先王也。兩引語都是韓非稱述儒、墨語。漢書胡建傳：「斷獄爲報。」「君爲流涕」，據前句當作「君爲之流涕」。此所舉先王，謂此儒、墨所稱擧「先王兼愛天下」的事例。夫以君臣爲如父子則必治，推是言之，是無亂父子也。人之情性莫先於父母，父母皆見愛而未必治也，君雖厚愛，奚遽不亂！廣雅釋詁：「見，示也。」今字作「現」。小爾雅廣言：「奚，何也。」晉語注：「遽，疾也。」即今語「驟然」。「以君臣爲如父子則必治」，是一個「假言命題」。「推是言之，是無亂父子也」，謂要是根據這個「命題」而推論之，那就得出「無亂父子」的結論了。人們的情性，本來沒有能超越父母愛兒子那樣的愛，可是，父母們對兒子都慈愛了，却是他們的家庭未必和睦。現在用這個論據推論到「君雖厚愛民衆」，民衆何嘗不亂呢！今先王之愛民，不過父母之愛子，子未必不亂也，則民奚遽治哉！且夫以法行刑，而君爲之流涕，此以效仁，非以爲治也。方言：「效，明也。」夫垂泣不欲刑者，仁也；然而不可不刑者，法也。先王勝其法不聽其泣，則仁之不可以爲治亦明矣。這句的「先王」似是「聖王」的錯誤，跟儒墨所說的「先王」不同。這是說：落淚哭泣而不願意刑殺犯人，是仁慈的徵象，然而不能不刑殺是國法的尊嚴。聖王把國法放在首要而不聽從那仁慈性的哭泣，那末仁慈不能用于行政也夠明顯了。且民者固服於勢，寡能懷於義。仲尼，天下聖人也，修行明道以遊海內，海內說其仁，美其義而爲服役者七十人，蓋貴仁者寡，能義者難也。故以天下之大，而爲服役者七十人，而仁義者一人。「仁義者一人」句無動詞，謂貴仁能義者僅仲尼一人。魯哀公，下主也，南面君國，境內之民莫敢不臣。民者固服於勢，勢誠易以服人，故仲尼反爲臣而哀公顧爲君。仲尼非懷其義，服其勢也。秦策注：「顧，反也。」「其義」「其勢」二「其」字均指哀公。故以義則仲尼不服於哀公，乘勢則哀公臣仲尼。今學者之說人主也：不乘必勝之勢，而務行仁義，則可以王；是求人主之必及仲尼，而以世之凡民皆如列徒，此必不得之數也。列徒，指仲尼弟子。管子注：「數，理也。」這是說：如果從道義的角度來看，那末，仲尼就不臣服哀公；如果憑借權勢，那末，哀公就使仲尼臣服。今世的學者是這樣勸說君主的：「不要憑借必勝的權勢，只要努力行仁義，就可以王。」這樣，就是要求君主準趕得上仲尼，而且以爲世間常人都跟孔門弟子一樣，這是必不能成功的道理。

今有不才之子，父母怒之弗爲改，鄉人譙之弗爲動，廣雅：「怒，責也。」又：「譙，呵也。」「呵」即今語「申斥」之意。此文及下文二「動」字都是指動心。師長敎之弗爲變。夫以父母之愛，鄉人之行，師長之智，三美加焉而終不動，其脛毛不改；現在有這樣一個不成才的小子；父母對他怒責，但他不因此而改過；鄉人對他申斥，但他不因此而動心；師長對他敎訓，但他不因此而轉變。用父母的愛，鄉人的行，和師長的智，三種「美」都加到他身上，可是他到底不動心，甚至連腿上的毛也不改變一根（比喻極少的轉變）。州部之吏，顯學：「宰相必起於州部。」「州部」是「州署」或「州衙」。操官兵，推公法而求索姦人，然後恐懼，變其節，易其行矣。離騷注：「節，度也。」文選覽古詩注：「節猶操也。」故父母之愛不足以教子，必待州部之嚴刑者，民固驕於愛，聽於威矣。史記司馬相如傳索隱：「驕，縱恣也。」廣雅釋詁：「聽，從也。」故十仞之城，樓季弗能踰者，峭也；史記李斯傳引許愼曰：「樓季，魏文侯之弟。」「峭」同「陗」，廣雅釋詁：「陗，高也。」千仞之山，跛牂易牧者，夷也。說文：「牂，牝羊也。」「夷」借爲「徲」，說文：「徲，行平易也。」故明王峭其法而嚴其刑也。布帛尋常，庸人不釋；尋，等于八尺。常，等于十六尺。「尋」「常」都是度名。這是說：布帛僅有「尋」或「常」那樣長，但庸人爭執不肯釋手。鑠金百溢，盜跖不掇。說文：「鑠，銷金也。」「溢」同「鎰」，等于二十兩。說文：「掇，拾取也。」這是說：灼熱的紅金雖多，跖怕燒手，却不敢拾取。不必害則不釋尋常，必害手則不掇百溢，故明主必其誅也。是以賞莫如厚而信，使民利之；罰莫如重而必，使民畏之；法莫如一而固，使民知之。故主施賞不遷，「利」字是動詞。廣雅釋詁：「利，貪也。」禮記大傳注：「遷猶變易也。」行誅無赦。譽輔其賞，毀隨其罰，則賢不肖俱盡其力矣。在施賞上沒有好得過優厚而眞實地行賞，使民衆貪求它。在處罰上沒有好得過嚴重而準執行，使民衆害怕它。法的施行沒有好得過既統一而固定，使民衆認識明確。因此，君主施賞有功者絕不變更，懲罰有罪者無所赦免，在輿論上又用稱譽來幫助他的賞賜，又用批評來伴隨他的懲罰，這樣，賢者和不賢者都用盡他們的力量來服務了。

今則不然：以其有功也爵之，而卑其士官也；集解「其」上無「以」字，據藏本及下文校補。以其耕作也賞之，而少其家業也；現在的賞罰譽毀就矛盾了：由于士兵有戰功，給他爵位，可是又鄙薄他好做官；由于他耕作好，給他賞賜，可是輕視他從事生產，經營家業。以其不收也外之，而高其輕世也；不收，指清高的人不肯被君主收爲已用。這是說：由于隱士不慕富貴，不肯被收用，君主疏遠他了，可是又推崇他能輕世隱居。以其犯禁也罪之，而多其有勇也。多，重也，說見前。這是說：由于俠士犯了法禁，按罪罰他了，可是又尊重他有勇力。毀譽賞罰之所加者相與悖繆也，故法禁壞而民愈亂。悖，亂也，違反情理也。「繆」借爲「謬」，即謬誤。加，指施加。這是說：國君對有功的臣民和從事勞動生產的農民，一面封爵授賞，一面卻對他們藐視輕蔑；對儒生和俠士，一面疏遠他們，懲罰他們，一面卻對他們推崇稱譽。施加于臣民身上的毀譽賞罰，就像這樣矛盾謬誤，所以法禁敗壞而民越來越亂。今兄弟被侵必攻者廉也，九章算術：「邊謂之廉，角謂之隅。」廣雅釋言：「廉，稜也。」人的品行方正，節操堅貞，有如方物之有稜角，故古書中以「廉隅」爲「方正貞固」之代詞。這是說：兄弟被強暴者侵侮，俠士必助兄弟反攻，是「方正堅貞」的行動。知友被辱隨仇者貞也，隨仇，謂跟朋友一道追隨那仇人進行報復。廉貞之行成，而君上之法犯矣。人主尊貞廉之行，而忘犯禁之罪，故民程於勇而吏不能勝也。「程」是動詞。詩小旻傳：「程，法也。」家語儒行注：「程猶效也。」又按：「程」似讀爲「逞」。不事力而衣食則謂之能，「事」是動詞。老子注：「事，用也。」秦策注：「事，役也。」「則」猶「乃」也，見釋詞八。不戰功而尊則謂之賢，賢能之行成，而兵弱而地荒矣。不戰功，謂無戰功。人主說賢能之行，而忘兵弱地荒之禍，則私行立而公利滅矣。

儒以文亂法，俠以武犯禁，而人主兼禮之，此所以亂也。文，指文學和「德化」「禮治」等學說。論語爲政「道之以政，齊之以刑，民免而無恥；道之以德，齊之以禮，有恥且格」，似是「以文亂法」之例。史記游俠傳：「生曰：『郭解專以姦犯公法，何謂賢？』解客殺生，斷其舌。」是「以武犯禁」之例。夫離法者罪，而諸先生以文學取；離法，即上文「亂法」之變文。呂覽論威注：「離，違也。」諸先生，指儒生們。文學，指儒家學術。外傳：「君取臣謂之取。」犯禁者誅，而羣俠以私劍養。孤憤：「其不可被以罪過者，以私劍窮之……必死於私劍矣。」據此，「私劍」似指「暗殺」。養，謂俠士被畜養。故法之所非，君之所取；吏之所誅，上之所養也。法趣上下，四相反也，而無所定，雖有十黃帝不能治也。高曰：「趣」讀爲「取」。莊子齊物論「趣舍不同」，釋文：「趣本作取。」「法」，即上文「法之所非」之「法」，「趣」，即「君之所取」之「取」。啓雄按：上，指君。下，指吏。故行仁義者非所譽，譽之則害功；工文學者非所用，用之則亂法。二「所」字猶「可」也。這是說：儒生用文學搞亂了法律，俠士用武力觸犯了禁令，然而君主對他們都敬禮，這就是招亂的原因。凡是違法者就算犯罪，然而諸先生卻憑着文學被錄取了。凡是觸犯禁令者就應該罰，然而成羣俠士卻憑着私門劍術被豢養了。法律所反對的，正是君主所錄取的；官吏所懲罰的，正是君主所豢養的。法律和錄取，君上和臣下，四方面存在着矛盾，而無法確定其是非，雖然有十個黃帝也不能治理。所以凡是行仁義者就不可稱譽，如果稱譽他就損害事功；凡是精通文學者就不可錄用，如果錄用他就搞亂法律。楚之有直躬，「之」「有」二字，必衍其一。直躬，似是綽號，因此人素以「直」聞于邑里，故人們稱他做「直躬」。其父竊羊而謁之吏；爾雅釋詁：「謁，告也。」論語子路：「葉公語孔子曰：『吾黨有直躬者，其父攘羊而子證之。』」呂覽當務、淮南氾論均載此事，高誘曰：「直躬，楚葉縣人，躬蓋名。」令尹曰：「殺之！」以爲直於君而曲於父，報而罪之。以是觀之，夫君之直臣，父之暴子也。魯人從君戰，三戰三北，太田方引山氏曰：魯人，卞莊子，見新序義勇、書甘誓孔傳。奔北者，釋文云：「軍走曰北。」啓雄按：「北」古「背」字，謂戰敗時背敵而走。仲尼問其故，對曰：「吾有老父，身死，莫之養也。」仲尼以爲孝，舉而上之。以是觀之，夫父之孝子，君之背臣也。故令尹誅而楚姦不上聞，仲尼賞而魯民易降北。上下之利若是其異也，而人主兼舉匹夫之行，而求致社稷之福，必不幾矣。漢書嚴助傳注：「舉，謂總取也。」禮記疏：「幾，冀也。」希望之意。這是說：君上和臣下的利益是這樣的互相矛盾，然而君主處處都採取或贊成個人的德行，反而要求國家的利益，這必不能僥倖成功所能取得的。古者蒼頡之作書也，自環者謂之「私」，背「私」謂之「公」。相傳蒼頡是古代創造文字的人（「書」指文字）。齊語注：「環，繞也。」「私」的本字作「厶」。自環者謂之厶，蓋謂在私利範圍內繞圈子的行動就叫做「厶」。說文：「厶，姦衺也。韓非曰：『蒼頡作字，自營爲厶。』」自營，卽自己營私利或個人打算之意。公私之相背也，乃蒼頡固已知之矣。今以爲同利者，不察之患也。古代蒼頡是這樣造文字的：一畫自繞叫作「厶」（象徵個人打算），「八」字加「厶」叫作「公」（八，背也）。那末公和私相矛盾，蒼頡本來已知了。現在有人以爲公和私的利益是同一的，這是犯不深入觀察的毛病。然則爲匹夫計者，莫如脩行義而習文學王先愼曰：「行」當作「仁」。上文「行仁義，工文學」，此云「修仁義，習文學」，「仁義」「文學」篇內對舉，明「行」爲「仁」之誤。下同。行義脩則見信，見信則受事；文學習則爲明師，爲明師則顯榮：此匹夫之美也。然則無功而受事，無爵而顯榮，有政如此，則國必亂，主必危矣。那末爲個人的利益而打算者，當然再沒有比「修仁義」和「習文學」好了。因爲仁義修好了就被君主信任，被君主信任就有職業；文學學習好了就做明師，做明師就顯達光榮：這就是個人的好處。可是，這樣就使沒有功勞者取得職業，沒有爵位者卻顯達光榮起來了。如果有這樣的政治存在着，國家就必定混亂，君主就必定危險。故不相容之事不兩立也：「不兩立」，迂評、纂聞、解詁作「不可兩立」。斬敵者受賞，而高慈惠之行；拔城者受爵祿，而信廉愛之說；太田方曰：「廉」當爲「兼」。高慈惠之行，謂儒也。管子形勢解：「惠者，主之高行也；慈者，父母之高行也。」兼愛之說，謂墨也。管子立政：「兼愛之說勝則士卒不戰。」當時儒墨爲是說矣。堅甲厲兵以備難，而美薦紳之飾；儀禮旣夕注：「甲，鎧也。」「厲」同「礪」。「礪」本是名詞，在此作形容詞用，謂「磨利的」。兵，指兵器。「薦」借爲「晉」，「晉」同「搢」。廣雅釋詁：「搢，插也。」搢紳，插笏紳帶間，是儒服的裝飾。富國以農，距敵恃卒，而貴文學之士；廢敬上畏法之民，而養遊俠私劍之屬。舉行如此，治強不可得也。可見不相容的事是不能同時並存的：一面斬敵人者受賞，另一面君主卻推崇慈愛仁惠的行爲；一面拔取敵人城邑者受爵和受祿，另一面君主卻信那兼愛的學說；一面承認堅固的鎧甲、鋒利的兵器是防備國難的東西，另一面君主卻贊美那插笏在紳帶上的文士服裝；一面承認增加財富是靠農民，抵抗敵人是靠兵卒，另一面君主卻貴重那文學之士；一面廢棄敬上畏法的民不用，另一面君主卻豢養游俠劍客等人。如果君主的行動都像這樣，想要國治兵強是做不到的。國平養儒俠，難至用介士，所利非所用，所用非所利。是故服事者簡其業，而游學者日衆，是世之所以亂也。介士，即甲士。服事，即服役。呂覽注：「簡，惰也。」這是說：國家太平時就養儒生和俠客，到了國難就用甲兵戰士，平日所給予利助的人並不是國難所用的人，而國難所用的人又並非平時所予利助的人。因此，担任工作的人對于他的事業苟簡怠惰，游客和學士一天比一天多，這就是社會所以混亂的原因。

且世之所謂賢者，貞信之行也；所謂智者，微妙之言也。貞，指堅貞有操守；信，指誠信眞實。微妙之言，指精奧玄妙的言論。微妙之言，上智之所難知也，今爲衆人法，而以上智之所難知，則民無從識之矣。世人所謂「賢」，是指「貞信之行」，所謂「智」，是指「微妙之言」。那「微妙之言」，雖然是高上智慧也難懂得，可是現在偏偏拿連上等智慧也難懂的東西來做衆人效法的東西，那末，衆人就摸不着門路來認識它了。故糟糠不飽者不務粱肉，王先愼曰：「粱」當作「粱」。短褐不完者不待文繡。津田鳳卿曰：「短」當作「裋」。啓雄按：說文：「裋，豎使布長襦。」夫治世之事，急者不得，則緩者非所務也。「治」字是動詞。這是說：治理世間的事務，如果緊急的事還未得到治理，那末緩慢的事務在目前絕非當務之急。今所治之政，民間之事夫婦所明知者不用，而慕上知之論，則其於治反矣。「夫婦」，卽「匹夫匹婦」，今語「普通的男人或女人」。故，微妙之言，非民務也。今人所研究的政論，凡是屬于一般男女都明白易知的民間常事都不研究，却偏偏羡慕那高上智慧的言論，這樣，它對于治道是違反的。可見「微妙之言」並非民衆努力追求的東西。若夫賢良貞信之行者，必將貴不欺之士；顧曰：「良」字當衍。上文云：「且世之所謂賢者，貞信之行也。」貴不欺之士者，亦無不欺之術也。顧曰：「不」下當有「可」字。啓雄按：「賢」「貴」二字都是動詞。這是說：「賢貞信之行」和「貴不欺之士」的君主們，也沒有使別人不可能欺詐自己的馭下法術，因此猜忌的疑慮仍然存在着。布衣相與交，無富厚以相利，無威勢以相懼也，故求不欺之士。今人主處制人之勢，有一國之厚，重賞嚴誅，得操其柄，以修明術之所燭，張榜本無「所」字，「所」字衍。此文似本作「以修明術燭之」。「修明」二字是形容詞。「燭」，照也，是動詞。這是說：君主既然賢（動詞）那個有貞信之行的人，那末必然將要貴重那些不欺騙人的人；可是，雖然貴重不欺騙的人，然而他也沒有不能被別人欺騙的術。須知平民們彼此的交接，沒有財富來互相資助，也沒有威權勢力來互相恐嚇，所以能尋求不欺騙的人。現在君主處在統治人民的地位，占有全國的財富，掌握重賞嚴罰的權柄，用修明的術來察它（用術來察姦邪，就象用燭來照黑暗似的）。雖有田常、子罕之臣不敢欺也，奚待於不欺之士！史記田敬仲世家：「田常言於齊平公曰：『德施人之所欲，君其行之；刑罰人之所惡，臣請行之。』行之五年，齊國之政皆歸田常。」二柄：「子罕謂宋君曰：『夫慶賞賜予者，民之所喜也，君自行之；殺戮刑罰者，民之所惡也，臣請當之。』於是宋君失刑而子罕用之。」史記鄒陽傳：「宋信子罕之計而囚墨翟。」可知田常是齊之欺臣，子罕是宋之欺士。今貞信之士不盈於十，而境內之官以百數，必任貞信之士，則人不足官，人不足官，則治者寡而亂者衆矣。現在貞信之士的人數不到十個，然而國內的官職多到要用「百」作單位來計算，如果必須任用貞信之士才行，那末合格的人數就不夠任用，人數如果不夠任用，那末把政治搞好的人數少，而把政治搞壞的人數多。故明主之道，一法而不求智，固術而不慕信，故法不敗而羣官無姦詐矣。「一」當爲「壹」。壹法，專壹任法。秦策注：「固，必也。」固術，必定用術。「壹」「固」二字都是動詞。

今人主之於言也，說其辯而不求其當焉；其用於行也，美其聲而不責其功焉。老子注：「辯，巧言也。」行，指行爲。聲，指游說之士的虛名。說文：「責，求也。」是以天下之衆，其談言者務爲辯而不周於用，離騷注：「周，合也。」故舉先王，言仁義者盈廷，而政不免於亂；行身者競於爲高而不合於功，「行身」，指施行於身，與「躬行」或「行己」義略同。故智士退處巖穴，歸祿不受，廣雅釋言：「歸，返也。」歸祿，謂退還俸祿，辭職兼辭祿。而兵不免於弱。政不免於亂，「亂」字下日本、評釋本有「兵不免於弱」五字，是。此其故何也？民之所譽，上之所禮，亂國之術也。今世君主在聽言上是這樣：只是愛聽花言巧語而不要求它正確；在用人行政上是這樣，只是贊美他的名聲而不要求他的功效。所以天下民衆都趨向于口辯而不合用，這樣，稱舉先王，談論仁義者雖滿布朝廷，而政治還是要亂；修身潔行者競賽着做清高而不合于事功，這樣，智士就退居巖穴，歸還爵祿而不受，而兵難免要弱。象這樣政亂兵弱的原因何在呢？是由于人民所稱譽的跟君主所敬禮的都是亂國的術。今境內之民皆言治，藏商、管之法者家有之，而國愈貧，言耕者衆，執耒者寡也。商，商君，即公孫鞅，相秦孝公，封於商邑。漢書藝文志著錄商君二十九篇。管，管仲，名夷吾，相齊桓公。漢志著錄管子八十六篇。境內皆言兵，藏孫、吳之書者家有之，而兵愈弱，言戰者多，被甲者少也。孫，孫子。孫子有二：(一)春秋時吳孫武，(二)戰國時齊孫臏。漢志著錄吳孫子兵法八十二篇，又著錄齊孫子八十九篇。吳，吳起，先爲魏文侯將，後爲楚悼王相。漢志著錄吳起四十八篇。故明主用其力不聽其言，賞其功必禁無用，故民盡死力以從其上。夫耕之用力也勞，而民爲之者，曰「可得以富」也。戰之爲事也危，而民爲之者，曰「可得以貴」也。今修文學，習言談，則無耕之勞而有富之實，無戰之危而有貴之尊，則人孰不爲也！是以百人事智而一人用力，事，用也，解見前。用智，指修文學，習言談。用力，指耕勞戰危。事智者衆則法敗，用力者寡則國貧，此世之所以亂也。故明主之國無書簡之文，以法爲教；無先王之語，以吏爲師；無私劍之捍，以斬首爲勇。書簡之文，似指簡册載記的文獻。先王之語，指儒墨稱道的「先王語」。「捍」借爲「悍」，蒼頡篇：「悍，桀也。」斬首，指戰時殺敵。是境內之民，其言談者必軌於法，動作者歸之於功，爲勇者盡之於軍。「是」字下似脫一「以」字。賈子道術：「緣法循理謂之軌。」「歸」，是「歸宿」之「歸」，「盡」，是「盡力」「竭盡」之「盡」。是故無事則國富，有事則兵強，此之謂「王資」。

史記留侯世家集解：「資，藉也。」說文段注：「資者人之所藉。」說難「論其所愛則以爲藉資」，語法與此同。這是說：法吏戰耕四者能致國於富強，這就是王者們最可靠的憑藉（王者的政治資本）。既畜「王資」而承敵國之釁，超五帝，侔三王者，必此法也。「承」借爲「乘」。釁，瑕隙也，破裂也。這是說：在明主的國中，沒有書簡的文學，用法律作教材；沒有稱先王的空話，用官吏做教師；沒有私劍的兇悍，以斬敵頭爲武勇。這樣就使國內人民的言談必定遵循着國法來發言，人民的動作必定歸宿到事功的指標上來，人民幹武勇，就把勇力全用在軍事上。這樣，在天下太平無事時國就富，有事時兵就強，這就叫做「王業的資本」。既已貯備好「王業的資本」而等待敵國的破裂，那末，超過五帝，齊等三王（即賽過五帝，趕上三王）的治道必定是這種法治了。

今則不然，士民縱恣於內，言談者爲勢於外，蒲阪圓曰：藉外權以爲勢。制分：「處士立名於內，而談者爲略於外。」啓雄按：縱恣，大概指不務耕戰而競於立名而不守法的行動。外內稱惡以待強敵，不亦殆乎！今世的情況就不是那樣：人民在國內隨便亂來，言談者造成外交上的勢力，就拿「內外有同等腐敗」的情況來對待強大敵國，這樣，豈不是危險呢！故羣臣之言外事者，非有分於從衡之黨，則有仇讎之忠而借力於國也。高曰：「忠」借爲「中」。淮南說山注：「中，心也。」有仇讎之心而借力於國，若伍子胥以吳伐楚是也。啓雄按：呂覽功名注：「分，異也。」非有異於從衡黨，即與從橫黨無別。「則」猶「而」也。史記張儀傳：「張儀既相秦，爲文檄告楚相曰：『始吾從若飲，我不盜而璧，若笞我；若善守汝國，我且盜而城。』」是「仇讎之心」另一例證。從者，合衆弱以攻一強也；

而衡者，事一強以攻衆弱也。「從」借爲「縱」，「縱」是「縱橫」本字，古書多以「從」代之。淮南覽冥注：「南與北合爲縱。」韓詩南山傳：「東西曰橫。」從者，指蘇秦等。合衆弱，指聯合齊、楚、燕、趙、魏、韓。一強，指秦國。衡者，指張儀等。他使六國背從約，事秦國，秦利用六國離散的機會又個別地反攻六國。皆非所以持國也。今人臣之言衡者，皆曰：「不事大則遇敵受禍矣。」大，指秦國。此句及下句兩「敵」字都是指六國中的匹敵鄰國。爾雅釋詁：「敵，匹也。」廣雅釋詁：「敵，輩也。」今語「勢均力敵，強弱相等」之「敵」，不是交戰或怨仇的敵國。這是說：若不事秦，棄秦來保護，那末，遇到關東匹敵的國來侵伐，就受禍害了。事大未必有實，則舉圖而委，效璽而請兵矣。兪曰：「兵」字衍。所謂「舉圖而委」者，謂舉地圖而委之大國，故下文云「獻圖則地削」也。所謂「效璽而請」者，謂收百官之璽效之大國，而請大國發之也，故下文云「效璽則名卑」也。啓雄按：賈子大政：「能言之，能行之者，謂之實。」即今語「實踐諾言」之意。漢書元后傳注：「效，獻也。」這是說：事秦爲衡，秦未必有實踐諾言的實際行動（指保護），可是，首先已委棄國土和主權了。獻圖則地削，效璽則名卑；地削則國削，名卑則政亂矣。事大爲衡，未見其利也，而亡地亂政矣。人臣之言從者，皆曰：「不救小而伐大則失天下，失天下則國危，國危而主卑。」小，指六國中的小國，如韓燕。大，指六國中的大國，如楚齊。設例言之：秦攻韓，楚不救韓，反而攻齊。失天下，謂失掉合從國陣營內的支援。「而主卑」的「而」字猶「則」也。救小未必有實，則起兵而敵大矣。設例言之：楚救韓，未必有存韓之實，可是當楚戰秦救韓的時候，却給機會「作壁上觀」的齊國從旁邊強大起來了。救小未必能存，而交大未必不有疏，有疏則爲強國制矣。交大，如「齊與楚從親」。未必不有疏，如「楚懷王貪而信張儀，遂絕齊」。疏則爲強國制，如「楚伐秦，秦破楚師，虜楚將，取楚漢中地。……魏襲楚至鄧。……而齊竟怒不救楚，楚大困」。這是史例。出兵則軍敗，退守則城拔。漢書高帝紀注：「拔者，破城邑而取之，言若拔樹木幷得其根本也。」救小爲從，未見其利而亡地敗軍矣。以上數句，文意不明，俞氏解釋，刪改太多（見集解頁九）。我的解釋也不妥當，只是暫備一說以供參考罷了。是故事強則以外權士官於內，士，明迂評本、趙本、凌本作「市」，宋乾道本作「士」，「士」借爲「仕」。其實，作「市」義較優。廣雅釋詁：「市，買也。」齊語注：「市，取也。」「市官」與下文「求利」正相對。救小則以內重求利於外：韓子中的「重」字含「權」義，考詳說難篇首。以外權士官於內，如張儀以秦相魏，又勸魏背從約事秦，故得復相秦，是一史例。國利未立，封土厚祿至矣；主上雖卑，人臣尊矣；國地雖削，私家富矣。事成則以權長重，事敗則以富退處。以權長重，謂以權勢而獲得長久重用。人主之聽說於其臣，事未成則爵祿已尊矣；事敗而弗誅，則游說之士孰不爲用矰繳之說而徼倖其後？「爲」「用」二字，似衍其一。矰繳，是射鳥之具。矰繳之說，喩游說之士用來射利的浮說。徼倖其後，似說希望僥幸地收穫那個後果。故破國亡主以聽言談者之浮說，此其故何也？是人君不明乎公私之利，不察當否之言，而誅罰不必其後也。國破主亡，是由于君主聽從言談者的空話，這樣的後果，其原因何在呢？是由于君主對公私之利不能明辨，對適當和不適當的話不會審察，而且在事後又並不準執行刑罰。皆曰：「外事，大可以王，小可以安。」夫王者，能攻人者也，而安則不可攻也。王者既能統一天下，自然能進攻別人的國；小國如果能保境安固，那末就不致有被攻的危險。強則能攻人者也，治則不可攻也。治強不可責於外，內政之有也。「責」與「有」相對，說文：「責，求也。」廣雅釋詁：「有，取也。」這是說：治和強不能在外交上爭取，是從搞好內政而取得的。今不行法術於內，而事智於外，則不至於治強矣。現在在內政上如果不實行法術，反而在外交上使用智巧手段，那就達不到治強的目的。鄙諺曰：「長袖善舞，多錢善賈。」此言多資之易為工也。史記留侯世家集解：「資，藉也。」說文：「工，巧飾也。」這是說：所憑借的多就容易把事情搞好，也是說：具備優越條件者，幹什麼事都容易幹得好。故治強易為謀，弱亂難為計。故用於秦者，十變而謀希失；用於燕者，一變而計希得。「希」借為「稀」。爾雅釋詁：「希，罕也。」非用於秦者必智，用於燕者必愚也，蓋治亂之資異也。國家如果是治強，就容易制定計謀，國家如果是弱亂，就難以制定計策。同樣的計謀，如果用在秦國，經過十次變動，而那計謀很少失敗；如果用在燕國，每一變動，而那計謀很少得當：並不是用在秦國的準是明智的，而用在燕國的準是愚蠢的，這是由于治和亂的條件不同。故周去秦為從，期年而舉；「期」同「朞」。書堯典「朞三百有六旬有六日」，傳：「匝四時曰朞。」即滿一周年。齊策注：「舉，拔也。」史記周本紀：「秦取韓陽城、負黍，西周恐，倍秦與諸侯約從，將師攻秦。秦昭王怒，攻西周，西周君犇秦，頓首請罪，盡獻其邑，秦受其獻。後七歲，秦莊襄王滅東、西周。」衞離魏為衡，半歲而亡。此事未詳。史記衞康叔世家：「魏更立(衞)元君。元君為魏增，故魏立之，元君十四年，秦拔魏東地，秦初置東郡，更徙衞野王縣而并濮陽（衞殘存而惟一的領土）爲東郡。」韓非所言，或指此事。是周滅於從，衞亡於衡也。使周衞緩其從衡之計，而嚴其境內之治，明其法禁，必其賞罰，盡其地力以多其積，致其民死以堅其城守，天下得其地則其利少，攻其國則其傷大，萬乘之國莫敢自頓於堅城之下而使強敵裁其弊也，此必不亡之術也。地力，指土地生產力。盡地力，謂發展農業。荀子仲尼注：「頓，困躓也。」即挫折敗壞之意。廣雅釋言：「裁，制也。」強敵，指周衞以外的大國。舍必不亡之術而道必滅之事，治國者之過也。智困於內而政亂於外，則亡不可振也。禮記射義注：「道，猶行也。」說文：「振，舉救也。」這是說：假使周和衞遲緩一些考慮縱橫的計策，却加緊搞好國內的政治，明確他們的法禁，堅決貫徹他們的賞罰，盡量地發揮他們的土地的潛在力來增加積蓄，使人民出死力來鞏固城邑的守衞，天下任何一國雖然取得他們的土地，却得實利不多，要攻伐他們的國境，就傷亡很大，這樣，雖然是萬乘之國也沒有一國敢在堅城下受挫折，而使強敵趁自己疲弊的時候來制裁自己，這就是必不亡的方法。如果放棄必不亡的方法，而行必亡的政策，這是治國者的過錯。如果在內政上智謀困窮了，在外交上政策亂搞了，那末，國將滅亡，是不能挽救呀。

民之政計，皆就安利如辟危窮。「政」借爲「正」。「如」與「而」通用。「辟」借爲「避」。今爲之攻戰，進則死於敵，退則死於誅，則危矣；晉語注：「爲，使也。」棄私家之事而必汗馬之勞，家困而上弗論，則窮矣。必，是必然之詞。史記晉世家：「矢石之難，汗馬之勞。」都是指苦戰。呂覽行論注：「論，理也。」窮危之所在也，民安得勿避？故事私門而完解舍，解舍完則遠戰，遠戰則安。私門，指貴重之臣的私門。事私門，謂在權貴之私宅任職。「而」猶「則」也。說文：「完，全也。」管子五輔「上寬裕而有解舍」，注：「解，放也。舍，免也。」吳子治兵：「馬疲人倦，而不解舍。」合此文看之，則「完解舍」謂完全解除舍免兵役的勞險。詭使「士卒之逃事伏匿，附託有威之門以避徭賦」，可與此文互證。行貨賂而襲當塗者則求得，求得則私安，私安則利之所在，安得勿就？吳語注：「行猶用也。」即今語「施行」。「行賄賂」之「行」。小爾雅廣詁：「襲，因也。」「當塗者」，即孤憤之「當塗之人」「貴重之臣」。孤憤：「諸侯不因則事不應，百官不因則業不進。」此文「襲當塗者則求得」，謂因依重臣們則所求的富貴利祿都獲得。私安，指私生活安樂。「安利之所在，安得勿就」，謂安全和利益所在的地方，那能不爭取呢？是以公民少而私人衆矣。私人，指權貴們私門內的家臣、舍人、屬吏等。

夫明王治國之政，使其商工游食之民少而名卑，以寡趣本務而趨末作。左定十傳注：「以猶爲也。」爲，去聲，即因爲。「趣」借爲「趨」。本務，指農務。詭使：「耕農之本務。」末作，指工商業。詭使：「基組錦繡刻畫爲末作。」這是說：明王治國的政策，使其國內商工游食民少而且名卑下，因爲國民務農的人數少，而走向商工業的人數多，故用「重農桑抑商工」的政策來糾正它。今世近習之請行則官爵可買，請，請求官爵。行，行賄賂託情。官爵可買則商工不卑矣；集解「矣」上有「也」字，今據張榜本刪。姦財貨賈得用於市則商人不少矣。此文當作「姦賈財貨」。謂奸商的貨財得在市面上通用，那末，人人都相率做商人了。聚斂倍農，而致尊過耕戰之士，則耿介之士寡而高價之民多矣。還「聚斂」指奸商國積居奇來斂財。倍農，謂違反用農業生產來養人的道理。漢書公孫弘傳注：「致，引而至也。」而致尊過耕戰之士，謂奸商們反而導致尊貴，而又超過了耕田和戰鬥的士兵們。離騷注：「耿，先也。」爾雅釋詁：「介，大也。」「高價」，文選注引作「商賈」，但「耿介之士」與「高價之民」相對，「耿介」「高價」都是形容詞，「高價之民」即指尊高的商賈，不煩改字。

是故亂國之俗，其學者則稱先王之道以籍仁義，盛容服而飾辯說，以疑當世之法而貳人主之心。「籍」借爲「藉」。小爾雅廣言：「藉，借也。」「疑」借爲「擬」。漢書揚雄傳注：「擬，比象也。」這是說：亂國的習俗，那些儒者們就稱述先王之道和憑借仁義的學說；又整飾容貌衣冠，而且粉飾好他們的花言巧語來比擬當世的法治學說，這樣，就使得國君的心兩面搖擺而不專心了。其言古者爲設詐稱，借於外力，以成其私而遺社稷之利。顧曰：「古」當作「談」，上文「言談者爲勢於外」。高曰：「爲」借爲「僞」。啓雄按：說文：「設，施陳也。」僞設，謂施陳一套假話。其帶劍者聚徒屬，立節操，以顯其名而犯五官之禁。王先愼曰：五官，謂司徒、司馬、司空、司士、司寇。啓雄按：立節操，謂立志節和立執操，餘詳顯學「立節參明，執操不侵」句注。帶劍者，指俠士。其患御者積於私門，盡貨賂而用重人之謁，退汗馬之勞。尹曰：盡，贊也，類篇：「貨以將意曰贐。」啓雄按：用重人之謁，謂利用權貴們的請謁說情。患御者，據「用重人之謁，退汗馬之勞」句，可知患御者是上文所說的「遠戰求安」的人。「御」字讀爲「禦」，患禦者，似是害怕抗戰或守禦的人。其商工之民，修治苦窳之器，聚弗靡之財，蓄積待時而侔農夫之利。顧曰：今本「弗」作「沸」。劉文典曰：「沸靡」，猶亡徵、外儲說左上之「煎靡」，今本「弗」作「沸」，於義爲長。啓雄按：管子小匡注：「苦，謂濫惡。」荀子議兵注：「窳，器病也。」「弗」當作「沸」。「靡」借爲「爢」，「爢」通「糜」。沸糜，喻沸水煮爛生物；「沸糜之財」，與「剝削的錢」意略同。「侔」借爲「牟」。管子宙合注：「牟，取也。」此五者，邦之蠹也。人主不除此五蠹之民，不養耿介之士，則海內雖有破亡之國，削滅之朝，亦勿怪矣。

第五十篇　顯學

任公曰：顯學篇對于當時儒、墨兩大派作正面攻擊，使法家言成立（此篇尤以攻擊儒家爲最烈。別有問田篇與墨家鉅子田鳩辯難）。

世之顯學，儒、墨也。顯學，顯著的學派。呂覽有度：「孔墨之弟子徒屬，充滿天下。」當染：「孔墨之後學顯榮於天下者衆矣。」儒之所至，孔丘也。墨之所至，墨翟也。儒家造詣最高的是孔丘，墨者造詣最高的是墨翟。

自孔子之死也，有子張之儒，任公曰：荀子非十二子篇稱子張氏、子夏氏、子游氏之賤儒，則子張門下甚盛可知。有子思之儒，任公曰：史記孟荀傳稱「孟子受業於子思之門人」，則子思門人應不少。非十二子稱「子思唱之，孟軻和之，世俗之儒受而傳之」，則思、孟同一派，末流或小異耳。有顏氏之儒，任公曰：孔門顏氏有數人，最著顏淵，然顏淵先孔子卒，是否有弟子傳其學，無可考。此文「顏氏之儒」，不知出誰何也。啓雄按：據史記仲尼弟子傳，孔子弟子除顏回以外，顯而有年名及見于書傳者，還有顏無繇（顏回父）、顏幸；無年及不見于書傳者，又有顏高、顏祖、顏之僕、顏噲、顏何。有孟氏之儒，孟氏，指孟軻。史記儒林傳：「孟、荀之列，咸遵夫子之業而潤色之，以學顯於當世。」有漆雕氏之儒，任公曰：漆雕氏者，漢書藝文志儒家有漆雕子十二篇，原注云：「孔子弟子漆雕啓後。」其學說斷片別見下文。有仲良氏之儒，盧曰：「良」，張本作「梁」。任公曰：仲良氏無考，孟子稱：「陳良，楚產，悅周公仲尼之道。」仲良豈陳良之字，如顏子淵稱顏淵，冉子有稱冉有耶？有孫氏之儒，孫氏指荀況，荀子書自稱「孫卿」或「孫卿子」。本書難三：「燕王子噲非孫卿」，亦指荀況。考詳荀子簡釋荀子傳徵。有樂正氏之儒。任公曰：曾子弟子有樂正子春，此文樂正氏疑卽傳曾子學者。孟子弟子亦有樂正子，當屬孟氏一派也。自墨子之死也，有相里氏之墨，莊子天下：「相里勤之弟子五侯之徒。」可知相里氏名勤，並且有徒名五侯。有相夫氏之墨，孫曰：蒲阪圓引山仲質云：「相夫」，一本作「祖夫」。案廣韻二十「陌」「伯」字注云：「韓子有伯夫氏，墨家流。」則古本「相」或作「伯」，山氏所見本作「祖夫」，疑卽「伯夫」之誤。啓雄按：解詁亦曰：「一作祖夫。」疑日本版韓子多作「祖夫」。有鄧陵氏之墨。莊子天下：「南方之墨者苦獲、已齒、鄧陵氏之屬，俱誦墨經而倍譎不同，相謂別墨。」故孔、墨之後，儒分爲八，墨離爲三，取舍相反不同，而皆自謂眞孔、墨，孔、墨不可復生，將誰使定後世之學乎？孔子墨子俱道堯舜，而取舍不同，皆自謂眞堯舜，堯舜不復生，將誰使定儒、墨之誠乎？漢書注：「取，謂所擇用也。」「舍」借爲「捨」。這是說：在孔子墨子以後，儒家分爲八派，墨家分爲三派，他們所要的和所不要的（卽肯定的儒、墨學和否定的儒、墨學）都不同，可是都自稱爲孔子或墨子的眞傳。孔子墨子不能復活，讓誰來審定後世儒、墨學誰是眞傳呢？孔子墨子都稱道堯舜，然而對堯舜所要的和所不要的都不同，可是都自稱爲眞正堯舜之道。堯舜不能復活，讓誰來審定儒、墨二家那一家是眞堯舜之道呢？殷、周七百餘歲，虞、夏二千餘歲，而不能定儒、墨之眞，高曰：此二句當作「虞、夏七百餘歲，殷、周二千餘歲」，殆淺人所改也。虞、夏約五百歲，而曰「七百餘歲」，殷、周約千四百歲，而曰「二千餘歲」，皆根據傳聞，致有差誤耳。今乃欲審堯舜之道於三千歲之前，呂覽順民注：「審猶定也。」這是說：經歷虞、夏、殷、周二千七百餘年的演變，堯舜之道早已失傳，孔丘墨翟雖然都自謂傳堯舜之眞道，然而文獻無徵，不能確定儒、墨所託的堯舜是眞是假；時至今日（韓非時代），儒、墨後學者却想回溯三千年前古史來審定堯舜之道。意者其不可必乎！「意者」猶「或者」，疑問之詞，詳釋詞三。必，指肯定，卽下結論。無參驗而必之者，愚也；參驗，卽徵驗，解詳孤憤篇中。這是說：如果未經過錯雜的調查研究，而且根據着有徵驗的資料，就確定堯舜之道，就是愚的舉動。弗能必而據之者，誣也。詩柏舟傳：「據，依也。」左傳注：「誣，欺也。」這是說：如果不能確定就輕易地來依據它，就是欺誣的舉動。故明據先王，必定堯舜者，詩黃鳥箋：「明，信也。」這是說：明顯地自信來依據先王，武斷地確定堯舜之道。非愚則誣也。愚誣之學，雜反之行，易雜卦傳孟注：「雜，亂也。」淮南注：「雜猶駁也。」荀子注：「反，謂乖悖也。」明主弗受也。

墨者之葬也，冬日冬服，夏日夏服，不具備四季文錦作殉葬的明衣，只是在冬天死就用冬服，在夏天死就用夏服來作殉葬的壽衣。桐棺三寸，三寸，指棺木的板僅三寸厚，比起棺槨七重五重三重再重，顯得太薄了。服喪三月，比起儒家三年之喪，顯得太短了。世主以爲儉而禮之。儒者破家而葬，墨子節葬：「匹夫賤人死者，殆竭家室。」這就是「破家而葬」的作法。服喪三年，大毀扶杖，墨子節葬：「（服喪孝子）相率強不食而爲飢，薄衣而爲寒，使……手足不勁強，……必扶而能起，杖而能行。」世主以爲孝而禮之。夫是墨子之儉，將非孔子之侈也；是孔子之孝，將非墨子之戾也。「是」「非」二字都是動詞。是，指認爲對；非，指認爲錯。字林：「戾，乖背也。」今孝戾侈儉俱在儒、墨，而上兼禮之。如果贊成墨子的節儉，那就要反對孔子的奢侈了；如果贊成孔子的孝道，那就要反對墨子的狠戾（指不孝）了。現在孝道和狠戾，節儉和奢侈都存在于儒、墨的主張中，然而君主對這些矛盾學說無所抉擇，對儒者墨者都敬禮。

漆雕之議，「議」讀爲「儀」。漆雕的動態是這樣。不色撓，色指自己的顏色。說文：「色，顏氣也。」晉語注：「撓，屈也。」呂覽注：「撓，曲也。」不目逃，不目逃，似指與人對視，目不轉睛逃避。孟子「北宮黝之養勇也，不膚橈，不目逃」，注：「人刺其肌膚，不爲橈卻；刺其目，目不轉睛逃避之。」與此略異。行曲則違於臧獲，行直則怒於諸侯，行曲，行直，都是從漆雕方面來說。周語注：「違，避也。」荀子注：「臧獲，奴婢也。」這是說：漆雕如果行爲邪曲，敵方雖然是婢奴，漆雕也避退；如果行爲正直，敵方雖然是王侯，也怒責之。世主以爲廉而禮之。廣雅：「廉，稜也。」九章算術：「邊謂之廉。」這是說：世主認爲漆雕的動態是稜邊般的堅直，因而對他表示敬禮。宋榮子之議，「宋榮子」，孟子作「宋牼」，荀子作「宋鈃」。設不鬥爭，高曰：說文：「設，施陳也，從『言』從『殳』，殳使人也。」「設」既從「言」，則本爲陳言敷論之誼，「設不鬥爭」，謂倡不鬥爭之說耳。啓雄按：荀子正論：「子宋子曰：『明見侮之不辱，使人不鬥，人皆以見侮爲辱，故鬥；知見侮之爲不辱，則不鬥矣。』」莊子天下述宋鈃、尹文之道術曰：「願天下之安寧以活民命，……見侮不辱，救民之鬥，禁攻寢兵，救世之戰。」此「設不鬥爭」之證。取不隨仇，「取」，是「取舍」之「取」，「隨」，是「追隨」之

「隨」。五蠹「知友被辱隨仇」，與此「隨仇」均謂追隨仇人來施行報復手段。申鑒時事：「古復讎之科，使父讎避諸異州千里。……弗避而報者無罪；避而報之，殺。」宋子也贊成不隨仇。不羞囹圄，見侮不辱，好人下牢獄，或無故被暴徒侵侮了，可是被害者在主觀上並不認爲是恥辱。世主以爲寬而禮之。夫是漆雕之廉，將非宋榮之恕也；是宋榮之寬，將非漆雕之暴也。今寬廉恕暴俱在二子，人主兼而禮之。劉文典曰：疑當作「而人主兼禮之」。自愚誣之學雜反之辭爭，而人主俱聽之，故海內之士言無定術，行無常議。「術」讀作「述」，「議」讀作「儀」。這是說：自從愚蠢欺騙的學說和雜亂矛盾的言辭爭論，然而都被君主聽納，所以海內的人所說的沒有固定性的論述，在行動上沒有恆常性的動態。（「常議」，今本和日本舊版作「常儀」。上文二「議」字也應作「儀」。）夫冰炭不同器而久，寒暑不兼時而至，雜反之學不兩立而治。今兼聽雜學繆行同異之辭，安得無亂乎！「繆」借爲「謬」，廣雅：「謬，誤也。」「安」猶「何」也，疑問詞。聽行如此，其於治人，又必然矣。世主聽言觀行，如此雜亂而無原則，兼禮而無抉擇；那末，他在治人上必定也是這樣。

今世之學士語治者，多曰：「與貧窮地以實無資。」「與」借爲「与」，說文：「与，賜予也。」這是說：拿土地賜与貧窮的人們，用這土地好來充實那些無資財的人們。今夫與人相若也，「夫」猶「彼」也。夫，指彼人，即富人。管子注：「若，似也。」這是說：事實上那富人和一般人是差不多。也就是說：富人比窮人起初並沒有優越條件。無豐年旁入之利，而獨以完給者，非力則儉也；與人相若也，這句主語是貧人。與人相若，謂跟富人相同。

無饑饉疾疢禍罪之殃，獨以貧窮者，非侈則惰也。據前句，「獨」字上疑脫「而」字。「禍罪」當作「禍災」。侈而惰者貧，而力而儉者富。今上徵斂於富人以布施於貧家，是奪力儉而與侈惰也，而欲索民之疾作而節用，不可得也。君主徵收富人的財物來布施給貧家，這就是奪取力作者和節儉者的成果來給與奢侈者和懶惰者了。這樣，想要求人民積極工作而且節省費用，是不可能獲得的。

今有人於此，義不入危城，荀子王制注：「義，謂裁斷也。」在此指那個人在行動上的主張。不處軍旅，不以天下大利易其脛一毛，「易」借爲「敡」，是「輕易」之「易」。易一毛，即輕視一根毛。孟子盡心：「楊子取爲我，拔一毛而利天下不爲也。」世主必從而禮之，貴其智而高其行，以爲輕物重生之士也。夫上所以陳良田大宅，設爵祿，所以易民死命也；今上尊貴輕物重生之士，而索民之出死而重殉上事，不可得也。「尊」「貴」二字平列，都是動詞。荀子富國「出死斷亡」，注：「出死，謂出身致死。」即犧牲生命。重殉上事，謂重視君上的事，能犧牲生命來幹。藏書策，習談論，聚徒役，服文學而議說，禮記注：「服猶習也。」莊子司馬注：「役，學徒弟子也。」世主必從而禮之，曰：「敬賢士，先王之道也。」夫吏之所稅，耕者也；而上之所養，學士也。耕者則重稅，學士則多賞，而索民之疾作而少言談，不可得也。立節參明，集解「明」作「民」，今據藏本及迂評本改。莊子李注：「參，高也。」立節參明，是說：有人把自己的氣節立得又峻高又明朗。執操不侵，說文：「操，把持也。」「執」「操」都是動名詞，指俠士所執持的志節。不侵，謂不受別人無理的陵犯。怨言過於耳，必隨之以劍，世主必從而禮之，以為自好之士。孟子萬章「鄉黨自好者」，注：「自喜好名者也。」夫斬首之勞不賞，而家門之勇尊顯，而索民之疾戰距敵而無私鬥，不可得也。斬首，指戰時斬敵人的首。「距」借為「歫」，說文：「歫，止也，」今字作「拒」。拒敵，即抵抗敵人。國平則養儒俠，難至則用介士，平，即和平。詩伐木：「終和且平。」左傳注：「平，和也。」廣雅：「介，鎧也。」介士，即甲士、兵士。所養者非所用，所用者非所養，此所以亂也。此五句亦見於五蠹，惟「所養」作「所利」。

且夫人主於聽學也，據本段上文三言「學士」，下文言「其言」「其身」「其端」，此「學」字必指「學士」，「學」字下或脫一「士」字。若是其言，宜布之官而用其身；若非其言，宜去其身而息其端。廣雅：「布，列也。」「息」借為「熄」。呂覽注：「熄，滅也。」禮記注：「端，本也。」在這裏指立言的本恉。今以為是也而弗布於官，以為非也而不息其端，是而不用，非而不息，亂亡之道也。

澹臺子羽，君子之容也，仲尼幾而取之，與處久而行不稱其貌。爾雅：「幾，近也。」漢書注：「稱，副也。」「稱」，今語「相稱」或「符合」。史記仲尼弟子傳：「澹臺滅明，字子羽，狀貌甚惡，欲事孔子，孔子以為材薄。既受業，退而修行，行不由徑。孔子曰：『吾以貌取人，失之子羽。』」此文與史記異，與偽家語同。宰予之辭，雅而文也，仲尼幾而取之，與處久而智不充其辯。集解無「久」字，今據今本補。穀梁傳注：「充，實也。」史記仲尼弟子傳：「宰予，字子我，利口辯辭。既受業，問：『三年之喪，不已久乎？』……子曰：『予之不仁也！』宰予晝寢，子曰：『朽木不可雕也，糞土之牆不可圬也。』……孔子曰：『吾以言取人，失之宰予。』」此文與史記合。故孔子曰：「以容取人乎，失之子羽；以言取人乎，失之宰予。」故以仲尼之智而有失實之聲。史記索隱：「聲，名也。」今之新辯濫乎宰予，而世主之聽眩乎仲尼，老子注：「辯，謂巧言。」呂覽注：「辯，說也。」「乎」借爲「于」。濫乎宰予，謂新辯之巧辯，其泛濫過于宰予。眩乎仲尼，謂世主之妄聽，其眩惑過于仲尼。爲悅其言，因任其身，則焉得無失乎！「爲」猶「因」也，讀去聲。「焉」猶「何」也。是以魏任孟卯之辯而有華下之患，史記魏世家：「昭王四年，芒卯以詐重。」六國表：「秦昭王三十四年，白起擊魏華陽軍，芒卯走，得三晉將，斬首十五萬。」孟卯、芒卯、昭卯（見外儲說左下），同是一人。華下，地名，卽華陽。趙任馬服之辯而有長平之禍，史記廉藺傳：「趙王賜奢（趙奢）號爲馬服君，……孝成王八年，秦趙相距長平，時奢已死，……秦之間言曰：『秦之所惡，獨畏馬服君趙奢之子趙括爲將耳。』趙王因以括爲將代廉頗。……秦將白起聞之，縱奇兵，詳敗走，而絕其糧道，……括軍敗，數十萬之衆降秦，秦悉阬之。」此「馬服」是指「趙括」。辯，是指趙括「易言兵事」，詳見廉藺傳。此二者，任辯之失也。夫視鍛錫而察青黃，區冶不能以必劍；考工記：「攻金之工，……金有六齊，……四分其金而錫居一，謂之『戈戟之齊』，參分其金而錫居一，謂之『大刃之齊』。」可見古人鍛練金屬必摻以錫。察青黃，指察鍛金錫所製成之劍的顏色而言。區冶，卽歐冶子，歐冶子是春秋間善鑄劍者。風俗通：「歐冶子之後，轉爲區氏。」此「區」字或後人所改。水擊鵠雁，陸斷駒馬，則臧獲不疑鈍利。發齒吻形容，「發」下疑脫一「於」字。左昭元傳「發爲五色」，荀子禮論「是吉凶憂愉之情發於顏色者也」，禮記禮器「君子樂其發也」，注並曰：「發，見也。」謂現於齒吻形容的形象，不能作判斷馬之良駑的依據。伯樂不能以必馬；授車就駕而觀其末塗，「塗」讀爲「途」。這是說：使馬駕車，而觀馬最後所能達到的路程終點。則臧獲不疑駑良。觀容服，聽辭言，仲尼不能以必士；試之官職，課其功伐，則庸人不疑於愚智。說文：「課，試也。」左傳注：「伐，功也。」謂拿功伐來考驗智士。故明主之吏，宰相必起於州部，猛將必發於卒伍。五蠹亦有「州部」一詞。文選注：「四方州部也。」州部，似指州官的衙署。夫有功者必賞，則爵祿厚而愈勸；遷官襲級，則官職大而愈治。夫爵祿大而官職治，王之道也。陶曰：「爵祿大」當作「爵祿勸」，承上「爵祿厚而愈勸」而言，作「大」者，涉上文「官職大」而誤。

磐石千里，不可謂富；易漸虞注：「聚石稱磐。」但據下文「磐不生粟」，則「磐石」指不能種植的山區。象人百萬，不可謂強。王先愼曰：象人，即俑人。孟子：「始作俑者，其無後乎。」謂其象人而用之也。啓雄按：此言用假人（木偶或土偶人）當兵，假人雖多，不可謂強。石非不大，數非不衆也，磐石山區的面積並非不大，木土假人的數量並非不多。而不可謂富強者，磐不生粟，太田方曰：合纂、類語「磐」下有「石」字。象人不可使距敵也。今商官技藝之士，商官，是商人拿錢買來的官銜。五蠹「官爵可買，則商賈不卑矣」，可證。亦不墾而食，是地不墾，與磐石一貫也。商士技藝之士不耕地就吃飯，這樣的人就是（即等于）不墾的地，他們不生產的程度，就跟磐石的作用相同。儒俠毋軍勞顯而榮者，則民不使，與象人同事也。韓書中的「則」字有時含「即是」

「乃是」意，說詳難勢篇首。這是說：儒和俠沒有軍事上的功勞，卻有顯而榮的，這樣的人就是(即等于)不能使用的人，他們不能使用的程度，就跟假人的職事相同。

夫禍知磐石象人，顧曰：「禍知」當作「知禍」。陶曰：「禍」當讀爲「過」，廣雅釋詁：「過，責也。」而不知禍商官儒俠爲不墾之地，不使之民，不知事類者也。如果只知怪責石地不生粟，怪責假人不能使用，而不知怪責商官、儒、俠也是不能墾植的地和不能使用的民，那就是沒有認識到事情的類似性罷了。

故敵國之君王，雖說吾義，吾弗入貢而臣；「說」借爲「悅」。又據下文「吾必使執禽」，「吾弗入貢」當爲「吾弗能必使入貢」。關內之侯，雖非吾行，吾必使執禽而朝。執禽，即執贄。「贄」正字作「摯」，摯是臣朝君所執的禮物。周禮：「以禽作六摯，孤執皮帛，卿執羔，大夫執雁，士執雉，庶人執鶩，工商執雞。」是故力多則人朝，力寡則朝於人，故明君務力。夫嚴家無悍虜，而慈母有敗子，荀子注：「悍，兇戾也。」史記索隱：「虜，奴隸也。」吾以此知威勢之可以禁暴，而德厚之不足以止亂也。

夫聖人之治國，不恃人之爲吾善也，而用其不得爲非也。恃人之爲吾善也，境內不什數；「數」音「暑」，是動詞。不什數，謂數不到十個。用人不得爲非，一國可使齊。謂可使一國之民整齊同一。爲治者用衆而舍寡，故不務德而務法。夫必恃自直之箭，百世無矢；說文：「箭，矢竹也。」即可以造矢的竹篠。恃自圜之木，千世無輪矣。「圜」借爲「圓」。自直之箭，自圜之木，百世無有一，然而世皆乘車射禽者何也？隱栝之道用也。「隱」借爲「檃」，說文：「檃，栝也。」說文：「栝，檃也，所以矯制衺（邪）曲之器。」荀子性惡「枸木必將待檃栝烝矯然後直」，注：「檃栝，正曲木之器也。」雖有不恃隱栝而有自直之箭，自圜之木，雖然也有不依靠矯煣木之器的幫助，本來就自直的箭和自圜的木。（指少數天產品。）良工弗貴也。何則？「何則」，猶「何也」，說詳釋詞八。乘者非一人，射者非一發也。乘車射箭之人多，而自圜之木自直之箭少，故供不應求，因此必賴人爲的改造。不恃賞罰而恃自善之民，明主弗貴也。「恃自善」之「恃」字似衍，或是「有」字的錯字。何則？國法不可失，而所治非一人也。說文：「失，縱也。」這是說：國法嚴明，不放縱任何人做壞事，所以雖然對于自善之民也不可放鬆。故有術之君，不隨適然之善，而行必然之道。適然，即偶然。適然之善，指偶然出現的少數好人。這是說：有法術的君主，不依從少數偶然出現的好人而實行德化，却實行必然見效的方法（指用國法統治多數不自善之民）。

今或謂人曰：「使子必智而壽。」則世必以爲狂。張曰：「『狂』與『誑』同。」啓雄按：說文：「誑，欺也。」即說謊話欺騙人。夫智，性也；壽，命也。性命者非所學於人也，而以人之所不能爲說人，此世之所以謂之爲狂也。現在有人跟別人說：「我必能使你又明智又長壽。」那末，世人必定認爲他是說謊話。因爲明智是天性，長壽是生命。天性和生命不是從人那裏學得來的，然而有人拿人力所不能做到的事來討別人喜歡，這就是世人所以說他是說謊話的原因呵。謂之不能然，則是諭也。夫諭性也。說文：「諭，告也。」廣雅：「謂，說也。」然，如是也；指智壽。「性」當作「情」。這是說：說人不能「必智而壽」，那是采取告曉態度。凡是采取告曉的態度，就是誠實態度。以仁義教人，是以智與壽說人也，有度之主弗受也。拿仁義來敎人，等於拿「使子必智而壽」的話來悅人一樣，有法度的君主不接受此誑語。故善毛嗇、西施之美，「善」字是動詞，卽意以爲善，今語「贊美」之意。莊子齊物論「毛嬙麗姬，人之所美也」，司馬注：「毛嬙，古美人，一云越王美姬。」藏本、迂評本作「廧」，趙本作「嬙」，乾道本作「嗇」，作「嬙」是。無益吾面；用脂澤粉黛，則倍其初。言先王之仁義，無益於治；明吾法度，必吾賞罰者，亦國之脂澤粉黛也。故明主急其助而緩其頌，故不道仁義。如果只稱贊毛嗇、西施的美麗，對于我的面貌沒有好處；如果用脂油粉黛來搽臉畫眉，那就比她本來的面貌加倍美麗。同此道理，如果空談先王的仁義，對于我的治道並沒有好處；如果修明我的法度，堅定執行我的賞罰，這也是國的「脂油粉黛」。因此，明主對于那些有幫助的東西（法度賞罰）是急求的，對于那些頌美東西（先王的仁義）是緩求的，所以不走仁義的道路。

今巫祝之祝人曰：「使若千秋萬歲。」千秋萬歲之聲聒耳，而一日之壽無徵於人，此人所以簡巫祝也。巫，是降神祈禱的人；祝，是祝告祝福的人。倉頡篇：「聒，擾亂耳孔也。」禮記注：「簡，少易也。」這是說：今世巫祝給別人祝福是這樣說：「使你活一千年，活一萬年。」千年萬年的聲浪震動了人的耳鼓，然而在人壽上延長一天壽命的效驗也沒有把握，這就是人們所以輕視巫祝的原因。今世儒者之說人主，不言今之所以爲治，而語已治之功；不審官法之事，不察姦邪之情，而皆道上古之傳譽、先王之成功。儒者飾辭曰：「聽吾言則可以霸王。」此說者之巫祝，有度之主不受也。 今世儒者對君主所說的是這樣：不講目前用來治國的方法，反而追論已經過去的古人治國功績；不考察官法的事實，不考察姦邪的情況，反而都稱道上古流傳下來的美名和先王的成功。 儒者粉飾他們的言論說：「如果聽我的話，就可以霸或王。」這些儒者就是說者中跟巫祝同樣的人物了，有法度的君主就不接受這一套。 故明主舉實事，去無用，不道仁義者故， 俞曰：「者」與「諸」通，廣雅：「諸，之也。」太田方曰：故，事也。 不聽學者之言。

今不知治者必曰：「得民之心。」欲得民之心而可以爲治，則是伊尹管仲無所用也，將聽民而已矣。民智之不可用，猶嬰兒之心也。夫嬰兒不剔首則腹痛， 「剔」是「鬄」之或體，「鬄」借爲「鬀」。說文：「鬀，鬄髮也。」 不揊痤則寖益。 這個「揊」字和下文「揊」字，都是「副」字的異體字。說文：「副，判也。」即「割開」之意。 廣雅釋詁：「痤，癰也。」即身上生的膿疱。 「寖」猶「漸」也。 剔首揊痤必一人抱之，慈母治之，然猶啼呼不止，嬰兒子不知犯其所小苦，致其所大利也。今上急耕田墾草以厚民產也，而以上爲酷；修刑重罰以爲禁邪也，而以上爲嚴；徵賦錢粟以實倉庫，且以救饑饉，備軍旅也，而以上爲貪；境內必知介而無私解，并力疾鬥，所以禽虜也，而以上爲暴。 「介」字解見上文。「解」字解見五蠹篇末。疾，急也。「禽」讀爲「擒」。」這是說：境內之民必知甲兵戰鬥之事，集羣力以衞國，而沒有人以私情求解免兵役。 此四者所以治安也，而民不知悅也。 夫求聖通之士者，爲民知之不足師用。

「師用」下似脫一「也」字。此句以下，似脫幾句論「求聖通之士」的文句。「昔禹」以下六句論「民智不足用」。

昔禹決江濬河，而民聚瓦石；子產開畝樹桑，鄭人謗訾。 決，是把江疏通；濬，是把河挖深。民聚瓦石，似是堆起瓦石來壅塞河流。謗、訾，都是用言語來攻擊別人。呂覽樂成：「大智不形，……禹之決江水也，民聚瓦礫，事已成，功已立，爲萬世利，禹之所見者遠也，而民莫之知。……子產始治鄭，使田有封洫，都鄙有服，民相與誦之曰：『我有田疇而子產賦之，我有衣冠而子產貯之，孰殺子產，吾其與之。』後三年，民又誦曰：『我有田疇而子產殖之，我有子弟而子產誨之，子產若死，其使誰嗣之！』」左襄卅傳亦載此事。

禹利天下，子產存鄭，皆以受謗，夫民智之不足用亦明矣。故舉士而求賢智，爲政而期適民，皆亂之端，未可與爲治也。 呂覽貴直注：「與猶用也。」

第五十一篇　忠孝

天下皆以孝悌忠順之道爲是也，而莫知察孝悌忠順之道而審行之，是以天下亂；皆以堯舜之道爲是而法之，是以有弒君，有曲父。「弒君」，迂評本、趙本、翼毳、纂聞等本都作「亂君」，似是。這是說：天下人們都知孝悌忠順之道是對的，可是沒有人知道先要細察一下孝悌忠順之道才審愼地實行它，所以天下就亂。亂君，曲父，都是「天下亂」的產物。堯、舜、湯、武或反君臣之義，亂後世之教者也。堯爲人君而君其臣，舜爲人臣而臣其君，帝堯把天下讓給他的臣大舜，這樣，舜以人臣的身份變成堯的君，而堯以人君的身份變成舜的臣。湯武爲人臣而弒其主，刑其尸，而天下譽之，此天下所以至今不治者也。夫所謂明君者，能畜其臣者也；所謂賢臣者，能明法辟，治官職，以戴其君者也。說文：「辟，法也。」這是說：賢臣能修明法律，治理官事，用這種行動來擁戴他的君上。今堯自以爲明而不能以畜舜，舜自以爲賢而不能以戴堯，湯武自以爲義而弒其君長，此明君且常與而賢臣且常取也。故至今爲人子者有取其父之家，爲人臣者有取其君之國者矣。父而讓子，君而讓臣，此非所以定位一教之道也。臣之所聞曰：「臣事君，子事父，妻事夫，三者順則天下治，三者逆則天下亂。此天下之常道也。」明王賢臣而弗易也，弗易，謂不變易三順的常道。則人主雖不肖，臣不敢侵也。

今夫上賢任智無常，逆道也，尊尙賢德，凭任智慧，而沒有固定的常法，是違逆不順的做人之道。而天下常以爲治，是故田氏奪呂氏於齊，戴氏奪子氏於宋。此皆賢且智也，豈愚且不肖乎？是廢常上賢則亂，舍法任智則危。故曰：「上法而不上賢。」

記曰：「舜見瞽瞍，其容造焉。」大戴記保傅「靈公造然失容」，注：「造然，驚慘之貌。」孟子萬章：「舜見瞽瞍，其容有蹙。」公羊三十傳注：「蹙，痛也。」「造」「蹙」音近。「慘」「痛」義近。孔子曰：「當是時也，危哉！天下岌岌，有道者，父固不得而子，君固不得而臣也。」臣曰：孔子本未知孝悌忠順之道也。然則有道者進不得爲臣主，退不得爲父子耶？父之所以欲有賢子者，家貧則富之，父苦則樂之；君之所以欲有賢臣者，國亂則治之，主卑則尊之。今有賢子而不爲父，則父之處家也苦；有賢臣而不爲君，則君之處位也危。然則父有賢子，君有賢臣，適足以爲害耳，豈得利焉哉！所謂「忠臣不危其君，孝子不非其親」：這句話說出某些人對于忠臣孝子的看法，是下段「以賢危主」，「進則非君，退則非親」的總冒。今舜以賢取君之國，而湯武以義放弒其君，此皆以賢而危主者也，而天下賢之。古之烈士，進不臣君，退不爲家，是進則非其君，退則非其親者也。且夫進不臣君，退不爲家，亂世絕嗣之道也。是故賢堯、舜、湯、武而是烈士，天下之亂術也。瞽瞍爲舜父，而舜放之；象爲舜弟，而殺之。王先愼曰：依上文「殺」上當有「舜」字。放父殺弟，不可謂仁；妻帝二女而取天下，不可謂義；仁義無有，不可謂明。詩云：「普天之下，莫非王土；率土之濱，莫非王臣。」小雅北山文。孟子集注：「普，徧也。率，循也。」說文無「濱」字，有「頻」或「瀕」字，即今之「濱」字。說文：「瀕，水厓也。」廣雅釋邱：「濱，厓也。」信若詩之言也，是舜出則臣其君，入則臣其父，妾其母，妻其主女也。故烈士內不爲家，亂世絕嗣，而外矯於君，朽骨爛肉，施於土地，晉語注：「施，陳也。」閒居賦注：「施，布也。」流於川谷，不避蹈水火，使天下從而效之，是天下徧死而願夭也，此皆釋世而不治是也。「是」當作「者」。世之所爲烈士者，雖衆獨行，取異於人，王渭曰：「雖」當作「離」。啓雄按：荀子解蔽「與治雖走」注「雖或作離」，可參證。所爲烈士，即所謂烈士。爲恬淡之學，而理恍惚之言。臣以爲恬淡，無用之教也；恍惚，無法之言也。言出於無法，教出於無用者，天下謂之察。臣以爲人生必事君養親，事君養親不可以恬淡；之人必以言論忠信法術，王先愼曰：「之人」當作「人生」，「以」字不當有。上文「人生必事君養親」，此作「人生必言論忠信法術」。言論忠信法術不可以恍惚。恍惚之言，恬淡之學，天下之惑術也。孝子之事父也，非競取父之家也；忠臣之事君也，非競取君之國也。夫爲人子而常譽他人之親曰：「某子之親，夜寢早起，強力生財，以養子孫臣妾。」是誹謗其親者也。爲人臣常譽先王之德厚而願之，是誹謗其君者也。非其親者，知謂之不孝，而非其君者，天下賢之，此所以亂也。故人臣毋稱堯舜之賢，毋譽湯武之伐，毋言烈士之高，這二句說：不要稱譽湯武的功勞，不要談論隱士的淸高。盡力守法，專心於事主者爲忠臣。

古者黔首悗密蠢愚，孫曰：爾雅釋詁：「密，靜也。」悗密，謂忘情而靜謐也。莊子大宗師：「悗乎忘其言也。」蒲阪圓曰：史記：「始皇二十六年，更名民曰『黔首』。」故可以虛名取也。蒲阪圓曰：虛名取，謂以仁義之說收取民心，所謂道虛惠以悅民也。今民儇詗智慧，說文：「儇，慧也。」漢書孟康注：「反間爲詗。」欲自用，不聽上。上必且勸之以賞，然後可進；又且畏之以罰，然後不敢退。而世皆曰：「許由讓天下，賞不足以勸；盜跖犯刑赴難，罰不足以禁。」臣曰：未有天下而無以天下爲者，許由是也；已有天下而無以天下爲者，堯舜是也。毀廉求財，犯刑趨利，忘身之死者，盜跖是也。此二者，殆物也。說文：「殆，危也。」詩烝民傳：「物，事也。」這是說：賞不足以勸和罰不足以禁兩種事情，都是危險的事情。治國用民之道也，不以此二者爲量。治也者，治常者也；道也者，道常者也。殆物妙言，治之害也。天下太平之士，顧曰：「平」當作「上」，見下文。不可以賞勸也；天下太平之士，顧曰：「平」當作「下」，見下文。不可以刑禁也。然爲太上士不設賞，爲太下士不設刑，則治國用民之道失矣。

故世人多不言國法而言從橫。諸侯言從者曰：顧曰：「侯」字當衍。啓雄按：「從」借爲「縱」，「橫」或作「衡」，餘詳本書五蠹篇末。「從成必霸。」而言橫者曰：「橫成必王。」山東之言「從橫」，未嘗一日而止也，然而功名不成，霸王不立者，虛言非所以成治也。王者獨行謂之王，此「獨行」指不聽從「縱橫」家之虛言，在政治上不作縱橫離合的外交，而單獨地專行治內裁外的政策。是以三王不務離合，而止五霸不待從橫，察治內以裁外而已矣。顧曰：「止」字當衍。王先愼曰：趙本「止」作「正」，「橫」下有「而」字，句讀亦異，蓋趙用賢改增以成其義。啓雄按：日本、翼毳、纂聞等本亦作「是以三王不務離合而正，五霸不待從橫而察」，不必刪字也通，可以備一說。

第五十二篇　人主

本篇節取孤憤、和氏、愛臣各篇語，略加竄改，雜纂成篇，似是後人增輯的篇。

人主之所以身危國亡者，大臣太貴，左右太威也。所謂貴者，無法而擅行，操國柄而便私者也。所謂威者，擅權勢而輕重者也。此句「輕」字是動詞，「重」字是名詞。「重」，即下文「勢重者，人主之爪牙也」之「重」，指君權。餘詳說難篇首。此二者，不可不察也。夫馬之所以能任重引車致遠道者，以筋力也。萬乘之主，千乘之君，所以制天下而征諸侯者，以其威勢也。威勢者，人主之筋力也。今大臣得威，左右擅勢，是人主失力；人主失力而能有國者，千無一人。虎豹之所以能勝人執百獸者，以其爪牙也；當使虎豹失其爪牙，則人必制之矣。釋詞：「當與儻同。儻，或然之詞。字或作黨，或作當。」今勢重者，人主之爪牙也，君人而失其爪牙，虎豹之類也。宋君失其爪牙於子罕，簡公失其爪牙於田常，而不蚤奪之，故身死國亡。今無術之主皆明知宋、簡之過也，而不悟其失，不察其事類者也。陶曰：「過」當爲「禍」，古通用。

且法術之士，與當途之臣不相容也。何以明之？主有術士，則大臣不得制斷，近習不敢賣重，說難「以爲賣重」，史記引韓子「賣重」改作「鬻權」。餘詳本書說難篇中。大臣左右權勢息，則人主之道明矣。今則不然：其當途之臣得勢擅事以環其私，王先愼曰：「環」讀爲「營」，說文引本書「自營爲私」，五蠹作「自環爲私」，與此同，卽其證。左右近習朋黨比周以制疏遠，則法術之士奚時得進用，人主奚時得論裁！故有術不必用，而勢不兩立，法術之士焉得無危！故君人者非能退大臣之議，而背左右之訟，獨合乎道言也，太田方曰：「訟」與「頌」通，左右爲佞臣，稱功美德也。和氏篇「合」作「周」。則法術之士安能蒙死亡之危而進說乎！此世之所以不治也。明主者推功而爵祿，稱能而官事，「爵官」二字都是動詞，禮記王制「論定然後官之，任官然後爵之」，文法與此略同。所舉者必有賢，所用者必有能，賢能之士進，則私門之請止矣。夫有功者受重祿，有能者處大官，則私劍之士安得無離於私勇而疾距敵，王先愼曰：「疾」下當有「於」字，此與下「務於淸潔」文正相對。游宦之士焉得無撓於私門而務於淸潔矣。此所以聚賢能之士，而散私門之屬也。今近習者不必智，人主之於人也或有所知而聽之，王先愼曰：「知」讀爲「智」，與下「或有所賢」句相對。孤憤篇正作「智」。入因與近習論其言，聽近習而不計其智，是與愚論智也。其當途者不必賢，人主之於人或有所賢而禮之，入因與當途者論其行，聽其言而不用賢，是與不肖論賢也。故智者決策於愚人，賢士程行於不肖，則賢智之士奚時得用，而人主之明塞矣。說文：「程，品也。」荀子致士注：「程，度量之總名。」餘詳孤憤篇中。

昔關龍逢說桀而傷其四肢，王子比干諫紂而剖其心，子胥忠直夫差而誅於屬鏤。此三子者，爲人臣非不忠，而說非不當也，然不免於死亡之患者，主不察賢智之言，而蔽於愚不肖之患也。今人主非肯用法術之士，聽愚不肖之臣，則賢智之士孰敢當三子之危而進其智能者乎！此世之所以亂也。

第五十三篇　飭令

本篇文句與商君書靳令篇大半相同。篇末有「行刑重其輕者，輕者不至，重者不來，此謂以刑去刑」。內儲說上有同樣的文，明說是「公孫鞅曰」。據此，本篇似是公孫鞅的作品。

飭令則法不遷，「飭」借爲「敕」，說文：「敕，誡也。」方言：「敕，備也。」飭令則法不遷，謂謹愼誡備法令，那末法就不致遷移亂變。法平則吏無姦。法已定矣，不以善言售法。「售法」，商君書作「害法」，恐是後人妄改。「售」正體作「讎」，三蒼：「讎，對也。」不以善言讎法，謂不用仁義之善言來與法相對立。任功則民少言，任善則民多言。行法曲斷，以五里斷者王，以九里斷者強，宿治者削。以刑治，以賞戰。厚祿以周術，顧曰：藏本、今本「周」作「用」。王先愼曰：「周術」，商子作「自伐」。國無姦民，則都無姦市。物多末衆，農弛姦勝，則國必削。末衆，似指末作衆多，卽工藝品衆多。韓子提倡本務，反對末作（卽提農業，反對工藝）。他在詭使篇說「倉廩之所以實者耕農之本務也，而綦組錦繡刻畫爲末作者富」，是證據。這是說：物雖多，但工藝品佔大部分，農業不發達，同時壞事又勝過好事。民有餘食，使以粟出爵，必以其力，則震不怠。商君書作：「民有餘糧，使民以粟出官爵，官爵必以其力，則農不怠。」可見此文「必」字上似脫一「爵」字，「震」字似是「農」字。說文：「出，進也。」這是說：人民有了餘糧，君主使人民拿粟求「進爵」，官爵之取得既然必須用自己的勞力，那末農民就不懶了。三寸之管毋當，不可滿也。淮南說林「三寸之管而無當」，注：「當猶底也。」授官爵出利祿不以功，是無當也。君主如果不按照人的功勞來賞賜，輕易地就拿出官爵利祿來行賞，就等于水流通過無底的管。國以功授官與爵，此謂以成智謀，以威勇戰，其國無敵。顧曰：「成」讀爲「盛」。「威」當作「成」，亦讀爲「盛」。商子靳令篇作「盛」，去強篇作「成」。國以功授官與爵，則治見者省，言有塞，顧曰：「見」字當衍，「有」當作「者」。商子作「則治省言寡」。啓雄按：淮南主術注：「塞，閉也。」言者塞，謂言者閉塞其口而不言。此謂以治去治，以言去言。國家如果按功勞來給予官爵，那末，非法求進而犯罪的人就少了，不滿的怨言也塞絕了。這就是用政治來去掉獄治，用正言來去掉怨言。以功與爵者也，故國多力而天下莫之能侵也。兵出必取，取必能有之，案兵不攻必當。顧曰：「當」當作「富」，見商子。

朝廷之事，小者不毀，效功取官爵，人臣對朝廷的事，雖然是小事也不亂搞，他們拿出功績來獻給朝廷以換取他們的官爵。廷雖有辟言，不得以相干也，王先愼曰：「辟言」，即上文「善言」也。商子「辟」作「辯」。是謂以數治。數，指法術度數。這句申釋上文「法已定矣，不以善言售法」句。這是說：朝廷中雖然有些善言，但不能以善言干涉國法，這就叫做法治。以力攻者，出一取十；以言攻者，出十喪百。國好力，此謂以難攻；國好言，此謂以易攻。下文錯亂，文意不明。但據上文，「攻」字似指「效功」。這是說：人臣以勞力獻功者，他所拿出來是「一」，却確實換取「十」，是公私兩利的行動。如果以花言巧語做獻功者，他雖然拿出「十」，却損失「百」，是公私兩害的行動。所以國君如果喜歡功力，這就是說拿難的功勞來獻功。如果國君喜歡聽善言，這就是說拿易的花言巧語來獻禮。

其能勝其害，王渭曰：此以下皆當依本書用人篇改正。顧曰：用人篇云：「人臣皆宜其能，勝其官。」輕其任，而道壞餘力於心，顧曰：「道壞」，用人云「莫懷」。莫負乘宮之責於君，顧曰：「乘宮」，用人云「兼官」。內無伏怨，使明者不相干，故莫訟；使士不兼官，故技長；使人不同功，故莫爭。「其能勝其害」以下各句，商君書靳令篇無，但和本書用人篇首段多同，似是用人篇的錯簡插入這裏。言此謂易攻。顧曰：此五字涉上文而衍。重刑少賞，上愛民，民死賞；太田方曰：峻法不使陷于刑，是愛民也。商子去強篇「死賞」之「賞」作「上」，下文「死賞」之「賞」同。多賞輕刑，上不愛民，民不死賞。利出一空者，其國無敵；太田方曰：「空」「孔」音通。出一孔者，謂號令制度自君口出也。出二孔者，謂出於君與大臣也。出十孔者，謂政出多門也。利出二空者，其兵半用；利出十空者，民不守。重刑明民，大制使人，則上利。王先謙曰：平日重刑，俾民知上指，臨事又大爲禁制以使之。行刑重其輕者，輕者不至，重者不來，此謂以刑去刑。王先愼曰：此下當有「其國必強」四字，與下「其國必削」對文。罪重而刑輕，刑輕則事生，此謂以刑致刑，其國必削。

第五十四篇　心度

聖人之治民，度於本，不從其欲，期於利民而已。「度」字是動詞。禮記王制釋文：「度，量也。」又少儀釋文：「度，計也。」本，指利民的根本。「從」借爲「縱」，指放縱嗜慾。書僞大禹謨傳：「期，當也。」故其與之刑，非所以惡民，愛之本也。「其」字指有位之聖人，「之」字指人民。「與」借爲「与」，「与」即今語「給予」之「予」的本字。刑勝而民靜，賞繁而姦生。故治民者，刑勝，治之首也；賞繁，亂之本也。夫民之性，喜其亂而不親其法，故明主之治國也，明賞則民勸功，嚴刑則民親法，勸功則公事不犯，親法則姦無所萌。故治民者禁姦於未萌，而用兵者服戰於民心，禁先其本者治，兵戰其心者勝。聖人之治民也，先治者強，先戰者勝。夫國事務先而一民心，專舉公而私不從，賞告而姦不生，明法而治不煩。能用四者強，不能用四者弱。夫國之所以強者，政也；主之所以尊者，權也。故明君有權有政，亂君亦有權有政，積而不同，其所以立異也。故明君操權而上重，一政而國治。故法者，王之者也；顧曰：藏本、今本「者」作「本」。啓雄按：明各本及日本本「者」亦均作「本」。刑者，愛之自也。太田方曰：「自」古「鼻」字。方言：「鼻，始也。獸之初生謂之鼻。梁、益之間謂鼻爲初，或謂之祖。」上文「治之首也」，此云「愛之自也」，變文耳。

夫民之性，惡勞而樂佚，佚則荒，荒則不治，不治則亂，而賞刑不行於天下者必塞。「不治則亂」以上論民性，「而賞刑不行」以下論治道，上下文意不貫通，「亂」字下「而」字上似有脫文。故欲舉大功而難致而力者，大功不可幾而舉也；釋名：「難，憚也。」「而力」之「而」字讀「汝」，詩桑柔箋：「而猶女也。」小爾雅廣詁：「而，汝也。」史記晉世家索隱：「幾，望也。」周禮師氏注：「舉猶行也。」欲治其法而難變其故者，民亂不可幾而治也。君主想搞好他的法治，然而難以改變舊法，那末，民事就紊亂，不能希望社會太平。故治民無常，唯治爲法，治民沒有固定不變的常法，只要是符合治道的東西就是國法。法與時轉則治，治與世宜則有功。這和五蠹篇「論世之事，因爲之備」，「世異則事異，事異則備變」的政論相同。故民樸而禁之以名則治，世知維之以刑則從。時移而治不易者亂，能治衆而禁不變者削。名，指名譽。世知，指世人智詐。這是說：民衆如果樸實，就以惡名加于壞人的方法來禁止人犯罪，這樣、國就治。如果世人知巧奸詐，就要用刑罰來維繫法治，世人就聽從。時代如果轉移而治道不改變就亂，能治衆人而禁令不變更就削弱。故聖人之治民也，集解「也」作「治」，據凌本及今本改。法與時移而禁與能變。顧曰：今本「能」作「治」。啓雄按：翼毳、纂聞「能」亦作「治」，作「治」義較長，指治道。

能越力於地者富，能起力於敵者強，強不塞者王。顧曰：「越」當作「趨」；下句「能起力」，「起」亦當作「趨」。啓雄按：「塞」當作「窮」。故王道在所聞，顧曰：今本「聞」作「開」。啓雄按：「聞」字明本及日本本亦作「開」。

在所塞，太田方曰：言王道在因時開塞，今時在塞浮辭而開力作，塞私義而開公道也。塞其姦者必王。故王術不恃外之不亂也，恃其不可亂也。恃外不亂而治立者削，顧曰：「治」當作「始」。劉文典曰：「治立」疑當作「立治」，與「行法」對文。恃其不可亂而行法者興。故賢君之治國也，適於不亂之術。貴爵則上重，故賞功爵任而邪無所關。魏策注：「任，能也。」賞功，賞有功者；爵任，封能任事者。書大傳注：「關猶入也。」好力者，其爵貴，爵貴則上尊，上尊則必王；國不事力而恃私學者，其爵賤，爵賤則上卑，上卑者必削。故立國用民之道也，能閉外塞私而上自恃者，王可致也。太田方曰：外，外國也，大國之言，說客之談皆是也。「上」「尙」通。

第五十五篇　制分

制分，指法制要分明，卽刑賞要分明，任數不任人或任法不任慧要分明。

夫凡國博君尊者，顧曰：「夫」當作「大」。未嘗非法重而可以至乎令行禁止於天下者也。蒲阪圓曰：國法嚴重，士民從命，令行禁止，以及天下，人君能行此道，則威名遠播，國地廣而主位尊矣。是以君人者分爵制祿，則法必嚴以重之。夫國治則民安，事亂則邦危。法重者得人情，禁輕者失事實。且夫死力者，民之所有者也，人情莫不出其死力以致其所欲；集解情上無「人」字，據明本及日本各本增。而好惡者，上之所制也，民者好利祿而惡刑罰。上掌好惡以御民力，事實不宜失矣，王先謙曰：「不宜」乃「宜不」倒文。然而禁輕事失者，刑賞失也。其治民不秉法爲善也，高曰：「不」下疑脫「以」字。如是，則是無法也。故治亂之理，宜務分刑賞爲急。治國者莫不有法，然而有存有亡。亡者，其制刑賞不分也。治國者，其刑賞莫不有分，有持異以爲分，不可謂分。說文：「異，分也。」「異」字的本訓雖然是「分」，但「分刑賞」與「異刑賞」不同。「分刑賞」是以「制刑賞」爲根據，「異刑賞」是從治國者的喜怒出發，所以說：「有持異以爲分，不可謂分。」至於察君之分，獨分也。察君，指明察的君。「獨分」，承上文「君人者分爵制祿」，「好惡者上之所制」，「上掌好惡以御民力」的主術言。是以其民重法而畏禁，願毋抵罪而不敢胥賞。中山策注：「抵，當也。」管子大匡注：「胥，待也。」故曰：不待刑賞而民從事矣。

是故夫至治之國，善以止姦爲務，是何也？其法通乎人情，關乎治理也。然則去微姦之奈何？孫曰：此當云：「然則微姦之法奈何？」此篇首以「法重」發端，以下至篇末，「法」字凡十五見，此「去」字亦卽「法」之壞字。校者不知其誤，因移著「微姦」之上，遂不可通。「微」者，「覹」之借字。說文：「覹，司也。」微姦之法，謂司察姦人之法也。其務令之相規其情者也。顧曰：「規」讀爲「闚」。王先愼曰：微姦之法，務令人彼此闚察其隱情也。則使相闚奈何？王先愼曰：「則」上當有「然」字，與上「然則微姦之法奈何」句法一律。曰：蓋里相坐而已。舊注：同里有罪，罪必相坐。太田方曰：「蓋」「闔」通，言總里之中相連坐耳。啓雄按：「蓋」字似非發聲詞。小爾雅廣詁「蓋，覆也」，詩黍苗箋「蓋猶皆也」，是「蓋」有「闔」義之證。禁尙有連於己者，理不得相闚，顧曰：「理」當作「里」。太田方曰：「相」上脫「不」字。惟恐不得免。有姦心者不令得忘，太田方曰：「忘」，一作「志」，是。闚者多也。如此，則愼己而闚彼，發姦之密。告過者免罪受賞，失姦者必誅連刑。如此，則姦類發矣。姦不容細，私告任坐使然也。舊注：任，保也。同里相保之人則坐之，故曰「任坐」。

夫治法之至明者，任數不任人。是以有術之國，不用譽則毋過，據本句「治法」「有術」及下文「任法」，可見「任數」是指使用法術。又據本句「不用譽」及下文「去言」「任慧」，可見「任人」是指使用人的智慧。韓書「術數」二字常連用，指法術度數。境內必治，任數也；亡國使兵公行乎其地，而弗能圉禁者，任人而無數也。周書謚法注：「圉，禦也。」爾雅釋言：「圉，禁也。」弗能圉禁，謂不能抵禦禁止之也。自攻者人也，攻人者數也。「人也」，謂「任人也」；「數也」，謂「任數也」。故有術之國，去言而任法。凡畸功之循約者難知，王先謙曰：畸功，謂偏畸不當理者，如攘奪增級之類。循約，謂與立功之約相依循。故曰「姦功」「虛功」。過刑之於言者難見也，蒲阪圓曰：「刑」「形」通。徒聽談論，能陳情事，功辯麗辭，若可采用，過失之形，最難早見，是說客之所以騁詐誤事也。是以刑賞惑乎貳。蒲阪圓曰：難知，故無功者貳功賞；難見，故有罪者多宥赦。所謂循約難知者，姦功也；臣過之難見者，失根也。王先謙曰：「之」字當衍。蒲阪圓曰：「失根」下曰「姦根」，可見姦言邪說爲過失之根本也。循理不見虛功，「循理」是「循約」的變文。謂立畸功者是依循着立功之約的理而詐取的，所以不表現出「虛功」。度情詭乎姦根，「度情」承上文「過形於言」，「臣過難見者」而說，謂忖度事情才言行，在僞裝的樣子中似乎詭異於「姦根」。莊子齊物論釋文：「詭，異也。」則二者安得無兩失也！蒲阪圓曰：二者，刑賞也。刑賞並疑貳，故曰「兩失」。是以虛士立名於內，而談者爲略於外，故愚怯勇慧相連，而以虛道屬俗而容乎世，說文：「俗，習也。」在此指習行。謂君主不明察，刑和賞都失當了，因此，壞的愚怯和好的勇慧連結爲一，壞的虛道和好的習行連屬而爲世間所容，無所區別。故其法不用，而刑罰不加乎僇人。史記楚世家索隱：「僇，辱也。」這是說：由于不依據法來刑罰，所以刑罰不加于眞犯罪的僇人身上。如此，則刑賞安得不容其二！二借爲「貳」釋這是說：如果法不用，刑賞就不適當，那末，刑賞的執行怎能不具有「三心二意」的毛病呢！實故有所至，而理失其量，實故，即「定法」，呂覽注：「故，法也。」「理失其量」，即下句「任慧」。這是說：確實的法治是有所成就的，然而如果憑智慧來推理，就把事情量度錯了。量之失，非法使然也，法定而任慧也。憑智慧把事情量度錯了，並非法治不好把事情弄成這樣錯，是法治既定了而又任使人的私慧的毛病（即「任數」而又「任人」）。釋法而任慧者，則受事者安得其務！蒲阪圓曰：法者，官之所師也，既無師法，豈得成其事務乎。務不與事相得，則法安得無失，而刑安得無煩！是以賞罰擾亂，邦道差誤，刑賞之不分白也。「分」，即「分刑賞」之「分」。荀子榮辱注：「白，彰白也。」又王霸注：「白，明白也。」「分白」猶「分明」。

國家圖書館出版品預行編目資料

韓子淺解

梁啟雄著. － 初版. － 臺北市：臺灣學生，民 81 印刷
面；公分

ISBN 978-957-15-0424-7(平裝)

1. 韓非子 － 註釋

121.671　　81004378

韓子淺解

著作者　梁啟雄
出版者　臺灣學生書局有限公司
發行人　楊雲龍
發行所　臺灣學生書局有限公司
地址　臺北市和平東路一段 75 巷 11 號
劃撥帳號　00024668
電話　(02)23928185
傳真　(02)23928105
E-mail　student.book@msa.hinet.net
網址　www.studentbook.com.tw
登記證字號　行政院新聞局局版北市業字第玖捌壹號
定價　新臺幣五〇〇元

一九九二年八月初版
二〇二一年十月初版六刷

12121

ISBN 978-957-15-0424-7 (平裝)